ビジネス・キャリア検定試験® 標準テキスト

ロジスティクス管理

2級

苦瀬 博仁・長谷川 雅行・
矢野 裕児 監修
中央職業能力開発協会 編

第4版

発売元 社会保険研究所

ビジネス・キャリア検定試験
標準テキストについて

　企業の目的は、社会的ルールの遵守を前提に、社会的責任について配慮しつつ、公正な競争を通じて利潤を追求し永続的な発展を図ることにあります。その目的を達成する原動力となるのが人材であり、人材こそが付加価値や企業競争力の源泉となるという意味で最大の経営資源と言えます。企業においては、その貴重な経営資源である個々の従業員の職務遂行能力を高めるとともに、その職務遂行能力を適正に評価して活用することが最も重要な課題の一つです。

　中央職業能力開発協会では、「仕事ができる人材（幅広い専門知識や職務遂行能力を活用して、期待される成果や目標を達成できる人材）」に求められる専門知識の習得と実務能力を評価するための「ビジネス・キャリア検定試験」を実施しております。このビジネス・キャリア検定試験は、厚生労働省の定める職業能力評価基準に準拠しており、ビジネス・パーソンに必要とされる事務系職種を幅広く網羅した唯一の包括的な公的資格試験です。

　２級試験では、課長、マネージャー等を目指す方を対象とし、担当職務に関する幅広い専門知識を基に、グループやチームの中心メンバーとして、創意工夫を凝らし、自主的な判断・改善・提案を行うことができる人材の育成と能力評価を目指しています。

　中央職業能力開発協会では、ビジネス・キャリア検定試験の実施とともに、学習環境を整備することを目的として、標準テキストを発刊しております。

　本書は、２級試験の受験対策だけでなく、その職務のグループやチームの中心メンバーとして特定の企業だけでなくあらゆる企業で通用する実務能力の習得にも活用することができます。また、企業の要として現在活躍され、あるいは将来活躍されようとする方々が、自らのエンプロイアビリティをさらに高め、名実ともにビジネス・プロフェッショナルになることを目標にし

ています。

　標準テキストは、読者が学習しやすく、また効果的に学習を進めていただくために次のような構成としています。

　現在、学習している章がテキスト全体の中でどのような位置付けにあり、どのようなねらいがあるのかをまず理解し、その上で節ごとに学習する重要ポイントを押さえながら学習することにより、全体像を俯瞰しつつより効果的に学習を進めることができます。さらに、章ごとの確認問題を用いて理解度を確認することにより、理解の促進を図ることができます。

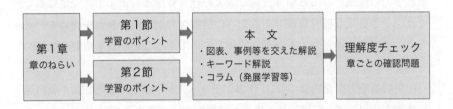

　本書が企業の人材力の向上、ビジネス・パーソンのキャリア形成の一助となれば幸いです。

　最後に、本書の刊行に当たり、多大なご協力をいただきました監修者、執筆者、社会保険研究所編集部の皆様に対し、厚く御礼申し上げます。

中 央 職 業 能 力 開 発 協 会
（職業能力開発促進法に基づき国の認可を受けて
設立された職業能力開発の中核的専門機関）

ロジスティクスと物流

　近年、物流に代わりロジスティクスと呼ぶケースが増えている。物流という用語は1960年代に、流通のうちモノに関する各種機能を総称した物的流通（Physical Distribution）という言葉の短縮語として誕生した。それがモノの流れという意味で用いられるようになったのは周知のとおりである。一部では、物資流動（Freight Transport）の略語としても用いている。

　ロジスティクスという用語は、在庫をコントロールする目的で、物的流通に加え、調達・生産・販売も含めた概念として、同じく1960年代に米国で誕生した。現在、米国ではPhysical Distributionという用語はすでに使われておらず、日本でいう物流事業者もロジスティクス・サービス・プロバイダー（LSP）と呼んでいる。

　このような現状を鑑み、ビジネス・キャリア制度では試験基準の改訂に伴い、従来「物流」と呼んでいた試験単位を「ロジスティクス」に改名した。また、より広範な知識が求められる現状に対応すべく、試験単位の統合も行った。

　一方、日本においては物流という用語は現時点でも各所で使用されている。むしろロジスティクスというより物流という用語のほうがなじみのある場合も多い。そのようなことから、各単元については、従来の物流に加え、調達・生産・販売も含める場合にロジスティクス、それ以外の場合は物流という用語を継続して使用することとした。

※1992年の計量法改正に伴い、質量と重量の混合を排除するため重量単位系を廃止し、絶対単位系で統一することとなった。これによって、本テキストではkgやtについて、従来の「重量」という表現をやめて、「質量」という表現に統一した。

目次

ビジネス・キャリア検定試験　標準テキスト
ロジスティクス管理 **2級**〔第4版〕

第1部　ロジスティクス管理の概念と目的 ················ 1

第1章　企業経営とロジスティクス管理 ················ 3

第1節　ロジスティクスと物流 ······················· 4
1 ロジスティクスの重要性と定義 — 4
2 ロジスティクスとサプライチェーン — 6
3 物流と物流機能 — 11
4 ロジスティクス管理のテキストの構成 — 19

第2節　企業経営におけるロジスティクス管理 ············· 21
1 企業経営におけるロジスティクス管理 — 21
2 企業経営におけるロジスティクス管理の目的 — 25

第3節　ロジスティクス管理の階層と管理サイクル ·········· 29
1 ロジスティクス管理の階層 — 29
2 ロジスティクスの管理サイクル — 35

第4節　ロジスティクス管理の組織 ···················· 37
1 ロジスティクス管理組織の構造 — 37
2 物流業務の委託と組織（サードパーティ・ロジスティクス、物流子会社）— 43

理解度チェック ······························· 49

第2章　ロジスティクスに関する環境・資源・労働力問題 ···· 51

第1節　ロジスティクスと環境問題 ···················· 52
1 地球環境問題と国際条約 — 52　　2 資源循環型社会の形成 — 55
3 ロジスティクスと環境対策 — 57　　4 環境に関する各種行政施策 — 62

第2節　輸送と環境問題 ··························· 65
1 貨物輸送部門のCO_2排出量の推移 — 65
2 省エネルギー法とCO_2排出量の算出方法 — 67

目次

3 輸送の低炭素化のための施策 ― 78　**4** 大気汚染防止のための施策 ― 81

第3節　リサイクル・廃棄物処理と環境規制 ……………………………… **83**

1 リサイクル法（資源の有効な利用の促進に関する法律）― 83

2 廃棄物処理法（廃棄物の処理及び清掃に関する法律）― 85

3 欧州における環境法規制 ― 86

第4節　労働力不足対策と物流人材育成 ……………………………… **92**

1 物流業の概要 ― 92　　　　　　**2** 働き方改革と労働関連法規 ― 94

3 「物流の2024年問題」と対策 ― 104

4 内航海運・港湾運送・空港業務における労働力不足 ― 109

5 物流人材の育成 ― 113

理解度チェック ……………………………………………………… **118**

第3章　わが国と海外の物流政策 ……………………… 121

第1節　わが国の物流政策 ………………………………………………… **122**

1 わが国の物流政策の経緯 ― 122　**2** 総合物流施策大綱 ― 124

3 持続可能な物流の実現に向けての検討 ― 132

4 改正された流通業務の総合化及び効率化の促進に関する法律 ― 136

5 流通業務の効率化を図る事業に関する支援措置、改正道路交通法 ― 146

6 大都市圏や自治体による物流政策 ― 151

7 国際物流への取り組み ― 156　**8** 災害ロジスティクス ― 160

第2節　諸外国の物流政策 ………………………………………………… **162**

1 物流規格の国司比較 ― 162

2 欧州における国際間の複合輸送 ― 165

3 アジア諸国の都市内物流施策 ― 166

4 欧米諸国の都市内物流施策 ― 167　**5** 物流に関する外資規制など ― 168

理解度チェック ……………………………………………………… **171**

第2部　物流サービスと物流システムの構築 …………… 175

第4章　ロジスティクスの評価と改善 ……………………… 177

第1節　ロジスティクスとリスクマネジメント …………………… **178**

vii

1 リスクマネジメントの必要性 ― 178

2 ロジスティクスにおけるリスク ― 180

3 リスク評価と改善の手順 ― 183

第2節 **ロジスティクス評価指標** ……………………………… **189**

1 ロジスティクス管理と評価指標 ― 189

2 ロジスティクス評価指標の選定 ― 191

3 代表的なロジスティクス評価指標 ― 194

第3節 **ロジスティクス監査** …………………………………… **197**

1 ロジスティックスと監査 ― 197

2 ロジスティクス監査の観点と監査項目 ― 199

3 ロジスティクス監査の手順とガイドラインの活用 ― 199

理解度チェック ………………………………………………… **202**

第5章 **物流サービスの種類と管理** ……………………… **205**

第1節 **物流サービスの定義と種類** …………………………… **206**

1 物流サービスの定義と特徴 ― 206

2 物流サービスと物流サービスレベル ― 208

第2節 **物流サービスの管理サイクル** ………………………… **210**

1 物流サービスの管理サイクル ― 210

2 物流サービスの評価（Check）― 210

3 物流サービスの改善（Act）― 215 **4** 物流サービスの計画（Plan）― 216

5 物流サービスの実施（Do）― 217

第3節 **物流品質の管理** ………………………………………… **219**

1 物流品質の種類と管理の範囲 ― 219

2 物流品質の管理の要点 ― 222

理解度チェック ………………………………………………… **226**

第6章 **物流システムの開発と管理** ……………………… **229**

第1節 **物流システムの開発** …………………………………… **230**

1 物流システム開発プロジェクトチームの設置 ― 230

2 物流システム開発のタスク（果たすべき任務）― 231

3 開発スケジュール ― 234

4 物流システムの稼働判断のチェック項目 ― 235

第2節 委託先管理 ·· **238**

1 物流業務の委託先の選定 ― 238　　**2** 料金体系の選定と料金の設定 ― 240

3 契　約 ― 243

4 管理指標とインセンティブ・違約条項の設定 ― 244

第3節 物流センターの業務改善 ·· **249**

1 物流センターの業務改善の視点 ― 249

2 物流センターの業務改善のための分析 ― 250

第4節 企業間物流システム ··· **255**

1 物流の企業間連携と共同化 ― 255

2 調達物流での連携（ミルクラン、JIT）― 258

3 販売物流での連携（共同輸送、共同配送、統合納品）― 261

4 在庫管理での連携（VMI、CRP）― 271

理解度チェック ·· **274**

第3部　ロジスティクス管理の計画 ······························· **277**

第7章　在庫管理の計画 ·· **279**

第1節 在庫管理方式の種類 ··· **280**

1 在庫管理方式の種類と計算方法 ― 280

2 在庫の分類 ― 290　　**3** 在庫削減の方策 ― 294

4 在庫ポイントと延期・投機戦略 ― 295

第2節 需要予測 ··· **297**

1 需要予測の概要 ― 297　　**2** 需要予測に使われる手法 ― 302

第3節 在庫分析手法 ··· **305**

1 パレート（ABC）分析の活用 ― 305

2 在庫鮮度分析の活用 ― 309

理解度チェック ·· **311**

第8章　輸配送管理 ·· **313**

---

ix

目次

第 1 節 　物流拠点の計画 ·· **314**

　 1 物流拠点の 4 つの種類
　　（物流センター、広域物流拠点、卸売市場、生産・消費関連施設）— 314
　 2 物流拠点の立地選定 — 314　　 **3** 物流拠点の規模の設定方法 — 318
　 4 物件の選定 — 319　　 **5** レイアウトの設計 — 321

第 2 節 　輸送機関（モード）の選定 ································· **323**

　 1 輸送機関（モード）の選定の考え方 — 323
　 2 トラック輸送 — 325　　 **3** 輸送事業者の選定 — 327

第 3 節 　包装とユニットロードシステム ······················ **329**

　 1 輸送・保管時における包装の考え方 — 329
　 2 ユニットロードシステム — 337　　 **3** パレチゼーション — 340
　 4 コンテナリゼーション — 343

第 4 節 　輸送包装の設計と技法 ····································· **348**

　 1 輸送包装の設計 — 348　　 **2** 輸送包装の技法 — 359

理解度チェック ··· **369**

第9章 　物流コスト管理の計画 ······························· **373**

第 1 節 　物価原価と予算管理 ·· **374**

　 1 原価計算の概要 — 374　　 **2** 予算管理 — 378

第 2 節 　物流ABC（活動基準原価計算） ························ **383**

　 1 物流ABCの概要 — 383　　 **2** 物流ABCを用いた各種分析 — 386

第 3 節 　棚卸資産 ·· **388**

　 1 棚卸資産評価の重要性 — 388
　 2 取得時と販売時における棚卸資産の扱い — 389
　 3 低価法による時価評価 — 390
　 4 消耗損・評価損と財務諸表との関係 — 392

第 4 節 　物流採算分析 ·· **394**

　 1 物流採算分析の概要 — 394　　 **2** 投資を伴う採算分析 — 395

理解度チェック ··· **399**

目次

第4部 ロジスティクス情報システムと国際物流 ………… 401

第10章 ロジスティクス情報システムと情報通信技術 …… 403

第1節 自動認識技術 ……………………………………………………… 404
1 自動認識技術とその活用 ― 404　　**2** OMR・OCR・磁気ストライプ ― 407
3 データキャリア ― 408

第2節 無線技術とその活用 ……………………………………………… 413
1 無線LAN ― 413　　**2** 移動体通信 ― 414
3 衛星通信 ― 415

第3節 企業間情報交換と情報通信技術 ……………………………… 417
1 企業間での情報交換とEDI ― 417　　**2** ロジスティクスとEDI ― 418
3 物流VAN ― 422　　**4** インターネット技術とその活用 ― 423

第4節 開発および運用技術とその活用 ……………………………… 425
1 パッケージソフトウェアの活用 ― 425
2 ネットワーク経由でのアプリケーション活用 ― 428

理解度チェック ……………………………………………………………… 431

第11章 業務別ロジスティクス情報システムの構築開発 … 433

第1節 ロジスティクス情報システムの概要 ………………………… 434
1 ロジスティクス情報システムの体系 ― 434
2 ロジスティクス情報システムの開発と運用の留意点 ― 437

第2節 受注処理システム ………………………………………………… 442
1 受注処理システムの概要 ― 442
2 オーダーエントリーのオンライン化・EDI化・インターネット化 ― 443
3 受注処理システムと顧客サービス ― 444
4 事前出荷案内（ASN） ― 445

第3節 購買・発注処理システム ………………………………………… 448
1 購買・発注処理システムの概要 ― 448
2 発注方法（マニュアル発注・自動発注） ― 449

第4節 在庫管理システム ………………………………………………… 454
1 在庫管理システムと在庫適正化 ― 454

xi

目次

2 在庫管理システムの概要 ― 455　3 単品管理と単品管理情報 ― 457

第5節　倉庫管理システム ……………………………………………… 461

1 物流センターと倉庫管理システム ― 461

2 WMSによる業務の流れ ― 463　3 倉庫管理システム高度化 ― 467

第6節　輸配送管理システム …………………………………………… 471

1 輸配送管理システムの概要 ― 471

2 配車計画システム ― 474　3 運行管理システム ― 476

4 輸送モードの選択と運賃・料金計算システム ― 479

5 求車求貨システム ― 481

第7節　SCMのための情報システム ………………………………… 482

1 SCMと情報システム ― 482　2 SCM関連のパッケージ ― 483

3 S&OP ― 485

第8節　物流分析と物流シミュレーション …………………………… 486

1 物流分析 ― 486　2 物流シミュレーション ― 489

理解度チェック ……………………………………………………… 491

第12章　国際物流における業務内容と情報システム …… 495

第1節　国際物流における業務内容 …………………………………… 496

1 国際物流の概要 ― 496

2 国際物流における輸送機関の選定 ― 502

3 輸出フォワーディングの業務内容 ― 506

4 輸入フォワーディングの業務内容 ― 512

5 関税とHSコード ― 517　6 貨物海上保険 ― 518

第2節　国際物流における情報システム ……………………………… 529

1 輸出入情報システム ― 529　2 国際貨物管理システム ― 536

理解度チェック ……………………………………………………… 545

※関係法令、会計基準、JIS等の各種規格等に基づく出題については、原則として、前期試験は試験実施年度の5月1日時点、後期試験は試験実施年度の11月1日時点で施行されている内容に基づいて出題されますので、学習に際し、テキスト発刊後に行われた関係法令、会計基準、JIS等の各種規格等改正の有無につきましては、適宜ご確認いただくよう、お願い致します。

xii

第 1 部

ロジスティクス管理の
概念と目的

第 1 章

企業経営と
ロジスティクス管理

この章のねらい

　第1章では、企業経営とロジスティクス管理について学習する。そして、ロジスティクスが、経営効率を左右し、企業の業績や評価を定めることを理解する。

　第1節では、ロジスティクスの基礎を学ぶ。このために、ロジスティクスの考え方、サプライチェーンとロジスティクスの関係、物流機能を理解する。

　第2節では、企業経営とロジスティクス管理の関係を示し、経営におけるロジスティクスの使命と目的、ロジスティクスの管理範囲を明らかにする。

　第3節では、ロジスティクス管理の階層と管理サイクルを学ぶ。

　第4節では、ロジスティクス管理を行う組織について、アウトソーシングやサードパーティ・ロジスティクスの意義と課題を学ぶ。

第1章●企業経営とロジスティクス管理

| 第 1 節 | ロジスティクスと物流

学習のポイント

◆企業は経営環境の変化に適応し、従来の物流の管理範囲を拡大してきている。たとえば、ロジスティクスとして、物流に加えて商流（商取引における受発注）も管理範囲に置くこと、調達・生産・販売を含めて管理することが多くなっている。さらには、調達先から販売先までの供給網（サプライチェーン）を前提に考えることや、資源回収や廃棄物流などを管理することも増えている。

◆ロジスティクスは、受発注と物流を対象にしている。物流は、モノ（商品や物資）の輸送（空間的移動）や保管（時間的移動）などを統合した概念である。物流機能は、輸送・保管・荷役・包装・流通加工・情報の6つから構成されている。

1 ロジスティクスの重要性と定義

(1) ロジスティクスの重要性

　近年、物流に代わりロジスティクスという言葉が用いられるようになってきた。ロジスティクスは軍事用語の兵站という用語とその意味をビジネスの世界に適用したものである。

　ビジネスの世界では、市場の必要とするモノ（商品や物資）を受注してから過不足なく供給するためには、モノを保管や輸送だけではなく、市場ニーズに合わせて、包装や品ぞろえをする必要がある。さらには、売れているモノを提供し、売れないモノを市場から引き上げることも必

要になる。

　このようなビジネスにおいて、ロジスティクスの重要性は、商品の多品種化の進展とともに認知されるようになってきた。なぜならば、市場にモノ（商品や物資）が行き渡り、売れるモノと売れないモノの差が大きくなるにつれ、販売先のニーズ変化（販売物流）への対応、在庫管理（社内物流）の重要性、生産計画や仕入計画（調達物流）などが重要になっているからである。

（2）ロジスティクスの定義

　ロジスティクス（Logistics）とは、「商品や物資を顧客の要求に合わせて届けるとき、物的流通（物流：受注から出荷を経て入荷まで）を中心に、ときには受発注を含めて、効率的かつ効果的に、計画、実施、管理すること」である。

　また、世界で最も大きなロジスティクス団体である米国SCMプロフェッショナル協議会（CSCMP：Council of Supply Chain Management Professionals）（旧CLM：Council of Logistics Management）では、サプライチェーンと関連づけて、ロジスティクス管理を以下のように定義している。

　「ロジスティクス管理とは、サプライチェーン・マネジメント（SCM）の一部であり、顧客の要求に適合させるために、商品、サービスとそれに関連する情報の、発生地点から消費地点に至るまでの動脈および静脈のフローと保管を、効率的、効果的に計画、実施、統制することである」

　ロジスティクスを実践するのは、荷主（メーカー、卸・小売業者、消費者など）と物流事業者（輸送業者、保管業者など）であり、主に民間部門ということになる。このとき、港湾や流通業務団地や道路などの交通施設を利用し、関連する法制度のもとで物流活動を行っている。このため、公共部門が適切な施設や法制度を整備することにより、民間部門のロジスティクスがより円滑になる。

第1章 ● 企業経営とロジスティクス管理

（3）ロジスティクスの多様化

　現在は、ロジスティクスというと「ビジネス・ロジスティクス」を指すことが多いが、以前はインダストリアル・ロジスティクス（Industrial Logistics＝産業のためのロジスティクス）という言い方もあった。

　また近年では、ロジスティクスにおいて多様な概念も生まれている。たとえば、**サステナブル・ロジスティクス**（Sustainable Logistics＝持続可能なロジスティクス）、グリーン・ロジスティクス（Green Logistics＝環境にやさしいロジスティクス）、リバース・ロジスティクス（Reverse Logistics＝資源回収や廃棄のロジスティクス）などの言葉もある。また、ヒューマニタリアン・ロジスティクス（Humanitarian Logistics＝人道上のロジスティクス）や、**ソーシャル・ロジスティクス**（Social Logistics＝社会のためのロジスティクス）などもある。

2　ロジスティクスとサプライチェーン

（1）サプライチェーンとSCMの内容

　サプライチェーン（Supply Chain）とは、一般的には、原材料調達から消費までを結ぶ供給網である。たとえば、ハンバーガーを考えてみると、農場で収穫された小麦が小麦粉になり、工場でパン（バンズ）となって店舗に運ばれる。同じように牧場で育成された牛からハンバーグとなり、最終的に店舗でハンバーガーとなる。このとき、パンは店舗からパンメーカーに発注され、受注したパンメーカーは工場からパンを出荷し、店舗に入荷する。このように、「発注・受注・出荷・入荷のサイクル」が繰り返されている。→図表1-1-1

　このように考えると、サプライチェーンとは、「原材料の調達と商品の生産から、顧客への販売に至るまでのプロセスにおいて、『企業間と企業内』で繰り返し生じる商品や物資の『発注・受注・出荷・入荷』のロジスティクスのサイクルを『複数の鎖（チェーン）』に見立てたもの」と考えることができる。

図表1-1-1 ●ハンバーガーのサプライチェーン

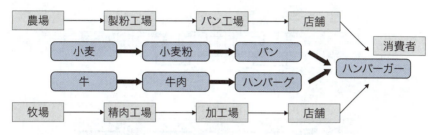

図表1-1-2 ●サプライチェーンと物流の内容

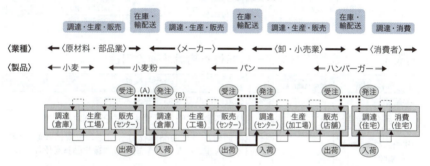

　ロジスティクスのサイクルのうち、「受発注活動（発注→受注）」は、商取引流通（商流）の一部でもある。そして、物的流通（物流）は、「倉庫などの施設内での在庫や生産などの活動（受注→出荷）」と、「施設間での輸送活動（出荷→入荷）」がある。

　なお、サプライチェーン・マネジメント（Supply Chain Management：SCM）とは、「商品や物資の最適な供給を実現できるように、サプライチェーン全体を管理すること」である。→図表1-1-2

（2）「調達・社内・販売」と「発注から入荷」のロジスティクス

　メーカーや卸・小売業などの荷主の立場で考えてみると、ロジスティ

図表1-1-3 ●調達・社内・販売のロジスティクスと物流活動

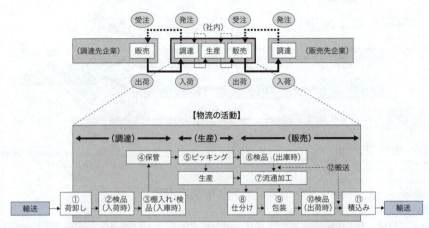

図表1-1-4 ●物流センターにおける物流活動の内容

物流活動	物流機能	内容
①荷卸し	荷役機能	貨物自動車から商品や物資をおろす作業
②検品（入荷時）	荷役機能	入荷された商品や物資の数量や品質を確認する作業
③棚入れ・検品（入庫時）	荷役機能	検品（入荷時）した商品や物資を所定の位置に収める作業、および入庫された商品や物資の数量や品質を確認する作業
④保管	保管機能	入庫された商品や物資を保管する
⑤ピッキング	荷役機能	保管位置から必要な商品や物資を注文に合わせて取り出す作業
⑥検品（出庫時）	荷役機能	ピッキングされた商品や物資の数量や品質を確認する作業
⑦流通加工	流通加工機能	商品や物資をセット化したり値札を付ける作業
⑧仕分け	流通加工機能	商品や物資を温度帯や顧客別に分ける作業
⑨包装	包装機能	商品や物資の品質を維持するために材料で包んだり容器に入れる作業
⑩検品（出荷時）	荷役機能	出荷する商品や物資の数量や品質を確認する作業
⑪積込み	荷役機能	貨物自動車へ商品や物資を積み込む作業
⑫搬送	荷役機能	商品や物資を比較的短い距離移動させる作業 　横持ち搬送：水平方向に移動する作業 　縦持ち搬送：垂直方向に移動する作業

図表1-1-5 ●「発注・受注・出荷・入荷」のサイクルとロジスティクス

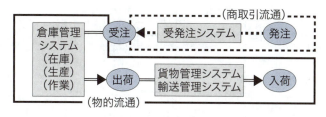

クスは、調達・社内・販売の3つに分けることができる。→図表1-1-3・4

さらに、発注・受注・出荷・入荷のサイクルからロジスティクスを見ると、「発注→受注」の商取引流通と、「受注→出荷→入荷（納品）」の物的流通で構成されることになる（→図表1-1-5）。そして、「発注から入荷」のロジスティクスのサイクルが、企業間のサプライチェーンを結びつけている。

（3）ロジスティクスのネットワーク（商流・物流・輸送ネットワーク）

ロジスティクスのネットワークには、「商流ネットワーク」と「物流ネットワーク」と「輸送ネットワーク」の3つがある。→図表1-1-6

商流ネットワークとは、企業間での受発注による商取引流通（商流）のネットワークである。発注者と受注者を結ぶネットワークなので、企業の本社や営業所などの間を結ぶことが多い。商流ネットワークを物流ネットワークということもある。

物流ネットワークとは、企業間における受発注の後で、モノ（商品や物資）に着目したものである。物流拠点で荷ぞろえをしてから出荷して、輸配送を経て納品するまでのネットワークである。

物流ネットワークは、3つの見方（企業間、地域間、施設間）がある。企業間とは、どの企業からどの企業にモノが移動するかに着目したものである。地域間とは、東京から大阪など、どの地域からどの地域に移動するかに着目したものである。施設間とは、どの施設からどの施設に移

図表1-1-6●商流・物流ネットワークと輸送ネットワーク（例）

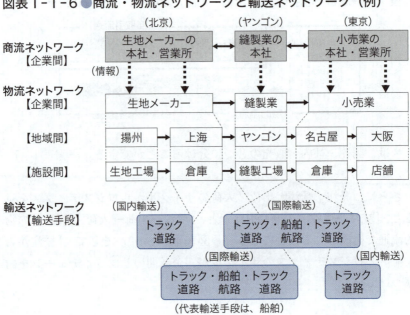

動するかに着目したものである。

　なお、物流ネットワークが、ノード（施設：工場、倉庫、店舗など）とリンク（経路：道路、航路など）で構成されると考えるときのネットワークは、施設間ネットワークになる。

　輸送ネットワークとは、施設間を結ぶ輸送手段に着目したネットワークである。このとき、施設間のネットワークにおいて、複数の輸送手段で輸送されることもある。たとえば、工場から倉庫に輸送されるときは、工場・港湾間でのトラック輸送、港湾間での船舶輸送、港湾・倉庫間のトラック輸送がある。このような場合は、代表的な輸送手段に着目して、船舶輸送と称することが多い。

第1節 ● ロジスティクスと物流

3 物流と物流機能

（1）物流の定義と種類

　物流という用語は、業界や使用する人によって、多様な意味がある。

　代表的な例として、第1は、「物的流通」の略語としての物流であり、輸送・保管・荷役・包装・流通加工・情報の6つの機能を対象にしている。第2は、「物資流動」の略語としての物流であり、輸送や荷役など、モノ（商品や物資）の移動現象を対象にしている。第3は、貨物自動車交通や鉄道貨車の運行や船舶航行など、モノを運ぶ「輸送手段（貨物自動車、鉄道貨車、船舶など）」を指すことがある。

　本テキストでは、第1の「物的流通」の意味で、物流としている。

　物流の語源となったPhysical Distribution（物的流通）は、米国における大陸横断鉄道の開通に伴う広域な市場への販売が行われるようになった1920年代に誕生した言葉である。流通の一分野として、広域への流通を実現するためには、輸送と保管のそれぞれを独立した機能と考えるのではなく、それらを統合した物流としてとらえる必要があった。

　物流を統合的にとらえる必要性は、輸送コストと保管コストのトレードオフ問題が端的に表している。たとえば、保管の拠点となる倉庫を増やすことにより配送コストは低減するが、保管コスト、特に在庫関連のコストは増加する。逆に倉庫の数が少ないと、配送コストが増加する。よって、物流コストの和が小さくなる。このようにトレードオフを踏まえて、物流を考える必要がある。

（2）物流の重要性

　物流の重要性は、次のようにまとめることができる。

　第1は、企業の販売活動に不可欠ということである。一般に企業は、モノ（有形財：商品や物資）やサービス（無形財：技術、ソフトウェアなど）を顧客に提供し、売上げを計上し、利益を得ることで成り立っている。特にモノ（商品や物資）を販売する企業（メーカー、卸・小売業

11

第1章 ● 企業経営とロジスティクス管理

など）は、モノが顧客の元に届かなければ提供したことにならない。よって、これらの企業にとって、物流はなくてはならない活動なのである。

第2に、企業における物流にかかるコストは、企業活動に大きな影響を与えている。（公社）日本ロジスティクスシステム協会の2023年度の調査によれば、GDPに対するマクロ物流コストの比率は約9％と大きな値を占めている。また、個々の企業の物流コストは、売上高に対して平均で5～6％とされており、これは売上げ全体に比較すれば小さいと考えることもできるが、企業の営業利益率と比較すれば大きい。以上のことから、国家の経済活動という観点でも、個々の企業活動においても、物流は経済活動の根幹ともいうべき活動である。

第3に、物流がこのように重要な活動であることからこそ、業種（業界）や企業によって、物流には多くのバリエーションがある。このため、企業が扱うモノ（商品や物資）が異なれば、理想とされる物流のあり方も変わってくる。

第4に、物流は常に経済環境に適応し続けることが求められていることである。近年の傾向としては、企業の海外取引が増えていること、EC **Key Word**（Electronic Commerce＝電子商取引）の進展により小口貨物が増える傾向にあること、トラックのドライバーに不足が見られることなどが挙げられる。

物流を管理するためには、扱うモノの特性や市場構造を把握し、経済

Key Word

EC（Electronic Commerce）——電子的な手段を介して行う商取引の総称である。電子商取引やEコマースと呼ばれることもある。ネット通販などがこれに当たる。

物流インフラ——物流のためのインフラストラクチャー（社会基盤施設、あるいは社会資本）の略。狭義には、鉄道、道路、港湾、空港などの輸送基盤施設を指す。広義には、電力、水道、人材や労働力などの技術基盤、法制度・慣行を含む場合もある。

第1節 ● ロジスティクスと物流

環境の変化を機敏にとらえ、それに適合させるように計画・実施・統制することが必要になる。

第5に、公共部門による企業の物流活動の支援である。公共部門の支援が、社会経済の発展に結びつくことは多いため、各国とも効率的な物流を行うための道路や港湾などの**物流インフラ** Key Word 整備に注力している。また、円滑な物流を確保するために、各種規制や税制を含めた法制度の整備を行っている。この一方で、企業も物流を円滑に管理するためには、物流インフラや法制度の知識が必要になる。

（3）物流の機能

物流は、次の6つの機能から構成されている。→図表1-1-7

① 輸送機能

輸送とは、自動車、鉄道、船舶、航空機などの輸送手段によってモノ（商品や物資）を場所的に移動（空間的移動）させることである。日本では事例が少ないが、海外ではこれらに加え気体・液体や粉粒体を輸送するパイプラインも輸送手段の重要な一部を担っている。輸送機能については、輸送、集荷、配送などの用語も使用されている。

② 保管機能

保管とは、モノ（商品や物資）を物理的に保存し（時間的移動）、管理することである。保管には、保管設備である倉庫および棚などの機器の運用と保存しているモノの管理だけでなく、在庫管理として、入出庫と保管時におけるモノの数量・品質・位置の管理が行われている。なお、貯蔵とは長期間の保管や、有事のための備蓄などに当たる。

③ 荷役機能

荷役とは、輸送や保管を行うときにモノ（商品や物資）を取り扱う活動である。荷役には、輸送されてきたモノの荷卸しから格納までの「各種作業」、保管されている物品の出荷指示に基づいた「ピッキング、仕分け、積込み作業」などが含まれる。

④ 包装機能

13

第1章 ● 企業経営とロジスティクス管理

図表1-1-7 ● 物流機能の内容

分類		項目	内容
リンクの物流機能	①輸送機能	輸送	輸送手段によるモノの移動（長距離が多い）
		集荷	モノを取りに行くこと（短距離が多い）
		配送	モノを届けること（短距離が多い）
	③荷役機能 （リンクとノードの接続機能）	積込み	物流施設から交通機関へ
		荷卸し	交通機関から物流施設へ
		施設内作業	検品・仕分け・棚入れ、ピッキングなど
ノードの物流機能	②保管機能	貯蔵	長時間、貯蔵型保管
		保管	短時間、流通型保管
	④包装機能	工業包装	輸送・保管用、品質保護主体
		商業包装	販売用、マーケティング主体
	⑤流通加工機能	生産加工	組み立て・スライス・切断など
		販売促進加工	値札付け・詰め合わせなど
	⑥情報機能	数量管理情報	入出庫、在庫
		品質管理情報	温湿度管理、振動管理など
		位置管理情報	自動仕分け、貨物追跡など

　包装とは、物品の輸送と保管などにあたって、モノ（商品や物資）の品質および状態を維持ないし保護するために、適切な材料や容器などをモノに施す技術、および施した状態である。

　包装には、工業包装と商業包装の2種類がある。工業包装とは、輸送や保管のための包装であり、品質保護が目的である。商業包装とは、販売用のための包装であり、マーケティングが目的である。

　もう1つの包装の分類に、個装、内装、外装がある。個装とは、消費者が商品を購入する際の包装をいう。内装とは、個装を決められた数にまとめたものの包装をいう。外装とは、輸送、保管にあたって状態保護を目的とした包装をいう。

　個装、内装は多くの場合、工場の生産ラインの中で施される。物流の対象となるのは、主に外装である。物品を箱・袋・樽・缶などの容器に

入れ、もしくは無容器のまま結束し、記号・荷印などを施す。

⑤　流通加工機能

　流通加工とは、倉庫、車両、店舗などにおいて、モノ（商品や物資）に付加価値を与える各種作業である。流通加工には、生産加工と販売促進加工がある。

　生産加工には、アパレル業でのアイロンがけ、ハンガー掛けなど、生鮮品でのカッティングやパック詰め、機械製品でのセッティングなど、従来は工場あるいは店頭で行ってきたさまざまな作業が倉庫内で行われるようになってきている。販売促進加工には、値札付けやシール付け、商品の詰め合わせなどがある。

　このように、物流の高度化に伴い、流通加工の作業は増加している。

⑥　情報機能

　情報機能とは、「輸送や荷役だけでなく、保管などの他の物流機能も含めて、物流を効率的に行うための情報の収集・伝達・表示などのこと」である。この物流情報は、「数量管理情報」「品質管理情報」「位置管理情報」に大別できる。

　数量管理情報とは、入庫・在庫・出庫管理情報などである。これらはいずれも、モノの数量を適切に把握しようとするものである。

　品質管理情報とは、品質の劣化や安全を保つための情報であり、輸送中の振動にかかわる情報や、温湿度管理や製造日などの情報などである。

　位置管理情報には、トラックや貨物の位置、倉庫などでの商品の位置がある。位置情報により、貨物追跡システムや自動仕分けシステムが可能となる。

　これらの数量・品質・位置の情報を有効に用いることで、輸送情報システムや倉庫管理システムなど、多様な物流情報システムを構築・活用することができる。

（4）原材料から資材までの物流（動脈物流）

　企業における物流は、動脈物流と静脈物流に分けて考えることができ

図表1-1-8 ● 動脈物流と静脈物流

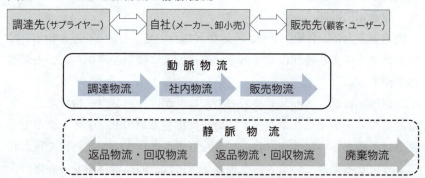

る。このうち動脈物流とは、原材料から製品となって、顧客（納品先あるいは最終消費者）に届くまでの物流である。→図表1-1-8

この動脈物流は、調達物流、社内物流、販売物流の3つがある。

第1の調達物流とは、メーカーにおいて原材料や部品を調達するときの物流や、流通業において仕入れのときの物流である。日本の商慣行では店着価格制（物流コストを含めて取引価格とすること）が大半であるため、調達物流は調達先（仕入れ先）の業務と考えて、自社の管理の対象外としている企業が多い。しかしながら、調達（仕入れ）に伴い発生する業務は煩雑であり、また、少量かつ多頻度の調達は、高コストとなることが多い。このため、調達先から自社を経て販売先までを視野に入れながら、調達物流の効率化に取り組む事例が増えている。

スーパーマーケットやコンビニエンスストアなどチェーン展開を行っている小売業では、みずからが調達物流を構築している例が多く見られる。また、組み立て型の製造を行うメーカーでは、自社で調達先から集荷を行うミルクランと呼ばれる例や、調達先が組み立てメーカーの工場内の製造ラインに至るまで必要なだけの部品をそろえて納品する例が見られる。

第2の社内物流とは、工場から社内の倉庫、倉庫から支店までというような、社内の拠点間の輸送や保管などのことである。社内物流は、同

じ社内の部門間（調達部門、生産部門、販売部門など）における物流だからこそ調整も容易であり、効率性を重視して構築されることが多い。

第3の販売物流とは、販売先（顧客）にモノ（商品や物資）を納品するための物流である。販売物流で重要なことは、販売先（顧客）とあらかじめ取り決めた物流サービスを実現できるように、物流システムを構築することである。このように、物流サービスは販売先に提供する商品に付随するものなので、物流サービスにかかるコストとそれにより得られる利益を勘案しながら、販売先（顧客）との間で、販売物流における物流サービスの水準を決めていく必要がある。

（5）返品・回収・廃棄の物流（静脈物流）

静脈物流（リバース・ロジスティクスともいう）とは、販売先から戻ってくる物流や、使用後の物流である。静脈物流には、返品物流、回収物流、廃棄物流の3つがある。

第1の返品物流とは、売れ残りや不良品などでモノ（商品や物資）が、販売元に返されるときの物流である。このうち物流に起因する返品には、配送した物品が発注された物品と異なることや、あるいは届ける過程で発生する破損や汚損がある。生産に起因する返品には、製品の不具合がある。

また、アパレル業界では、売れ残ったものは返品として受け付けるという商慣行に伴い、返品物流が発生することがある。さらには、契約上は売れ残り品の返品を受け付けないことになっているにもかかわらず、企業間の力関係により返品されることもある。

返品物流は、ケースなど単位当たりのコストが、販売物流の約3倍かかるといわれている。返品そのものを減らすことが、返品物流のコスト削減になる。

第2の回収物流とは、納品時に使用したパレットや通い箱など輸送用具を回収するような物流と、製品の不具合に伴う回収（リコール）の物流である。

第1章 ● 企業経営とロジスティクス管理

　特に、不具合が発生したときに、不具合の発生箇所や該当する製品・商品の使用先を速やかに特定するためのしくみとして、トレーサビリティがある。トレーサビリティのシステムは、不具合などで回収物流が発生した場合に、回収にかかるコストや回収を予防するためにかかるコストを総合的に判断し、構築し運用することが重要である。

　近年では循環型社会に向けた３Ｒ Key Word が注目されており、製品のリユースやリサイクルを、円滑かつローコストで行う回収物流のしくみづくりが注目されている。

　第３の廃棄物流とは、廃棄物の輸送や処分を行う際の物流である。循環型社会の形成に向け注目されている分野であり、効率化の余地は多く残っているが、みずからが手がけている企業は少ない。この理由の１つには、安全性の確保や資源のリサイクルという視点から、廃棄物流に対してさまざまな法制度や規則が存在するからである。

　たとえば、家庭などから排出される一般廃棄物は市町村に処理責任があるのに対し、業務系一般廃棄物と産業廃棄物は排出業者に処理責任がある。また、許可を持っている事業者に収集運搬や処理を委託する場合でも、廃棄物の処理および清掃に関する法律（廃掃法）に則した手続をとる必要がある。

Key Word

輸送、配送、集荷──本テキストでは、広義の輸送はモノ（商品や物資）の空間的な移動を指しており、輸送、配送、集荷などを含めた概念としている。輸送を細かく分けたとき、狭義の輸送とは、長距離で１対１（１カ所から１カ所＝one to one）の移動を指すことが多い。配送は、比較的短距離で１対多（１カ所から多カ所＝one to many）の移動を指すことが多い。また、集荷は比較的短距離で多対１（多カ所から１カ所＝many to one）の移動を指すことが多い。ただし、これはあくまでも原則であり、業界や企業それぞれで、所有権、距離、発地と着地の数などによって使い分けているのが実態である。なお、貨物自動車運送事業法などの法律では「運送」という言葉が使われている。

３Ｒ──Reduce（発生抑制）、Reuse（再利用）、Recycle（再資源化）を指す。

第1節●ロジスティクスと物流

4 ロジスティクス管理のテキストの構成

　ロジスティクス管理の3級と2級のテキストの構成は、図表1-1-9のようになっている。

　ロジスティクス管理3級のテキストは、ロジスティクス管理の基本的な考え方を中心にまとめられている。ロジスティクス管理2級のテキストは、3級の基本的な考え方の延長として、ロジスティクス管理の具体的な構築方法や管理方法に重点が置かれている。

　3級と2級のテキストは相互に関連しているので、必要に応じて参考にすることが望ましい。

　また、参考までにロジスティクス・オペレーションのテキスト（3級・2級）の構成も示す。→図表1-1-10

図表1-1-9●ロジスティクス管理のテキスト（3級と2級）の構成

	【管理3級】	【管理2級】
第1部	**ロジスティクス管理の概念と目的**	
	1. ロジスティクス管理の概念と役割	1. 企業経営とロジスティクス管理
	2. 物流に関する人材労働・環境資源・安全安心問題	2. ロジスティクスに関する環境・資源・労働力問題
	3. 物流政策と関連法制度	3. わが国と海外の物流政策
第2部	**物流サービスと物流システムの内容**	**物流サービスと物流システムの構築**
		4. ロジスティクスの評価と改善
	4. 物流サービス管理	5. 物流サービスの種類と管理
	5. 物流システム管理	6. 物流システムの開発と管理
第3部	**ロジスティクス管理の内容**	**ロジスティクス管理の計画**
	6. 在庫管理	7. 在庫管理の計画
	7. 輸配送管理	8. 輸配送管理の計画
	8. 物流コスト管理	9. 物流コスト管理の計画
第4部	**業務管理システムと情報システム**	**ロジスティクス情報システムと国際物流**
	9. ロジスティクス情報システムの基礎	10. ロジスティクス情報システムと情報通信技術
	10. 実行系ロジスティクス情報システム	11. 業務別ロジスティクス情報システムの構築開発
		12. 国際物流における業務内容と情報システム

19

第1章 ● 企業経営とロジスティクス管理

図表1-1-10 ● ロジスティクス・オペレーションのテキスト
（3級と2級）の構成

	【オペレーション3級】	【オペレーション2級】
第1部	**ロジスティクス・オペレーションの内容**	
	1. ロジスティクス・オペレーションの概念と役割	
	2. 包装の種類と役割	2. 輸送包装の適正化・標準化
	3. パレットとコンテナ	3. パレチゼーションとコンテナリゼーション
第2部	**物流拠点の業務内容**	**物流拠点の計画と物流センター**
	4. 荷役とMH	4. 物流センターの計画
	5. 保管と倉庫	
	6. 荷役機器と保管機器	5. 物流センターの管理と運営
	7. 物流拠点と物流センター	
第3部	**輸配送の業務内容**	**輸送機関の選択と輸配送システム**
	8. 輸送	6. 輸送機関の特性と選択方法
	9. 輸配送システム	7. 輸配送システムの計画
第4部	**国際輸送と約款・保険・法制度**	**国際化と社会への適応**
	10. 国際輸送の業務内容と特徴	8. 国際輸送
	11. 約款・保険と関連法制度	9. ロジスティクスの社会への適応

第2節 ● 企業経営におけるロジスティクス管理

| 第 **2** 節 | # 企業経営における
ロジスティクス管理 |

学習のポイント

◆企業経営とロジスティクスの関連を理解する。
◆経営におけるロジスティクスの使命と目的を理解する。
◆ロジスティクスの管理範囲を理解する。

1 企業経営におけるロジスティクス管理の役割

（1）企業経営を取り巻く環境変化とロジスティクス

　現在の企業経営を取り巻く環境の変化は著しい。市場の不透明化は、2000年ごろからのICT（Information and Communication Technology＝情報通信技術）の急速な進展に伴い、ますます加速している。インターネットによる比較サイト、SNS（ソーシャル・ネットワーキング・サービス）などによる口コミにより、商品の売れ行きは急激に変化するようになっている。

　また、急速なグローバリゼーションの進展は、世界中からの原材料・部品の調達、海外生産、世界各国への販売の急増という形でサプライチェーンを複雑にしている。近年では、一部で工場の国内回帰も見られるが、製造業の海外売上高比率は高い。このグローバリゼーションの影響は海外企業との競争という中で、企業は、より高い資本効率、売上高伸張率を求められることとなっている。

　加えて、リスク管理の必要性も増している。東日本大震災では、東日本の工場が罹災したことにより、世界の名だたるメーカーの工場が部品

21

や部材を調達できずに生産がストップすることとなった。また、環境問題の深刻化や世界各地での紛争などのリスクの増加も、サプライチェーンとロジスティクスを見直すきっかけとなっている。

これらの変化は、ロジスティクス管理に影響を及ぼしコスト低減とともに、国際物流の知識の重要性が増していることはいうまでもない。また、変化がICTにより起こったのであるから、ICTの活用も考えなければならない。

（2）ロジスティクスにおける管理とリスク回避の重要性

ロジスティクスにとって最も重要となってきているのは、確実な管理とリスク回避である。

第1は、国際化に伴い、輸送や在庫をはじめロジスティクスの管理がきわめて重要になっている点である。特に、急激な市場の変化が国際的に起きており、国内だけでの調達・生産・販売と比較して、国内を含む国際間での調達・生産・販売においては、より長いリードタイムの中での輸送や在庫のコントロールが、調達計画や生産計画も含めて重要になっている。すなわち、生産部門の領域（生産工程、工場立地、委託先の生産キャパシティや立地等）、開発部門の領域（部品・部材の標準化や製品設計等）、営業部門の領域（販売計画策定とその管理等）にまで踏み込んで、市場へのモノ（商品や物資）の過不足ない供給を実現していくことが求められるようになってきている。

第2は、リスクの増加に伴い、リスク回避目的から物流のコントロールがとらえられている点である。地震や台風など自然災害が多く、かつ資源を海外に頼っているわが国では、緊急支援のための輸送や備蓄の対策が不可欠になっている。特に、東日本大震災、タイの洪水、新型コロナウイルス感染症、国際紛争などにより、資源や原材料の入手が困難になることもある。最近では、半導体製品の入手困難による自動車生産の遅れなどもあり、労働力不足に伴う輸送能力の低下も話題となっている。このように、国際的なサプライチェーンを考えたときには、調達・生産・

流通・販売を通じて、リスク回避も重要な課題となっている。

(3) 経営目標とロジスティクス施策

国際間での企業競争の激化と、その中におけるロジスティクスの重要性増大という観点から、ロジスティクスは企業価値向上に直結することが求められている。企業価値の向上のための経営目標とロジスティクス施策との関係は次のとおりである。→図表1-2-1

図表1-2-1●経営目標とロジスティクス施策

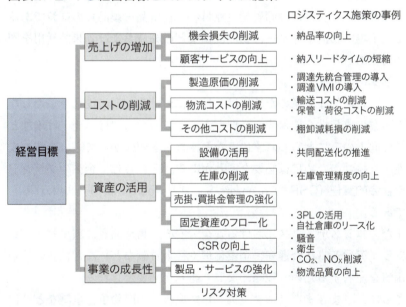

① 売上げの増加

売上げ増加のためのロジスティクスは、顧客満足（CS：Customer Satisfaction）をいかに得るかが重要である。このためには、機会損失の削減と顧客サービスの向上に努めながら、在庫アベイラビリティ（有用性または利用可能性）の向上、市場変動への対応、市場占有率の向上を

目指す必要がある。

②　コストの削減

コストの削減は、ロジスティクスにかかわるすべてのコスト削減である。よって、製造原価や物流コストを含むサプライチェーン全体におけるコスト削減が要求される。このとき、さきの売上げ増加（例：個客サービスの向上）と、コスト削減（例：在庫削減）の間でのトレードオフに留意する必要がある。

③　資産の活用

資産の活用では、ロジスティクスに供される固定資産（土地・建物・機械設備）の削減と、棚卸資産（原材料・仕掛品・製品）の削減である。また、工場、物流センター、物流設備などの縮減および効果的活用を図る必要がある。

④　事業の成長性

企業の長期的な繁栄のためには、社会における企業の役目を果たしながら事業の成長性を確保する必要がある。このためには、売上げ増加と収益性向上のみにとらわれずに、たとえコストがかかっても、企業の成長性・永続性のためには必要なことがある。それらは、企業のブランド力や社会的責任（CSR：Corporate Social Responsibility）といわれるものである。

また、ロジスティクスにおける安全・安心、物流品質、環境対応、コンプライアンス（法令遵守、企業倫理や社会貢献など）などは、直接企業価値を左右するため、戦略的な取り組みが必要とされる。

さらに、さまざまなリスク（例：自然災害、国際紛争、争議など）によって、サプライチェーンの断絶や物流費用の急騰などの事態も含めて、BCP（Business Continuity Plan＝事業継続計画）が重要になっている。

図表1-2-1からもわかるように、経営目標に基づくロジスティクス施策が、企業価値の向上にも寄与している。

2 企業経営におけるロジスティクス管理の目的

　企業経営におけるロジスティクス管理の代表的な目的は、5つある。顧客満足の向上、ロジスティクス・ネットワークの形成、ロジスティクス・システムの形成、ブランド力と社会的責任の向上、在庫マネジメントによる経営効率化、である。

（1）顧客満足（CS：Customer Satisfaction）の向上

　顧客満足（CS）は、売上げの増加に直接関連するロジスティクスの目的の1つである。ロジスティクスが提供するモノ（商品や物資）と顧客サービスによって顧客の満足度が変わり、企業の売上げが左右される。よって、顧客ニーズを知って、他社との競争優位に立つ顧客サービスを提供することが重要である。

　顧客ニーズへの俊敏な対応、在庫アベイラビリティの向上、リードタイムなどの優位性によって、顧客満足を向上させることができる。逆に品切れなどによって売上げ機会損失が増大すれば、顧客満足の低下に結びつく。このほか、納品の正確性や情報提供、ドライバーの態度や印象なども、顧客満足の向上の対象として考えられる。

　なお、一般的に顧客満足と表現することが多いが、満足度を測定するような場合には顧客満足度とすることが多い。

（2）ロジスティクス・ネットワークの形成

　ロジスティクス・ネットワークは、リンク（Link＝経路）とノード（Node＝結節点）の組み合わせで形成される。このロジスティクス・ネットワークは、主に自社が関与できる範囲での、資材調達先のサプライヤーから最終顧客までのつながりである。このため、ロジスティクス・ネットワークは、多くのサプライヤーからの「資材調達」、工場における「生産」、物流センターにおける「保管と管理」、受発注を伴う「商取引」、配送センターにおける「荷ぞろえ」、顧客への「配送」などで構成

第1章 ●企業経営とロジスティクス管理

される（→前掲図表1-1-6参照）。

このとき、スループットタイム（通過時間：製造業などにおいて、「資材が納入されてから製品となるまでの時間」）に大きな影響を与える。なぜならば、スループットタイムには、ノードにおける在庫保管期間も含まれ、スループットタイムが短いほど投下資本の回収スピードが速いことを意味するので、ロジスティクス・ネットワークの形成は、ロジスティクスに供する固定資産の大小を左右することになる。よって、経営における投下資本回収の効率化にも影響を与える。特にグローバルなロジスティクス・ネットワークでは、スループットタイムの長短が大きく影響する。

この一方で、スループットタイムの短縮は在庫の削減につながるので、リスク対策との兼ね合いが重要になる。特に、グローバルなロジスティクス・ネットワークでは、自然災害や国際紛争などを含め、ネットワークの断絶に備えて、適正な在庫やスループットタイムの設定が必要なことも多い。

以上のことから、ロジスティクス・ネットワークの形成は、経営効率や企業価値の向上に直接影響するため、スループットタイムの短縮による効率化と、リスク対策としてのBCPのバランスをもとに、考えていく必要がある。

なお、「スループットタイム」に似た概念として、「キャッシュコンバージョンサイクル（CCC＝現金化時間）」がある。このCCCは、〔在庫日数＋売掛金回転日数－買掛金回転日数〕で求められる。スループットタイムの短縮やCCCの効率化には、適正な在庫管理を実施して在庫回転期間を削減することが重要である。

（3）ロジスティクス・システムの形成

ロジスティクス・システムは、主に企業の収益性向上のためにコストを低減し、競争力を増強するために形成することになる。

このため、ロジスティクス・システムは、輸送や保管などの単一の物

流機能のコスト低減だけでなく、受発注から物流を含めロジスティクス・システム全体の効率化や適切なマネジメントによって、顧客満足の向上とトータルコストの低減を図ることが重要である。そのためには、ロジスティクスのさまざまな活動の過程での、顧客サービスのあり方と明確なコスト把握に基づく、改善・改革の視点が不可欠である。

（4）ブランド力と社会的責任

　企業のブランド力とは、本来商品やサービスが持つ価値であるが、多くの場合は、顧客のイメージや顧客からの信頼でもある。たとえば、高級感や安全性、上品なイメージなどとともに、企業の社会的責任の遂行と地球環境に配慮することで、ロジスティクスにおいてもブランド力を高めている。

　このように、商品やサービスの品質のみならず、企業の果たすべき社会的責任を含めたロジスティクス遂行が信頼を獲得する。よって、いわゆるコンプライアンスや地球環境への対応などを含め、ロジスティクスの使命は大きい。

（5）経営効率化

　経営効率化の目的の1つに資産の効率的な運用がある。経営効率化指標としてのROA（Return On Assets＝総資産利益率）は、以下の式で表される。

$$ROA = \frac{純利益}{総資産} = \frac{売上高 - 総費用}{流動資産 + 固定資産}$$

　この式の分母の総資産量に着目すると、流動資産は、在庫の削減により減らすことができる。また、固定資産は、ロジスティクスの施設や設備の効率的な使用により減らすことができる。これらにより、総資産を減らすことができれば、ROAを向上させることができる。

　一方で分子に着目すると、輸送コストや在庫コスト、管理コストの削

第1章●企業経営とロジスティクス管理

減により減らすことができる。これにより、売上高が変わらなくても総
利益を増やすことができれば、ROAを向上させることができる。

　このとき在庫に限定して考えると、在庫の削減は資産の減少による
ROAの向上に結びつくが、逆に在庫の増加は、欠品率の低減と売上高の
増加によるROAの向上に結びつく。

　以上のように、経営効率といっても、資産の有効利用（施設の減少、
在庫の削減など）と顧客サービスの向上（欠品率の削減など）は、多く
の場合、トレードオフの関係にあるので、慎重な検討が必要である。

第3節 ● ロジスティクス管理の階層と管理サイクル

|第 **3** 節| # ロジスティクス管理の
階層と管理サイクル

学習のポイント

◆ロジスティクス管理の階層とサイクルを理解する。
◆問題の発見と解決について、問題の種類、問題の特徴、発見
　と解決のための代表的な手法を理解する。

1 ロジスティクス管理の階層

　ロジスティクス管理は、前節で述べたように、個客満足からコスト削減まで広範囲にわたるため、管理することは難しい。そこで、管理を容易にするために、管理の対象を分野と階層に分ける方法がとられている。本節では、ロジスティクス管理の内容を、横に分野別で上下方向に階層別で分け、図表1-3-1のように分類する。

(1) ロジスティクスの戦略管理

　ロジスティクス戦略とは、「ロジスティクスの達成目標を設定して、各種計画を立案・実施・統制すること」である。ロジスティクスの戦略管理では、経営戦略、マーケティング戦略、流通政策（チャネル政策）と並行して、これらを達成するためのロジスティクス戦略を策定する。なお、ロジスティクス戦略は、その実現に向けた長期的な施策とその実施時期等を定めた中期計画とすることが一般的である。

　ロジスティクスの戦略管理の、立案から評価・分析までのおおまかなプロセスとそれぞれの業務内容は、以下のとおりである。

第1章●企業経営とロジスティクス管理

図表1-3-1 ●ロジスティクス管理の階層

戦略管理	(1)ロジスティクスの戦略管理 （戦略策定、目標設定、計画策定、調整、評価）

運営管理	(2)需給管理	(3)ロジスティクス・システム管理	(4)顧客サービス管理	(5)調達管理

作業管理	(6)ロジスティクスの作業管理（物流、受注、購買） （指標設定、管理、改善、報告）

① 将来の動向の見極めとロジスティクス戦略の策定

　将来の経営環境や社会環境の変化を予想し、将来の入出荷や輸配送の需要量を予測したうえで、顧客サービス水準、在庫量、輸配送量、拠点運営や設備投資などの目標を設定し、関連する各種計画の立案・実施・統制について、長期的なロジスティクス戦略を立てる。

② ロジスティクス戦略に基づく中期的な施策および達成目標の設定

　長期的なロジスティクス戦略に基づき、その達成に向けて行うべき施策と数年後に到達すべき数値を、中期目標として設定する。

③ 中期計画の策定、実行予算の策定

　中期目標を達成するための施策の実施スケジュールと、進捗状況を確認するために年度ごとや四半期単位での目標数値を決める。また、これに伴う実行予算を立てる。

④ 部門間調整

　策定された中期計画の達成に向けて、社内関連部署、取引先等との調整を行う。

⑤ 中期計画の実行状況の評価・分析と対策の立案

　策定された中期計画に基づき、年度ごとや四半期単位での実行状況を把握・評価し、問題点を抽出・分析して、対策を立てる。

（2）運営管理における需給管理

　ロジスティクスの運営管理における需給管理では、ロジスティクス戦略で定めた目標として、顧客サービス水準（納品率など）、目標在庫量、輸配送量などの達成に向けて、実態の把握と目標との差異をチェックし、改善を行っていく。

　①　全社および物流拠点の在庫供給計画の作成と指示

　　全社出荷量および販売計画から需要予測を行い、全社の現在庫量と合わせて供給計画を策定し、生産指示／購買指示を行う。

　　物流拠点の在庫について、その拠点の管轄する営業部署の販売計画を勘案して拠点供給必要量を計算し、在庫移動指示を行う。また、顧客サービス水準を満足しているか、確実な輸配送が実現できているかを確認する。

　②　需要および在庫状況の検証

　　全社および物流拠点において、出荷量、供給計画値、在庫量をチェックし、異常を早期に把握する。

　③　物流拠点ごとの在庫管理の改善

　　物流拠点において、商品アイテムごとの在庫管理について見直しをして、必要に応じて安全在庫量などの設定を変更する。

　④　需要予測手法の改善

　　需要予測の予測手法や、予測に使用する変数の設定方法を見直す。

　⑤　欠品／品薄時の各種対応

　　商品アイテムごとの欠品／品薄を早期に発見し、生産指示、営業への割当枠設定、社内在庫移動などの各種手配を行う。

（3）運営管理におけるロジスティクス・システム管理

　ロジスティクスの運営管理におけるロジスティクス・システム管理とは、物流拠点の配置や在庫や輸配送などで構成されるロジスティクス・システムを、最適な状態に維持するために管理することである。

　ロジスティクス・システム管理では、ロジスティクス戦略の遂行のた

めに、物流拠点の配置や在庫・輸配送のシステムを設計・構築（Plan）し、このシステムで実施（Do）して、その運営状況についてチェック（Check）し、改善が必要な場合はそれを実施（Act）する。

① ロジスティクス・システム計画の策定

ロジスティクス・システムの計画では、経営戦略やロジスティクス戦略に基づき、将来のあるべきロジスティクス・システムを検討し、計画を策定する。

② ロジスティクス・システムの開発・設計

ロジスティクス・システムの開発・設計では、ロジスティクス・ネットワークの構築という視点で、輸送計画（リンク）と物流拠点（ノード）の計画を立て、具体的なネットワークの設計を行う。

③ ロジスティクス情報システムの設計・開発・構築

ロジスティクス情報システムの設計・開発・構築では、倉庫管理システムや輸配送管理システムなど、具体的な業務に適用するシステムを開発または選定して、構築する。

④ 物流機器・設備導入

物流機器・設備導入では、在庫計画や輸送計画に基づき、最適な機器や設備の導入計画を立てる。このとき、導入の方法や時期、および採算性を検討する。

⑤ 評価・分析システムの構築

評価・分析システムの構築では、ロジスティクス・システムの実用上の課題や問題点をチェックするための手順を確立する。具体的には、コスト分析、在庫分析、顧客サービス分析、シミュレーションなどの分析・評価を行いながら、実際の業務に組み込んでいく。

⑥ 計画と実績の管理と修正

計画と実績の管理と修正では、導入したロジスティクス・システムの運用開始後は、計画と実績を対比しながら、ロジスティクス・システムの計画時に定めた目標値の達成状況をチェックする。目標値と実績値が大きくずれた場合には、その原因を分析し、対策を立てる。

（4）運営管理における顧客サービス管理

ロジスティクスの運営管理における顧客サービス管理とは、顧客との接点としての、注文、納品、クレームなどを統合的に管理することである。顧客サービスとコストの間の関係（顧客サービスを高めるとコストが高くなるような関係）を勘案しながら、顧客ニーズを実現することを目的とする。

たとえば、加工食品メーカーや日用雑貨メーカーでは、顧客サービス管理を、ロジスティクス管理の重要な要素として位置づけている例がある。

① 顧客管理

顧客管理では、顧客企業情報の管理、顧客企業への商品情報の提供、物流サービス水準の設定と遵守状況の検証、顧客企業との間のプロセス連携の企画・実施・統制などを行う。

② 受注管理

受注管理では、注文の受け付け、納品の手配、納品状況の確認までの一連の業務の実施と、イレギュラー発生時の各種手配を行う。

③ クレーム管理

クレーム管理では、迅速な解決、処理、改善が重要である。このために、顧客からの相談の受け付け、関連部署への連絡、回答までの間の手順や方法のチェックを行う。

④ 顧客満足度の調査

顧客満足度の調査では、定期的に顧客へのアンケートなどで顧客満足度をチェックする。結果を分析し、問題のある場合は対策を立てる。

（5）運営管理における調達管理

ロジスティクスの運営管理における調達管理とは、原材料、資材、サービスなどの調達を担う調達先（サプライヤー）について、その選定と管理や購買管理を行うことである。ときには、サプライヤーの持つ技術の研究開発部門への紹介などを行うこともある。

たとえば、大手食品メーカーや日用雑貨メーカーでは、海外からの調

達管理をロジスティクス管理の一部と位置づけている例がある。また、電機メーカーや電子機器メーカーでは、購買管理のみをロジスティクス管理の一部と位置づけている例がある。

① 調達先（サプライヤー）の選定

調達先（サプライヤー）の選定では、求められる品質や供給能力を満たしながら、コストとの両立を満たす調達先を選定する。

② 調達先（サプライヤー）の管理

調達先（サプライヤー）の管理では、調達先との契約、定期的な実態把握と評価、調達先との業務の連携などについて、計画・実施・統制などを行う。

③ 購買管理

購買管理では、製造部門の生産計画に合わせ、納期とともにコストや品質を勘案し、それに適した調達先（サプライヤー）へ購買発注を行う。また、必要に応じ、調達輸送の手配を行い、受け入れまでの工程のチェック、トラブルが発生したときの各種手配などを行う。

（6）ロジスティクスの作業管理（物流、受注、購買）

ロジスティクスの作業管理とは、月・週・日単位での具体的な実行計画を策定し、物流作業、受注作業、購買作業などの遂行状況を管理することである。このとき管理指標を設定し、日常管理と現場指導とともに教育・訓練を行う。

① 作業レベルの管理指標と数値目標の設定

作業レベルの管理指標と数値目標の設定では、顧客サービス管理、在庫管理、輸配送管理、物流品質管理、物流コスト管理などの管理指標を設定する。次に、管理指標ごとに数値目標を設ける。

② 作業者の管理

作業者の管理では、個々の作業者について、出退勤、体調などの労務管理を行う。また、個々の作業者の生産性や作業品質をチェックし、評価や改善に向けた指導を行う。

③ 作業改善

作業改善では、設定した数値目標の達成に向け、作業方法を改善するなど、その向上に取り組む。

④ 作業実態報告

作業実態報告では、設定された管理指標についてその数値を報告する。数値上に問題がある場合は、詳細に分析を行ってその原因と問題の大きさの数値化、改善方法などについての報告を行う。

2 ロジスティクスの管理サイクル

ロジスティクスの管理サイクルは、PDCAサイクルの考え方が有効である。PDCAとは、Plan−Do−Check−Actの頭文字をとったものであり、計画−実行−評価−改善である。この一連の行動を、PDCAサイクルと称している。

円滑なロジスティクス管理のためには、階層ごとにPDCAサイクルを繰り返すことが重要である。しかしながら、ロジスティクス管理の3階層は上位から下位に指示が流れる形態となっている。したがって、PDCAサイクルを繰り返すには、階層間において接点となる「上位からの指示」と、上位の管理がチェックを行うための「下位からの報告」を明確にすることが望まれる。その「報告」において、実態を客観的に数値で表すものが評価指標である。→第4章第2節

ロジスティクス管理における管理サイクルは、図表1-3-2のようになる。

図表1-3-2 ●ロジスティクス管理における管理サイクル

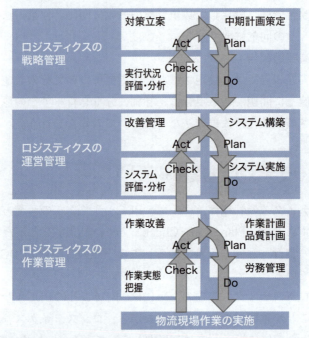

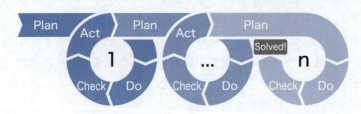

第4節 ● ロジスティクス管理の組織

第4節 ロジスティクス管理の組織

学習のポイント

◆ロジスティクス管理を行う組織には、どのような役割が必要なのかを理解し、企業における組織の位置づけを学ぶ。

◆さらに、経営効率化としてのアウトソーシング、3PL（サードパーティ・ロジスティクス）の意義と課題について理解する。

1 ロジスティクス管理組織の構造

（1）ロジスティクス管理の範囲拡大と3つの階層

物流やロジスティクスという用語が普及する以前は、商品の出荷業務を円滑に行うことに重点があった。この時期の組織は「出荷課」「輸送課」と呼ばれて生産部門の一部に含まれたり、「商品課」と呼ばれて営業部門の一部に含まれていた。

その後、倉庫業務と輸送業務トータルでの効率化が求められるようになり、物流部門として生産したモノ（商品や物資）の納品までの管理を行うようになった。

そして今日では、これらに加え、ロジスティクスとして、市場動向に俊敏に対応する商品供給の必要性から、資材調達から生産・流通・販売に至る一連の管理を行うことが求められている。しかし、このように管理の対象が広範にわたるようになることで、ロジスティクス管理そのものも、きわめて複雑になっている。

ロジスティクス管理には、先述したように、大きな方向を定めるために数年後程度を目標とした「ロジスティクスの戦略管理」と、これに基

37

第1章 ● 企業経営とロジスティクス管理

づく年度ごとや四半期ごとの「ロジスティクスの運営管理」、日常の業務における「作業（オペレーション）管理」の３つの階層がある。ロジスティクス組織は、これらの階層に対応して設けることが望ましい。

（2）ロジスティクス管理の特徴と組織

ロジスティクス管理は本章第3節で示したように、大きく３つの階層があり、以下の特徴がある。

第１のロジスティクスの戦略管理では、資材調達・生産・流通・販売などの各部門を、企業価値向上にベクトルを合わせるという調整機能を持つことが必要となる。これは、企業のトップ（社長等）のスタッフ的な役割（例：専門的見地から助言する役割）を担うということである。

ロジスティクス戦略は、社内の多くの部門（購買部門・生産部門・販売部門・財務部門など）に関係するために、ロジスティクス部門単独ではロジスティクス戦略の構築が不可能であり、部門間の調整が必要になる。したがって、社内的な位置づけは経営トップに直結したスタッフであることが望ましい。また、そのようなスタッフ部門に配置される人材には、物流のみならず、関連する社内他部門のプロセス、組織的目標などにも精通していることが求められる。

第２のロジスティクスの運営管理では、要求される顧客サービスや物流品質を保ちながら発生するコストを低減することが求められる。したがって、予算統制される典型的なライン型組織による管理が適切と考えられている。

第３のロジスティクスの作業管理では、日々の作業の中で、定められている顧客サービスやコストを維持できるか否かを管理するものである。それゆえ、顧客サービスやコストに直結している。

（3）ロジスティクス管理の組織

ロジスティクス管理の特徴を考えると、３つの階層別の組織（ロジスティクスの、戦略管理、運営管理、作業管理それぞれの組織）は、まっ

38

たく異なる部門に位置づけることもできるし、同一部門内に置くこともできる。

　たとえば異なる部門の例として、「ロジスティクスの戦略管理」は経営企画部門内、「ロジスティクスの運営管理」は営業部門内、「ロジスティクスの作業管理」は倉庫部門内という形がある。しかし、このように細かく分けてしまうと、かえって各部門間の連携が弱くなることもある。

　一方で、同一部門内に置く例として、ロジスティクスの実態に合わせ、スタッフ部門としてトップ直結の位置に設け、その下位組織として「ロジスティクスの運営管理」と「ロジスティクスの作業管理」の部門を設けることもある。しかし、一部門にまとめてしまうと、実務を担う現場との連携が弱くなることもある。

（4）グローバリゼーションとロジスティクスの管理組織

① 本社におけるロジスティクスの管理組織の配置

　急速に進むグローバリゼーションに伴い、大手企業ではその企業規模、事業の種類、製造・販売地域の拡大が急速に進んでいる。そこで、企業間競争の激化や、消費市場の急速な変化に即応できるように、ロジスティクスの管理組織をスタッフ部門に置くことがある。

　たとえば、FMCG（Fast Moving Consumer Goods ＝飲料、食品、日用雑貨など短期間で消費される商品）と呼ばれる変化の激しい商品を扱うメーカーでは、近年、本社組織を３つの部門（職能別（スタッフ）部門、事業部門、地域部門）に分けたマトリクス組織 Key Word の形態を採用しているところが多く見られる。

　職能別（スタッフ）部門では、全社を横断的に管理する必要のあるもの

Key Word

マトリクス組織──職能別組織と事業部別組織、地域別組織など複数の異なる組織構造をタテ・ヨコの関係に掛け合わせ、多元的な指揮命令系統のもとで双方の機能や利点を同時に実現しようとする組織のこと。

図表1-4-1 ● FMCG業界に見られる本社組織構造と
　　　　　　ロジスティクスの管理組織（例）

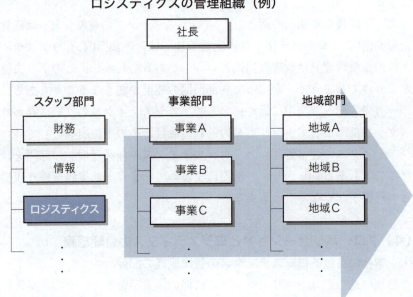

として、財務、情報システム、人事、法務などとともに、ロジスティクスもこの部門に配置される。本社ロジスティクス本部は、スタッフ部門内での各組織との連携をとりながら、事業部門や地域部門を横断する形で、全社として最適なロジスティクスを推進する役割を担う。→図表1-4-1

事業部門では、製品群単位での製品企画から販売までを管理する。

地域部門では、地域ごとに設けられた現地法人を管理する。現地法人の管理範囲は、会社によっては、営業と製造の双方の役割を持っていることがある。そして、現地法人では、課せられた予算を達成するとともに、事業ごとの方針、本社スタッフ部門からの方針に従うことが求められる。近年では、日本、中国、米国、欧州といった極ごとに統括会社を設け、その下位組織として各国の現地法人を配する形態を採用する企業が増えている。

② ロジスティクスの管理組織の役割

第4節 ● ロジスティクス管理の組織

図表1-4-2 ● ロジスティクス本部の組織構造と主要活動（例）

```
                      ┌──────────────┐
                      │ ロジスティクス本部 │
                      └──────────────┘
                              │
                      ┌──────────────┐
                      │   企画担当    │
                      └──────────────┘
                       ・ロジスティクス戦略策定
                       ・部門間調整
                       ・工場および物流拠点選定
    ┌───────────┬───────────┬──────────────┬───────────┐
┌─────────┐ ┌─────────┐ ┌──────────────┐ ┌─────────┐
│ 需給担当  │ │ 物流担当  │ │ 顧客サービス担当 │ │ 調達担当  │
└─────────┘ └─────────┘ └──────────────┘ └─────────┘
・需要予測    ・入出荷・返品管理  ・顧客サービス(CS)  ・調達先選定・指導
・在庫管理    ・物流システム管理  ・受注処理        ・購買処理
・需要計画作成
・拠点在庫補充計画  （輸送・保管・荷役・包装・流通加工・情報）
 作成
```

　職能（スタッフ）部門として設けた「ロジスティクスの管理組織」は、ロジスティクス戦略を立案する役割がある。

　そして、ロジスティクスの管理組織としては、図表1-4-2のように、「企画、受注、物流、需給、調達などの部門」が、ロジスティクス管理を担当することになる。たとえば、本社のスタッフ部門にロジスティクス本部を置いたとき、企画担当はロジスティクス戦略管理を担う。また、生産（事業部門）、営業・マーケティング（地域部門）、情報、財務など関連他部門との調整を行う。

　さらに、「日常的な作業管理の担当」が、需給、物流、顧客サービス、調達を担当することになる。

③　グローバル・ロジスティクスの管理体制

　グローバル化が進んでいる企業において、グローバル・ロジスティクスのすべてを1カ所で管理するのは困難である。なぜならば、海外工場や海外販売会社など会社が複数の国にまたがるほど、グループ全体の管理は難しいからである。特に見込み生産でグローバル市場を対象としている場合、需給のバランスを一括して把握することは難しい。

　またロジスティクスの管理は、地域ごとの特性を考慮する必要がある。

41

なぜならば、地域別に扱う商品、流通構造、商慣行などに違いがあるからである。特に、地域別に強い物流事業者も異なるし、対応しなければならない規制もあることが多い。

以上のことから、世界を3極や4極（例：北米地域、欧州地域、アジア地域など）というように分け、それぞれの極内（地域内）に統括会社を置くグローバル統治体制を採用している企業が多い。このような企業では、グローバル・ロジスティクス管理も、この極体制を生かした形で構築することになる。

具体的には、「本社のロジスティクス部門」では、主にロジスティクス戦略を担い、それに加えてグローバルでのロジスティクスの大枠での管理を行う。次に、「地域の統括会社内に設けられたロジスティクス部門」では、全社のロジスティクス戦略策定に必要な地域情報をとりまとめて本社に報告するとともに、具体的な施策の検討と、極内（地域内）のロジスティクスの管理を行う。さらに、「現地法人内に設けられたロジスティクス部門」では、具体的な施策の検討と、その国の中におけるロジ

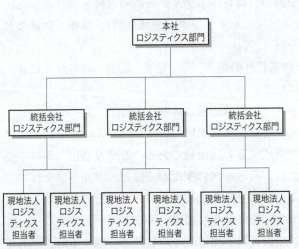

図表1-4-3 ●グローバルロジスティクス管理体制（例）

スティクスの作業管理を行う。→図表1-4-3

2 物流業務の委託と組織
（サードパーティ・ロジスティクス、物流子会社）

（1）物流業務委託の利点
　物流業務は、外部（自社以外）に委託されている例が多い。その主な理由として、以下が挙げられている。
〔物流を委託する理由〕
- ・投資の抑制
- ・コスト削減
- ・委託部門へのサービス向上
- ・資金の柔軟化
- ・顧客サービスの向上
- ・生産性・効率の向上
- ・労働問題の排除
- ・規制に関する各種コスト発生の排除
- ・物流プロセスの簡素化

（2）サードパーティ・ロジスティクス（3PL）
① サードパーティ・ロジスティクスの背景と内容
　サードパーティ・ロジスティクス（3PL：Third Party Logistics）とは、荷主企業が行う業務と物流専業者が行う業務を統合して、幅広いロジスティクス業務を受託し、荷主企業に代わって管理を行う事業形態のことである。荷主企業がみずからロジスティクスを遂行する形態を、1stパーティと呼ぶ。次に、部分的業務を物流専業者が受託する形態を、2ndパーティと呼ぶ。この3PLは、そのいずれでもなく3番目の形態ということを意味していて、経営効率化のための物流アウトソーシングとして注目されている。

3PLは、1980〜90年代に、欧州と米国で発生した業態である。欧州では、東西の冷戦が終了してベルリンの壁がなくなり、東欧から低価格品が流入した。米国では、国内が経済不況にあった。いずれも荷主企業の経営効率化が課題となっていたため、競争の激しい物流事業者が、「荷主企業の経営効率化を支援すべく専門家の目でロジスティクス・システム改革を提案し、パートナーとして実行することを約束する事業形態」を構築したのである。

　3PLでは、受託事業者が荷主に代わって、荷主企業の経営効率化のためのロジスティクス・システムを提案し、設計・構築して、管理とオペレーションを行う。このとき、自社の輸送手段や保管設備を有するものをアセット型、輸送や保管等の作業はさらに物流専業者に委託するものをノンアセット型と呼んでいる。→図表1−4−4

② 3PL委託のメリット

　荷主にとって3PLへの委託は、一般的な物流の委託に加え、次のメリットがある。

　第1に、変化への対応力が向上する。新たなロジスティクス・システムの方法や新技術への取り組みが早期に行えるため、事業の内容や規模

図表1−4−4 ●従来型の物流業務委託とサードパーティ・ロジスティクス

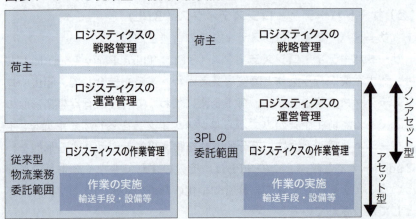

第4節 ● ロジスティクス管理の組織

の変化に応じて使用設備や要員をより柔軟に変化させることができる。

第2に、ロジスティクスの人材不足に関するさまざまな問題を解決できる。一般に、ロジスティクスの運営管理に必要な人材を教育するには、より多くのロジスティクス・システムの開発・運営の経験を積ませることが望ましい。しかしながら、社内で経験を積ませるのには限界がある。大規模なシステム改変はせいぜい3年から5年に1回が限度である。しかも、そこで得た経験をほかに展開する場はない。また、そういった人材の社内ローテーションやキャリアパス等は、事業部門や営業部門の人材のそれと異なるため、人事上の問題を抱えている。3PLへの委託は、これらの解決につながる。

第3に、社内で物流業務を行うときと異なり、従業員や施設や設備などの固定資産を保有することなく、外注費として変動費に変えることができるので、キャッシュフローの改善が見込まれる。

これらのことから、3PLに委託することにより、より一層のコスト削減が実現でき、ロジスティクス以外の投資対効果の高い分野へ、人・モノ・金などの企業資産の投入が実現されるのである。

③　3PL委託のデメリット

荷主にとって3PL事業者への委託には、次のデメリットがある。

第1に、メリットの裏返しとして、外部委託をすることで、ロジスティクスのノウハウが社内に蓄積できず、人材を育成できない可能性がある。

第2に、長期間にわたって委託先企業が固定化されると、自社内ではノウハウが蓄積できず、かつ委託先企業の不得意な業務も委託せざるを得ない可能性がある。

第3に、自社のコスト削減は、委託先の売上げ低下でもあるので、自社内からの改善を提案する必要がある。しかし、長期間の委託が続き物流人材も育たない場合には、自社内から物流業務の改善を提案できずにコスト削減に結びつかない可能性もある。

④　3PL委託の動向

3PL事業者への委託は、地域単位や製品群単位などで行われることが

多い。したがって大手企業になると、世界全域で50社以上の3PL事業者に委託している例が見られる。3PLは、特に新興国への進出時に活用される例が多い。

また、急速に進むグローバリゼーションやロジスティクスコスト低減へのより一層の努力の要請等から、3PLに委託するケースが増えている。

3PL事業者は、事業拡大に向けて、取り扱う業務範囲を増やしている。従来は購買部門の業務であった物流の周辺業務（部品・資材の購買代行、工場内の業務であった生産ラインへの部品投入や製造最終工程の物流拠点内での実施など）を取り込むことにより、荷主企業へのさらなるコスト低減への貢献を図っている。もはや受託業務は物流のみならず、その周辺業務もカバーするようになっている。

⑤　3PL活用の課題

3PL事業では、荷主企業との間で明確な達成指標の設定とその達成に関する契約が存在する。単に、委受託の価格設定のみでなく、経営効率化のための重要な項目について、具体的なサービスレベル要求水準（品切れ率・リードタイムとなどの市場対応度、作業精度や物流品質、環境対応度など）を設定し、その達成を約束する必要がある。

すなわち3PL事業では、本章第3節の図表1-3-1にあるロジスティクスの運営管理と作業管理を、荷主に代わって行うことを契約することが重要である。

しかしながら、わが国における3PL事業の理解や契約内容については、荷主企業側にも3PL事業者側にも、あいまいな点があるのが実態である。今後の3PL事業発展のためには、荷主企業と3PL事業者が相互に事業内容の理解を深めるとともに、契約内容を明確にしていく必要がある。
→第6章第2節

〔荷主企業の課題〕
　　○ロジスティクス戦略の策定と明確な達成目標の設定
　　○守秘義務契約に基づく必要情報の開示
　　○サービスレベル要求水準の達成管理と3PL事業者との相互啓発

○情報共有化のための情報システムの構築

○顧客への物流サービス提供の管理

〔3PL事業者の課題〕

○荷主企業の企業価値向上への理解・貢献

○システム設計能力と提案力の強化

○情報共有化のための情報システムの構築

○サービスレベル要求水準の達成義務と現場遂行力

○ロジスティクス管理システムの導入と報告・改善

○器材（パレット・コンテナなど）や管理方法の標準化によるローコストオペレーション

（3）物流子会社

① 物流子会社の背景と内容

物流子会社とは、「物流部門を独立させて、物流管理と物流作業の両方を委託すること」である。製造業や流通業（卸・小売業）などの荷主企業は、みずからの物流業務を担当する部門を独立させて、物流子会社を設立することが多い。

物流子会社の設立の目的は、物流部門を独立させ別会社にすることによって、第1に物流業務の範囲を明確にし、物流コスト意識を明確に認識させ、独立採算を目指すこと、第2に親会社以外の業務を受注して事業を拡大すること、である。

物流部門は、実際には付加価値を生むものの、過去には利益を生み出さず費用だけが発生する部署との誤解もあった。

そのため、採算性の改善を目指して、多くの物流子会社が設立されてきた例も多い。

しかし、そのほかにも企業のいろいろな事情やねらいがあって、その経営構造は単一ではない。

② 物流子会社の経営上で優位な点

物流子会社が、親会社やグループ企業以外の業務に取り組もうとする

とき、その組織的構造ゆえに、一般的な物流業者に比較して以下のような優位な点がある。

〔物流子会社が持つ優位な点〕

　　○自社企業グループにおける業界固有業務のノウハウ、業界事情の知識
　　○自社企業グループからの安定的業務の受託
　　○業界流通事情への精通と顧客の基盤
　　○親会社の優位性による対外影響力と信頼度
　　○外注企業の管理力と選別能力
　　○企業グループからの人材確保

③　物流子会社の経営上の課題

　物流子会社は、その経営構造から親会社からの収入に依存する。したがって、親会社から委託されている業務について売上高を削減しなければ、親会社のコスト増大につながるという宿命を負っている。このため物流子会社が独自に成長するためには、親会社あるいはグループ企業以外の顧客を獲得する必要がある。

　親会社の売上げが順調に伸びているときには、親会社の物流業務を一手に引き受け、親会社に代わって物流サービスを提供することが物流子会社の使命であった。しかし成長の鈍化と同時に、連結決算や連結納税を課せられた親会社にとっては、従来型の物流子会社の存在意義が薄れている。

　このため物流子会社は、大別して2つの方向が顕著になっている。

　第1は、親会社以外の顧客を獲得し、企業グループに貢献することによって、みずからの経営を成長させる戦略をとることになる。

　第2は、親会社が、物流子会社を大手物流専業者などに売却することにより、物流事業者として独立して発展を目指す方法である。この理由には、物流子会社が親会社以外の事業（外販）を拡大できないこと、実務ノウハウの不足により親会社の物流合理化への寄与が小さいこと、大きな合理化効果を求めて親会社が別の大手物流事業者に業務を委託すること、などがある。

第1章　理解度チェック

次の設問に、○×で解答しなさい（解答・解説は後段参照）。

1　企業の売上高を向上させるロジスティクスの活動は、工場、物流センターなどの固定資産を削減することである。

2　流動資本の効率化を図るには、在庫縮減が重要であり、ロジスティクス活動の主要な目的の１つである。

3　物流業務委託を行う目的は、コスト削減である。とにかくコストが低い事業者に委託すべきである。

4　３PL事業では、荷主企業と３PL事業者との間で設定された指標を達成することを約束し契約する。このため、初めに明確な達成指標が設定されなければならない。

解答・解説

1　×
固定資産の削減は、ロジスティクス活動の１つであり、そのほかには、売上げの向上、コスト削減などがある。

2　○

3　×
業務委託は、コスト削減だけが目的ではない。品質や安全なども含めて、また調達から販売に至るサプライチェーン全体を通じて、企業価値を高めることが重要である。

4　○

第1章●企業経営とロジスティクス管理

┃ 参考文献 ┃

苦瀬博仁編著『ロジスティクス概論【増補改訂版】』白桃書房、2021年

苦瀬博仁編著『サプライチェーン・マネジメント概論』白桃書房、2017年

第**2**章

ロジスティクスに関する
環境・資源・労働力問題

この章のねらい

　第2章では、ロジスティクスを管理するうえで知っておくべき環境・資源・労働力関連の動向や規制を学ぶ。

　第1節では、ロジスティクスと環境問題について学ぶ。各種環境問題のうち、特に物流活動と密接に関係する温暖化対策と循環型社会形成の概要について正しく認識する。

　第2節では、ロジスティクスの諸活動のうち、環境問題と最も密接な輸送活動について、特に、CO_2、NOx、PMに関連する規制や条例を知る。

　第3節では、循環型社会形成と密接に関係するのは、静脈物流システムである。コンプライアンスのためには、リサイクル法の遵守、廃棄物の適正な処理が求められている。また、欧州における環境規制について、その概要を学ぶ。国際的に先行して環境対策を行っている欧州の動向を知る。

　第4節では、物流業界における労働力不足問題を理解するとともに、荷主と物流事業者でのそれぞれの努力が必要なことを理解する。そして、持続的な物流サービスの提供のために必要な人材育成について重要性を理解する。

第2章 ● ロジスティクスに関する環境・資源・労働力問題

| 第 1 節 | **ロジスティクスと環境問題** |

学習のポイント

◆地球環境問題と国際条約について、理解する。
◆資源循環型社会形成の考え方と法制度について、理解する。
◆ロジスティクスの環境対策を理解する。
◆環境に関する各種行政施策として、経済産業省と国土交通省
　の対策を理解する。

1　地球環境問題と国際条約

（1）パリ協定まで

　1990年代の世界経済の成長とともに、化石燃料などによるエネルギー
消費量も飛躍的に増大しつつある中、1997年に京都で開催された「気
候変動枠組条約第3回締約国会議COP3（Conference Of The Parties）」
で、1990年実績に対し2008年〜2012年までの5年間平均で、二酸化炭素
（CO_2）など温室効果ガス（GHG：Green House Gas）について先進国全
体で5％、日本は6％、米国は7％、EUは8％の削減目標を立てた。こ
れが京都議定書である。

　わが国では京都議定書の採択を受け、1998年に「地球温暖化対策推進
大綱」「地球温暖化対策推進法（温対法）」が制定された。その後、京都
議定書の正式発効（2005年2月16日）を受け、同年4月に温対法に基づ
く「京都議定書目標達成計画」が閣議決定され、産業別の温暖化防止対
策が設定された。

　わが国は前述の6％削減の目標を達成することができたが、発展途上

第1節●ロジスティクスと環境問題

国に対して削減を義務づけない同議定書を不服とし、次の約束である第
2約束期間（2013年〜2020年）には不参加となった。その後、2015年12
月にパリで開催されたCOP21において、京都議定書では削減義務の対象
から外されていた発展途上国を含むすべての排出国がGHGを削減する**パ
リ協定**が採択された。

パリ協定の特徴として次の4つが挙げられる。

①長期目標の設定、②すべての国による長期目標の実現に向けた温暖
化対策の実施、③各国での温暖化対策の強化、④国際社会全体で温暖
化対策を着実に進めるためのしくみづくり

これらのうち①については、産業革命以降の平均気温上昇を2℃未満
に抑えること（1.5℃にも言及）、GHGの排出をできるだけ早くピークア
ウトすること、21世紀後半に人為起源のGHG排出を正味ゼロにすること
が内容とされている。③の中の「GHGの排出削減」では、5年ごとに約
束草案（排出削減目標）を見直し・提出すること、提出した目標の達成
を目指して国内で温暖化対策をとり情報を提出すること、前の期より進
展させた目標を掲げることが内容とされている。あわせて、③の中には
温暖化を前提とした「温暖化影響への適応」が盛り込まれていることが
特筆される。

（2）パリ協定以降

全世界2,500人の科学者が参加する国連の**気候変動に関する政府間パ
ネル（IPCC：Intergovernmental Panel on Climate Change）**は2021年
8月、産業革命前と比べた世界の気温上昇が2021年〜2040年に1.5℃に
達するとの予測を公表した。前回2018年公表の想定より10年ほど早く
なった。さらに報告書では、人間活動の温暖化への影響は「疑う余地が
ない」と初めて断定し、自然災害を増やす温暖化を抑えるにはCO_2排出
を実質ゼロにする必要があると指摘した。

このような経過を経て、米国政府が主催して2021年4月に開かれた気
候変動に関する首脳会議（サミット）において、主要国は2030年に向け

53

たGHGの排出削減目標を相次いで打ち出し、日本は同年に「地球温暖化対策計画」を閣議決定し、2013年度比で46％減らすと表明した。日本の従来の目標は2013年度比26％削減であったから、大幅な目標の引き上げであった。なお2021年、米国主催気候サミット（オンライン開催）において、日本はGHGの排出を2013年度から46％削減することを目指すこと、さらに50％の高みに向け挑戦を続けることを表明している。

（3）グローバル・ストックテイク

パリ協定の特徴の1つ「④国際社会全体で温暖化対策を着実に進めるためのしくみづくり」では、長期目標の達成に関する世界全体の進捗状況を確認するためのグローバル・ストックテイクが定められている。グローバル・ストックテイクは5年ごとに行われ、初回は2023年12月にアラブ首長国連邦（UAE）で開かれたCOP28で実施された。

COP28の決定文書には、以下の内容が明記された。

Column　知ってて便利

《SDGs》

　SDGs (Sustainable Development Goals) は、持続可能な開発目標を指す国際的な枠組みであり、2015年に国連加盟国すべてが採択した。SDGsは、2030年までに貧困、飢餓、健康、教育、ジェンダー平等、清潔な水、エネルギー、経済成長、不平等、気候変動、平和と正義など、世界中で直面している主要な課題に対処するための枠組みである。

　「気候変動への対策」（ゴール13）や「クリーンなエネルギー」（ゴール7）を含む全部で17のゴールとその下の169のターゲットから構成され、地球上の「誰一人取り残さない (leave no one behind)」ことを誓っている。これらのゴールは、国際社会が協力して取り組むことで、地球に持続可能な未来を構築するための指針となっている。

　一方、SDGsの目標の中には、新型コロナウイルス感染症（COVID-19）の世界的な流行で、達成が危ぶまれているものがある。

第1節 ● ロジスティクスと環境問題

○1.5℃目標達成のための緊急的な行動の必要性

○2025年までの排出量のピークアウト

○全ガス・全セクターを対象とした排出削減

○各国ごとに異なる道筋を考慮した分野別貢献（再エネ発電容量3倍・省エネ改善率2倍のほか、化石燃料、ゼロ・低排出技術（原子力、CO_2回収・貯留＝CCUS、低炭素水素等）、道路部門等における取り組み）

また、パリ協定第6条（市場メカニズム）、都市レベルの取り組み、持続可能なライフスタイルへの移行等の重要性も盛り込まれた。

（出所：外務省ホームページ　https://www.mofa.go.jp/mofaj/ic/ch/pagew_000001_00076.html）

2　資源循環型社会の形成

（1）資源循環型社会形成の考え方

　私たちの社会生活に恩恵をもたらした経済成長ではあるが、大量生産・大量消費される物質資源量は膨大なものがあり、さまざまな廃棄物処理問題が発生し、資源の枯渇が懸念されている。新たな資源確保のために、鉱山掘削や精錬などに消費されるエネルギー消費量も膨大であり、GHG排出増にも直結している。

　地球温暖化を防止し、次世代も利用可能なように資源を温存するためにも、消費を抑制し、循環的に繰り返し再利用する社会システムが形成できれば、結果としてエネルギー消費量も減少し、環境への負荷も低減される。

（2）廃棄物・リサイクル問題対策関連法規

　従来の大量生産・大量消費廃棄型の経済社会から脱却し、生産から流通・消費・廃棄に至るまで、物質の効率的な利用やリサイクルを進めることが求められている。資源消費を抑制し、環境への負荷の少ない持続的発展が可能な社会の実現に向けた道筋を示したものが、2000年制定（法

律第110号）の「循環型社会形成推進基本法」である。特筆すべき新方針は、下記の2点である。

■3R Key Word **優先の原則**（資源の循環的な利用および処分の基本原則）

　資源の有効再活用のために、次の順番で、できるだけ循環的な利用を心がける。

① 発生抑制　（リデュース：Reduce＝ゴミを出さない）
② 再使用　　（リユース：Reuse）
③ 再資源化　（リサイクル：Recycle＝材料）
④ 熱回収　　（リサイクル：Recycle＝熱源）
⑤ 適正処分　（中間処分・最終処分）

■拡大生産者責任（EPR：Extended Producer Responsibility）

　拡大生産者責任とは、製品の生産者などが、生産した製品が販売されるまでだけでなく、製品の**ライフサイクル**全体（開発から顧客で使用され、使用後に廃棄されるまで）を通じて、その製品のリサイクルや適正な処分についても注意を払い、適切に履行されるよう一定の責任を負うべきであるという考え方である。

　循環型社会形成推進基本法の制定と同時に、「**廃棄物処理法**（廃棄物の処理及び清掃に関する法律：1970年法律第137号　最終改正2022年）」「資源有効利用促進法（1991年法律第48号　最終改正2022年）」「**グリーン購入法**（国等による環境物品等の調達の推進等に関する法律：2000年法律第100号　最終改正2021年）」や個別リサイクル法なども一括して制度改定され、資源の循環的な利用が行われる「社会システム形成への法的枠組み」が整備された。循環型社会形成推進基本法やグリーン購入法、個別リサイクル法が整備施行された2000年は、「循環型社会形成元年」と呼ばれている。

Key Word

　3R──循環型社会への転換に向けた3つの柱。Reduce（発生抑制）、Reuse（再使用）、Recycle（再資源化）を指す。

第1節 ● ロジスティクスと環境問題

　さらに2005年、リサイクルの本命といわれた「**自動車リサイクル法**（使用済自動車の再資源化等に関する法律：最終改正2023年）」が完全施行された。年間約400万〜500万台発生する使用済み自動車を適正に処理し、資源として再活用するために、製造事業者などにはフロン類・エアバッグ・シュレッダーダストの引き取りとリサイクルを義務づけ、所有者には引き渡しとリサイクル料金負担を義務づけた。また、使用中の自動車にも、車検時に料金を支払うルールが導入された。トラック運送事業者にとっては、排ガス除去装置の設置負担と同じく、社会的費用の一部を新たに負担するためにコストアップ要因となった。

　また、廃棄物処理に関する法規制は、不法投棄を防止するために、運営ルールや罰則が年々厳格化されている。静脈物流システムの構築や運用に携わる場合には、特に注意が必要である。

3　ロジスティクスと環境対策

　ロジスティクスは「物流の諸機能を高度化し、調達、生産、販売、回収などの分野を統合して、需要と供給の適正化を図るとともに顧客満足を向上させ、併せて環境保全、安全対策をはじめとした社会的課題への対応を目指す戦略的な経営管理」と定義されている（JIS Z 0111：2006 1002）。ロジスティクスの目標の1つ「環境保全、安全対策をはじめとした社会的課題への対応」は、環境問題と深くかかわる。環境問題に対応するために、戦略的な経営管理であるロジスティクスは、①物流の諸機能を高度化し、②調達・生産・販売・回収などの物流の領域を統合する必要がある。

　ここでは、物流の機能ならびに領域に着目して、環境問題とのかかわりを見ていく。

（1）物流活動の環境負荷低減

　物流は、環境への負荷の大きな活動である。たとえば、輸送における

57

第2章 ●ロジスティクスに関する環境・資源・労働力問題

図表2-1-1 ●物流機能と環境問題（例示）

物流機能	機器（例示）	指標（例示）	環境問題
包装	紙、プラスチック	森林資源、原油	資源
		素材別質量	廃棄物
輸送	自動車、鉄道、船舶、航空機	CO_2	地球温暖化
		NOx	大気汚染
	外航船	種の数	生物多様性
保管	自動倉庫、冷凍・冷蔵庫	CO_2	地球温暖化
荷役	フォークリフト	CO_2	地球温暖化
		NOx	大気汚染
流通加工	工作機器	CO_2	地球温暖化
情報	コンピュータ、通信機器	CO_2	地球温暖化
全般	物流センター	光、音	感覚公害

CO_2や窒素酸化物（NOx）などの排出、包装資材の使用などがある。このため、物流に伴って引き起こされる環境問題を正しく認識し、環境負荷の少ない物流システムの構築を推進する必要がある。→図表2-1-1

（2）取引条件の見直しによるCO_2削減

　4つの物流領域（調達・生産・販売・回収）のうち、ここでは発荷主の販売領域における着荷主の調達分野とのつながりに着目して、取引条件の見直しに触れる。

　取引条件の見直しとは、納品時刻や最小発注単位などを変更することで、CO_2を削減しようとするものである。たとえば、荷物の受け取り時間の時間帯を広げたり、配送頻度を減らすことで、トラックの輸送効率が改善され、輸配送にかかるCO_2排出量を削減することができる。

　千葉県の房総半島エリアと島根県を対象に、製造業6社の実際の出荷実績データを使って、共同配送に加えて前述の2つの施策を実施した場合のCO_2削減効果などを推計したシミュレーションの結果を示す。共同配送による削減効果は、指標によって差異があり、おおむね10％前後だ

第1節 ● ロジスティクスと環境問題

図表2-1-2 ● 共同配送での着時刻指定緩和および隔日配送の効果の例

組み合わせ会社名	現況	共配 着時刻指定	地域	対現況の増減率（％） 台数	便数	時間	距離	輸送費用
X社 & Y社	各社別々（着時刻指定Aに同じ）	A）実際の着時刻指定に近い状況	千葉県房総半島地域	-13	-15	-9	-14	-13
		B）荷主マスターの時刻指定		-33	-27	-12	-11	-31
		C）隔日配送（着時刻指定Aに同じ）		-33	-24	-22	-31	-32
		A）実際の着時刻指定に近い状況	島根県	-10	-8	-3	3	-9
		B）荷主マスターの時刻指定		-32	-27	-7	-1	-29
		C）隔日配送（着時刻指定Aに同じ）		-31	-25	-23	-32	-30

注）荷主マスターの着時刻指定の幅は、実際に行われている着時刻指定の幅よりも広いものになっている。

出所：（公社）日本ロジスティクスシステム協会「荷主連携による共同物流の調査研究報告書」2015年3月、110頁

が、前述の取引条件の見直しによって、それぞれ＋20ポイントの効果を得ることができる。→図表2-1-2

（3）循環型社会形成に向けた静脈物流の整備

　循環型社会形成に向けた静脈物流の整備とは、リユースやリサイクルと、廃棄物の適正処理を行うことである。このためには、低コストかつ円滑な回収のしくみや、回収したモノの仕分けなどの物流システムの構築が必要になる。また、廃棄物についてはその適正な処理を管理することが要求される。

（4）環境に関する新たな事業分野の開拓

　環境に関する新たな事業分野の開拓とは、循環型社会の形成の一環として、リユースやリサイクルを事業化していくことである。たとえば、古着の再利用や家電製品の回収、重要書類の融解処理などの事業も起きている。

　環境問題への意識の高まりや規制の強化は、物流に循環型社会形成へ

第2章 ● ロジスティクスに関する環境・資源・労働力問題

の対応を求めることであり、それはビジネスチャンスにつながる。特に物流事業者は、これら環境問題に対応したサービスを提供するという、新たな事業が考えられる。

（5）環境規制に対応した製品の供給

　環境規制に対応した製品の供給とは、原材料の調達から、生産、輸配送、販売を通じて、供給する製品にかかわる環境負荷を小さくしながら供給することである。荷主のロジスティクス管理担当者は、原材料、部品、商品などの調達・生産・販売において、調達国や販売国の環境規制への対応も含めて、環境負荷が少なく、環境保全に役立つモノの積極的な購入などを行う必要がある。

　また、生産においては、3Rの観点での製品仕様を検討することが必要となる場合もある。たとえば、機械製品のリサイクルを推進するには、分解しやすい仕様とすることが望まれる。そのほか、積載率向上という観点での梱包仕様の決定、梱包資材やパレットなどの輸出国環境規制への対応なども、環境問題とかかわる。

　ロジスティクス管理担当者は、このような調達から販売までの製品供給のサプライチェーン全体における環境負荷の内容と、その規制や動向に関する知識を身につけ、対応することが求められる。

（6）サプライチェーンにおける環境負荷の見える化

　サプライチェーンにおける環境負荷の見える化の事例として、ここではGHGプロトコル（Greenhouse Gas Protocol）を紹介する。GHGプロトコルは、WRI（世界資源研究所）とWBCSD（持続可能な開発のための世界経済人会議）が共催している国際的な組織「GHGプロトコルイニシアチブ」により規定されている。日本では、環境省から「サプライチェーンを通じたGHG排出量算定に関する基本ガイドライン」が公開されている。

　GHGプロトコルで、サプライチェーン排出量は、Scope 1、Scope 2、

60

第1節●ロジスティクスと環境問題

Scope 3 に区分されている。つまり、「サプライチェーン排出量＝Scope 1 ＋Scope 2 ＋Scope 3」で表すことができる。

Scope 1：事業者みずからによる GHG の直接排出量を指し、燃料の燃焼、工業プロセスなどが含まれる。

Scope 2：他社から供給された電気、熱・蒸気の使用に伴う GHG の間接排出量を指す。

Scope 3：Scope 1、Scope 2 以外の間接排出を指し、事業者の活動に関連する他社の GHG の排出量を指す。つまり、輸配送などの物流における GHG 排出は、Scope 3 に相当する。

（7）気候関連財務情報開示タスクフォース「TCFD」（Task Force on Climate-related Financial Disclosures）

国際的には、G 20 の要請を受けて金融安定理事会（FSB）により設立された気候関連財務情報開示タスクフォース「TCFD」（Task Force on Climate-related Financial Disclosures）により、企業の気候変動への取り組みや影響を情報開示することが求められている。日本では、TCFD に賛同する企業が 2023 年 3 月 31 日時点で 1,266 社（世界 1 位）に上り、また東京証券取引所のプライム市場は、上場企業に TCFD に準拠した報告を求めている。

TCFD では Scope 3 を含むサプライチェーン排出量の開示が推奨され、また、企業の科学的な中長期の削減目標設定を促す枠組み SBT（Science Based Target） Key Word では、Scope 3 を含むサプライチェーン排出量の削減目標を設定することを求めるなど、サプライチェーン排出量を算定・報告する動きが強まっている。

Key Word

SBT（Science Based Target）——CDP（カーボン・ディスクロージャー・プロジェクト、国際NGO）・UNGC（国連グローバルコンパクト）・WRI（世界資源研究所）・WWF（世界自然保護基金）の 4 つの機関が共同で運営している。

61

（出所：脱炭素ソリューションホームページ　https://www.mitsui.com/solution/）

（出所：環境省・経産省「グリーン・バリューチェーンプラットフォーム」ホームページ（2022年9月26日閲覧）　https://www.env.go.jp/earth/ondanka/supply_chain/gvc/）

（出所：環境省・経産省「サプライチェーンを通じた温室効果ガス排出量算定に関する基本ガイドライン（ver. 2.4)」2022年3月）

4　環境に関する各種行政施策

　わが国では、環境省を中心に各省庁が地球温暖化防止（低炭素社会）、廃棄物の抑制や3R活動の活発化（資源循環型社会）、自然・生物多様性との調和（自然共生社会）の構築による持続可能な社会形成を目的に、それぞれ連携をとりながら、社会システムと基盤となるインフラ整備を中心に多様な施策を推進している。

　ここでは、経済産業省と国土交通省の主要な施策を紹介する。

（1）経済産業省

① 社会基盤の整備

　○エコタウン事業（リサイクルビジネスの拠点づくり…2018年時点26地域承認）

　（出所：環境省「エコタウンの歩みと発展」2018年8月　https://www.env.go.jp/recycle/ecotown_pamphlet.pdf）

　○フィジカルインターネット Key Word ・ロードマップ（2040年をゴールに定めたフィジカルインターネットの社会実装構想…2022年3月国土交通省と連携）

　（出所：フィジカルインターネット実現会議「フィジカルインターネット・ロードマップ2022年3月　https://www.meti.go.jp/press/2021/03/20220304005/20220304005-1.pdf）

② 製品ライフサイクル全体を通じた３Ｒの推進

○環境JIS（JIS Q 62430：環境配慮の製品設計規格…2022年12月制定）
（出所：経済産業省「持続可能な製品・サービスのための『エコデザイン（環境配慮設計）』に関するJIS制定」2022年12月20日　https://www.meti.go.jp/press/2022/12/20221220001/20221220001-3.pdf）

○３Ｒ技術開発の推進（最終処分量削減、建設ストック、金属資源３Ｒ、３Ｒエコデザイン）

○サプライチェーン省資源化（リデュース対策に向けた診断、改善、指導等の実施）

③ グリーン物流の推進

○グリーン成長戦略・革新的環境イノベーション戦略（グリーン物流の推進、交通ネットワーク・拠点・輸送の効率化・低炭素化の推進）
（出所：経済産業省産業技術環境局「グリーン成長戦略・革新的環境イノベーション戦略のフォローアップについて」2022年４月産業技術環境局　https://www.meti.go.jp/shingikai/energy_environment/green_innovation/pdf/gi_008_03_00.pdf）

○グリーン物流パートナーシップ会議での優良事業者表彰（国土交通省と連携）

④ 総合物流施策大綱（2021年度～2025年度）（国土交通省と連携）

Key Word

フィジカルインターネット──トラックなどの輸送手段と倉庫のシェアリングによる輸送手段の積載効率向上と倉庫の稼働率向上によって、持続可能な社会を実現するシェアリングソサエティの物流システム。
（出所：野村総合研究所ホームページ　https://www.nri.com/jp/knowledge/glossary/lst/ha/physical_internet）

　デジタル情報の代わりに「モノ」をトラック、貨物列車、船、航空機などの輸送手段によって各地の物流センターを順次リレーして送るビジネスモデル。
（出所：（一社）フィジカルインターネットセンターホームページ　https://j-pic.or.jp/about/）

○地球環境の持続可能性を確保するための物流ネットワークの構築（モーダルシフトのさらなる推進、荷主連携による物流の効率化、各輸送モード等の低炭素化・脱炭素化の促進　等）

（出所：「総合物流施策大綱（2021年度～2025年度）」　https://www.mlit.go.jp/seisakutokatsu/freight/content/001409564.pdf）

（2）国土交通省

① 国土交通グリーンチャレンジ　2021年7月

○自動車の電動化に対応した交通・物流・インフラシステムの構築（次世代自動車の普及促進、燃費性能の向上　等）

○デジタルとグリーンによる持続可能な交通・物流サービスの展開（物流DXの推進、共同輸配送システムの構築、ダブル連結トラックの普及、モーダルシフトの推進、船舶・鉄道・航空分野における次世代グリーン輸送機関の普及　等）

○港湾・海事分野におけるカーボンニュートラルの実現、グリーン化の推進（水素・燃料アンモニア等の輸入・活用拡大を図るカーボンニュートラルポート（CNP）形成の推進、ゼロエミッション船の研究開発・導入促進　等）

（出所：国土交通省「グリーン社会の実現に向けた「国土交通グリーンチャレンジ」2021年7月　https://www.mlit.go.jp/report/press/content/001412433.pdf）

② 環境を優先した輸送の支援・促進

○流通業務総合効率化法（支援制度）

○モーダルシフト等推進事業（補助事業）

③ 経済産業省との連携施策

○総合物流施策大綱（2021年度～2025年度）

○フィジカルインターネット・ロードマップ

○グリーン物流パートナーシップ会議の優良事業者表彰

第2節 ● 輸送と環境問題

第 2 節 輸送と環境問題

学習のポイント

◆輸送と地球温暖化とのかかわり、およびCO_2排出量削減に向けた各種政策を理解する。

◆改正省エネルギー法と、これに基づいたCO_2排出量の算出方法を理解する。

◆輸送の低炭素化のための施策を理解する。

◆大気汚染防止のための施策を理解する。

1 貨物輸送部門のCO_2排出量の推移

わが国のCO_2排出量10億6,400万t－CO_2のうち、1億8,476万t－CO_2（18.7％）を旅客と貨物を合わせた運輸部門が占めている（2021年度）。運輸部門の排出量は京都議定書の基準年であった1990年度と比べて11.4％減少した。→図表2-2-1

貨物輸送部門は8,188万t－CO_2で、わが国全体の8.3％、運輸部門の44.3％に相当する。輸送機関別の内訳では、約9割をトラックが占め、営業用トラックと自家用トラックで半分ずつとなっている（2021年度）。貨物輸送部門の排出量は京都議定書の基準年であった1990年度と比べて20.1％減少した。→図表2-2-2

図表2-2-1 ● 部門別の二酸化炭素（CO_2）の排出量

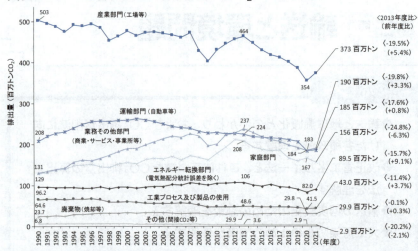

出所：国立環境研究所 温室効果ガスインベントリオフィス「日本の温室効果ガス排出量データ（1990〜2021年度）確報値」

図表2-2-2 ● 貨物輸送部門における二酸化炭素（CO_2）排出量の推移

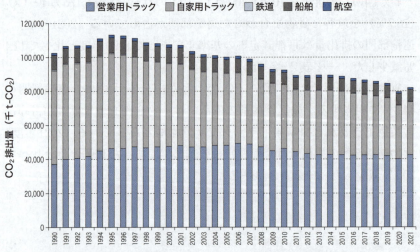

出所：国立環境研究所 温室効果ガスインベントリオフィス「日本の温室効果ガス排出量データ（1990〜2021年度）確報値」より作成

2　省エネルギー法とCO₂排出量の算出方法

「省エネルギー法（エネルギーの使用の合理化及び非化石エネルギーへの転換等に関する法律：1979年法律第49号　最終改正施行2023年）」は、燃料資源の有効利用を促し、エネルギー使用の合理化を総合的に進めるための必要な措置を定めたものである。1970年代の2度にわたるオイルショックによるエネルギー供給の不安定化に対処するため、産業（製造）分野のエネルギー効率の向上を促進するねらいで施行された。その結果、産業分野は世界に誇る省エネルギー化を実現したが、運輸・業務・家庭分野は規制の対象外であり、エネルギー使用量は制定当初と比較し増加した。

エネルギー使用量の削減は、同時にCO_2削減を実現する。2005年の京都議定書の発効に伴い、地球温暖化対策推進法改正にあわせて、省エネルギー法が改正された。主な内容は、2006年4月からの対象範囲の拡大である。この改正に伴い、運輸部門も省エネルギー法の新たな規制対象となった。その後、運輸部門の省エネルギー法は2018年と2023年に大きな改正が行われ、現在に至っている。

2023年の改正では、これまでの化石エネルギーの使用の合理化から、非化石エネルギーも含めた全エネルギーの使用の合理化、ならびに非化石エネルギーへの転換が求められるとともに、電気の需要の最適化が促される法律として名称も変わった（2018年の改正は後述する）。

（1）省エネルギー法の骨子
①　運輸部門における対象事業者

省エネルギー法では運輸部門において、貨物輸送事業者および旅客輸送事業者に対してだけでなく、荷主企業に対しても、省エネルギーの具体的対策や削減目標の設定などを義務づけたことが大きな特徴である。2018年の改正では、荷主の定義が見直され、従来の「みずからの所有権のある貨物を運送事業者に輸送させるもの」から「貨物の所有権を問わ

ず契約等で輸送の方法等を決定するもの」に拡大された。これは、EC（Electronic Commerce＝電子商取引）の進展による宅配便の利用件数の増大を受けたものである。加えて、荷主が決定した輸送計画のもとで貨物の荷受側の事業者（荷受人）が「準荷主」と位置づけられ、荷主の省エネルギー取り組みへの協力を促すことができるようになった。

2018年の改正で新設されたものとして、荷主連携省エネルギー計画の認定制度がある。これにより、複数荷主の連携による省エネルギー取り組みが「荷主連携省エネルギー計画」として認定されると、省エネ量を企業間で分配できるようになった。また、認定管理統括荷主の認定制度が創設され、グループ企業の親会社が認定管理統括荷主の認定を受けた場合は、子会社と省エネルギー法の義務の一体的な履行が可能になった。あわせて、中長期計画の提出頻度が見直され、省エネルギー取り組みの優良事業者は中長期計画の提出頻度が軽減された。

② 特定貨物輸送事業者と特定荷主の義務

貨物輸送事業者、荷主企業それぞれについて、エネルギー使用の合理化のために行うべき基本的事項が具体的に定められた（→③・④）。さらに一定規模以上の「特定貨物輸送事業者」と「特定荷主」には、中長期の計画策定と結果報告が義務づけられ、取り組みが不十分な場合は、段階的に勧告・公表・命令・罰金（100万円以下）の法的措置が適用されることとなった。→図表2-2-3

図表2-2-3●特定貨物輸送事業者および特定荷主の基準

	輸送機関	基 準	貨 物	旅 客	
特定貨物輸送事業者	鉄道	車両数	300両	300両	
	自動車	台 数	200台	バス	200台
				タクシー	350台
	海運	総船腹量	2万総t	2万総t	
	航空	総最大離陸質量	9,000t		
特定荷主	年間3,000万トンキロ以上の貨物輸送を有し、貨物の所有権を問わず契約等で輸送の方法等を決定するもの				

③ 貨物輸送事業者が実施すべき基本的事項

ア．省エネルギー取り組み方針の設定、推進体制の整備、効果の把握

イ．エネルギー効率のよい、また輸送能力の高い輸送用機械器具の導入

ウ．上記イの輸送用機械器具の省エネ運転・操縦の励行

エ．輸送用機械器具の効率的な積載を図る（積載効率の向上）

オ．自営転換、３PL、モーダルシフト推進の環境醸成を図る

④ 荷主企業が実施すべき基本的事項

ア．荷主としての省エネルギー取り組み方針の設定、推進体制の整備、効果の把握

イ．エネルギー使用量の少ない輸送手段・車種選択の適正化

ウ．貨物の輸送効率向上への協力（積合せ・共同化）、商取引の適正化

エ．環境配慮輸送事業者の活用、自営転換の推進

オ．商品荷姿の標準化による積載率向上、環境配慮の製品開発・包装設計など

カ．再配達の削減、返品による輸送の削減、消費者への啓発（主に消費者向けの小口貨物）

（2）CO₂排出量の算出方法

　省エネルギー法で、特定貨物輸送事業者あるいは特定荷主に指定された場合、特定貨物輸送事業者は下記①の算定式で、特定荷主は下記①から④の算定式のいずれか（複数選択可）を使用して、エネルギー使用量を算出し行政機関に報告する義務がある。報告先は、特定貨物輸送事業者は国土交通省地方運輸局、特定荷主は経済産業省地方経済局である。

　CO_2排出量はエネルギー使用量から換算できるため、ここでは排出量の算出方法について説明する。あわせて、算出に用いる係数等を示す。

→図表２-２-４

① 燃料法

② 燃費法

③ トラック：改良トンキロ法

④　船舶、鉄道、航空機：従来トンキロ法

① 燃料法
化石燃料の場合：

二酸化炭素排出量　＝　燃料使用量　×　CO_2排出係数
（kg-CO_2）　　　（リットル（L））　　（kg-CO_2/L）
　　　　　　　　　　　　　　　　　表1

電気自動車の場合：

二酸化炭素排出量　＝　電力使用量　×　CO_2排出係数
（kg-CO_2）　　　　（kwh）　　（kg-CO_2/kwh）
　　　　　　　　　　　　　　　　　表1

　燃料法は、実際に使用した燃料（あるいは電力、以下同様）の使用量を用いるため、精度が高い。また、他の3つの算定方法とは異なり、燃料使用量を使った算出式なので、積載率の向上やトラックの大型化はもちろん、エコドライブの実施や低燃費タイヤの装着など、多くの省エネ方策の効果を算出できる。自社便や貸切便で燃料使用量がわかれば、算出は容易である。一方、複数荷主の貨物を積合せて輸送している場合で、荷主別に排出量を算出する必要がある場合には、なんらかの方法を用いた按分が必要となる。
　使用燃料別の排出係数は、省令で公表される。当該係数は、ガソリン・軽油・都市ガス・電力などのエネルギー種別に1単位（kL、t、kwh）消費したときに発生する排出量（kg-CO_2）を意味する。

② 燃費法

二酸化炭素排出量　＝　（輸送距離　÷　燃費）　×　CO_2排出係数
（kg-CO_2）　　　　（km）　（km/L）　　（kg-CO_2/L）
　　　　　　　　　　　　　表2　　　　　　　表1

　燃費法は、燃料使用量を直接把握することはできないが、輸送距離はわかる場合に適用する。燃費が実測できない場合を想定して、国土交通省の告示で燃費データが車種別に提供されている（表2）。

第2節●輸送と環境問題

③　トラック：改良トンキロ法

二酸化炭素排出量＝輸送質量×輸送距離×燃料使用原単位×CO_2排出係数
　（kg-CO_2）　　　　　（t）　　　（km）　　（L/t・km）　　（kg-CO_2/L）

　　　　　　　　　　　　　　　表3-1　　　　表1

　トラックのみに適用される改良トンキロ法は、最大積載重量と積載率
（質量ベース）から関数式を用いて燃料使用原単位を求める。車両の大型
化や積載率向上の方策の効果が反映できる。

　表3-1では、代表的な最大積載量と積載率による燃料使用原単位を示
している。

④　船舶、鉄道、航空機：従来トンキロ法

二酸化炭素排出量＝輸送質量×輸送距離×排出原単位×1/1000
　（kg-CO_2）　　　　　　（t）　　　（km）　　（g-CO_2/t・km）

　　　　　　　　　　　　　表3-2、3-3

　船舶、鉄道、航空機に適用される従来トンキロ法は、輸送トンキロは
わかるが、輸送機関の燃料使用量や燃費などが不明な場合に排出量を算
出できる方法である。排出原単位とは、輸送機関が貨物1tを1km輸送
するときに排出する量を意味する。鉄道と航空機は排出原単位が1つし
かない（表3-2）。船舶は、船舶の建造年に応じた「内航船省エネルギ
ー格付け」により6段階に区分された排出原単位を使う（表3-3）。

第2章 ● ロジスティクスに関する環境・資源・労働力問題

図表2-2-4 ● 二酸化炭素（CO_2）排出量の算定に用いる係数等（表1～表4）

表1　二酸化炭素（CO_2）排出係数（燃料法、燃費法）

No.	燃料の種類	単位	①単位発熱量		②排出係数 (tC/GJ)	参考)③CO_2排出係数 (①×②×44/12)
1	揮発油	kL	33.4	GJ/kL	0.0187	2.29 tCO_2/kL
2	ジェット燃料油	kL	36.3	GJ/kL	0.0186	2.48 tCO_2/kL
3	軽油	kL	38.0	GJ/kL	0.0188	2.62 tCO_2/kL
4	A重油	kL	38.9	GJ/kL	0.0193	2.75 tCO_2/kL
5	B・C重油	kL	41.8	GJ/kL	0.0202	3.10 tCO_2/kL
6	液化石油ガス（LPG）	t	50.1	GJ/t	0.0163	2.99 tCO_2/t
7	バイオエタノール	kL	23.4	GJ/kL	―	―
8	バイオディーゼル	kL	35.6	GJ/kL	―	―
9	バイオガス	千m³	21.2	GJ/千m³	―	―
10	水素	t	142	GJ/t	―	―
11	アンモニア	t	22.5	GJ/t	―	―

電気の種類				①単位発熱量		②排出係数
買電	系統電気	自己託送以外	買電	化石	8.64 GJ/千kWh	事業者毎に設定
				非化石	8.64 GJ/千kWh	
			オフサイトPPA	FIT/FIP認定	3.60 GJ/千kWh	
				FIT/FIP非認定	3.60 GJ/千kWh	
		自己託送	非化石由来の非化石電気		3.60 GJ/千kWh	
			再エネ以外	化石	8.64 GJ/千kWh	
				非化石	8.64 GJ/千kWh	
	自営線 （他事業者からの供給）		非化石由来の非化石電気		3.60 GJ/千kWh	
			再エネ以外	化石	8.64 GJ/千kWh	
				非化石	8.64 GJ/千kWh	
自家発	直接使用・自営線 （自社内の供給含む）		非化石由来の非化石電気 （インサイトPPA含む）		3.60 GJ/千kWh	
			再エネ以外		※投入した燃料・熱でカウント （非化石燃料は0.8倍）	

注1）「①単位発熱量」と「②排出係数」は変更されることがあるため、常に最新のデータを利用すること。

注2）「③CO_2排出係数」は参考値（燃料等の使用量からCO_2排出量を直接求める場合はこの値も使用できる）。

注3）電気の排出係数は環境省・経済産業省「電気事業者排出係数」を参照とする。

①の出所：経済産業省告示「貨物輸送事業者に行わせる貨物の輸送に係るエネルギーの使用量の算定の方法」

②の出所：経済産業省・環境省令「特定排出者の事業活動に伴う温室効果ガスの排出量の算定に関する省令」

出所：経済産業省・国土交通省「ロジスティクス分野におけるCO_2排出量算定方法共同ガイドラインVer. 3. 2」2023年6月、27頁

元出所：経済産業省・（社）日本ロジスティクスシステム協会『2003年度環境調和型ロジスティクス推進マニュアル』より作成

表2　貨物自動車のみなし燃費（燃費法　実測燃費が不明な場合）

輸送の区分			燃料基準区分（単位：km/L）			燃費基準未達成等
			2025基準	2022基準	2015基準	
事業用	揮発油	500kg未満		15.9	13.5	9.48
		500kg以上1,500kg未満		10.5	8.49	6.51
		1,500kg以上		8.79	6.96	5.53
	軽油	1,000kg未満		12.9	10.2	9.31
		1,000kg以上2,000kg未満	8.50	8.50	6.93	6.28
		2,000kg以上4,000kg未満	6.33		5.28	4.78
		4,000kg以上6,000kg未満	5.13		4.36	3.93
		6,000kg以上8,000kg未満	4.55		3.91	3.52
		8,000kg以上10,000kg未満	3.88		3.37	3.03
		10,000kg以上12,000kg未満	3.65		3.19	2.86
		12,000kg以上17,000kg未満	3.35		2.96	2.66
		17,000kg以上	2.97		2.65	2.38
自家用	揮発油	500kg未満		16.9	14.4	10.1
		500kg以上1,500kg未満		11.1	8.98	6.89
		1,500kg以上		9.01	7.14	5.67
	軽油	1,000kg未満		14.9	11.8	10.7
		1,000kg以上2,000kg未満	9.48	9.48	7.72	7.00
		2,000kg以上4,000kg未満	6.71		5.60	5.06
		4,000kg以上6,000kg未満	5.45		4.63	4.18
		6,000kg以上8,000kg未満	4.73		4.07	3.67
		8,000kg以上10,000kg未満	4.08		3.54	3.18
		10,000kg以上12,000kg未満	3.78		3.30	2.97
		12,000kg以上17,000kg未満	3.52		3.11	2.79
		17,000kg以上	2.99		2.67	2.40

注）当該算定法を用いて算出するみなし燃費の適用にあたっては、貨物輸送に用いた車両が燃費基準を上回っている車両であるか判定を行う必要がある、燃費基準の達成の判定には様々な方法があるが、たとえば、国土交通省および経済産業省が表示を求めている燃費基準達成ステッカーが貨物輸送に用いた車両に貼付されているか、貨物輸送に用いた車両の型式が国土交通省のホームページの自動車燃費一覧の型式に該当するか確認する方法が挙げられる。

出所：経済産業省・国土交通省「ロジスティクス分野におけるCO$_2$排出量算定方法共同ガイドラインVer. 3. 2」2023年6月、52頁

元出所：経済産業省告示「貨物輸送事業者に行わせる貨物の輸送に係るエネルギーの使用量の算定の方法」

第２章●ロジスティクスに関する環境・資源・労働力問題

表3-1　トラックのトンキロ当たりの燃料使用量
（代表的な最大積載量と積載率による一覧表）

輸送の区分			積載率が不明な場合				平均積載率
			輸送トンキロ当たりの燃料使用量（リットル/トンキロ）				
			事業用				
使う燃料	最大積載量 [kg]	中央値	2025年基準達成車	2022年基準達成車	2015年基準達成車	その他	事業用
揮発油	500kg未満	350		0.725	0.854	1.21	24%
揮発油	500kg以上1,500kg未満	1,000		0.381	0.472	0.615	24%
揮発油	1,500kg以上	1,500		0.250	0.315	0.397	29%
軽油	1,000kg未満	500		0.714	0.903	0.992	19%
軽油	1,000kg以上2,000kg未満	1,500	0.286	0.286	0.351	0.387	25%
軽油	2,000kg以上4,000kg未満	3,000	0.145		0.173	0.192	34%
軽油	4,000kg以上6,000kg未満	5,000	0.0961		0.113	0.125	
軽油	6,000kg以上8,000kg未満	7,000	0.0779		0.0906	0.101	38%
軽油	8,000kg以上10,000kg未満	9,000	0.0525		0.0605	0.0672	
軽油	10,000kg以上12,000kg未満	11,000	0.0463		0.0530	0.0589	
軽油	12,000kg以上17,000kg未満	14,500	0.0390		0.0442	0.0492	51%
軽油	17,000kg以上	20,500	0.0314		0.0352	0.0392	

出所：資源エネルギー庁「省エネ法の手引き　荷主編〔令和5年度改訂版〕」を一部修正

表3-2　輸送機関別排出原単位（鉄道・航空機：従来トンキロ法）

輸送機関	CO_2排出原単位（g-CO_2/t・km）
鉄道	22
航空機	1,490

出所：経済産業省・国土交通省「ロジスティクス分野におけるCO_2排出量算定方法共同ガイドラインVer. 3. 2」2023年6月、64頁を一部修正

74

表3-3　輸送機関別排出原単位（船舶：従来トンキロ法）

船舶の区分	内航船省エネルギー格付	改善率	CO_2排出原単位（g-CO_2/t・km）
1990年から2010年の間に建造された船舶の船種毎の平均的な燃費と比べて20%以上の燃費の向上が認められる船舶	★5	20.0%	31
1990年から2010年の間に建造された船舶の船種毎の平均的な燃費と比べて15%以上20%未満の燃費の向上が認められる船舶	★4	15.0%	33
1990年から2010年の間に建造された船舶の船種毎の平均的な燃費と比べて10%以上15%未満の燃費の向上が認められる船舶	★3	10.0%	35
1990年から2010年の間に建造された船舶の船種毎の平均的な燃費と比べて5%以上10%未満の燃費の向上が認められる船舶	★2	5.0%	37
1990年から2010年の間に建造された船舶の船種毎の平均的な燃費と比べて0%以上5%未満の燃費の向上が認められる船舶	★1	2.5%	38
その他の船舶	未取得		39

出所：表3-1に同じ

（3）モーダルシフトにCO_2削減効果（算定の一例）

■トラック輸送を鉄道に転換する場合のCO_2削減効果の算定

　出発地Aから目的地Bまでのトラック輸送を鉄道輸送に転換した場合のCO_2排出量の変化量を算定する。

　輸送にかかわるデータは以下のとおり。

　　鉄道輸送転換前の輸送（すべてトラック輸送）

　　○輸送質量：20t

　　○輸送距離：600km

　　○トラックの仕様

　　　・事業用

　　　・燃料：軽油

　　　・最大積載質量：10,000kg

　　　・燃費基準区分：2015年基準

　　鉄道輸送転換後の輸送（トラック輸送および鉄道輸送）

　　○輸送質量：20t

○出発地Aから最寄りの鉄道駅C駅までのトラック輸送
　・輸送距離：30km
　・事業用
　・燃料：軽油
　・最大積載質量：10,000kg
　・燃費基準区分：2015年基準
○鉄道駅C駅から目的地Bの最寄りの鉄道駅D駅までの輸送
　・輸送距離：500km
○D駅から目的地Bまでのトラック輸送
　・輸送距離：25km
　・事業用
　・燃料：軽油
　・最大積載質量：10,000kg
　・燃費基準区分：2025年基準

■鉄道輸送転換前の輸送（すべてトラック輸送）のCO_2排出量の算定

　輸送にかかわるデータから、燃費法あるいは従来トンキロ法が使える。ここでは、燃費法を用いた算定例を示す。

　トラックの燃費は、表2から、

　3.19（km/L）

である。

　軽油の係数は、表1から、

　2.62（t-CO_2/kL）＝2.62（kg-CO_2/L）

である。

　20tの荷物を輸送するためには、最大積載質量10,000kgのトラックが2台必要（積載率を100％とした）なことから、

　CO_2排出量＝600（km）/3.19（L/km）×2.62（kg-CO_2/L）×2

　　　　　　＝985.6（kg-CO_2）

第2節 ● 輸送と環境問題

■鉄道輸送転換後の輸送（トラック輸送および鉄道輸送）

○トラック輸送①（出発地Aから鉄道駅C駅まで）

　輸送にかかわるデータから、燃費法あるいは従来トンキロ法が使える。ここでは、燃費法を用いた算定例を示す。

　　トラックの燃費は、表2から、

　　　3.19（km/L）

である。

　　軽油のCO_2排出係数は、表1から、

　　　2.62（t-CO_2kL）＝2.62（kg-CO_2/L）

である。

　　20tの荷物を輸送するためには、最大積載質量10tのトラックが2台必要（積載率を100％とした）なことから、

　　　CO_2排出量＝30（km）/3.19（L/km）× 2.62（kg-CO_2/L）× 2

　　　　　　　　＝49.3（kg-CO_2）

○鉄道輸送（C駅からD駅まで）

　鉄道は従来トンキロ法しか使えない。

　　鉄道の排出原単位は、表3-2から、

　　　22（g-CO_2/t・km）

である。

　　　CO_2排出量＝20（t）×500（km）×22（g-CO_2/t・km）×1/1000

　　　　　　　　＝220（kg-CO_2）

○トラック輸送②（鉄道駅D駅から目的地Bまで）

　輸送にかかわるデータから、燃費法あるいは従来トンキロ法が使える。ここでは、燃費法を用いた算定例を示す。

　　トラックの燃費は、表2から、

　　　3.65（km/L）

である。

　　軽油の排出係数は、表1から、

　　　2.62（t-CO_2/kL）＝2.62（kg-CO_2/L）

77

である。

　20 t の荷物を輸送するためには、最大積載質量10,000kgのトラックが2台必要（積載率を100%とした）なことから、

$$CO_2 排出量 = 25 (km)/3.65 (L/km) \times 2.62 (kg\text{-}CO_2/L) \times 2$$
$$= 35.9 (kg\text{-}CO_2)$$

○出発地Aから目的地Bまで

$$CO_2 排出量 = 49.3220 + 35.9$$
$$= \underline{305.2 (kg\text{-}CO_2)}$$

　以上のことから、出発地Aから目的地Bまでのトラック輸送を鉄道輸送に転換した場合の排出量の変化量は、

$$CO_2 排出量の変化量 = 305.2 - 985.6$$
$$= -680.4 (kg\text{-}CO_2)$$

　この転換により、CO_2排出量は、

　　$\underline{680 (kg\text{-}CO_2)}$

削減できる。

　その削減率は、

　　$680.4/985.6 = \underline{69.0 (\%)}$

となる。

3　輸送の低炭素化のための施策

①　グリーン物流パートナーシップ会議の開催（2004年〜）

　グリーン物流パートナーシップ会議とは、産業界（荷主）と物流事業者の幅広い連携・協働により、新技術の導入や新ビジネスモデルの開発を通じて、効率的でかつ環境負荷の少ない物流システムモデルを開発していこうとする取り組みである。同会議では、優良事業の公募と経済産業大臣および国土交通大臣表彰、グリーン物流パートナーシップ本会議の開催（年1回）、グリーン物流事例集の作成などの活動を、継続して行

っている。

　近年では、深刻化するトラックドライバー不足による輸送能力不足などにも対応するため、グリーン物流の枠組みを拡張し、排出量に加えて物流の生産性の指標も優良事例の評価指標に加えられた。会員企業数は約3,000社（詳細はhttp://www.greenpartnership.jp/を参照）。

② **流通業務の効率化を図る事業に対する支援措置（2005年〜）**

　流通業務の総合化及び効率化の促進に関する法律（旧物流総合効率化法、流通業務総合効率化法）は、流通業務（輸送、保管、荷さばきおよび流通加工）を一体的に実施するとともに、「輸送網の集約」「モーダルシフト」「輸配送の共同化」等の輸送の合理化により、流通業務の効率化を図る事業に対する計画の認定や支援措置等を定めた法律である。

　国土交通省では、昨今の物流分野における労働力不足、荷主や消費者ニーズの高度化・多様化による多頻度小口輸送の進展等に対応するため、同法に基づき、「2以上の者の連携」による流通業務の省力化および物資の流通に伴う環境負荷の低減を図るための物流効率化の取り組みを支援している。

　2016年10月の法改正後は、2023年12月末までの期間に、405件の事業が認定されている。→第3章第1節**4**

（出所：国土交通省ホームページ　https://www.mlit.go.jp/seisakutokatsu/freight/bukkouhou.html#section-5）

③ **モーダルシフトにかかわる認証制度**

1）エコレールマーク認定制度（2005年〜）

　貨物鉄道輸送はエネルギー効率に優れた輸送手段であるが、消費者が店で商品を選ぶ際にはその商品がどうやって運ばれたのかを知る手段がない。そこで、商品を輸送するときに貨物鉄道を一定割合以上利用している場合に、「エコレールマーク」の認定を受けられるしくみが設けられた。これにより、商品などに「エコレールマーク」を表示することで、その企業が環境への取り組みを行っていることが消費者にも伝わることを目指している。

エコレールマーク事業の運営については、エコレールマーク事務局が（公社）鉄道貨物協会に置かれ、エコレールマークの適正な運営のため、諮問機関として学識経験者、行政、物流関係者から構成される「エコレールマーク運営・審査委員会」が設けられている。

2024年3月時点で、エコレールマーク認定商品は186品目（162件）、認定企業は101社になっている。

（出所：国土交通省ホームページ　https://www.mlit.go.jp/tetudo/tetudo_tk2_000008.html）

2）エコシップマーク認定制度（2008年7月〜）

環境負荷の少ない海上輸送を一定以上の割合で利用する荷主企業や物流企業に、商品やカタログ、車体等に使用できるマークが**エコシップマーク**である。

エコシップマークの使用は、エコシップ・モーダルシフト事業実行委員会において、学識経験者等からなる選考委員会が提出された調査書に基づき審査を行い、推薦された事業者等に対しエコシップマークの使用を許可する。

2023年3月末時点で、エコシップマーク認定企業は402社になっている。

（出所：エコシップ・モーダルシフト事業実行委員会ホームページ http://www.ecoship.jp/）

④　グリーン経営認証

グリーン経営認証は、（公財）交通エコロジー・モビリティ財団が認証機関となり、「グリーン経営推進マニュアル」に基づいて一定のレベル以上の取り組みを行っている事業者に対して、審査のうえ認証・登録を行うものである。

輸送にかかわるものでは、トラック事業が2003年から、旅客船・内航海運・港湾運送事業が2005年から開始されている。2024年7月末時点で、トラック4,908、旅客船8、内航海運29、港湾運送67事業所が認証を受けている。

（出所：（公財）交通エコロジー・モビリティ財団ホームページ　https://

www.green-m.jp/index.html）

4　大気汚染防止のための施策

（1）自動車NOx・PM法

　ロジスティクスにおける輸配送活動は、環境面では交通事故・騒音・排気ガスなどの問題の発生源として、改善が求められている。

　自動車排気ガスによる大気汚染（訴訟）問題は、1970年代以降全国の主要都市で取り上げられるようになった。自動車単体への規制（メーカー段階）だけでなく自動車ユーザー側にも規制を設けるべく（低公害車への切り替え促進など）、1992年に自動車から排出される窒素酸化物の削減を対象にした「自動車NOx法」が、さらに2001年には、新たに粒子状物質の抑制も含めた「自動車から排出される窒素酸化物及び粒子状物質の特定地域における総量の削減等に関する特別措置法」（**自動車NOx・PM法**　最終改正施行2021年）が制定され、数次の改正を得て今日に至っている。

　ディーゼル車が排出する汚染物質は、CO_2、一酸化炭素（CO）、炭化水素（HC）、窒素酸化物（NOx）、粒子状物質（PM **Key Word**）などである。特にNOxとPMは、呼吸器系刺激ガスであり、肺や気管に沈着して健康障害を誘発し、発がん性との関連も指摘される有害物質である。

　トラックメーカー（低公害エンジン開発）・石油メーカー（低公害燃料開発）・輸送事業者（低公害車の導入・エコ運転）などの改善努力により、大都市圏の大気汚染の改善が進みつつある。2005年に新たな「自動車NOx・PM法登録規制」が施行された。新車対策として、"トップランナ

Key Word

PM (Particulate Matter)──粒径マイクロメートル単位の粒子状物質。軽油の不完全燃焼が発生原因といわれている。

一方式"という世界一厳しい新長期排出ガス規制2005（規制導入時と比較し、NOx85%減・PM96%減）が導入され、続いて2009年には、ポスト新長期規制（規制導入時と比較して、NOxは95%削減、PMは99%削減）が導入された。さらに2016年7月、車両総質量が3.5tを超えるディーゼル重量車などの排出ガス規制を強化された。「ポスト.ポスト新長期規制」と呼ばれるもので、排出ガス中に含まれる窒素酸化物（NOx）に対する規制について、これまでの「ポスト新長期規制」と比較して約4割低い水準に引き下げる規制強化が行われた。

　2018年には自動車の排出ガスの測定方法が変わり、世界統一試験サイクルWLTC（Worldwide Harmonized Light Vehicles Test Cycle）が導入された。WLTCは、実際の運転状況に基づいて燃費や排出ガスを測定する国際的な試験サイクルであり、これによってより現実的な評価が行われるようになった。

出所：環境省ホームページ「WLTCの国内導入について」 https://www.env.go.jp/council/07air-noise/y072-53/mat%2002.pdf/02%20%E8%B3%87%E6%96%9953-2.pdf）

（2）地方自治体における運行規制

　国の規制だけでは住民の健康が守れないとの考え方から、首都圏などの大都市自治体では、さらに厳しい規制を設けている。九都県市あおぞらネットワークが定める低公害車の環境基準は、国がNOx・PM法で定める低公害車の環境基準よりも厳しい。地方自治体が独自の運行規制を設けている地域を走行する場合は、それらの自治体における規制に従う必要がある。

第3節 ● リサイクル・廃棄物処理と環境規制

| 第 **3** 節 | # リサイクル・廃棄物処理と環境規制 |

学習のポイント

◆リサイクルは、資源の有効利用法とともに、物流の新たなビジネス開拓での重要性を理解する。

◆廃棄物処理は、法に準じて適切に行うことを理解する。

◆欧州は、環境規制を先行して行ってきている。欧州の規制の概要を知ることは、欧州におけるビジネスのためのみならず、国際規模での環境規制の方向性を探るために役立つ。

1 リサイクル法 (資源の有効な利用の促進に関する法律)

「資源の有効な利用の促進に関する法律（1991年法律第48号　最終改正施行2023年）」は、2001年に改正施行された（略称：リサイクル法または資源有効利用促進法）。この法律の目的は、深刻化する廃棄物問題を解決するため、「循環型社会形成推進基本法」（2000年法律第110号）で示された3Rの取り組みを促進し、省資源と使用済み製品の資源の再利用を促すことである。

(1) リサイクル法の目的

リサイクル法は、資源使用の合理化、再生資源の利用による循環型経済システムの構築を目的として、以下を規定している。

○事業者による製品の回収・再使用の促進（リユース・リサイクル対策強化）

83

○省資源化・長寿命化設計による廃棄物の発生抑制（リデュース）

（2）リサイクル法における関係者の責務

○事業者：使用済み物品および副産物の発生抑制のための原材料使用
の合理化
再生資源・再生部品の回収や利用促進など
○消費者：製品の長期間使用、分別回収への協力など
再生資源を用いた製品の利用
○国・自治体：物品調達における再生資源の利用などの促進
資金の確保、科学技術の振興、国民の理解を求める努
力など

（3）法対象となる業種および製品

リサイクル法では10業種69品目について、事業者に3Rの取り組みを
求めている。再資源化目標値が、製品および業種別に法定化、またはガ
イドラインが設定されている。→図表2-3-1

図表2-3-1 ●業種別・製品別の3Rの観点

特定省資源業種	紙パルプ製造業、製鉄、精錬、化学工業など、5業種	・副産物の発生抑制・リサイクル
特定再利用業種	紙製造業、建設業、ガラス容器、複写機製造など、5業種	・リユース再生部品使用・リサイクル再生材料使用
指定省資源化製品	自動車、家電、石油ガス機器、パソコン、パチンコなど、19製品	・使用済み物品の発生を抑制する設計・製造
指定再利用促進製品	浴室ユニット、電動工具など、50製品	・リユース、リサイクルに配慮した設計・製造
指定表示製品	缶、ペットボトル、容器包装など、7製品	・分別回収の識別表示
指定再資源化製品	パソコン、小型二次電池（密閉型蓄電池）	・事業者の回収およびリサイクル再資源化
指定副産物	電気業の石灰石、建設業の土砂・木材など	・副産物の再生資源としてのリサイクル利用

第3節●リサイクル・廃棄物処理と環境規制

　なお、経済産業省産業構造審議会「品目別・業種別廃棄物処理・リサイクルガイドライン」には、品目別で35品目、業種別で18業種について、循環型商品・物流ビジネスヒント事例など、多数例示されている。

2 廃棄物処理法（廃棄物の処理及び清掃に関する法律）

　廃棄物の削減や再使用・再資源化の必要性が急務となっているが、廃棄物の実態はここ数年ほぼ横ばいで推移しており、まだ膨大な物量が排出されている。3R活動の強化により、産業廃棄物の再生利用率（2013年度53％）、および一般廃棄物のリサイクル率（同21％）は着実に上昇しているが、まだ不十分で改善すべき課題も多い。最終処分埋立場は確保が困難であり、逼迫した状態が現在も続いている。

　循環型社会形成のために物流活動が貢献できることは、これら廃棄物の処理・3Rリサイクル対策の輸配送を、効率的・安全衛生的に、かつ遵法に基づいて実施することである。これには、「廃棄物の処理及び清掃に関する法律（1970年法律第137号　最終改正2022年）」（略称：廃棄物処理法または廃掃法）の規制があり、悪質な不法投棄防止のための罰則を含めて毎年のように改正され強化されている。

　なお、2008年には、「廃棄物の処理及び清掃に関する法律施行令」が改正され、「貨物の流通のために使用したパレット（パレットへの貨物の積付けのために使用した梱包用の木材も含む）」が、産業廃棄物として追加された。

（1）廃棄物の定義と区分（処理責任）

　廃棄物とは、占有者がみずから利用または他人に有償で売却することができないために、不要となった固形状または液状のものをいう（放射性物質およびこれによって汚染されたものを除く）。廃棄物は、産業廃棄物と一般廃棄物に分類される。→図表2-3-2

85

図表2-3-2 ●廃棄物の分類

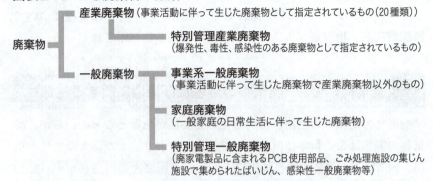

（2）産業廃棄物管理票（マニフェスト）制度の運用

産業廃棄物を排出する事業者は、拡大生産者責任（EPR：Extended Producer Responsibility）の考えに基づき、当該廃棄物が最終処分されるまでを確認管理する責務がある。

排出事業者は、収集運搬業者に当該廃棄物を引き渡すたびに、産業廃棄物管理票（マニフェスト）を交付する必要がある。マニフェストは、最終処分されるまでの各ステップ（収集運搬・中間処理・最終処分）での処理が終了すると、写しを排出事業者に返送するルールになっている。これは、最終処分されるまで排出事業者が当該廃棄物の流れを把握できるように定められたものである。法定期限内の所定日数（180日）以内に受け取れないときには、適切な措置をとり、その旨を30日以内に都道府県知事に届け出なければならない。

また排出事業者は、マニフェストの5年間の保存、および毎年6月30日までに前年度の発行実績を報告する義務も負っている。排出事業者の責務が非常に広く設定されている。

3 欧州における環境法規制

（1）環境行動計画と予防の原則

欧州（以下、EU）は、世界で最も環境規制が先行している。EUでの CSR（企業の社会的責任）の概念は、国家や企業が法的要求水準を超えて、より厳しい取り組みをみずからに課してこそ社会から評価を受けるというもの、として定着しつつある。

IPCC（Intergovernmental Panel on Climate Change＝気候変動に関する政府間パネル）の報告により地球環境の危機的状況が明確化するにつれ、世界の総生産額（GDP）の約3割のシェアを持つEUの環境規制ルールは、最近のG8サミットにおける状況から見ても、世界に共通するルールになっていくことが想定される。

EUでは、環境対策の大綱をまとめた「環境行動計画」を1973年の第1次以降5年から10年ごとに策定している。現在は「第8次環境行動計画（EAP 8th Environmental Action Programs 2022〜2030)」期間中であり、優先目標として「2030年までにGHG排出を1990年比で少なくとも55％削減する目標」「自然保護と生態系の回復力の強化」「持続可能で資源効率の高い低炭素成長の促進」「健康に対する脅威への効果的な取り組み」などが設定されている。

さらにリオ・サミット開催の1992年に、最初のEU運輸白書も発表されている。EU理事会は2007年3月、世界に先駆けて、CO_2排出量を2020年までに1990年比20％以上を削減するエネルギー政策案を承認している。

EUにおける製品・物流関連の環境規制の流れを整理すると、図表2-3-3のように総括できる。

EUの環境規制の基本理念は、問題が発生してから解決に動くのではなく、「予防の原則」に基づく「生産者責任」と「官民パートナーシップ」が基軸である。「予防の原則」は、ある行為が環境に重大な影響をもたらすことに強い疑義がある場合、原因が科学的に証明されていなくても、手遅れにならないよう先行的に行動する「後悔しない政策（non-regret policy)」の考え方である。

この考え方は、RoHS（Restriction of the use of certain Hazardous Substances＝電気電子機器に含まれる有害物質の使用制限に関する指

令）・REACH（Registration, Evaluation Authorization and Restriction of Chemicals＝化学品の登録、評価、認可、制限に関する規制）などの化学物質規制、遺伝子組み換え農産物規制、牛海綿状脳症（BSE）病対策、および温暖化対策などに適用されている。日本の地球温暖化対策推

図表2-3-3●欧州の環境規制の概要（製品・物流関連）

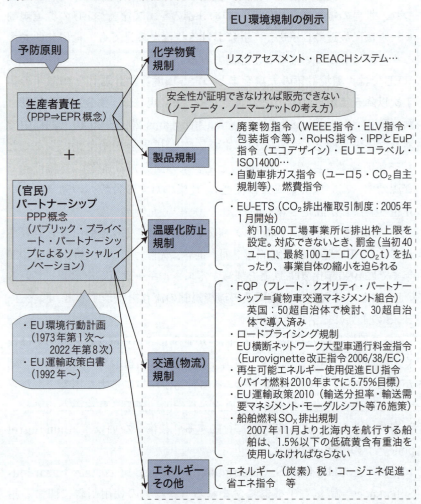

進法（1998年法律第117号　最終改正施行2023年）にも取り入れられた
考え方である。

（2）生産者責任

　従来の「汚染者負担の原則（PPP：Polluter Pay Principle）」では、汚
染責任者による解決までに長時間を要し、またこれら外部不経済（経済
活動に伴い、直接関係のない第三者が受ける不利益）の内部化にも時間
がかかり、結果として被害が拡大する懸念がある。そのため1990年代以
降「拡大生産者責任の原則（EPR）」が主流となってきた。

　これは生産者が販売時までだけでなく、使用中や使用後を含めた製品
のライフサイクル全域（製品設計〜製造〜物流〜販売〜利用〜廃棄〜3
R）にわたる安全や環境負荷に配慮する考え方である。可能な限り環境
負荷を低減する設計やモノづくりを行うこと、そしてそれを企業とその
他セクターメンバーとの協働により環境にやさしい生産・物流・販売・
消費などの形成を、産業界の自主的取り組みで達成できるように仕向け
ていくものである。

（3）官民パートナーシップ

　「官民パートナーシップ（PPP：Public Private Partnership）」の考え
方とは、市場メカニズムに基づく利害関係の交錯する当事者同士だけの
交渉に委ねるのでは解決が困難なテーマについて、荷主・物流事業者・
業界団体・消費者（団体）・行政・議会などが参加して、適切な解決策を
見いだそうとするものである。英国では、「FQP（Freight Quality Part-
nership＝貨物車交通マネジメント組合）」の名で、自治体での検討・導
入が進んでいる。日本でも同様の取り組みが各地で始まっている。

　EUの環境規制には、地球環境の悪化による人類の生存基盤の崩壊を防
ぐという環境政策としての目的がある。一方で、早い段階で環境規制を
強化することにより、環境対応の技術革新・社会システム革新などを促
し、それを実績にEU規制を将来の国際標準に仕立てて、欧州企業（経

済）の競争力強化をねらう産業政策としての側面も有している。

（4）国際海事機関（IMO：International Maritime Organization）のエネルギー効率関連条約（EEDIおよびSEEMP）

2011年7月に開催されたIMO第62回海洋環境保護委員会（MEPC 62）において、「エネルギー効率設計指標（EEDI：Energy Efficiency Design Index＝1トンの貨物を1マイル運ぶのに必要なCO_2のグラム数）および「船舶エネルギー効率管理計画書（SEEMP：Ship Energy Efficiency Management Plan＝CO_2排出量削減のために最も効率的な運航方法を立案した計画書。IMOで船上備え付けを義務化）を強制化するためのMARPOL条約附属書VIの改正案が採択され、2013年に発効した。本条約は、欧州を含む全世界にかかるもので、自動車の燃費規制の国際的な船舶版といってよいものである。

Column **知ってて便利**

《FQP（Freight Quality Partnership＝貨物車交通マネジメント組合）》

FQPとは、英国を中心に行われている地方自治体主導の、貨物自動車交通の適正化への取り組みである。地域内におけるさまざまな貨物輸送に伴う課題（たとえば、排出ガスや騒音の削減、自動車事故の防止、道路情報不足によるムダな走行の削減、違反の削減、配送時のコスト上昇や遅延など）の解消を目的としている。当然、地域の繁栄が必須であり、そのために必要な貨物輸送の円滑な確保が前提としてある。

具体的にはたとえば、以下のような問題解決に向けたドライバーへの情報提供がある。
- ○走行規制（荷さばき場の位置、走行禁止レーン、走行時間制約、積卸しの制約、道路の高さ・質量制限など）
- ○ローリー車の使用可能な駐車場の位置、ローリー車の走行可能な道路
- ○貨物自動車推奨ルートマップ
- ○ガソリンスタンドの位置

第2節 ● リサイクル・廃棄物処理と環境規制

　この条約は、原則として国際航海に従事する400GT（総トン）以上の
すべての船舶に適用され、条約への適合が認められた船舶に対しては、
国際エネルギー効率証書、通称IEE（International Energy Efficiency）
証書が発給される。EEDI関連の規定については、条約が指定する船種
（タンカー、コンテナ船、一般貨物船、RORO船など）の新船のみが適用
の対象になっている。

第2章 ● ロジスティクスに関する環境・資源・労働力問題

第 **4** 節 | # 労働力不足対策と 物流人材育成

学習のポイント

◆トラックや内航海運など物流業界における構造的な労働力不足の状況と、その対策を理解する。

◆働き方改革と労働関連法規の概要を理解する。

◆「物流の2024年問題」はトラック運送事業者だけでは解決できないので、荷主としてどのような取り組みをすべきか理解する。

◆内航海運・港湾運送・空港業務における労働力不足の実態を理解する。

◆持続的な物流サービスを安定的に供給するために、物流分野における人材育成の重要性を理解する。

1 物流業の概要

産業活動や社会経済を支える物流業の概要、すなわち営業収入・事業者数・従業員数などは、図表2-4-1のとおりである。

従業員数では約223万人（うち201万人がトラック運送業者で、その大半はドライバー）であり、業界の特性として中小企業比率（トラック運送業99.9％、内航海運業99.7％）が高い。

図表2-4-1に、荷主の工場・物流センター・店舗などで物流業務に携わる従業員や、自家用車での配送ドライバーなどを加えれば、物流関連の「労働力」は、かなり多いと想定される。荷主においても、物流業

第4節 ● 労働力不足対策と物流人材育成

図表2-4-1 ● 物流業の概要（2021年）

区　分	営業収入	事業者数	従業員数	中小企業の割合	備　考
トラック運送事業	18兆3,473億円	63,251	201万人	99.9%	国土交通省自動車局貨物課調べ 営業収入は令和2年度の報告書提出事業者37,805者分 従業員数は総務省「労働力調査」
Ｊ　Ｒ　貨　物	1,513億円	1	5千人	—	
内　航　海　運　業	7,613億円	3,309	67,392人	99.7%	営業収入は報告書提出事業者609者分
外　航　海　運　業	3兆4,895億円	189	7千人	84.8%	営業収入・従業員数・中小企業の割合は報告書提出事業者145者分
港　湾　運　送　業	9,911億円	854	5万1千人	89%	検数・鑑定・検量事業者を除く 営業収入は令和2年度報告書提出事業者617者分
航空貨物運送事業	7,042億円	22	4万1千人	77.3%	
鉄道利用運送事業	3,146億円	1,175	9千人	86.2%	営業収入・従業員数・中小企業の割合は報告書提出事業者626者分
外航利用運送事業	7,172億円	1,173	7千人	80.9%	営業収入・従業員数・中小企業の割合は報告書提出事業者398者分
航空利用運送事業	9,727億円	202	1万5千人	66.9%	営業収入・従業員数・中小企業の割合は報告書提出事業者224者分
倉　　庫　　業	2.6兆円	6,582	13.2万人	98.9%	営業収入・従業員数は推計値
トラックターミナル業	295億円	16	0.5千人	93.8%	営業収入は兼業事業を含む

出所：日本物流団体連合会「数字でみる物流2023年度版」

務をはじめ諸業務で労働力不足が生じている。

　一方で、物流業に従事する労働者の労働時間の現状は、図表2-4-2のとおりである。

　特に、トラック運送業（図表2-4-2では道路貨物運送業）は、年間2,112時間と全産業の1,709時間に比べて403時間（約24％増）の長時間労働となっており、所定内労働時間・所定外労働時間（時間外労働）とも長くなっている。

　図表2-4-2は、事業所規模30名以上に限られたデータであり、事業者数で81.4％を占める従業員数30名の一般トラック（特別積合せ・霊柩を除く。全体で57,481社。2020年度）を加えれば、長時間労働の労働者はさらに多いと推測される。

第2章 ● ロジスティクスに関する環境・資源・労働力問題

図表2-4-2 ● 物流業に従事する労働者の年間総労働時間の現状（2021年）

（単位：1人当たり　時間）

分　　　類	年間総労働時間	所定内労働時間	所定外労働時間
全　産　業　計	1,709	1,570	139
運輸業、郵便業	1,920	1,661	259
鉄　道　業	1,934	1,727	208
道路旅客運送業	1,780	1,556	223
道路貨物運送業	2,112	1,750	362
製　　　造　　　業	1,908	1,724	184
建　　　設　　　業	2,032	1,795	236
金　融・保　険　業	1,769	1,597	172

注1）厚生労働省「毎月勤労統計調査全国調査結果原表（令和3年度平均確報）」より作成。
注2）事業所規模30人以上

出所：図表2-4-1に同じ

2　働き方改革と労働関連法規

（1）働き方改革

「働き方改革」とは、「働く方々がそれぞれの事情に応じた多様な働き方を選択できる社会を実現する働き方改革を総合的に推進するため、長時間労働の是正、多様で柔軟な働き方の実現、雇用形態にかかわらない公正な待遇の確保等のための措置を講じること」（厚生労働省パンフレット）であり、2018年、働き方改革を推進するための関係法律の整備に関する法律（2018年法律第71号。通称「働き方改革関連法」）が成立した。

改革の大きなポイントは、以下の2点である。

① 　労働時間法制の見直し

② 　雇用形態にかかわらない公正な待遇の確保

①では、「残業時間の上限規制」「勤務インターバル制度の導入」「1人1年5日間の年次有給休暇の取得を企業に義務づけ」「月60時間を超える残業について割増賃金率を引き上げ」等が挙げられる。

94

第4節 ● 労働力不足対策と物流人材育成

②では、「同一企業内における正社員と非正規社員の間の不合理な待遇差の禁止（同一労働同一賃金）」「労働者に対する待遇に関する説明義務の強化」等が挙げられる。

前記「働き方改革関連法」により、労働基準法等の労働関連法が一括して改正された。以下に、その概要を説明する（施行の時期については、それぞれ異なっている）。

以上の内容は、物流業界だけではなく全産業を対象としているので、荷主企業自体も「働き方改革」の実行と関連法規の遵守が必要である。

（2）労働基準法 (1947年法律第49号　最終改正2018年)

労働基準法は、労働者の人たるに値する生活を営めることを目的に、最低基準の労働条件（賃金・就業時間・休息・解雇・休業補償など）を定めた基本法であり、労働者の権利と会社の義務が記述されている。正社員だけでなく、パートタイム労働者・アルバイト・嘱託等を含めた全労働者、および1人でも労働者を雇用するすべての事業所にも適用される。性別・信条・国籍などによる差別も許していない。当該法律を下回る基準で雇用した場合には罰則が設けられている。

労働基準法では、労働時間に関する本則として、「使用者は、1週間について40時間、1日について8時間を超えて労働させてはならない」とされている。また、「時間外・休日に労働させる場合には、使用者は、労使協定（通称「36協定」）を締結し、所轄労働基準監督署長に届けねばならない」とされている。

なお、最終改正は、（1）で述べたように、2018年、他の働き方改革関連法と一括して行われた（以下に述べる労働安全衛生法等も同じ手続で改正された）。この最終改正により、トラックを含む自動車のドライバー（事業用と自家用を問わない）については、2024年4月1日より、時間外労働を年960時間以内とする上限規制が適用された。

これが、本節3で述べる「物流の2024年問題」である。なお、時間外労働を年960時間以内とする上限規制は、建設業においても2024年4月

95

第2章●ロジスティクスに関する環境・資源・労働力問題

1日から適用され、同様に「建設の2024年問題」が生じている。

　貨物自動車運送事業等に従事する自動車ドライバーの労働時間については、労働基準法に加え、2024年4月1日より「自動車運転者の労働時間等の改善のための基準」（1999年労働省告示第7号　最終改正2022年。通称「改善基準告示」）が適用され、使用者は、拘束時間や休息期間等の基準を遵守しなければならない。

　改善基準告示は、事業用だけでなく自家用自動車のドライバーにも適用されるので、自家用トラックで商品を輸配送している場合は、改善基準告示を遵守しなければならない。

　また、貨物自動車運送事業法では、荷主に対して「トラック運送事業者が法令を遵守して事業を遂行できるよう、必要な配慮をしなければならない」という責務規定が定められているので、遵守すべき「法令」の1つである「改善基準告示」については、荷主も理解しておく必要がある。

（3）労働者派遣法（1985年法律第88号　最終改正2018年）

　労働者派遣法（労働者派遣事業の適正な運営の確保及び派遣労働者の保護等に関する法律）は、社会構造の変化、価値観・就業意識の多様化で非正規雇用（派遣）労働者が急増する状況に対し、「労働基準法」でカバーしきれない「派遣労働」に特化して、派遣労働者（通称、派遣スタッフ）の保護と雇用の安定化を図るため、派遣元会社や派遣先企業が守るべきルールを定めた法律である。

■派遣労働の定義

　労働者が人材派遣会社（派遣元）と雇用契約を結んだうえで、実際に働く会社（派遣先）に派遣され、派遣先の指揮命令を受けて働く複雑な働き方である（派遣元が賃金を含む労働契約上の義務を負うが、実際に労働に従事させるにあたっての義務は、派遣先が負う）。→図表2-4-3

　2010年には、日雇派遣の原則禁止をはじめとした事業規制の強化や、待遇の改善、違法派遣に対する迅速・的確な対処などの改正が行われた。

　2018年の「働き方改革関連法」の成立により、次のとおり改正された。

図表２−４−３ ●業務別の派遣受け入れ期間の制限

	業務の種類	派遣受け入れ期間
1	２〜７以外の業務	最長３年まで
2	ソフトウェア開発等の政令で定める業務（いわゆる「２６業務」）	制限なし
3	３年以内の有期プロジェクト	制限なし
4	日数限定業務（所定労働日数半分以下、かつ１０日以内）	制限なし
5	産休・育児休業の穴埋め	制限なし
6	介護休業の穴埋め	制限なし
7	製造業務	条件つきで最長３年間

■2018年以降の労働者派遣法改正の要点

１．正式な法律名ならびに法律の目的の変更

「労働者派遣事業の適正な運営の確保及び派遣労働者の就業条件の整備等に関する法律」から「労働者派遣事業の適正な運営の確保及び派遣労働者の保護等に関する法律」に改正され、法律の目的にも、派遣労働者の保護のための法律であることが明記された。

「働き方改革関連法」に基づく労働派遣法の改正については、前記 **(1)** で述べたように段階的に行われたので、代表的な改正点と改正時期を掲げる。

２．2020年改正の要点

① 同一労働同一賃金の実施にあたり、「派遣先均等・均衡方式」または「労使協定方式」により賃金を決定することを派遣会社に義務づけ

② 派遣労働者の待遇に関する説明を義務化

３．2021年１月改正の要点

① 労働者派遣契約書のデジタル記録を許可

② 派遣会社が実施する教育訓練とキャリア・コンサルティングに関する説明を義務化

③ 派遣労働者からの苦情に派遣先企業も主体的に対応すべきである

と明記

④　派遣会社が条件付き日雇い派遣の適切な雇用管理をすべきことを明確化

4．2021年4月改正の要点

①　雇用安定措置において、派遣労働者から希望を聞くことを派遣会社に義務づけ

②　派遣会社に情報提供が義務づけられているすべての情報を、インターネットで提供することを原則化

③社会福祉施設と僻地への看護師の日雇い派遣を解禁

■労働者派遣法の今後

　労働者派遣法は、今後も社会状況や課題に対応して改正されることが想定される。労働者派遣法違反を避けるため、また派遣労働者を適法に保護するためにも、派遣労働者を受け入れる荷主企業は労働者派遣法を正しく理解し遵守することが求められる。

　荷主においては、物流業務以外の事務・情報システム関係でも派遣労働者を受け入れる機会が多いので、法改正について引き続き注視する必要がある。

　なお、ときどき問題となる「偽装請負」とは、荷主と物流事業者の間で行われている物流業務などが、労働者派遣法に抵触していることを指す。→第6章第2節**4**（4）および図表6-2-9を参照

（4）パートタイム・有期雇用労働法（1993年法律第76号　最終改正 2021年）

　パートタイム・有期雇用労働法の正式な法律名は、「短時間労働者及び有期雇用労働者の雇用管理の改善等に関する法律」である。

　働き方改革で掲げられた「同一企業内における正社員と非正規社員（パートタイム労働者・有期雇用労働者）の間の不合理な待遇差の禁止（同一労働同一賃金）」「労働者に対する待遇に関する説明義務の強化」等を実現するために、2018年の「働き方改革関連法」により改正され、2021

年から施行された。

■パートタイム労働者と有期雇用労働者

「パートタイム労働者」とは、1週間の所定労働時間が、同一の事業主に雇用される「通常の労働者」の1週間の所定労働時間に比べて短い労働者であり、「有期雇用労働者」とは、事業主と期間の定めのある労働契約を締結している労働者である。

なお、「通常の労働者」とは、社会通念に従い、比較の時点で当該事業主において「通常」と判断される労働者をいう。具体的には、いわゆる正規型の労働者および事業主と期間の定めのない労働契約を締結している**フルタイム労働者**（無期雇用フルタイム労働者）をいう。

なお、「パートタイム労働者」に該当するか否かは、当該労働者と同種の業務に従事する「通常の労働者」と比較して判断することになる。

■パートタイム・有期雇用労働法の要点

① パートタイム・有期雇用労働者に対する労働条件の文書による明示・説明義務

・雇入れの際、労働条件を文書などで明示

・雇入れの際、雇用管理の改善措置の内容を説明

・当該労働者から求めがあった際は、通常の労働者との待遇の相違の内容・理由や待遇の決定にあたって考慮した事項を説明

・当該労働者からの相談に対応するための体制

② 均等・均衡待遇の確保の推進

・パートタイム・有期雇用労働者のあらゆる待遇について、不合理な待遇差を禁止（**同一労働同一賃金**）→図表2-4-4

・正社員と同視すべきパートタイム・有期雇用労働者は、すべての待遇について差別的取り扱いを禁止

・賃金や教育訓練は、パートタイム・有期雇用労働者の職務の内容、職務の内容・配置の変更、成果、意欲、能力、経験などを勘案して決定・実施

・職務の内容が通常の労働者と同じ場合は、職務の遂行に必要な能力

図表2-4-4 ●「同一労働同一賃金のガイドライン」概要

「同一労働同一賃金ガイドライン」の概要
（短時間・有期雇用労働者及び派遣労働者に対する不合理な待遇の禁止等に関する指針）

このガイドライン（指針）は、正社員（無期雇用フルタイム労働者）と非正規雇用労働者（パートタイム労働者・有期雇用労働者・派遣労働者）との間で、待遇差が存在する場合に、いかなる待遇差が不合理なものであり、いかなる待遇差が不合理なものでないのか、原則となる考え方及び具体例を示したものです。原則となる考え方が示されていない待遇や具体例に該当しない場合については、各社の労使で個別具体の事情に応じて議論していくことが望まれます。

基本給、昇給、賞与、各種手当といった賃金にとどまらず、教育訓練や福利厚生等についても記載しています。

（詳しくはこちら）https://www.mhlw.go.jp/stf/seisakunitsuite/bunya/0000190591.html

給与明細書

- 基本給　　円
- 役職手当　円
- 通勤手当　円
- 賞与　　　円
- 時間外手当　円
- 深夜出勤手当　円
- 休日出勤手当　円
- 家族手当　円
- 住宅手当　円

基本給
労働者の「①能力又は経験に応じて」、「②業績又は成果に応じて」、「③勤続年数に応じて」支給する場合は、①、②、③に応じた部分について、同一であれば同一の支給を求め、一定の違いがあった場合には、その相違に応じた支給を求めている。

正社員とパートタイム労働者・有期雇用労働者の賃金の決定基準・ルールに違いがあるときは、「将来の役割期待が異なるため」という主観的・抽象的説明では足りず、賃金の決定基準・ルールの違いについて、職務内容、職務内容・配置の変更範囲、その他の事情の客観的・具体的な実態に照らして不合理なものであってはならない。

役職手当等
労働者の役職の内容に対して支給するものについては、正社員と同一の役職に就くパートタイム労働者・有期雇用労働者には、同一の支給をしなければならない。

また、役職の内容に一定の違いがある場合においては、その相違に応じた支給をしなければならない。

※ 同様の手当…特殊作業手当（同一の危険度又は作業環境の場合）
　　　　　　　特殊勤務手当（同一の勤務形態の場合）
　　　　　　　精皆勤手当（同一の業務内容の場合）　　等

通勤手当等
パートタイム労働者・有期雇用労働者には正社員と同一の支給をしなければならない。

※ 同様の手当…単身赴任手当（同一の支給要件を満たす場合）等

賞与
会社の業績等への労働者の貢献に応じて支給するものについては、正社員と同一の貢献であるパートタイム労働者・有期雇用労働者には、貢献に応じた部分につき、同一の支給をしなければならない。また、貢献に一定の違いがある場合においては、その相違に応じた支給をしなければならない。

家族手当・住宅手当等
家族手当、住宅手当等はガイドラインには示されていないが、均衡・均等待遇の対象となっており、各社の労使で個別具体の事情に応じて議論していくことが望まれる。

時間外手当等
正社員と同一の時間外、休日、深夜労働を行ったパートタイム労働者・有期雇用労働者には、同一の割増率等で支給をしなければならない。

※待遇差が不合理か否かは、最終的に司法において判断されることにご留意ください。

出所：厚生労働省「パートタイム・有期雇用労働法のあらましパンフレット」2023年

を付与する教育訓練を通常の労働者と同様に実施

・福利厚生施設（給食施設、休憩室、更衣室）の利用の機会付与

■通常の労働者への転換の推進

パートタイム・有期雇用労働法第13条では、「事業主は、通常の労働者への転換を推進するため、その雇用するパートタイム・有期雇用労働者について、次のいずれかの措置を講じなければならない」と定められている。

① 通常の労働者を募集する場合、その募集内容をすでに雇っているパートタイム・有期雇用労働者に周知する

② 通常の労働者のポストを社内公募する場合、すでに雇っているパートタイム・有期雇用労働者にも応募する機会を与える

③ パートタイム・有期雇用労働者が通常の労働者へ転換するための試験制度を設ける

④ その他通常の労働者への転換を推進するための措置を講ずる

荷主企業の工場・物流センター・店舗などでは、正規社員（フルタイム労働者）以下、さまざまな雇用区分（パートタイム・有期雇用労働者など）の従業員が働いている。パートタイム・有期雇用労働法には労働基準法と同様に罰則規定があるので、正しく理解し遵法する必要がある。

（5）労働安全衛生法（1972年法律第57号　最終改正2018年）

労働安全衛生法は、労働災害の防止と快適な作業環境の確保を図ることを目的に、「労働基準法」の労働安全衛生部分が独立する形で制定された法律である。全産業の安全・衛生を対象としているので、法の適用範囲は広く、業種や規模により措置すべき内容や、行政官庁への報告・届出・申請などが定められ、事業者に対して広範な予防措置を要求している。なお、2018年の「働き方改革関連法」による改正では、①労働時間の状況の把握、②面接指導、③産業医・産業保健機能の強化、などが盛り込まれた（法令の説明は割愛する）。

同法には、罰則規定が設けられて厳正に適用されるうえ、法改正を伴

第2章 ● ロジスティクスに関する環境・資源・労働力問題

わない政省令・規則等の改定が頻繁に行われるので、常に最新の内容を
チェックして遵守することが不可欠である。

（6）労働契約法（2007年法律第128号　最終改正2018年）

　労働契約法では、労働契約の締結、労働条件の変更、解雇等についての基本的なルールが定められており、荷主・物流企業を問わず遵法が求められている。

　2007年の制定後、有期労働契約の雇止めなどに対する不安を解消し、働く人が安心して働き続けることができるようにするため、2012年に雇止め法理に関する規定が、2013年4月1日には無期転換制度などの有期労働契約の適正な利用のための規定が、それぞれ施行された。

　なお、「期間の定めのあることによる不合理な労働条件の禁止」に関する規定は、2021年以降、中小企業も含めて適用がなくなり、前記 **(4)** パートタイム・有期雇用労働法が適用されている。

　労働契約法で注意しなければならないのは、以下の3点である。

　なお、労働契約法には罰則規定がないので、労働者から労働契約法違反として地位確認・損害賠償等を訴えられた場合には、裁判などで争うことになる。

①　無期転換ルール（第18条）

　労働契約法では、以下の3要件をすべて満たす場合に、契約社員・パートタイム労働者・アルバイトなどの有期社員（契約期間が決まっている社員）との期間の定めのある労働契約が無期労働契約（期間の定めのない労働契約）になる。

　〇有期の労働契約が通算5年を超えること
　〇契約の更新回数が1回以上であること
　〇労働者から無期労働契約とする申し込みがされたこと

②　雇止め法理による規制（第19条）

　「雇止め」とは、契約社員などとの間の有期労働契約において、契約期間の満了時に契約更新がされず労働契約を終了することをいう。

102

労働契約法では、労働者を保護する目的で、以下の2つの要件のうち、いずれかに該当する場合、「一定の不合理な場合には雇止めを認めない」と法制化された。

○過去に反復更新された有期労働契約で、その雇止めが無期労働契約の解雇と社会通念上同視できると認められるもの

○労働者において、有期労働契約の契約期間の満了時にその有期労働契約が更新されるものと期待することについて合理的な理由があると認められるもの

③ 安全配慮義務（第5条）

労働契約法では、「使用者は、労働契約に伴い、労働者がその生命、身体等の安全を確保しつつ労働することができるよう、必要な配慮をするものとする」と定められており、「安全配慮義務」といわれている。

安全配慮義務の範囲は広く、従業員の労働環境から勤務状況、健康に関することまで配慮しなければならない。また、自社の従業員だけでなく、派遣労働者や業務で事業所にいる他企業従業員の安全にも配慮しなければならない。

さらに、労働安全衛生法第3条第1項では、事業者（企業）は労働災害防止の最低基準を確保するだけでなく、快適な職場環境の実現と労働条件の改善を通じて労働者の安全と健康を確保しなければならないと定めている。

安全配慮義務を果たすための対策としては、

○（メンタルヘルスやハラスメントを含めて）従業員の健康管理を行う

○安全衛生管理体制や防災体制を整備する

○労働時間を適正に管理する

○快適な職場環境を整える

などが挙げられる。

第2章 ● ロジスティクスに関する環境・資源・労働力問題

3 「物流の2024年問題」と対策

（1）「物流の2024年問題」

　国土交通省によれば、「2024年4月に、トラックドライバーの長時間労働の改善に向け、トラックドライバーの時間外労働の上限が年間960時間となります。他方で、物流の適正化・生産性向上について対策を講じなければ、2024年度には輸送能力が約14％不足し、さらに、このまま推移すれば2030年度には約34％不足すると推計されています（いわゆる「物流の2024年問題」）」とされている。

　時間外労働の上限を年間960時間とする規制が同時に適用される建設業では、「建設の2024年問題」となっている。

　トラックドライバーの長時間労働の改善については、これまでも課題となっていたが、時間外労働の上限規制適用により、輸送サービスが安定的に供給できなくなるということで、一気に顕在化したといえよう。

（2）トラックドライバーの長時間労働に対するこれまでの取り組みと対策

　トラックドライバーは、他業種の労働者と比べて長時間労働の実態にあり、労働基準関係法令や「改善基準告示」の違反が高水準で推移している。また、脳・心臓疾患の労災支給決定件数も多く、その労働条件および安全衛生の確保・改善を一層推進することが喫緊の課題であった。

① トラック輸送における取引環境・労働時間改善協議会（2015年〜）

　その背景として、荷主との関係から、トラック運送事業者の自助努力だけでは労働時間の短縮が進まないこと、多重的な請負構造から適切な運行管理がなされていない等の問題が存在した。

　そこで、長年、トラック運送事業者、荷主、行政等の関係者が一体となり、トラック運送事業における長時間労働の改善に取り組んできた。

　2015年、厚生労働省、国土交通省および（公社）全日本トラック協会が事務局となって「トラック輸送における取引環境・労働時間改善中央

第4節 ● 労働力不足対策と物流人材育成

協議会」が設置され、各都道府県の「地方協議会」で2016・2017年度に、荷主およびトラック運送事業者が協力しながらトラックドライバーの労働時間短縮を目指すパイロット事業を実施し、2019年に「荷主と運送事業者の協力による取引環境と長時間労働の改善に向けたガイドライン」が公表された。

② 貨物自動車運送事業法による荷主対策の深耕（2017〜2020年）

貨物自動車運送事業法は、トラック運送事業者（貨物自動車運送事業者）を対象とする法律であるが、前記 (1) 述べた状況を踏まえて、2017年の法改正において、以下の「荷主対策」が盛り込まれた。

Column ☕ **コーヒーブレイク**

《「物流の2024年問題」と「2024年問題」》

「物流の2024年問題」とは、本節3 (1) で述べたように、「トラックドライバーの時間外労働の上限規制適用（2024年4月1日以降）」→「トラックドライバーの労働力不足」→「トラック輸送能力不足」をいう（国土交通省）。

時間外労働の上限規制は、トラックドライバーなど自動車運転者（バスなど）のほかに、建設業・勤務医などにも適用される。これが広く「2024年問題」などといわれているが、「ロジスティクス分野」の本テキストでは、「物流の2024年問題」と表現している。

メディア等は、紙面の都合から短縮して「YYYY年問題」あるいは下2桁の「YY年問題」と表現することが多いので、このような「暦年で表記された」用語には注意が必要である。

「物流の2024年問題」は、上限規制が適用される2024年4月1日までの「期限」問題ではない。厚生労働省による毎年の立ち入り検査結果を見ても、立ち入り検査が入った道路貨物運送業（トラック運送業）の約7割が労働基準法違反（長時間労働や賃金不払い等）、約6割が改善基準違反（拘束時間違反等）である。

2024年4月1日は、「物流の2024年問題」の新たなスタート点として、トラック運送業界の長時間労働削減に、荷主・トラック運送事業者が協力して継続的に取り組む必要があり、そこから、わが国物流業の生産性向上や、新たな発展が期待される。

○荷主の配慮義務の新設

○荷主への勧告制度の拡充

○違反原因行為をしている疑いがある荷主に対して国土交通大臣が働きかけ（当初は2024年3月末までの時限措置だったが、延長されている）

○「標準的な運賃」の告示（2020年。2024年3月末までの時限措置）

長時間労働、とりわけ時間外労働を削減するとトラックドライバーの収入が減少するおそれがある。収入の減少は労働力の他産業への流出を招き、労働力不足が深刻化しかねない。そこで、トラックドライバーの収入の底上げを図るため、国土交通省では「標準的な運賃」を告示した。同運賃は、かつての「認可運賃」（法定運賃）ではないので、各運送事業者の「届出」が要件である。しかし、届出が進まないので、2023年の議員立法により貨物自動車運送事業法を改正して、「2024年3月末まで」とした時限を「当分の間」（期間未定）に延長している。

③　内閣府「物流革新に向けた政策パッケージ」（2023年6月）

経済産業省・国土交通省・農林水産省による「持続可能な物流の実現に向けた検討会」の改善案に基づき、2023年6月に内閣府（我が国の物流の革新に関する関係閣僚会議）から「物流の2024年問題」対策として「物流革新に向けた政策パッケージ」が打ち出された。

その後、同パッケージに基づいて、2024年2月に関係閣僚会議で決定された「2030年度に向けた政府の中長期計画」において、政策パッケージに記載した各種施策の2030年度までのロードマップが示されている。
→図表2-4-5

（3）貨物自動車運送事業法・流通業務総合効率化法の改正（2024年4月23日）

①　貨物自動車運送事業法の改正

図表2-4-5の「物流革新に向けた政策パッケージ」で示された「規制的措置」を具現化するため、2024年4月23日に改正・可決した貨物自

図表２-４-５ ● 2030年度に向けた政府の中長期計画（ポイント）

主要施策のポイント

(1) 適正運賃収受や物流生産性向上のための法改正等
○以下について、通常国会での法制化
　・一定規模以上の荷主・物流事業者に対する荷待ち・荷役時間短縮に向けた計画作成の義務付け
　・トラック事業における多重下請構造是正に向けた実運送体制管理簿作成、契約時の書面による交付等の義務付け 等
○トラックドライバーの賃上げ等に向けた貨物自動車運送事業法に基づく「標準的運賃」の引上げ及び「標準運送約款」の見直し
○悪質な荷主・元請事業者への監視・指導の徹底（トラックGメンによる集中監視）

(2) デジタル技術を活用した物流効率化
○荷待ち・荷役時間短縮に向けた自動化・機械化設備・システム投資を支援
○物流標準化やデータ連携の促進等フィジカルインターネット・ロードマップを踏まえた取組を推進し、積載率向上に向けた共同輸配送や帰り荷確保を促進
○自動運転やドローン物流等のデジタル技術を活用したサービスについて実装を加速

(3) 多様な輸送モードの活用推進
○大型コンテナの導入支援等を通じたモーダルシフトの推進強化
○自動物流道路の構築（10年で実現を目指す。）
○自動運航船の本格的な商用運航（2026年までに国際ルールを策定することにより、2030年頃の実現を目指す。）

(4) 高速道路の利便性向上
○大型トラックの法定速度を2024年4月に90km/hに引上げ
○ダブル連結トラックについて、運行路線の拡充やダブル連結トラックに対応した駐車マス整備を含め導入促進
○大口・多頻度割引の拡充措置を継続、法令を遵守しない事業者に対しては、割引制度を厳格に運用

(5) 荷主・消費者の行動変容
○ポイント還元実証事業等を通じた再配達削減の仕組みの社会実装
○「送料無料」表示の見直しについて、2023年度中にその見直し状況を確認するため、フォローアップ調査を実施

出所：内閣府資料（2024年2月）より抜粋

動車運送事業法では、トラック事業者の取引に対する規制的措置として、以下の内容が定められた。実施にあたっての施行令（政令）は、施行に向けて決定されることになる。

　1) 元請事業者に対し、実運送事業者の名称等を記載した実運送体制管理簿の作成を義務づけた。

　2) 運送契約の締結等に際して、提供する役務の内容やその対価（附帯業務料、燃料サーチャージ等を含む）等について記載した書面による交付等を義務づけた[1]。

　3) 他の事業者の運送の利用（＝下請に出す行為）の適正化について努力義務[2]を課すとともに、一定規模以上の事業者に対し、当該適正化に関する管理規程の作成、責任者の選任を義務づけた。

　　　[1・2]　下請関係に入る利用運送事業者にも適用。

また、規制的措置ではないが、収受運賃の底上げを図ってドライバー

を確保するため、「標準的な運賃」についても、約8％引き上げると同時に、荷役の対価等を加算した新たな運賃が告示され、2024年3月22日告示・施行され、届出可能となった。あわせて、標準貨物自動車運送約款も改正・告示され、2024年6月1日から施行された。

さらに、近年における貨物軽自動車運送事業（軽トラック等）における死亡・重傷事故等の増加を踏まえ、貨物軽自動車運送事業者に対して以下のような規制的措置を定めた。

4）貨物軽自動車運送事業者に対し、「必要な法令等の知識を担保するための管理者選任と講習受講」「国土交通大臣への事故報告」を義務づけた。

5）国土交通省ホームページにおける公表対象に、貨物軽自動車運送事業者にかかる事故報告・安全確保命令に関する情報等が追加されている。

② 流通業務総合効率化法の改正

貨物自動車運送事業法（前記①）と同時に、2024年4月23日に改正・可決した流通業務総合効率化法（法律の名称を「物流総合効率化法」から変更）では、荷主・物流事業者に対する規制的措置として、以下の内容が定められた。実施にあたっての特定事業者（荷主・物流事業者）の基準など施行令（政令）は、施行に向けて決定されることになる。

1）荷主（発荷主・着荷主）・物流事業者*（トラック、鉄道、港湾運送、航空運送、倉庫）に対し、物流効率化のために取り組むべき措置について努力義務を課し、当該措置について国が判断基準を策定する。

> *元請トラック事業者、利用運送事業者には荷主に協力する努力義務を課す。また、フランチャイズチェーンの本部にも荷主に準ずる義務を課す。

2）上記の荷主・物流事業者の取り組み状況について、国が当該判断基準に基づき指導・助言、調査・公表を実施する。

3）一定規模以上の事業者を特定事業者として指定し、中長期計画の作成や定期報告等を義務づけ、中長期計画に基づく取り組みの実施

状況が不十分な場合、勧告・命令を実施する。

4）特定事業者のうち荷主には物流統括管理者の選任を義務づける。
さらに、予算措置の根拠として、

5）鉄道建設・運輸機構の業務に、同法で認定を受けた「物流総合効率化事業」の実施に必要な資金の出資が追加された。

特に、4）の物流統括管理者については、特定事業者である荷主企業における物流関連部門の管理者については、物流統括管理者のもとでの物流業務の遂行にあたって、政令等で定める物流統括管理者の職務・選任条件等をよく理解しておく必要がある。

4 内航海運・港湾運送・空港業務における労働力不足

トラック運送業以外の物流業でも、少子高齢化等による構造的な労働力不足が進んでいる。そのうち、国土交通省が労働力不足対策を進めている内航海運・港湾運送・空港業務（グランドハンドリング業務）について概観する。

（1）内航海運における船員不足

内航海運の輸送量は年間4億9,725万トン、平均輸送距離は474km、輸送トンキロでは国内貨物輸送の約4割を占めおり（2022年度実績）、長距離・大量輸送に適している。

主な輸送品目は、石油製品・石灰石・原油などの非金属鉱物、鉄鋼などの金属、セメントなどの窯業品、硫酸・ソーダなどの化学薬品、砂・砂利などの骨材、自動車などの機械、石炭などの8品目で、輸送トンキロの82％を占めている。

最近は大型化・専用船化が進むほか、内航コンテナ船・RORO船などによるモーダルシフトも増えている。

前掲図表2-4-1によれば、2023年度で3,309事業者、67,392人の従業者数を数える。うち、船員数について見たのが、図表2-4-6である。

図表2-4-6 ●わが国の船員数の推移

(人)

	2014年	2015年	2016年	2017年	2018年	2019年	2020年	2021年	2022年	2023年
外航船員数	2,271	2,237	2,188	2,221	2,093	2,174	2,200	2,165	2,062	2,017
内航船員数	27,073	27,490	27,639	27,844	28,142	28,435	28,595	28,625	28,097	28,549
漁業船員数	19,849	19,075	19,055	18,530	17,940	17,469	16,866	15,999	15,432	15,159
その他	14,757	15,482	15,469	15,478	15,678	15,718	16,373	16,586	16,523	16,853
合計	65,084	63,950	64,284	64,351	64,073	63,853	63,796	63,375	62,114	62,579

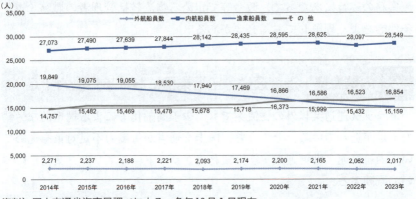

資料）国土交通省海事局調べによる、各年10月1日現在

注）船員数は、乗組員数と予備船員数を合計したものであり、わが国の船舶所有者に雇用されている船員（外国人を除く）である。その他は、官公署船や港内作業船等他の分野に属さない船員数である。

出所：国土交通省海事局「海事レポート2024」

　内航船員は、2022年度で28,097人で、トラック運送業と同様に高齢化が進んでおり、若手船員の定着率の低下もあって、船員不足が大きな課題となっている。→図表2-4-7

　内航船員はトラックドライバーと同様に、外国人が認められていない（外国人船員の配乗禁止）が、その理由は「カボタージュ規制」（国内海上輸送は自国籍船に限定するという国際的なルール）によるものではなく、1966年の外国人労働の受け入れに関する閣議決定によるとされている。

　国土交通省では、内航船員を継続的に確保していくため、2020年に「船

図表2-4-7 わが国船員数の分野別年齢構成

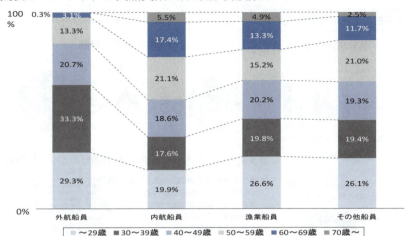

資料）国土交通省海事局調べによる。2023年10月1日現在

注）わが国に所在する船舶所有者に雇用されている船員（外国人を含む）の年齢階層別割合である。その他は、官公署船や作業船等他の分野に属さない船員数である。

出所：図表2-4-6に同じ

員の働き方改革の実現に向けて」をとりまとめ、2023年には海事産業強化法により改正された船員法等が施行され、船員の労務管理の適正化や船員の健康確保を図るための新たな制度が開始した。

（2）港湾運送における労働力不足

わが国の輸出入の99.6％（質量ベース）が港湾を経由しており、安定的な港湾物流は重要であるが、トラック運送・内航海運と同様、少子高齢化等により、図表2-4-8のように港湾運送も労働力不足が生じている。

国土交通省が2022年に策定した「港湾労働者不足対策アクションプラン」では、①港（みなと）のしごとを知ってもらう、②働きやすく、働きがいのある職場の確保（女性・高齢者等にも働きやすい労働環境の整備、コンテナターミナルの生産性向上・労働環境の整備）、③事業者間の

第2章 ● ロジスティクスに関する環境・資源・労働力問題

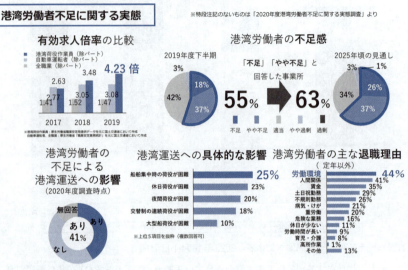

出所：国土交通省「港湾労働者不足対策アクションプラン」

協業の促進（事業協同組合の活用や荷役機械の共同化など）、④適正な取引環境の実現（取引条件・商慣行の改善など）、が掲げられている。国土交通省では同プランに従って関係者と連携しつつ、港湾労働者不足対策に取り組んでいる。

(3) 空港業務（グランドハンドリング）における労働力不足

　空港における地上業務であるグランドハンドリング（貨物積卸し、航空機のランプ誘導、燃料補給等）は、航空会社との間の契約に基づく航空機の運航に不可欠な業務で、航空貨物輸送により国民生活や社会経済活動を支えるとともに、ノードである空港の機能を維持する重要な役割を果たしている。→図表2-4-9

　グランドハンドリング業務は、航空会社あるいは空港会社から委託を受けて行われる。航空機の発着ダイヤに伴う時間的制約などもあって、厳しい労働環境からグランドハンドリング作業者の不足が生じている。

図表2-4-9 ●グランドハンドリング業務の概要

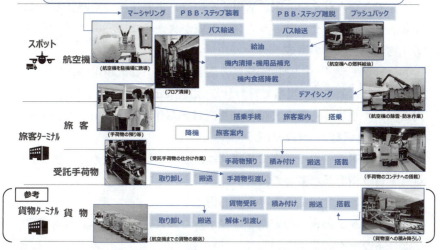

出所：国土交通省「持続的な発展に向けた空港業務のあり方検討会」中間とりまとめ

　一部では、貨物上屋への自動荷役設備の導入や、貨物運搬用トラクタの自動運転等も取り組んでいる。

　国土交通省では、「持続的な発展に向けた空港業務のあり方検討会」でグランドハンドリング業務のあり方について検討し、2023年に「中間とりまとめ」が公表された。

　また、2023年8月には、航空会社やグランドハンドリング企業約50社、従業員数約3万人による業界団体が発足し、労働力不足についても取り組んでいる。

5　物流人材の育成

(1) 物流人材とは

企業の経営資源として、「ヒト」「モノ」「カネ」「情報」の４つが挙げられる。物流サービスを安定的に供給するには、４つの経営資源のうち、「ヒト＝人材」が最も重要である。

確保できた人材を最大限に活用するには、労働環境の整備とともに、職業能力を向上させるという人材の育成が欠かせない。

① 物流現場人材の育成

トラックドライバーや物流拠点の従業員など、物流現場の人材育成は、雇用時教育に始まり、現場で行われるOJT（On the Job Training＝職場内訓練）や現場から離れて研修等を受けるOff-JT（Off the Job Training＝職場外訓練）で行われる。

トラックドライバーを例に挙げれば、国土交通省が定める「運転者に対して行う指導及び監督の指針」に基づき、

① トラックを運転する場合の心構え
② トラックの運行の安全を確保するために遵守すべき基本的事項
③ トラックの構造上の特性
④ 貨物の正しい積載方法
⑤ 過積載の危険性
⑥ 危険物を運搬する場合に留意すべき事項
⑦ 適切な運行の経路および当該経路における道路および交通の状況
⑧ 危険の予測および回避ならびに緊急時における対処方法
⑨ 運転者の運転適性に応じた安全運転
⑩ 交通事故にかかわる運転者の生理的および心理的要因とこれらへの対処方法
⑪ 健康管理の重要性
⑫ 安全性の向上を図るための装置を備えるトラックの適切な運転方法

の12項目の教育が、トラック運送事業者には課せられている。

これに加えて、接客マナーや情報機器の取り扱いなどを、各社で必要な教育をトラックドライバーに実施している。

同様に、フォークリフト・オペレーターや物流拠点の作業者にも、各

社で教育訓練による人材育成が行われている。

② 高度物流人材

物流分野における労働力不足は、トラックドライバーや物流拠点の作業者だけのことではない。

「総合物流施策大綱（2021年度～2025年度）」では、「今後取り組むべき施策」の1つとして「高度物流人材の育成・確保」を掲げている。

同大綱では、高度物流人材を、物流DXの実現のため「物流現場の課題を正確に把握するとともに、グローバル化の状況も踏まえながら物流産業の今後の進むべき方向性を俯瞰的にとらえ、先進技術等も活用した物流業務の革新のための企画・提案ができる人材」と位置づけており、このような高度物流人材も不足している。→図表2-4-10

図表2-4-10●高度物流人材のイメージ

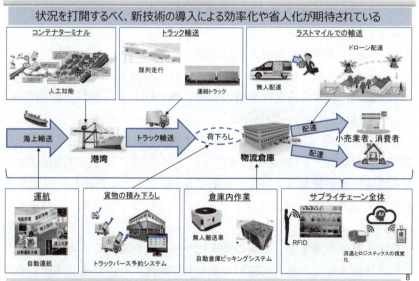

出所：国土交通政策研究所「物流分野における高度人材の育成・確保における研究」

高度物流人材の育成には、理論と実務のバランスが不可欠である。しかし、わが国において、大学院（修士、博士）を備え、かつ物流やロジスティクス専門の学科やコースを持つ大学は数大学しかない。一方で、米国では180以上、中国では500以上の大学が物流の学科があるとされているが、これは各国の文化やロジスティクスに対する意識の違いも大きいと考えられる。

これからの高度物流人材の育成は、単に学術面での研究だけでも、また実務における事例踏査だけでも、不可能だろう。むしろ、学術的な裏づけに基づく理論の学習と、社会における事例と応用の学習が不可欠である。この２つの学習を踏まえた人材こそが、高度物流人材であり、CLO（Chief Logistics Officer）に近づく人材と考えている。そして本テキスト（ロジスティクス管理２級）は、その方向を目指して編集されているので、ぜひとも活用していただきたいと考えている。

なお、実務における高度物流人材の育成・確保のKPI（Key Performance Indicator＝重要業績評価指標）には、以下の２指標が掲げられている。

① 大学・大学院に開講された物流・サプライチェーンマネジメント分野を取り扱う産学連携の寄附講座数：50講座（2021～2025年度）
② 物流に関する高度な資格の取得者数：4,451人（2017～2020年度）→6,000人（2021～2025年度）

②として、（公社）日本ロジスティクスシステム協会が認定する「ロジスティクス経営士」「物流技術管理士」、厚生労働省所管の特別民間法人である中央職業能力開発協会が認定する「ロジスティクス１級」「ロジスティクス管理２級」「ロジスティクス・オペレーション２級」が対象とされている。

荷主・物流企業とも、物流の効率化や省人化を進めるためには、新たな物流技術を開発・導入・運用できる高度物流人材の育成と確保が必要である。

2024年４月23日に改正された流通業務総合効率化法では、特定事業者

である荷主には「物流統括管理者」を選任するよう義務づけられた（→本章第２節**3**（3）参照）。この**物流統括管理者**には、物流・ロジスティクスを熟知した高度物流人材から選任することが望ましいといえよう。

> **Column** **知ってて便利**
>
> 《物流関連の資格》
> 　物流関連の資格にはどんなものがあるだろうか。代表的なものを掲げる（順不同。認定機関などの詳細は省略）。
> 　①自動車運転免許、②フォークリフト運転技能者（クレーン等も要資格）、③危険物取扱者、④倉庫管理主任者、⑤運行管理者（貨物）、⑥技術士（包装・物流）、⑦包装管理士（輸送包装・生活包装）、⑧ロジスティックス・MH管理士、⑨通関士、⑩国際複合輸送士（JIFFAが認定）、⑪国際航空貨物取扱士（IATA/FIATAの資格で通称「ディプロマ」）、⑫海技士（貨物船など大型船舶。航海・機関）、⑬貿易実務検定（A〜Cの各級）、⑭３PL管理士（（一社）日本３PL協会が認定）など。
> 　物流専門の資格ではないが、従業員50名以上の事業所には必置となる衛生管理者（国家資格）や安全管理者（所定講習の修了者）がある。
> 　これらの資格を取得することで、関連の業務に就くことができるとともに、就職・転職・昇格等に生かすことができる。

第2章　理解度チェック

次の設問に、○×で解答しなさい（解答・解説は後段参照）。

1　改正省エネルギー法では、荷主は輸送トンキロについて定期的に報告することが求められている。

2　トンキロ法でエネルギー使用量を求めるには、輸送モード別の輸送トンキロ実績を把握し、それをトンキロ当たり燃料使用原単位で除す。

3　事業系一般廃棄物は、排出事業者が収集運搬事業者にマニフェストを交付し、さらに最終処分されるまでの処理状況を把握することが定められている。

4　欧州では予防の原則に基づき、化学物質、製品、温暖化防止、交通などについて、それぞれ規制を設けている。

5　物流業界における労働力不足は、物流業だけで解決できる問題である。

第2章　理解度チェック

解答・解説

1 ○
トンキロは定期報告書で報告するデータであり、特定荷主の指定（法第61条第2項）に際し、裾切り基準として用いられる。

2 ×
トンキロ法によるエネルギー使用量は、輸送モード別の輸送トンキロ実績を把握し、トンキロ当たり燃料使用原単位を乗じることにより求められる。

3 ×
産業廃棄物は、排出事業者が収集運搬事業者にマニフェストを交付し、さらに最終処分されるまでの処理状況を把握することが定められているが、事業系一般廃棄物は対象とはなっていない。

4 ○
欧州では環境対策の範囲を温暖化、3Rのみならず、健康や自然も対象とし、ある行為が環境に重大な影響をもたらすことに強い疑義がある場合でも規制を設けている。

5 ×
物流業界だけでは解決できないので、荷主としても共同して取り組む必要がある。

第2章 ● ロジスティクスに関する環境・資源・労働力問題

参考文献

環境省『令和6年版 環境白書・循環型社会白書・生物多様性白書』ぎょうせい、2024年

環境省『21世紀環境立国戦略』2007年

経済産業省『循環型社会形成に向けた経済産業省の取り組みなど』

国土交通省『国土交通白書』各年版

国土交通省『京都議定書の目標達成に向けた取組（地球温暖化対策の当面の取組）』（http://www.mlit.go.jp/common/000111246.pdf）

石川禎昭『図解 循環型社会づくりの関係法令早わかり』オーム社、2002年

鈴木敏央『新・よくわかるISO環境法〔改訂第18版〕』ダイヤモンド社、2023年

英保次郎編著『図解 廃棄物処理法〔第7版〕』日本環境衛生センター、2019年

廃棄物法制研究会監修『三段対照 廃棄物処理法法令集』ぎょうせい、2022年

岩尾詠一郎「都市内物流と環境問題－CO_2の削減に向けて」日本ロジスティクスシステム協会、Vol. 16、p50－51、2007年

多賀充彦監修、松藤敏彦・田中信寿『リサイクルと環境』三共出版、2000年

長岡文明『土日で入門 廃棄物処理法〔第9版〕』日本環境衛生センター、2018年

日本創造経営協会編『トラック環境経営』同友館、2005年

谷口栄一・根本敏則『シティロジスティクス』森北出版、2001年

谷口栄一編著『現代の新都市物流』森北出版、2005年

丹野文夫『EUの環境規制の現状と今後の動向』日本メタル経済研究所、2006年

苦瀬博仁・高田邦道・高橋洋二編著『都市の物流マネジメント』勁草書房、2006年

（一財）日本エネルギー経済研究所「地球温暖化対策 関連データなどに関する調査」

国土交通省・経済産業省『グリーン物流パートナーシップ会議事例集』2023年（http://greenpartnership.jp/asset/55263/view）

下村博史『図解 成功するグリーン物流』日刊工業新聞社、2008年

（一社）日本物流団体連合会「数字でみる物流」各年版

資源エネルギー庁『省エネ法の手引（荷主編）〔令和5年度改訂版〕』2024年

国土交通省「海事レポート」各年版

第**3**章

わが国と海外の物流政策

この章のねらい

　第3章では、物流業務を行ううえで必要不可欠な知識として、わが国の物流政策と諸外国の物流政策について学習する。

　第1節では、わが国の物流政策について学ぶ。初めに、これまでのわが国の物流政策の考え方を学ぶ。次に、総合物流施策大綱、持続可能な物流の実現に向けての検討、さらに改正流通業務総合効率化法、改正道路交通法について具体的な内容を学ぶ。その他の物流政策として、大都市圏や自治体による物流政策と国際物流への取り組みについて学ぶ。そして、地震等の災害を踏まえて、災害ロジスティクスについても理解を深める。

　第2節では、諸外国の物流政策について学ぶ。ここでは、物流規格の国際比較と、欧州における国際間の複合輸送等の内容を理解する。

第3章 ● わが国と海外の物流政策

第 1 節　わが国の物流政策

学習のポイント

◆わが国の物流政策の経緯を学ぶ。
◆総合物流施策大綱（2021年度〜2025年度）をはじめとして、わが国の物流政策の概要について学ぶ。
◆持続可能な物流の実現に向けての検討内容および改正された流通業務の総合化および効率化の促進に関する法律の概要を学ぶ。
◆流通業務の効率化を図る事業に対する支援措置と改正道路交通法の内容を学ぶ。
◆大都市圏や自治体の物流政策を理解する。
◆国際物流の取り組みを理解する。
◆災害ロジスティクスについても、理解を深める。

1　わが国の物流政策の経緯

（1）物流インフラ整備や国土形成計画

　社会資本である道路・空港・港湾などのインフラについては、かつて建設省と運輸省が、それぞれ特別会計制度や特別税等（自動車重量税など）を財源として、整備計画（5カ年計画）を立てて整備してきた。

　2001年1月に行われた中央省庁再編により、両省は国土交通省に統合され、それぞれの整備計画も2003年に制定された社会資本整備重点計画法により、「社会資本整備重点計画」に統合されて、引き続き整備が行われている（統合に伴い特別会計制度や特別税も一般会計に移行されつつ

あり、道路関連の税収も他のインフラ整備に活用されている。現行の社会資本整備重点計画は2021～2025年度を計画期間とする第5次社会資本整備重点計画であり、2021年5月28日に閣議決定)。第4次社会資本整備重点計画においては、防災・減災、インフラメンテナンス、持続可能な地域社会の形成、経済成長を支える基盤整備が目標であったが、第5次社会資本整備重点計画では、従前の目標に加え、社会情勢の変化を踏まえて、インフラ分野のデジタル・トランスフォーメーション（DX）と脱炭素化に関する2つの目標を新たに追加した。

なお、鉄道は、他のインフラと異なり、鉄道事業者が整備している。

民間の物流施設が立地できる流通業務団地は、1966年に公布された「流通業務市街地の整備に関する法律（流市法）」により、大都市およびその周辺に整備された。

国土形成計画法に基づき、2023年7月28日に第3次国土形成計画（全国計画）が閣議決定された。本計画は、「時代の重大な岐路に立つ国土」として、人口減少等の加速による地方の危機や、巨大災害リスクの切迫、気候危機、国際情勢をはじめとした直面する課題に対する危機感を共有し、こうした難局を乗り越えるため、総合的かつ長期的な国土づくりの方向性を定めている。本計画では、目指す国土の姿として「新時代に地域力をつなぐ国土」を掲げ、その実現に向けた国土構造の基本構想として「シームレスな拠点連結型国土」の構築を図ることとしている。

（2）多岐にわたる物流関連省庁

物流に関係する省庁は、中央省庁再編後も国土交通省、経済産業省、農林水産省、総務省、財務省、厚生労働省、および警察庁、内閣府など多岐にわたる。そして、それぞれの省庁が所掌行政の一部分として、物流政策にかかわってきている。

国土交通省は、道路政策・運輸交通政策としてさまざまな物流政策を推進してきた。経済産業省は、産業政策・標準化政策として一貫パレチゼーションや、物流コストの算定・活用などの普及を推進してきた。

第3章 ● わが国と海外の物流政策

　他方、公正取引委員会のように、独占禁止法や下請代金支払遅延等防止法（下請法）という経済法の運用の中で、物流取引について関与している例もある。

2　総合物流施策大綱

（1）総合物流施策大綱のこれまでの経緯

　前項 **（2）** のように、物流関連省庁は多岐にわたることから、物流政策は省庁横断的に進める必要がある。

　そこで、1997年に「総合物流施策大綱」が策定されて以降、2001年の「新総合物流施策大綱」、2005年の「総合物流施策大綱（2005 – 2009）」に続いて、2009年の「総合物流施策大綱（2009 – 2013）」、2013年の「総合物流施策大綱（2013 – 2017）」（以下、「2013年大綱」）、2017年の「総合物流施策大綱（2017年度〜2020年度）（以下、「2017年大綱」）、2021年の「総合物流施策大綱（2021年度〜2025年度）（以下、「2021年大綱」）の合計7次にわたる総合物流施策大綱が策定・閣議決定されてきた。

　これら各次の総合物流施策大綱に基づき、関係省庁が連携して総合的に物流政策に取り組んでいる。

　2013年以降の各大綱について、述べる。

　2013年大綱では、まず、物流を取り巻く現状・課題として、グローバル・サプライチェーンの深化と物流の構造変化、地球温暖化など環境問題の状況、安全・安心な物流をめぐる状況を挙げ、今後目指すべき方向性として、「強い経済の再生と成長を支える物流システムの構築〜国内外でムリ・ムダ・ムラのない全体最適な物流の実現〜」を掲げている。

　2013年大綱は、東日本大震災（2011年3月11日）後の最初の大綱として、災害対策を強調していることと、従来の大綱が具体性に欠けるとの批判に対して、より具体的かつ実効性を高めるために、関係省庁による推進会議を設け、物流施策と他の施策の整合性を図りつつ、工程表を作成し進捗管理をしているという特徴がある。

124

第1節 ● わが国の物流政策

（2）総合物流施策大綱（2017年度～2020年度）の概要と基本的方向性

第6次である総合物流施策大綱（2017年度～2020年度）は2017年に策定された。物流の生産性の大幅な向上を図ることにより、ニーズ等の変化に的確に対応し、効率的・持続的・安定的に機能を発揮する「強い物流」の実現を柱としている。

そのためには、①「サプライチェーン全体の効率化・価値創造に資するとともにそれ自体が高い付加価値を生み出す物流への変革」（＝繋がる）、②「物流の透明化・効率化とそれを通じた働き方改革の実現」（＝見える）、③「ストック効果発現等のインフラの機能強化による効率的な物流の実現」（＝支える）、④「災害等のリスク・地球環境問題に対応するサステナブルな物流の構築」（＝備える）の取り組みを、⑤「新技術（IoT、BD、AI等）の活用による"物流革命"」（＝革命的に変化する）、⑥「人材の確保・育成、物流への理解を深めるための国民への啓発活動等」（＝育てる）の要素を活用しながら推進する必要があるとしている。→図表3-1-1

①「サプライチェーン全体の効率化・価値創造に資するとともにそれ自体が高い付加価値を生み出す物流への変革」では、「高い付加価値を生み出す物流」へと変革していくためには、「関係者がおのおの単体としての最適化を図る行動をとるだけでは、非効率性が他の関係者に移転される等のひずみが残ることとなり、全体の視点での最適な物流とはならない」としている。

このため、荷主、物流事業者等の物流に関係する者全員が、相互に理解しつつ連携して、調達物流の改善、物流と製造との一体化等も含め製・配・販全体としての効率化と付加価値の向上を図ることを促進すべき」とし、「競争から共創へ」の考え方を強く訴えている。

②「物流の透明化・効率化とそれを通じた働き方改革の実現」では、サービスと対価との関係の明確化、契約書面化等の透明性を高めるための環境整備、荷待ち時間や荷役時間の短縮、再配達の削減などを指摘し

125

図表3-1-1 ●総合物流施策大綱（2017年度～2020年度）の概要

ている。

③「ストック効果発現等のインフラの機能強化による効率的な物流の実現」では、インフラや物流拠点の整備をハード・ソフト一体で進めると同時に、これらの間のアクセス等、結節点の効率化等を講じていくとしている。

④「災害等のリスク・地球環境問題に対応するサステナブルな物流の構築」では、災害に強い物流システムの構築として、災害発生時の物流を巡る混乱を抑制するとともに、官民の連携による支援物資輸送の改善を図るための取組、地球環境問題に備えるとしている。

⑤「新技術（IoT、BD、AI等）の活用による"物流革命"」では、新技術によるデータの活用が、物流に革命的な変化をもたらすものであるとしている。このように、新技術が情報化・機械化をもたらすという表

現ではなく、新技術によりデータ利活用が進み、効率性向上とサプライチェーン全体での最適化に資するとしている。

⑥「人材の確保・育成、物流への理解を深めるための国民への啓発活動等」では、物流現場の多様な人材の確保や高度化する物流システムのマネジメントを行う人材の育成と同時に、物流に対する理解を深めるため、国民が「物流の利用者の一員として物流全体について配慮したうえで行動を選択するよう、物流の社会的役割や物流が抱える課題に対する理解を深める」ための啓発活動を展開していくことの重要性を指摘している。

「2017年大綱」は、従来の施策大綱とは、まとめ方等について大きく違ったものとなっている。物流が果たす役割について、産業競争力の強化だけでなく、豊かな国民生活の実現や地方創生を支える社会インフラであることを強く訴えている。さらに、施策大綱によって、物流の重要性、物流が抱える課題について、物流関係者だけでなく、広く社会に発信することを目指した内容になっている。

（3）総合物流施策大綱（2021年度〜2025年度）の概要と基本的方向性

最新の総合物流施策大綱（2021年度〜2025年度）は、2021年6月15日に閣議決定された。総合物流施策大綱策定の意義、物流を取り巻く現状・課題と今後の物流施策の方向性、今後取り組むべき施策、今後の推進体制で構成されている。

総合物流施策大綱策定の意義として、まず物流が果たす社会インフラとしての役割を挙げている。

「我が国の国民生活と生産活動は、膨大な量の物資が、必要な場所に必要とされるタイミングで輸送されることで維持されている。こうした物流の機能は、一般消費者から見えにくい活動であるが、機械製品から生鮮食料品、廃棄物などに至るまで、様々な物資が道路、海上、航空、鉄道を通じて輸送され、また、各地の物流施設等での保管や流

通加工のプロセスを経て、日々届けられている。

　物流は、我が国における豊かな国民生活や産業競争力、地方創生を支える重要な社会インフラであり、人口の減少や国際経済の不確実性の増大、新型コロナウイルス感染症の流行など社会環境の大きな変化の中にあっても、我が国経済の持続的な成長と安定的な国民生活を維持するため、決して途切れさせてはならず、その機能を十分に発揮させていく必要がある」
と、その重要性を述べている。

わが国が直面する課題として、人口減少の本格化や労働力不足への対応、災害の激甚化・頻発化と国民の安全・安心の確保、Society5.0の実現によるデジタル化・イノベーションの強化、地球環境の持続可能性の確保やSDGs（→第２章第１節**1**Column「SDGs」参照）への対応、新型コロナウイルス感染症への対応があるとしている。

さまざまな課題に対応するにあたり、物流の果たすべき役割の重要性は従来にも増して高まっており、急激な社会環境の変化は、これまで進捗しなかった物流のデジタル化や、物流業界における構造改革を加速度的に促進させる誘因となる可能性があり、これらを一気呵成に進める好機であるとしている。さらに、エッセンシャルという位置づけが再認識されている物流の社会的価値を広く一般に浸透させることが必要であるとしている。また、国際目標であるSDGsや、カーボンニュートラル、脱炭素社会の実現に向けた動きの加速化、災害の激甚化・頻発化が進んでいることを踏まえ、物流の観点からも、地球環境の持続可能性を高める取り組みや国民の安全・安心を確保するための取り組みについてさまざまな主体を巻き込みながら推進していく必要があるとしている。

　物流を取り巻く現状・課題と今後の物流施策の方向性では、「2017年大綱」策定以後の物流を取り巻く環境の変化として、物流産業における労働力不足の社会問題化、災害の激甚化・頻発化により露呈した物流ネットワークの脆弱性、国際物流を取り巻く環境の変化、物流における新技術の導入の進展があるとしている。

第1節 ● わが国の物流政策

図表3-1-2 ● 総合物流施策大綱（2021年度〜2025年度）の概要

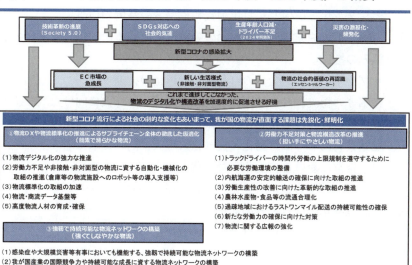

「2017年大綱」においては「強い物流」の構築を目標としていたが、労働力の不足、トラック積載効率の低迷等物流が抱える多くの課題は継続し、近年のEC市場のさらなる成長や災害の激甚化・頻発化などによって、物流を取り巻く環境は厳しさを増している。わが国の物流が直面する課題は、今般の新型コロナウイルス感染症の流行による社会の劇的な変化とも相まって、より先鋭化・鮮明化しているとしている。また、既存の慣習や様式にとらわれずに施策を進める環境が醸成されつつあることから、そのため新しい大綱では、「強い」という概念に限らないものとし、今後の物流が目指すべき方向性を①〜③の３つの観点とし、関連する施策を強力に推進していくとしている。→図表3-1-2

① 物流DXや物流標準化の推進によるサプライチェーン全体の徹底した最適化（「簡素で滑らかな物流」の実現）
1）物流デジタル化の強力な推進
・手続書面の電子化の徹底

・サプライチェーン全体の最適化を見据えたデジタル化

・デジタル化を前提とした規制緩和や手続の特例の検討

2）労働力不足や非接触・非対面型の物流に資する自動化・機械化の取り組みの推進

・サプライチェーン全体の自動化・機械化の推進

・倉庫等の物流施設における自動化・機械化の導入に向けた取り組み

・幹線輸送における自動化・機械化の導入に向けた取り組み

・配送業務における自動化・機械化の導入に向けた取り組み

・中小企業における自動化・機械化を促すための方策

・ロボット産業の競争力強化のための環境整備

3）物流標準化の取り組みの加速

・モノ・データ・業務プロセス等の標準化の推進と社会課題としての発信

・加工食品分野における標準化・商慣習改革のための推進体制の整備と周辺分野への展開

・業種分野ごとの物流の標準化の推進

・国際化やデジタル化を視野に入れた標準化の推進

4）物流・商流データ基盤の構築等

・SIP（Cross-ministerial Strategic Innovation Promotion Program＝戦略的イノベーション創造プログラム）等のデータ連携基盤の構築と社会実装

・データ基盤の共有や接続を通じたエコシステムの形成

・国内の物流データ・情報と輸出入等の手続・プロセスとの連携

・物流MaaS（Mobility as a Service）の推進

・データ提供時における情報セキュリティ確保の徹底

5）高度物流人材の育成・確保　→第2章第4節5参照

・物流DXを推進する人材に求められるスキルの明確化

・各階層への学習機会の提供

② 労働力不足対策と物流構造改革の推進（「担い手にやさしい物流」の

実現）

1）トラックドライバーの時間外労働の上限規制を遵守するために必要な労働環境の整備

・荷主との取引環境改善に向けた取り組み

・賃金水準の確保や働き方改革など魅力的な労働環境の整備に向けた取り組み

・労働環境改善に資する幹線輸送のさらなる推進

・労働環境改善に資する物流施設の生産性向上

2）内航海運の安定的輸送の確保に向けた取り組み

・内航海運を支える船員の確保・育成および船員の働き方改革の推進

・内航海運暫定措置事業の終了も踏まえた荷主等との取引環境の改善

・内航海運の運航・経営効率化、新技術の活用等の内航海運の生産性向上

3）労働生産性の改善に向けた革新的な取り組みの推進

・共同輸配送のさらなる展開

・多様な交通モードにおける貨客混載の適切な展開

・倉庫シェアリングの推進

・季節波動を踏まえた自家用有償運送の安全面を配慮した活用の検討

・再配達の削減と新しい生活様式に対応した配送形態の構築・定着に向けた取り組み

・ラストワンマイル配送円滑化の推進

4）農林水産物・食品等の流通合理化

5）過疎地域におけるラストワンマイル配送の持続可能性の確保

6）新たな労働力の確保に向けた対策

7）物流に関する広報の強化

③ 強靱で持続可能な物流ネットワークの構築（「強くてしなやかな物流」の実現）

1）感染症や大規模災害等有事においても機能する、強靱で持続可能な物流ネットワークの構築

第3章 ● わが国と海外の物流政策

- ・ポストコロナ時代における非接触や非対面、デジタル化等に対応した物流インフラの整備
- ・大規模災害時の物資輸送の円滑化
- ・物流拠点と既存インフラとのアクセス強化や物流拠点の防災対策
- ・物流を支えるインフラや各輸送モードの安全性の確保

2）わが国産業の国際競争力強化や持続可能な成長に資する物流ネットワークの構築

- ・産業の国際競争力に資する道路・港湾等のインフラ整備の強化
- ・農林水産物・食品の輸出促進に対応した物流基盤の強化
- ・地域経済の持続可能な成長に資する物流基盤の強化
- ・国際物流のシームレス化・強靱化の促進、コールドチェーン物流サービスの国際標準化を含む物流事業者の海外展開支援等

3）地球環境の持続可能性を確保するための物流ネットワークの構築

- ・サプライチェーン全体での環境負荷低減に向けた取り組み
- ・モーダルシフトのさらなる推進
- ・新技術等を活用した物流の低炭素化・脱炭素

　推進にあたっては、直接物流に携わる事業者、労働者だけでなく、製造事業者、荷主、一般消費者など物流にかかわるすべての関係者に共有されることが重要であり、今後の物流が目指す方向性の実現に向け、あらゆる関係者が一致協力して各種の取り組みを推進していく必要があるとしている。また、この目標の達成のためには、これまで「競争領域」とされる部分が多かった物流について、「協調領域」もあるという前提のもと、協調領域を積極的に拡大する方向でとらえ直すことも重要であるとしている。

3　持続可能な物流の実現に向けての検討

　2024年4月の時間外労働の上限規制適用までの期限が迫る中、物流で

の対応が進んでおらず、このままでは物流が停滞・途絶するといった事態になりかねないということが大きな問題となった。物流変革が迫られる中、経済産業省・国土交通省・農林水産省による「持続可能な物流の実現に向けた検討会」が設置され、2022年9月から2023年6月まで11回の検討会が開催された。ここでの検討の最大の特徴は、従来の物流改革の議論は物流事業者による対応が中心であったのが、それだけでは難しいということから、荷主企業、特に着荷主企業に着目し、議論されたことである。さらに単なる効率化、生産性向上という議論だけではなく、商慣習の見直し、関係者の意識改革を含めた議論がなされたことである。

　物流現場では、長時間の荷待ちや契約にない付帯作業等による長時間労働、価格競争に伴う厳しい取引環境・雇用環境等の問題が発生している。このような物流が抱える課題は、ドライバーなどの人手不足の原因となっている。そのため、「物流事業者が提供価値に応じた適正対価を収受するとともに、物流事業者、荷主企業、消費者、経済社会の『三方よし』を目指す」という視座が重要としている。

　持続可能な物流の実現のために取り組むべき政策として、物流の効率化、生産性の向上はもちろん重要であるが、荷主企業や消費者の意識改革、物流プロセスの課題の解決（非効率な商慣習・構造是正、取引の適正化、着荷主の協力）、物流標準化・効率化（省力化・省エネ化・脱炭素化）の推進に向けた環境整備の3つを挙げている。

① 荷主企業や消費者の意識改革

　物流改革に向けて、荷主企業の対応が遅れている状況がある。その背景として、物流にかかる負荷が見えにくく、価格として明確になっていないため、荷主企業において、物流課題がきちんと認識されにくいということがある。一般的な商取引において、商品価格と運賃が一体となっており、商取引の価格において運賃等の物流コストをきちんと明示されない店着価格制であることが指摘されている。このため、特に着荷主企業において、物流の効率化に積極的に取り組もうとするインセンティブが働かないという状況が発生する。

トラックドライバーの拘束時間のうち、荷積み・荷卸しに伴う荷待ち・荷役作業時間等が約２割を占めており、貨物を発送する発荷主、あるいは受け取る着荷主に起因する非効率性が大きな課題である。物流改革を進めていくためには荷主企業等の理解を深め、意識改革を進める必要がある。そして、荷主企業において、物流部門の担当者だけでは解決できないのであり、営業部門・製造部門・調達部門等のさまざまな部門が協働して取り組む必要がある。そのためには、経営者層の認識を変え、全社的な対応が重要となり、役員クラスの物流を統括・管理する責任者を任命することを求めている。また、宅配便においては、消費者が着荷主となるのであり、再配達を減らすための意識改革が求められている。

② 物流プロセスの課題の解決

日々の業務では、商品等の需要に基づいて着荷主企業が発注を行い、物流需要が決定される。すなわち、発注段階で、輸送量だけでなく、輸送のロット、リードタイムなどの物流条件も決定されることとなる。しかしながら、着荷主企業は運送契約の当事者でなく、発注の際、物流については考慮していないことが多いことから、結果的に物流に大きな負荷がかかり、効率化、生産性向上を妨げている場合が多い。さらに、物流事業者においても、元請事業者と下請事業者による多層的な取引構造となっている場合が多く、結果的に現場の実運送事業者に負荷がかかりやすい取引構造となっている。そのため、関係者が連携して、物流の適正化や生産性向上に取り組むことが重要となっていると指摘している。

具体的な検討施策として、待機時間、荷役時間等の労働時間削減に資する措置および納品回数の減少、リードタイムの延長等、物流の合理化を図る措置の検討、契約条件の明確化、多重下請構造の是正等の運賃の適正収受に資する措置の検討、物流コスト可視化の検討、貨物自動車運送事業法に基づく荷主等への働きかけ等および標準的な運賃の制度の継続的な運用等、トラックドライバーの賃金水準向上に向けた環境整備の検討が挙げられている。

③ 物流標準化・効率化の推進に向けた環境整備

物流標準化や新技術の活用等に中長期的に取り組んでいく必要があるとしている。具体的な検討施策として、デジタル技術を活用した共同輸配送・帰り荷確保等の検討、官民連携による物流標準化の推進の検討、物流拠点ネットワークの形成等に対する支援の検討、モーダルシフトの推進のための環境整備の検討、車両・施設等の省エネ化・脱炭素化の推進に向けた環境整備の検討が挙げられている。

政府においては、2023年6月2日に実施された「我が国の物流の革新に関する関係閣僚会議」において「物流革新に向けた政策パッケージ」を策定し、物流構造の改革に加えて、即時の対応が必要なため、トラック輸送に関する契約の見直し、荷主企業や物流事業者による「自主行動計画」の策定と着実な実施等を進めるとともに、荷待ち・荷役時間の削減、多重下請構造の是正、適正な運賃収受や価格転嫁等に向けた「規制的措置」について整備することとしている。→前掲図表2-4-5

さらに政府は、物流革新に向けての具体的な施策をまとめた「物流革新緊急パッケージ」を2023年10月に発表した。物流の効率化、荷主・消費者の行動変容、商慣行の見直しが柱となっている。

○物流の効率化に向けて、物流DXの推進が必要となる。物流施設の自動化・機械化の推進、ドローンを用いた配送などにより人手不足への対応が挙げられる。さらに物流データの電子化により、物流をデータ・ドリブンに変革していくことが欠かせない。これらを進めていくためには、前提として標準仕様のパレット導入や物流データの標準化等を進めていくことが必要となる。

○鉄道（コンテナ貨物）、内航（フェリー・RORO船等）の輸送量、輸送分担率を今後10年程度で倍増するとしている。また、鉄道については現在12ft（5t）コンテナが主だが、31ft利用を拡大し、コンテナの大型化を図るとしている。

○荷主・消費者の行動変容として、宅配の再配達率を半減する緊急的な取り組みをするとし、ポイント還元を通じ、コンビニエンスストア受け取り等柔軟な受け取り方法やゆとりを持った配送日時の指定

第3章●わが国と海外の物流政策

等を促すしくみの社会実装に向けた実証事業を実施するとしている。

○商慣行の見直しについては、トラックGメンによる荷主・元請事業者の監視体制を強化するなどとしている。

○適正な運賃の収受、賃上げ等に向けて、法制化を推進するほか、物価動向の反映や荷待ち・荷役の対価等の加算による「標準的な運賃」を引き上げるとしている。

4 改正された流通業務の総合化及び効率化の促進に関する法律

「我が国の物流の革新に関する関係閣僚会議」が2023年3月31日に設置・開催された後、2023年6月2日に、①物流の効率化、②商慣行の見直し、③荷主・消費者の行動変容、を柱とする抜本的・総合的な対応として「物流革新に向けた政策パッケージ」がとりまとめられた。政策パッケージでは、「荷主企業・物流事業者間における物流負荷の軽減、物流産業における多重下請構造の是正、荷主企業の経営者層の意識改革・行動変容等に向けた規制的措置について、2024年通常国会への法案提出を視野に具体化する」こととされた。それを受け、「流通業務の総合化及び効率化の促進に関する法律及び貨物自動車運送事業法の一部を改正する法律」（「改正物流法」）が第213回国会に提出され、国会での審議を経て同年4月に成立し、同年5月15日に公布された。

改正物流法による改正後の物資の流通の効率化に関する法律の施行に向けて、政令、省令、告示等において基本方針、判断基準、特定事業者の指定基準等が定められることとなる。ここでは、2024年9月現在の検討されている基本方針および具体的な内容として定める事項について記述する。

（1）基本方針について

トラック運送サービスの持続可能な提供の確保に向けて、トラックド

ライバーの運送・荷役等の効率化の推進に関する基本方針を国が定める
こととされており、以下の事項を定めることとされている。

① 貨物自動車運送役務の持続可能な提供の確保に資する運転者の運
送および荷役等の効率化の推進の意義および目標に関する事項

② 貨物自動車運送役務の持続可能な提供の確保に資する運転者の運
送および荷役等の効率化の推進に関する施策に関する基本的な事項

③ 貨物自動車運送役務の持続可能な提供の確保に資する運転者の運
送および荷役等の効率化に関し、貨物自動車運送事業者等、荷主お
よび貨物自動車関連事業者が講ずべき措置に関する基本的な事項

④ 集荷または配達に係る運転者への負荷の低減に資する事業者の活
動に関する国民の理解の増進に関する基本的な事項

⑤ その他貨物自動車運送役務の持続可能な提供の確保に資する運転
者の運送および荷役等の効率化の推進に関し必要な事項

（2）具体的な内容として定める事項

① 貨物自動車運送役務の持続可能な提供の確保に資する運転者の運送
および荷役等の効率化の推進の意義および目標に関する事項

トラック運送サービスの持続可能な提供の確保に資するトラックドラ
イバーの運送・荷役等の効率化の推進の意義については、以下の事項を
盛り込むこととする。

○物流は、国民生活や経済活動を支える重要な社会インフラであり、
その担い手の確保に支障が生ずる状況にあっても、将来にわたって
必要な物資が必要なときに確実に運送される必要があること。

○物流は、物資の生産や製造の過程、消費と密接に関連し、かつ、荷
主企業、物流事業者（トラック、倉庫、鉄道、内航・外航海運、港
湾運送、航空運送、貨物利用運送）、施設管理者、消費者などの多様
な主体により担われていることにかんがみ、物資の生産や製造を行
う者、物資の流通の担い手その他の関係者が連携を図り、その取組
の効果を一層高める必要があること。

○物流の過程において二酸化炭素の排出等による環境への負荷が生じていることにかんがみ、その負荷の低減を図るため、トラック輸送の効率化や共同輸配送、モーダルシフトの推進等を通じて、脱炭素社会の実現に寄与することが求められていること。

○これらの課題の解決に向けた取り組みを進めるにあたって、わが国の物流において中核的な役割を担うトラック運送サービスの持続可能な提供の確保に向けて、トラックドライバーの運送・荷役等の効率化を推進することはきわめて重要であり、何も対策を講じなければ、深刻な輸送力不足に陥るおそれもある中で大きな意義を持つものであること。

こうした意義を踏まえ、トラックドライバーの運送・荷役等の効率化の推進の目標については、荷主企業、物流事業者、施設管理者をはじめとする物流にかかわるさまざまな関係者が協力して、以下の事項を達成することを目標とする。

○2028年度までに、全トラック輸送のうち5割の運行で荷待ち・荷役等時間を1時間削減することで、トラックドライバー1人当たり年間125時間の短縮を実現すること。

○このためには、現状、トラックドライバーの1運行の平均拘束時間のうち、荷待ち・荷役作業等にかかる時間は計約3時間と推計されていることを踏まえ、この1運行当たりの荷待ち・荷役等時間が計2時間以内となるよう、荷待ち・荷役等時間を削減する必要があること。また、これを踏まえ、荷主は、1回の受け渡しごとの荷待ち・荷役等時間について、安全面の確保を前提に、原則として目標時間を1時間以内と設定しつつ、業界特性その他の事情によりやむを得ない場合を除き、2時間を超えないよう荷待ち・荷役等時間を短縮すること。

○2028年度までに、全トラック輸送のうち5割の車両で積載効率50％を目指し、全体の車両で積載効率44％への増加を実現すること。また、トラック輸送1運行当たりの輸送効率の向上にあたっては、

重量ベースだけでなく、容積ベースでも改善を図ることが望ましいこと。

○これらの目標の達成に向けた取り組みを通じて、地球温暖化対策の推進に関する法律に基づく地球温暖化対策計画決定に、対策・施策として位置づけられている脱炭素物流の推進に貢献すること。

② 貨物自動車運送役務の持続可能な提供の確保に資する運転者の運送および荷役等の効率化の推進に関する施策に関する基本的な事項

トラック運送サービスの持続可能な提供の確保に資するトラックドライバーの運送・荷役等の効率化に関する施策にかかる基本的な事項については、以下の事項を盛り込むこととする。

○国および地方公共団体は、みずからが荷主となる場合は、率先してトラックドライバーの運送・荷役等の効率化に資する措置を講ずるよう努めること。

○国および地方公共団体は、みずからが港湾管理者、空港管理者、卸売市場開設者である場合や、荷主に対して行政財産の使用許可等を根拠に施設の一部を使用させている場合等といった施設管理者となる場合は、その施設の管理に関し、トラック運送サービスの持続可能な提供の確保に資する措置を講ずるよう努めること。

○国は、トラックドライバーの運転・荷役等の効率化に資する設備投資、デジタル化、物流標準化等に取り組む事業者を支援するため、調査・助言等の必要な措置を講ずるよう努めるとともに、これらの措置に関する十分な情報の提供を行うこと。

○国は、輸送される物資のトラックへの過度の集中の是正に資するモーダルシフト等に取り組む事業者を支援するため、調査・助言等の必要な措置を講ずるよう努めるとともに、これらの措置に関する十分な情報の提供を行うこと。

○国は、トラック運送サービスの持続可能な提供の確保に資するよう、トラック以外の大量輸送機関による貨物輸送の促進に向けた技術開発、自動運転トラックやドローン物流等の実用化を推進し、これら

の成果の普及等に努めること。

○国は、物流現場の自動化・機械化、デジタル化、省人化等の前提となる物流標準化を推進するため、官民連携により、納品伝票、外装表示、パレット・外装サイズ、商品や事業所等のコード体系・物流用語などの項目の標準化に向けて取り組み、これらの成果の普及等に努めること。

○国は、物流統括管理者として物流改善の取り組みを推進できる人材の確保・育成を支援するため、物流統括管理者の役割の普及・啓発などの必要な措置を講ずるよう努めるとともに、これらの人材を支える高度物流人材の確保・育成に取り組むこと。

○国は、物流が果たしている役割の重要性を物流事業者だけでなく社会全体の共通認識として位置づけるため、広報活動等を通じて、物流の危機的状況や物流に携わる労働者の社会的価値等について、国民の理解を深めるよう努めること。

○国は、地球温暖化対策をはじめとする環境政策、国土政策等と十分に連携しつつ、トラック運送サービスの持続可能な提供の確保に資するトラックドライバーの運送・荷役等の効率化のために必要な措置を、効果的に講ずることができるよう努めること。

③ 貨物自動車運送役務の持続可能な提供の確保に資する運転者の運送および荷役等の効率化に関し、貨物自動車運送事業者等、荷主および貨物自動車関連事業者が講ずべき措置に関する基本的な事項

トラック運送サービスの持続可能な提供の確保に資するトラックドライバーの運送・荷役等の効率化に関し、貨物自動車運送事業者等、荷主（発荷主・着荷主）および貨物自動車関連事業者（倉庫、港湾運送、航空運送、鉄道）が講ずべき措置に関する基本的な事項については、以下の事項を盛り込むこととする。

(1) 荷主が講ずべき措置については、以下の事項とする。

○複数荷主の貨物の積合せ、配送の共同化、帰り荷（復荷）の確保に向けた適切なリードタイムの確保や発送量・納入量の適正化により、

第1節●わが国の物流政策

トラックの積載率の向上等を図ること。

○適切な貨物の入出荷日時の設定、トラック予約受付システムの導入等により、トラックドライバーの荷待ち時間を短縮すること。

○パレット等の導入、検品の効率化、バース等の荷さばき場所の確保等により、トラックドライバーの荷役等時間を短縮すること。

○これらの実効性確保のため、責任者の設置等の実施体制整備、取り組み状況・効果の把握、「標準的な運賃」の活用、関係事業者との連携・協力等を行うこと。

(2) 連鎖化事業者（いわゆる、フランチャイズチェーン）が講ずべき措置については、以下の事項とする。

○適切なリードタイムの確保により、トラックの積載率の向上等を図ること。

○適切な貨物の入出荷日時の設定等により、トラックドライバーの荷待ち時間を短縮すること。

○これらの実効性確保のため、責任者の設置等の実施体制整備、取り組み状況・効果の把握、関係事業者との連携・協力等を行うこと。

(3) 貨物自動車運送事業者等が講ずべき措置については、以下の事項とする。

○輸送網の集約、配送の共同化、帰り荷（復荷）の確保等により、トラックの積載率の向上等を図ること。

○関係事業者が行うトラックドライバーの運転・荷役等の効率化のための取り組みに協力すること。

○積載率の向上等に伴うトラックドライバーの負荷の軽減に取り組むこと。

○これらの実効性確保のため、取り組み状況・効果の把握、関係事業者との連携・協力等を行うこと。

(4) 貨物自動車関連事業者が講ずべき措置については、以下の事項とする。なお、港湾運送、航空運送、鉄道事業者に対しては、荷役等時間の短縮についてのみ努力義務が課されることとなる。

141

○適切な貨物の入出荷時間の調整、トラック予約受付システムの導入等により、トラックドライバーの荷待ち時間を短縮すること。

○検品の効率化、バース等の荷さばき場所の確保等により、トラックドライバーの荷役等時間を短縮すること。

○これらの実効性確保のため、取り組み状況・効果の把握、関係事業者との連携・協力等を行うこと。

④ 集荷または配達にかかる運転者への負荷の低減に資する事業者の活動に関する国民の理解の増進に関する基本的な事項

(1) 再配達の削減や多様な受け取り方法の普及促進等については、以下の事項とする。

○集荷・配達にかかるトラックドライバーの負荷の低減のためには、急いで受け取る必要のない荷物についてゆとりを持った配送日時を指定したり、多様な受け取り方法を活用したりするなど、配送サービスを日常的に利用する消費者である国民１人ひとりの理解と実践が不可欠であること。また、集荷・配達にかかるトラックドライバーへの負荷の軽減にあたっては、B to C 物流だけでなく、B to B 物流においても、再配達の削減や、納品期限や汚破損基準の緩和等による返品の削減等に向けた事業者の理解と実践が必要であること。

○国は、「再配達削減PR月間」をはじめとする広報活動等を通じて、配送時間帯指定等に関する国民の理解を深めるとともに、コンビニエンスストア・ガソリンスタンドでの受け取り、マンションや民間不動産、駅、公共施設等における宅配ボックスの設置、置き配が進む取り組み等を推進し、多様な受け取り方法の普及を図ること。

○国および地方公共団体は、それぞれの立場から、再配達の削減や、路上を含め貨物集配中の車両が駐車できるスペースの確保等に取り組み、集荷・配達にかかるトラックドライバーへの負荷の低減を図ること。

○EC・通販事業者は、物流事業者・宅配事業者等と連携しながら、物流負荷の低い多様な受け取り方法の選択や配送日時指定の活用等を

利用者に促すしくみの社会実装に取り組み、再配達削減に向けた消費者の行動変容を促すこと。

(2)「送料無料」表示の見直しについては、以下の事項とする。

○消費者の物流サービスに対するコスト意識の浸透と集荷・配達に携わるドライバーに対する社会的な理解の醸成のため、商取引において物流サービスが無償で提供されていると誤解を招かないよう、「送料無料」等の表現は見直しが求められており、「送料として商品価格以外の追加負担を求めない」旨の表示をする事業者は、その表示について説明責任を果たすこと。国は、消費者や事業者の理解醸成の取り組みを積極的に進めること。

⑤ その他貨物自動車運送役務の持続可能な提供の確保に資する運転者の運送および荷役等の効率化の推進に関し必要な事項

(1) 物流にかかわる多様な主体の役割については、以下の事項とする。

○消費者である国民1人ひとりは、物流事業者の負担となる短いリードタイムの是正のために小売店等の販売事業者が行った取り組みの結果として、商品売り場での品ぞろえに影響が及ぶ場合があることについて理解を深めることが求められること。

○国は、地方支分部局と連携しながら、荷主、物流事業者等に対する規制的措置の執行に万全を期すこと。また、規制的措置の執行にあたっては、業界の特性等に配慮する必要があり、業界等が策定した自主行動計画に即した取り組みについて考慮すること。

○地方公共団体は、積載率の向上等に資する共同輸配送等の取り組みの実施やそのための拠点づくりに向けて、地域の関係者の合意形成に積極的に関与・参加するとともに、地域の実情に応じてみずから取り組みを実施することが望ましいこと。

○港湾管理者、空港管理者、卸売市場、ショッピングセンター等の施設管理者や、商社やEC事業者、プラットフォーマー等の運送契約や貨物の受け渡しに直接かかわりを持たないものの商取引に影響がある者も含め、経済界全体で、トラック運送サービスの持続可能な提

供の確保に資する措置を講ずるよう努める必要があること。

○発荷主事業者および着荷主事業者は、トラックドライバーの拘束時間を削減するため、高速道路を積極的に利用すること。

○元請トラック事業者および貨物利用運送事業者は、トラックドライバーの運送・荷役等の効率化のための取り組みについて発荷主から協力を求められたときは、その求めに応ずるよう努める必要があること。

○レンタルパレット事業者は、荷役作業の効率化に資する「標準仕様パレット」の利用拡大に向けた発信を継続するとともに、契約への必要事項の明記にかかる働きかけを含め、パレットの紛失防止対策を適切に実施することが求められること。

○パレット製造事業者は、標準規格のパレット（11型等）の製造・販売、レンタルパレット市場への投入を拡大するとともに、安定的に供給可能な生産体制整備等を実施することが求められること。

(2) トラックドライバーの運送・荷役等の効率化の前提となる事項については、以下の事項とする。

○トラックドライバーの労働環境の改善に向けて、国、地方公共団体および民間事業者は、それぞれの立場からSA・PAや道の駅等において休憩環境の整備を進めるとともに、荷さばき施設や待機場所の確保をするほか、トラックドライバーの日帰り運行を可能とするための中継輸送拠点の整備を推進する必要があること。

○トラックドライバーの適正な労働時間と適正な賃金の両立に向けて、契約内容の明確化とともに「標準的な運賃」のさらなる浸透や適切な見直しを図るなど、官民一体となって賃上げ原資となる適正運賃を収受できる環境整備を進めること。

○トラックドライバーの運送・荷役等の効率化にあたっては、トラック事業者の法令遵守が大前提であり、国は、トラック事業者の法令違反の原因となるおそれのある行為をしている悪質な荷主・元請トラック事業者等に対して、トラックGメンによる是正指導等を徹底

第1節 ● わが国の物流政策

するとともに、独占禁止法または下請法に違反するおそれがある場合も含め、悪質な荷主・トラック事業者に対する処分の厳格化を図ること。また、荷主による法令遵守も不可欠であり、運送事業の許可を得ずに違法に運送を行う事業者の利用、運送責任の不明確化につながるような行きすぎた多重下請構造の放置、トラックドライバーに対するハラスメント等の防止を図ること。

（3）荷主・物流事業者等の判断基準等について

　荷主（発荷主・着荷主）、連鎖化事業者、貨物自動車運送事業者等および貨物自動車関連事業者（倉庫、港湾運送、航空運送、鉄道）に対し、物流効率化のために取り組むべき措置について努力義務を課し、当該措置については国が省令で判断基準を定めることとされている。

（4）特定事業者の指定基準

　特定事業者に当たるのは、以下のいずれかに該当するものとして、主務大臣によって指定された物流事業者または荷主としている。具体的な指定基準は、今後制定される政令によって定めるとしている。

① 特定貨物自動車運送事業者等

　貨物自動車運送事業者等のうち、輸送能力が一定以上であり、その雇用するドライバー1人当たり・運送1回ごとの貨物の重量を特に増加させる必要がある者

② 特定荷主

　運送を委託した貨物の合計重量が一定以上であり、ドライバー1人当たり・運送1回ごとの貨物の重量の増加に特に寄与する必要がある者

③ 特定倉庫業者

　倉庫業者のうち、貨物の保管量が一定以上であり、運転者の荷待ち時間の短縮に特に寄与する必要がある者

④ 特定連鎖化事業者

　連鎖化事業者のうち、ドライバーから受け取る貨物などの合計重量

145

第3章●わが国と海外の物流政策

が一定以上であり、ドライバーの荷待ち時間の短縮およびドライバー
1人当たり・運送1回ごとの貨物の重量の増加に特に寄与する必要が
ある者

5 流通業務の効率化を図る事業に対する支援措置、改正道路交通法

（1）流通業務の効率化を図る事業に対する支援措置

① 流通業務の効率化を図る事業に対する支援措置の成立の経緯

物流コストの低減を通じた国際競争力の強化と、環境に配慮した物流
体系の必要性を背景に、流通業務の効率化を図る事業に対して支援措置
を講じるため、「流通業務の総合化及び効率化の促進に関する法律」（改
正流通業務総合効率化法、旧物流総合効率化法）が、2005年10月に施行
された。

② 支援措置の内容

荷主と物流事業者の連携等により、物流効率化を規制緩和・税制・金
融措置などで支援することを目的としている。

荷主企業では、物流業務の外部委託（アウトソーシング）が拡大して
いる。このため、物流事業者でも、輸送・保管・流通加工などの物流業
務を包括的に請け負う3PL事業者が増加している。この物流総合効率化
法は、3PL事業者の支援の意図もある。

高速道路IC（インターチェンジ）などインフラを活用して、物流業務
を総合的かつ効率的で環境負荷の少ない物流業務を実現する施設を特定
流通業務施設とし、この施設を中核とする事業について流通業務総合効
率化事業として認定を受ければ、運送・倉庫などの事業許可の一括取得、
物流拠点・施設の税制上の特例、立地規制（市街化調整区域）に関する
配慮、中小企業に対する資金面での支援措置を受けられる。→図表3-1
-3

なお、中小企業の流通業務の効率化を目的としていた「中小企業流通

第1節 わが国の物流政策

図表3-1-3 ●流通業務の効率化を図る事業に対する支援措置の概要

| 非効率的な物流 | → | 効率的で環境負荷の小さい物流 |

〈基本方針〉
○輸配送・保管・流通加工を総合的に実施すること
○物流拠点を集約化し、高速道路・港湾等の近傍への立地を促進すること
○共同輸配送等による配送ネットワークを合理化すること　等

〈総合効率化計画〉
○流通業務総合効率化事業の目標、内容、実施時期、物流拠点施設の概要、必要な資金の調達方法を記載
○CO_2排出量の削減効果を（計画実施前との比較が可能な場合には）定量的に記載

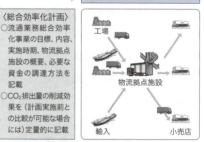

総合効率化計画の基本方針適合性等を審査→認定

支援措置

物流事業の総合的実施の促進	社会資本と連携した物流拠点施設の整備	中小企業者等に対する支援
○事業許可等の一括取得 倉庫業・貨物自動車運送事業・貨物利用運送事業の許可等のみなし	○物流拠点施設に関する税制特例 法人税・固定資産税等の特例（営業倉庫等） ○立地規制に関する配慮 市街化調整区域における施設整備のための開発許可についての配慮	○資金面等の支援 中小企業信用保険の保険限度額の拡充 食品流通構造改善促進法の特例による債務保証　等 ○政策金融 中小企業金融公庫等による低利融資 ○人材育成（2004年度より実施中）

効果

物流改革の推進	環境負荷の低減	地域の活性化
○総合物流事業の展開による国際競争力の強化 ○物流拠点施設の集約化や配送ネットワークの合理化等により、コストを2割程度削減	○CO_2排出量が2割程度削減 ○物流部門におけるCO_2排出量削減に寄与	○低未利用地の活用（工業団地、流通業務団地） ○物流拠点施設における地域雇用の創出

出所：国土交通省資料

業務効率化促進法」は、旧物流総合効率化法の施行に伴って2005年に廃止された。

③　旧物流総合効率化法の改正（2016年10月施行）

　改正された旧物流総合効率化法では、総合効率化計画の認定対象が、従来の物流拠点施設の整備による取り組みから「連携」を支援する枠組

みへと拡大された。

　従前の物流総合効率化法は、「物流拠点の総合化と流通業務の効率化」によって物流コストの削減や環境負荷の低減、低・未利用地の活用を図るものであったが、改正された物流総合効率化法では新たに「流通業務に必要な労働力の確保に支障が生じつつあることへの対応を図る」ことを法の目的に追加した。

　従前は、支援対象となる流通業務総合効率化事業で必須となっていた「一定規模・機能を持つ物流施設を中核とすること」という要件に縛られず、複数事業者の連携事業であれば物流施設を対象としない取り組みでも認定を受けられるようになった。

　また、効率化計画が認定されると、モーダルシフトを導入しやすくするために、必要な事業許可を受けたものとみなす特例が追加された。

　これらの改正で具体的には、「トラックから鉄道・船舶へと輸送手段を転換するモーダルシフト推進事業」「トラックの積載率や運行頻度を改善して『ムダのない配送』の実現を目指す地域内配送共同化事業」「流通加工がセットになった物流施設にトラック営業所を併設したり、予約システムを導入するなどして『待機時間のないトラック輸送』の実現を図る輸送網集約事業」などの取り組みに対し、施設・設備に対する税制上の特例や計画策定費用への補助、行政手続の一括化などのメリットを享受できるようになった。→図表3-1-4

（2）改正道路交通法

　「道路交通法」は、「道路における危険を防止し、その他交通の安全と円滑を図り、及び道路の交通に起因する障害を防止することを目的」（道路交通法第1条）として制定された法律である。このため頻繁に改正が行われている。

　近年の物流に影響する改正の主たる内容は、下記の6つである。

　第1は、車両の使用者に放置違反金の納付を命ずる制度に関する規定の整備である。この改正では、車両の使用者の責任を強化するために、

第1節 ● わが国の物流政策

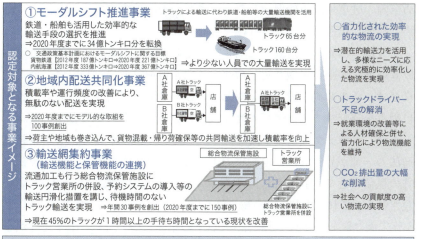

図表3-1-4 ● 改正流通業務総合効率化法、旧物流総合効率化法による支援措置の概要

出所：国土交通省資料

違反の標章が取り付けられた車両についてドライバーが反則金の納付などをしないときは、都道府県公安委員会が車両の使用者に対して放置違反金の納付を命ずることができるとしている。

第2は、車検拒否制度に関する規定の整備である。この改正により、放置違反金を滞納して公安委員会による督促を受けた者は、滞納が解消されない限り、車検（車検証の返付）を受けることができないとしている。

第3は、放置車両の確認および標章の取り付けに関する事務などの委託に関する規定の整備である。この改正により、放置車両の確認と標章取り付けに関する事務（確認事務）を、民間に委託することができるとしている。また、警察署長が地域住民の意見・要望等を踏まえて、重点的に取り締まる場所・時間帯などを定めた「駐車監視員活動ガイドライン」が策定・公表されている。

第4は、駐車にかかる車両の使用者の義務の強化である。この改正に

第3章 ● わが国と海外の物流政策

より、使用者は、車両のドライバーに車両の駐車に関し法令の規定を遵守させるよう努めることのほか、配送先や配送経路を確認してあらかじめ車両の駐車場所を確保すること、また、その他車両の適正な使用のために必要な措置を講じなければならないこととしている。

第5は、車両の使用制限に関する規定の整備である。この改正では、放置違反金の納付を繰り返し命ぜられた常習違反者に対しては、公安委員会は、その車両の使用者に対して、3カ月以内で期間を定めて、当該自動車を運転、または運転させてはならない旨を命じることができる。

また、トラックによる事故防止を図るため、2007年6月、改正道路交通法の一部が施行され、自動車の種類として「中型自動車」が、運転免許の種類として「中型免許」（中型第二種免許・中型仮免許を含む）が新設された。これにより、車両総質量5t以上11t未満、最大積載量3t以上6.5t未満、乗車定員11人以上29人以下の車両については、中型免許がなければ運転できないことになった。中型免許は20歳以上かつ免許期間（普通免許または大型特殊免許）2年以上でなければ取得できない。

なお、施行以前の普通免許取得者は、車両総質量8t未満、最大積載量5t未満および乗車定員10人以下の自動車に限定された中型免許（免許証に「中型車は中型車（8t）に限る」と表記される）を受けているものとみなされる。この結果、従来の通称4t車は、中型免許がなければ運転できないことになった。

第6は、「準中型免許」の新設である。これについて、改正道路交通法が2017年3月12日から施行された。

これは、トラックによる交通死亡事故の削減と、若年者の雇用促進のため、2017年3月12日から、普通自動車、中型自動車、大型自動車に加えて、車両総重量3.5t以上7.5t未満等の自動車が新たに「準中型自動車」として新設され、これに対応する免許として「準中型免許」が新設されたものである。→図表3-1-5

　　（注）改正前の普通免許または中型免許の保有者は、改正後も同じ範囲の自動車を運転することができる（例：改正前の普通免許は、車両総重量5t未満及び最大積載量3t未満の限定が付された準中型免許とみなされる）。

150

図表3-1-5 ●準中型免許制度の概要

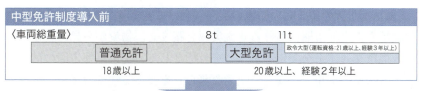
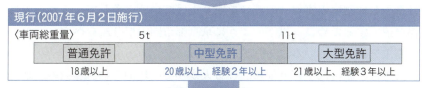
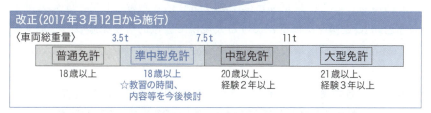

注）2019年12月1日から、運転中のスマートフォン等利用に対する罰則が強化されている。
資料：国土交通省資料に加筆修正

6 大都市圏や自治体による物流政策

　大都市圏や自治体は、都市圏計画や交通計画の観点から、物流施策を示している。たとえば東京都市圏交通計画協議会は、総合的な都市交通計画を検討するため2013年度に実施した第5回物資流動調査をもとに、「東京都市圏の望ましい物流の実現に向けて」（2015年12月）を提示している。また、自治体で独自の物流政策を打ち立てて都市内物流の効率化に取り組む例としては、「東京都総合物流ビジョン」（2006年2月）や、政府の国家戦略特区制度を活用した、福岡市・北九州市の「グリーンアジア国際戦略総合特区」における「東アジアにおける海上高速グリーン物流網と拠点の形成」などがある。

(1)「東京都市圏の望ましい物流の実現に向けて」の概要

「東京都市圏の望ましい物流の実現に向けて」では、物流に対する社会的要請や東京都市圏における物流実態を踏まえ、物流から見た望ましい総合都市交通体系を実現することを目標として、①東京都市圏の活力を支える物流の実現、②安全で快適な暮らしを支える物流の実現、③環境にやさしい物流の実現、の3つを取り上げている。そして、これらの目標を達成するために、以下のように東京都市圏で取り組むべき5つの物流施策を提言している。→図表3-1-6

第1は、臨海部や郊外部における大規模で広域的な物流施設の立地支援である。ここでは東京都市圏で取り組むべき施策として、①郊外部の高速道路IC近傍や臨海部における大規模で広域的な物流施設の立地支援と、②市街化調整区域における物流施設立地のルール化を示している。

図表3-1-6 ●東京都市圏の望ましい物流の実現に向けて（抜粋）
3. 都市・交通からみた東京都市圏の物流の目標と取り組むべき施策の方向性

●東京都市圏の物流の現状や物流を巡る近年の動きを踏まえ、物流からみた東京都市圏の望ましい都市交通体系を実現するために、次の3つの目標を設定し、目標を達成するため、5つの方向性に沿った東京都市圏で取り組むべき物流施策提言しました。

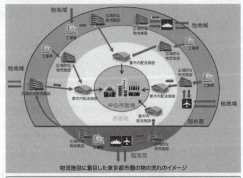

【物流からみた東京都市圏の都市交通体系を実現するための3つの目標】

目標1：東京都市圏の活力を支える物流の実現
■国際競争力の維持・向上を支える物流実現
　　　　　　　　　　　　　　（⇒ 施策Ⅰ, Ⅲ, Ⅴ）
■産業や経済活動を支える物流の実現（⇒ 施策Ⅰ, Ⅲ, Ⅴ）

目標2：豊かで安全・安心なくらしを支える物流の実現
■豊かなくらしを支える物流実現
　　　　　　　　　　　　　　（⇒ 施策Ⅰ, Ⅱ, Ⅲ, Ⅳ）
■災害時にも安心な物流の実現　（⇒ 施策Ⅰ, Ⅲ, Ⅳ）

目標3：魅力ある都市と環境にやさしい物流の実現
■魅力ある都市の実現
　　　　　　　　　　　　　　（⇒ 施策Ⅰ, Ⅱ, Ⅲ, Ⅳ）
■環境にやさしい物流の実現　　（⇒ 施策Ⅱ, Ⅲ, Ⅳ）

【目標を達成するための5つの施策の方向性】

Ⅰ．臨海部や郊外部における大規模で広域的な物流施設の立地支援
Ⅱ．居住環境と物流活動のバランスを考慮した都市機能の適正配置の推進
Ⅲ．物資輸送の効率化と都市環境の改善の両立
Ⅳ．まちづくりと一体となった端末物流対策の推進
Ⅴ．大規模災害時にも機能する物流システムの構築

出所：国土交通省関東地方整備局資料

第1節 ● わが国の物流政策

　第2は、居住環境と物流活動のバランスを考慮した都市機能の適正配置の推進である。ここでは、東京都市圏で取り組むべき施策として、①居住環境とのバランスを考慮した市街地内の物流機能の確保と、②都市計画手法を用いた土地利用の混在の回避を示している。

　第3は、物流の効率化や都市環境の改善を図る物流ネットワークの形成である。ここでは、東京都市圏で取り組むべき施策として、①大型貨物車に対応した物流ネットワークの形成と、②大型貨物車走行の適正化による都市環境の改善を示している。

　第4は、まちづくりと一体となった端末物流対策の推進である。ここでは、東京都市圏で取り組むべき施策として、①総合的なまちづくりを進めるための端末物流対策の推進と、②端末物流対策の実現の後押しを示している。

　第5は、大規模災害時にも機能する物流システムの構築である。ここでは、①防災の観点から立地需要のある郊外部などへの物流施設の立地支援、②物流施設などの防災機能強化の支援、③災害時のサプライチェーン・支援物資輸送を支えるネットワーク構築を示している。

　また、同時に、まちづくりと端末物流対策を一体的に取り組むことを提案した「端末物流対策の手引き〜まちづくりと一体となった物流対策の推進〜」を公表している。

（2）東京都総合物流ビジョン

　「東京都総合物流ビジョン」（2006年2月）は、今後の東京都の物流における5年程度の短期的な即効性のある取り組みを中心に、10年程度の中期的な取り組み、さらには20年程度の長期的な取り組みにより物流効率化を推進し、国際競争力強化や暮らし・環境の向上を実現していくことを目的としている。

　総合物流ビジョンでは、この目的の実現のために、物流にかかわるあらゆる分野・主体の連携による総合対策への転換を基本とした今後の物流対策のあり方や、目指すべき将来像、その実現に向けた具体的な対策

153

図表３-１-７ ●東京都総合物流ビジョンの物流効率化に向けた５つの取り組み

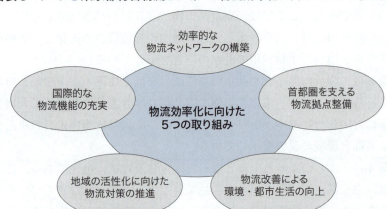

出所：東京都『総合物流ビジョン～東京からはじまる物流改革～』2006年

を示している。このうち、総合物流ビジョンで示されている物流対策には、図表３-１-７の５つがある。

（３）物流を考慮した建築物の設計・運用

　国土交通省は、2017年３月に、「物流を考慮した建築物の設計・運用について～大規模施設に係る物流の円滑化の手引き～」を公表した。

　これは、高度化した物流サービスの継続的・効率的な利用を可能としていくために、建築物も含めさまざまな面において物流を考慮したデザインを考える「Design For Logistics」の考え方に基づいている。そして、建築物へのスムーズな貨物の搬入や屋内移動の確保等を図るとともに、交通や環境へ与える影響を抑制し、建築物や地域の魅力を高めることを目的として、物流を考慮し、建築物の設計・運用のガイドラインを作成している。→図表３-１-８・９

第1節 ● わが国の物流政策

図表3-1-8 ● 設計上の考慮事項の例

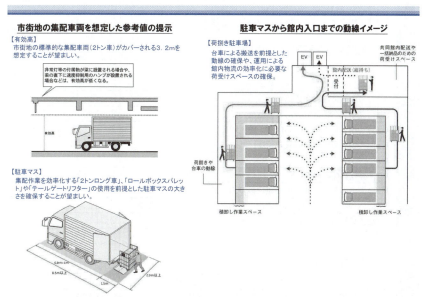

出所：国土交通省資料

図表3-1-9 ● 大規模建築物の物流検討のチェックリスト

チェック項目	手引き本文参照箇所
1）発生物流量等の想定の検討	
□貨物集中原単位の推計	2．(2)①
□用途別の床面積の確認	2．(2)①
□貨物車ピーク率の検討	2．(2)①
□平均駐車時間の推計	2．(2)①
□周辺の道路交通への影響の予測	2．(2)①
□	
2）物流計画の検討	
□車路（駐車場出入口を含む）の検討	3．(1)
□駐車マスの大きさの検討	3．(2)
□車路・駐車マスの高さの検討	3．(3)
□荷捌きスペース、館内受付・一括荷受けスペースの検討	3．(4)
□館内動線の検討	3．(5)
□貨物用エレベーターの検討	3．(6)
□駐車マスの必要数の検討	3．(7)

155

第3章 ● わが国と海外の物流政策

計画）から実施設計まで	☐ 運用による館内物流効率化の検討	4.
	☐ 周辺の道路交通への影響への対策の検討	2.（1）①
	☐ 建築物全体としての物流コンセプトの整理	2.（1）①
	☐	
	3）基本設計への反映	
	☐ 荷捌き駐車場の位置の確認	2.（1）①
	☐ 車路の幅員、車両の回転軌跡等の確認	2.（1）①
	☐ 駐車マスの配置の確認	2.（1）①
	☐ 荷捌きスペース等の広さの確認	2.（1）①
	☐ 貨物用エレベーターの配置、附室の広さ等の確認	2.（1）①、3.（6）
	☐ 館内の物流動線の幅員の確認	2.（1）①、3.（5）
	☐	
	4）実施設計への反映	
	☐ 車路の勾配や附属物の設置位置等の確認	2.（1）①、3.（1）
	☐ 館内の物流動線の扉（引き戸・自動扉等）についての確認	3.（5）
	☐ 館内の物流動線の床面素材や巾木の高さ等の確認	2.（1）①、3.（5）
	☐ 貨物用エレベーターのカゴのサイズの確認	2.（1）①、3.（6）
	☐	
②施工から引渡しまで	**5）竣工・引渡し時の確認／6）建物管理者への引継**	
	☐ 貨物車両による車路・駐車マスの実走行検証の検討	2.（1）②
	☐ 館内物流のルールの策定と建物管理者への引継	2.（1）③
	☐ 館内物流の運用ルールの物流・直納事業者への説明	2.（1）③
	☐ 館内物流の運用ルールのテナントへの説明	2.（1）③
	☐	
③維持・管理段階	**7）館内物流等の状況の把握／8）対策の検討・実施**	
	☐ 館内配送の共同化の実施状況の確認	4.（1）
	☐ 納品時間の指定・調整の実施状況の確認	4.（2）
	☐ 一括納品の実施状況の確認	4.（3）
	☐ 駐車場運営の状況の確認	4.（4）①
	☐ 情報管理システムの運用状況の確認	4.（4）②
	☐ 周辺の道路交通への影響の確認	2.（1）③
	☐	

出所：国土交通省総合政策局物流政策課「物流を考慮した建築物の設計・運用について～大規模建築物に係る物流の円滑化の手引き～」2017年

7 国際物流への取り組み

　国際物流への取り組みについては、総合物流施策大綱でも大きなテー

第 1 節 ● わが国の物流政策

マとして掲げられている。国際海上コンテナ車等が増加する中、道路構造上の制約による通行の支障が物流生産性の向上を阻害しているということから、2018年道路法の改正により、重要物流道路制度を創設した。国際海上コンテナ車等の円滑な通行を図るため、通常の道路より水準が高い特別の構造基準を設定すると同時に、車両制限令の改正により、当該基準を満たした道路については国際海上コンテナ車等の通行にかかる許可を不要とするとした。

（1）国際コンテナ戦略港湾政策

　国際コンテナ戦略港湾は、わが国への国際基幹航路の寄港回数の維持・増加を図り、グローバルに展開するわが国立地企業のサプライチェーンマネジメントに貢献することを政策目標としている。大型化が進むコンテナ船に対応し、アジア主要国と遜色のないコスト・サービスの実現を目指すため、2010年8月、選択と集中に基づいて、京浜港（東京・川崎・横浜）と阪神港（大阪・神戸）が国際コンテナ戦略港湾に選定された。

　国際コンテナ戦略港湾では、①国内および東南アジア等から国際コンテナ戦略港湾でトランシップする貨物の集貨のためのフィーダー航路網の充実、および国際コンテナ戦略港湾の積替機能強化による「集貨」、②港湾背後における貨物の創出による「創貨」、③ヒトを支援するAIターミナルの実現による良好な労働環境と世界最高水準の生産性の創出や、大水深コンテナターミナルの機能強化等による「競争力強化」を進める。2021年より、新たにカーボンニュートラルポートの形成、港湾物流のDXの推進、安定したサプライチェーンの構築のための港湾の強靱化を位置づけている。

　2019年に策定した国際コンテナ戦略港湾政策「最終とりまとめフォローアップ」では、おおむね5年以内に、国際コンテナ戦略港湾において、欧州・北米航路をはじめ、中南米・アフリカ・大洋州等多方面・多頻度の直航サービスを充実させ、グローバルに展開するわが国立地企業のサ

157

第3章 ● わが国と海外の物流政策

プライチェーンマネジメントに貢献を政策目標としている。

（2）国際バルク戦略港湾政策

　鉄鉱石・石炭・穀物などのバルク貨物は、大量一括輸送により船舶の大型化が進展するとともに、資源、エネルギー、食糧等の獲得競争も進んできている。日本の港湾が近隣諸国に立ち遅れると、製品輸出や原材料の輸入、国民の暮らしに不可欠な資源・エネルギー・食糧の輸入において、不利な状況になりかねない。

　そこで、世界最高水準のサービスレベルと十分な能力の港湾施設を早期に供給するため、選択と集中により、鉄鉱石・石炭・穀物等のバルク貨物を取り扱う港湾の国際競争力を強化する必要があるとして、2011年5月に、①穀物（鹿島港、志布志港、名古屋港、水島港、釧路港）、②鉄鉱石（木更津港、水島港・福山港）、③石炭（徳山下松港、宇部港、小名浜港）が選定され、ふ頭の整備や共同配船・共同荷受けが進められることとなった。その後、石炭で小名浜港と徳山下松港、穀物で釧路港が追加されている。

（3）PORT2030

　国土交通省港湾局では、2030年ごろの将来を見据え、わが国経済・産業の発展および国民生活の質の向上のために港湾が果たすべき役割や、今後特に推進すべき港湾政策の方向性等を、「港湾の中長期政策『PORT2030』」として、2018年にとりまとめている。

　港湾の中長期政策に強く求められる基本的理念を、①地政学的な変化やグローバルな視点を意識する、②地域とともに考える、③「施設提供型」から「ソリューション提供型」に発展させる、④「賢く」使う、⑤港湾を「進化」させる、の5つとしている。さらに、2030年のわが国港湾が果たすべき役割として、「1.列島を世界につなぎ、開く港湾【Connected Port】」「2.新たな価値を創造する空間【Premium Port】」「3.第4次産業革命を先導するプラットフォーム【Smart Port】」を掲げている。

158

第1節 ● わが国の物流政策

従来のビジョンでもあった「ネットワークの形成」「空間の創造」は、それぞれ【Connected Port】【Premium Port】の概念として整理されると同時に、新たに第4次産業革命を先導するプラットフォームを構築するとした【Smart Port】の概念を掲げている。

　PORT2030で整備が進められている港湾情報処理システムCyberPortについては、第12章第2節**1**(2)を参照。

（4）地方港における国際物流の取り組み

　国際物流については、福岡市・北九州市などの地方自治体でも、国家戦略特区制度を活用した「グリーンアジア国際戦略総合特区」において、独自の取り組みで「東アジアにおける海上高速グリーン物流網と拠点の形成」を進めている。→図表3-1-10

図表3-1-10 ● 東アジアにおける海上高速グリーン物流網と拠点の形成

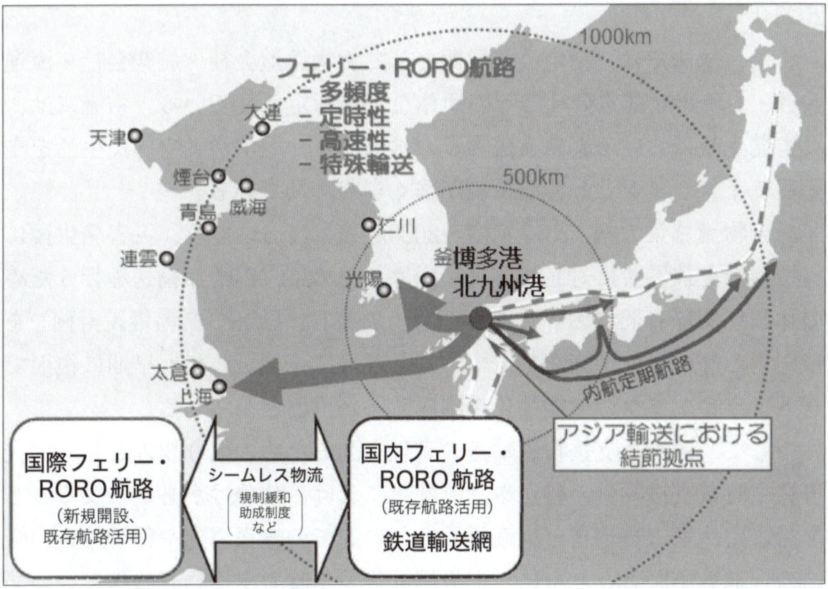

出所：北九州市資料

159

第3章 ● わが国と海外の物流政策

　また、多くの地方コンテナ港湾では、自治体が貨物やコンテナ船など
の誘致のため、独自にインセンティブ制度を導入・実施している例も多
いので、自治体の国際物流施策にも注意する必要がある。

8 災害ロジスティクス

　2011年3月11日に発生した東日本大震災や、今後想定される南海トラ
フ巨大地震・首都直下地震をはじめ、毎年のように発生する地震・風水
害に対しては、国土強靭化計画でも「災害に強い物流システムの構築」
として掲げられている。

　わが国の防災対策は、東海地方に大被害をもたらした伊勢湾台風（1959
年）を契機に制定された「災害対策基本法」（1964年）に基づいて進め
られており、同法は、その後の阪神淡路大震災（1995年）、東日本大震
災（上述）などの大災害が発生するたびに改正されている（最終改正は、
2023年）。

　また、同法では、指定公共機関として貨物鉄道会社・航空会社・海運
会社・トラック運送会社とその団体などが指定されている。物流には、
災害発生時における緊急支援物資の供給など、経済活動や国民生活を支
えるライフラインとしての役割が強く求められている。

　総合物流施策大綱（2017年度～2020年度）においても、災害発生後に
支援物資を被災者に対して確実に届けるために、円滑な輸送を行うため
の体制を関係者間においてあらかじめ調整し、BCP（業務継続計画）を
策定する等の事前準備を整えておくとともに、被災しても早期に復旧で
きるようインフラの機能強化を図ることが重要としている。

　そして、円滑な支援物資輸送の実現を図るための取り組みとして、災
害発生時に支援物資の輸送や物流施設における仕分けが必要となること
を踏まえ、地方自治体と物流事業者との間での輸送協定や保管協定の締
結の促進等を図るとともに、大規模災害発生時の支援物資輸送について
の輸送の全体最適化を行い、ラストマイルの着実な輸送も含めた避難所

への支援物資輸送の円滑化に向けた取り組みを行うとしている。

国土交通省では、民間物流事業者のノウハウや施設を活用すべく、「民間物資拠点のリストアップ」「官民の協力協定の締結促進」などを進めるとともに、防災を所管する内閣府や関係地方自治体と連携して、広域の防災訓練などを実施している。

また、製造業・流通業等へも、自治体等との協定を結ぶなど、大災害時における商品の供給責任や、被災地への支援などが要請されている。商品やサービスの安定供給のためには、各社もBCPを策定するとともに、防災訓練を実施するなど、災害への備えが重要である。→図表3-1-11

図表3-1-11 ● 災害に強い物流システムの構築における主な取り組み内容

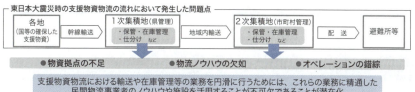

出所：国土交通省資料

第3章 ● わが国と海外の物流政策

| 第 2 節 | 諸外国の物流政策 |

学習のポイント

◆国土の違いなどによる各国の物流規格の差異を理解する。

◆欧州の国際間の複合輸送を学ぶ。

◆諸外国（アジア諸国、欧米諸国）の都市内物流施策の概要について学習し、物流・ロジスティクスのグローバル化の参考とする。

1 物流規格の国際比較

(1) パレットの規格の比較

近年の物流やロジスティクスは、グローバルかつボーダーレスに行われている。しかし、ISO（国際標準化機構）規格の国際貨物コンテナや航空用ULD（Unit Load Device＝航空貨物運送用のパレット、コンテナ）を除けば、その規格については、各国の国土条件などの違いにより、さまざまである。

この一例として、ISOを含めた各国・地域における標準パレットの規格を掲げる。→図表3-2-1

(2) 道路の規格の比較

道路の規格について、わが国ではトラック（単車）の一般的な制限値は、長さ12m未満、高さ3.8m未満（特定道路では積荷の高さ4.1m未満）、幅2.5m未満、車両総質量（GVW）20t未満（特定道路では25t未満）、軸重10t未満（1軸当たり）である。

162

第2節 ● 諸外国の物流政策

図表3-2-1 ●各国の標準パレットサイズ一覧表

(単位：mm)

国　別	ISO	日　本	中　国	韓　国	台　湾
規格名	ISO	JIS	GB	KS	CNS
サイズ	1,100×1,100 1,067×1,067 1,165×1,165 1,200×　800 1,200×1,000 1,219×1,016	JIS 一貫輸送用 T11 1,100×1,100 1,100×　800 1,100×　900 1,100×1,100 1,100×1,300 1,100×1,400 1,200×　800 1,200×1,000	800×1,200 1,000×1,200	一貫輸送用 T11 1,100×1,100 T12 1,200×1,000	一貫輸送用 T11 1,100×1,100 1,200×1,000

国　別	米　国	欧　州	豪　州	アジア 標準パレット
規格名	ANSI	EUR	AS	
サイズ	1,219×1,219 1,219×1,143 1,219×1,067 1,219×1,016 1,219×　914 1,219×　508 1,118×1,118 1,067×1,067 1,016×1,016 　914×　914 　889×1,156	800×　600 800×1,200 1,000×1,200	1,100×1,100 1,165×1,165	1,100×1,100 1,000×1,200 APSF アジアパレット システム連盟 日・中・韓・マレ ーシア・タイ・フ ィリピン・インド ネシア・ベトナ ム・ミャンマー・ インド etc

　長さ・高さ・幅・質量についても各国で異なるほか、米国では州ごと
に、中国では省ごとに異なっている。統一されたEUでも、トラックの
規格が各国で異なり、規格の統一に苦労しているのが実態である。

（3）鉄道の規格の比較

　鉄道の規格は、わが国と欧米の間で大きく異なる。たとえばゲージ（軌間）は、わが国の1,067mm（鉄道貨物輸送に使用される在来線）に対して、欧米では1,435mm（わが国の新幹線と同じ。ロシアは1,520mm）であり、軸重は、わが国の16t（東海道本線・山陽本線などの主要幹線）に対して、ヨーロッパの幹線は21〜22t、米国は25〜27tである。

　米国・カナダ・インドでは、ISO規格国際貨物コンテナを2段積みしたダブルスタックトレインが走行しており、わが国の鉄道貨物輸送とは、軸重以外にも貨車の長さ・積載貨物の制限高さなどに大きな差がある。

　中国・東南アジア・インド・中央アジアなどでも、鉄道貨物輸送が推進されている。

　TSR（トランス・シベリア・レールウェイ）や中欧班列による国際複合輸送も行われているが、軌間の違いによりロシア国境での貨車間の積み替えを要する。

（4）国際海上輸送の規格の比較

　国際海上輸送については、①スエズ運河が拡幅されて、時間によって一方通航だったものが、交互通航が全日可能になり、通過時間が短縮された（2015年）、②パナマ運河が拡幅されて、従来のパナマックス型（全長294.1m、全幅32.3m、喫水12m、5,000TEU級）から、最大船型で全長366m、全幅49m、喫水15.2m、12,000TEU級（ポストマナマックス型あるいはオーバーパナマックス型）まで通航できるようになった（2016年）。

　特に後者は、これまでの米国東部・中部向け貨物輸送ルートが、コスト・日数的に米国西岸〜鉄道輸送から、今後は、米国東岸諸港経由にシフトすることも予測される。

　国際貨物コンテナに関するISO規格では、2005年の追補により、45ftコンテナが追加されるとともに、20ftコンテナの最大総質量が24tから30.48tに拡大された。

　しかし、わが国の現行法規では、いずれも国内通行が認められず、20ft

コンテナはこれまでどおりの24tに減トンして国内通行している。また、45ftコンテナの通行は、一部地域を除いて認められていない。

なお、コンテナ船の巨大化（24,000TEU級）に伴い、コンテナターミナルの大水深化（－18m級）が各国で進められているが、わが国では横浜・南本牧ふ頭の1カ所だけである（2024年現在）。

2 欧州における国際間の複合輸送

市場統合を目指すEUでは、1993年以降、交通・エネルギー・電気通信

Column ☕ **コーヒーブレイク**

《世界における貨物鉄道インフラ整備》

中国をはじめ、世界各地で高速鉄道の建設が進められているが、貨物鉄道のインフラ整備も著しい。これは、内陸と港湾を鉄道で結んで産業の国際競争力の強化を図ること、環境負荷の小さい鉄道輸送の利用を増やすことなどを目的としている。

具体的には、以下のような例がある。

① 国際貨物コンテナを2段積み輸送するDST（ダブルスタックトレイン）が、アメリカ・カナダに次いで、インドでも運行開始された。

② インドでは、デリー－ムンバイ間約1,500kmを結ぶ高速貨物鉄道の整備が始まった。

③ EUのベチューブ線（→本節 2）。

④ 米国ではロサンゼルス港から同市街地を抜ける貨物新線としてアラメダ・コリドーを建設・供用している。

⑤ スイス国内を通過する貨物は、従来から鉄道を利用してきたが、新しく世界最長57kmのアルプス横断トンネルが2016年に開通し、鉄道による通過輸送量が格段に増えている。

⑥ 中国では、地方政府の補助もあって、欧州向けに国際貨物コンテナをブロックトレインで鉄道輸送する「中欧班列」が増加して、2022年実績は160万TEUと報じられている。

の各分野で欧州をまたがるネットワーク（Trans-European Network：略称TEN）構想を打ち出している。そのうち、交通（TEN－T：TはTransport）では、30の交通インフラ優先プロジェクトを推進する「TEN－T・Europe2020戦略」を採択し、2020年までに9,030億ユーロを投資して、鉄道・道路・内陸水路・空港・海港の交通ネットワークの整備が進められた。

これまでに、ロッテルダム港とオランダ・ドイツ国境を結ぶ160kmの貨物専用鉄道であるベチューブ線などが、プロジェクトの成果として完成している。

欧州委員会（EU委員会）は、2050年までの気候中立を目指す欧州グリーン・ディールに対応するために、「新たな交通政策パッケージ」を2023年7月に発表している。その中に、TEN－T規則の改定案が含まれている。改定案は「欧州単一鉄道市場でのインフラ利用に関する規則案」「トラックなど大型車の最大重量・寸法を定める重量・寸法指令の改定案」「運輸サービスの温室効果ガス（GHG）排出量の算出に関する規則案」（原文のまま）から構成され、今後EU理事会（閣僚理事会）と欧州議会で審議される。

欧州の環境対策は、米国・アジアなどの世界各国にも影響するので、上記改定案の動向については注視していく必要がある。

3 アジア諸国の都市内物流施策

アジアの大都市圏で交通渋滞が深刻になり、交通当局が対策を急いでいる。

タイ・バンコクにおけるトラックの流入規制では、一般道路・高速道路とも平日の6〜9時と16〜20時は、6輪車以上は走行禁止となっており、10輪車以上は内環状道路内エリアは6時から21時まで通行禁止など、さらに厳しい規制がある（逆に小型トラックが増加して、渋滞を招いているともいわれている）。

インドネシア・ジャカルタでは、これまで一人乗りの乗用車について流入を規制していたが、2016年から中心部に流入する自家用車について、登録ナンバーで規制する「奇数・偶数システム」が導入されている（タクシーは除外）。

中国でも北京の中心部などでナンバーによる走行規制を導入している。また、従来のガソリン・ディーゼル車と電動車（BEVなど）はナンバープレートの色を変え、電動車には補助金を出すなどして、配送車両も含めて電動化を進めている。

シンガポールでは、中心部でERPと呼ばれるわが国のETCと同様の電子道路課金システムを導入している（本節4（1）のロードプライシングと同じ）。

4 欧米諸国の都市内物流施策

（1）貨物車の流入規制

貨物車の流入規制は、諸外国で多く実施されている。流入規制には、①走行規制、②車種規制、③料金による規制、の3つがある。

第1の走行規制とは、時間帯・車種にかかわらず貨物車の走行を禁止する規制である。具体的には、パリで実施されている貨物車通過禁止や、ニューヨークにおけるトラックルートの指定、および貨物車通行禁止道路の指定などがある。

第2の車種規制とは、特定の車種や特定の時間帯において、貨物車の流入を禁止する規制である。具体的には、ロンドンのグレーターロンドン全域における平日の夜間・早朝および週末における大型貨物車の原則通行禁止、ニューヨークにおける貨物車制限地区の指定などがある。

第3の料金による規制とは、ある決められた地域に進入する場合に、課金される規制である。具体的には、ロンドン（イギリス）やストックホルム（スウェーデン）、オスロ（ノルウェー）、ミラノ（イタリア）で実施されているロードプライシングがある。

積載質量3.5 t以上の重量貨物車（HGV）には、2006年からEU指令が出されて道路課金が可能となっている。

ドイツでは、1995年以降アウトバーンを走行する車両総質量（GVW）12 t以上の商用トラックに課金を開始し、フランスでも導入されている。

なお、ドイツにおける課金のGVWは、2015年には7.5 t以上に、2024年7月からは3.5 t以上に引き下げられた。

（2）貨物車の駐停車の誘導

乗用車の駐停車を規制し、貨物車の荷さばき駐車を優先するという物流対策は、諸外国で多く実施されている。この駐停車規制の例としては、①時間帯規制と、②空間的規制、の2つがある。

第1の時間帯規制とは、ある特定の時間帯のみ貨物車の駐停車を認めない規制である。具体的には、パリ市内の車両サイズ別・時間帯別の貨物車駐停車禁止や、ロンドンやニューヨークにおける夜間貨物車駐車禁止がある。

第2の空間的規制とは、ある決められた場所でのみ貨物車の駐停車を認める規制である。具体的には、ロンドンにおけるレッドルートや、パリにおける貨物の積卸しスペースの指定がある。

なお、欧州では環境法規制の一環として、英国を中心として行われている地方自治体主導の、貸切自動車交通の適正化への取り組みであるFQP（貨物車交通マネジメント組合）がある。→第2章第3節**3**参照

5　物流に関する外資規制など

物流政策そのものではないが、貿易制度や物流における外資規制（海外資本による内国投資に関する規制）も、グローバル・ロジスティクスの展開には大きく影響する。

（1）イギリスのEU離脱（ブレグジット）

　2020年1月31日にイギリスがEUから離脱した「ブレグジット（Brexit）」では、物流の混乱が起こり、イギリスだけでなくEUの経済や生活に大きな影響を与えた。

　そこで、イギリスは2020年12月にEUとの間で関税ゼロの貿易を可能にする通商協力協定（TCA）、いわゆるFTA（自由貿易協定）を結んだ。しかし、関税はゼロとなったが、そのための原産地証明が必要となり、関税ゼロでも通関は実施される。

　いまでもイギリスからの輸出入においては税関での渋滞が続いており、「ブレグジットから3年を経ても、イギリス製造業の9割がEU域内企業との取引に支障を抱えている」とされている。これは、日本企業の英国法人とEU域内法人間の取引についてもいえることである。

（2）物流における外資規制など

　世界のモノやサービスの貿易については、WTO（世界貿易機構）で自由化に向けて検討がなされているが、世界の実態は、地域間や2国間の貿易協定であるFTAやEPA（経済連携協定）が増えているほか、輸出入の制限や関税率の改定などの運用も頻繁に変化する。

　ヒト・モノ・カネ・情報のグローバルな移動も進展しつつあるが、カネ（資本自由化）については、国内産業保護という観点から、特に途上国では規制をしている例が多く、それも製造業より、卸・小売業や物流業の規制が強い傾向にある。さらには、土地についても外資には売買を認めず、土地使用権を有料で認可する国もある。

　アジア諸国においても物流関連の外資規制が多く、たとえば、「非居住者在庫」などは、その運用も不明瞭であることが多い。特に、運送業・倉庫業は国内産業保護の観点から、各国とも外資の出資比率を半分以下に制限してきた。

　しかし、各国の規制も、外資誘致による経済発展と国内産業保護のバランスから変化が速い。東南アジア諸国連合（ASEAN）では、加盟10カ

国の経済統合を目指すAEC（ASEAN経済共同体＝ASEAN Economic Community）により、関税を撤廃してサービスや投資の自由化などを図るために、ここ近年、運送業・倉庫業の外資規制が緩和傾向にある。

広い意味では物流インフラである外資規制や土地制度については、経済産業省・（独）日本貿易振興機構（JETRO）などから、最近の情報を収集して対応することが必要である。

第3章 理解度チェック

次の設問に、○×で解答しなさい（解答・解説は後段参照）。

1　総合物流施策大綱（2021年度〜2025年度）では、物流の生産性の大幅な向上を図ることにより、ニーズ等の変化に的確に対応し、効率的・持続的・安定的に機能を発揮する「強い物流」の実現を柱としている。

2　アジアパレットシステム連盟では、パレット寸法が1,100×1,100mmと1,200×800mmの２つの規格を標準パレットとして推奨している。

3　物流政策は国が行うものであり、地方自治体独自の政策は不要である。

第3章　理解度チェック

解答・解説

1 ×
総合物流施策大綱（2021年度〜2025年度）では、総合物流施策大綱（2017年度〜2020年度）の「強い」という概念に限らないものとし、今後の物流が目指すべき方向性を①物流DXや物流標準化の推進によるサプライチェーン全体の徹底した最適化（「簡素で滑らかな物流」の実現）、②労働力不足対策と物流構造改革の推進（「担い手にやさしい物流」の実現）、③強靱で持続可能な物流ネットワークの構築（「強くてしなやかな物流」の実現）としている。

2 ×
図表3-2-1のとおり、アジアパレットシステム連盟（APSF）が定めた標準パレットの寸法は、1,100×1,100mmと1,000×1,200mmの2つである。APSFは、2006年6月「アジアパレットシステム連盟」として設立された。当初、日本・韓国・中国・マレーシア・タイ・フィリピンの6カ国が加盟、その後インドネシア・ベトナム・インド・ミャンマーが加わり、現在は10カ国まで増加している。

3 ×
東京都の総合物流ビジョンや、福岡市・北九州市の国家戦略特区制度を活用した「グリーンアジア国際戦略総合特区」における「東アジアにおける海上高速グリーン物流網と拠点の形成」のように、地方自治体が独自に物流政策を立案・実施する例が増えており、地方分権のもとで、この傾向はますます強まるものと思われる。自社の立地する地方自治体の物流政策についても、注意を払う必要がある。

参考文献

国土交通省「総合物流施策大綱（2017年度〜2020年度)」2017年

国土交通省「総合物流施策大綱（2021年度〜2025年度)」2021年

国土交通省ホームページ「物流総合効率化法」2016年

苦瀬博仁・高田邦道・高橋洋二編著『都市の物流マネジメント』勁草書房、
2006年

東京都市圏交通計画協議会『物流からみた東京都市圏の望ましい総合都市交通
体系のあり方』2006年

東京都『総合物流ビジョン〜東京からはじまる物流改革〜（概要版)』2006年

野尻俊明『貨物自動車政策の変遷』流通経済大学出版会、2014年

国土交通省ホームページ『国際コンテナ戦略港湾政策・国際バルク戦略港湾政
策』2016年

国土交通省リーフレット『国土交通省生産性革命プロジェクト』2016年

国土交通省ホームページ『災害に強い物流システムの構築』2016年

苦瀬博仁『ロジスティクスの歴史物語　江戸から令和まで』白桃書房、2022年

日本貿易振興機構（JETRO）『ビジネス短信』各号など

第2部

物流サービスと
物流システムの構築

第 4 章

ロジスティクスの評価と改善

この章のねらい

　第4章では、ロジスティクスの管理（management）サイクル（PDCA＝計画・実施・評価・改善）のうち、評価と改善の考え方について学ぶ。このうち評価は、計画と実際のズレを把握して対応の有無を決めることであり、改善は、対応が必要な場合に適切な予防・是正措置を施すことである。この評価と改善の2つを合わせて、統制（control）とする考え方もある。本章では、それらのうち重要かつ代表的なものについて説明する。

　第1節では、リスクマネジメントについて学ぶ。リスクマネジメントは、近年、企業が内部統制とともに導入を求められている取り組みの1つである。また、東日本大震災を契機に、特にサプライチェーンのリスクマネジメント（SCRM）強化の必要性が高まっている。本節では、ロジスティクスにおけるリスクを、内部統制の枠組みに対応させて理解する。

　第2節では、ロジスティクスの評価指標を学ぶ。業務が計画どおりに行われているか、また、要求されているロジスティクスの品質を満たしているかを把握するには、実態を数値化して評価することが有効である。本節では、評価指標の設定の考え方と、代表的な評価指標について理解する。

　第3節では、ロジスティクス監査を学ぶ。近年、会計監査に加え、業務監査の必要性が増している。リスクの存在は、企業の経営目標の達成を阻害する要因となる。本節では、ロジスティクス監査の視点と手順を理解する。

第4章 ● ロジスティクスの評価と改善

第 1 節 **ロジスティクスと
リスクマネジメント**

学習のポイント

◆リスクマネジメントが、内部統制の枠組みに対応して行う必要があることを学ぶ。

◆ロジスティクスにおけるリスクは、荷主企業や物流事業者、3PL事業者など、その立場によって対象とする内容や範囲が異なることを学ぶ。

◆リスクマネジメントは、リスクの評価とリスクの改善の2段階で行うことを学ぶ。

1 リスクマネジメントの必要性

（1）リスクマネジメントと日本版SOX法

リスクとは、企業の事業戦略や経営目標の達成に影響を与える不確実性のことである。そのため、リスクの存在は、企業の経営目標の達成を阻害する要因となる。なお、リスクについては、リスクを生じさせうる要素や、起こりうる事象とその結果、起こりやすさなどを表現することもある。このとき、リスクには社内要因（事業基盤、人的リソース、プロセス、情報システムなど）と、社外要因（経済、事業環境、技術環境、自然環境、政治情勢、社会など）がある。

リスクマネジメントとは、企業内外に存在するあらゆるリスクを管理するための活動である。リスクマネジメントでは、起こりうるリスクを評価し、損失等の回避・低減に向けた改善を図ることが重要である。

178

内部統制とは、一般に、リスクマネジメントのうち、企業内部のリスクを対象とするマネジメントである。内部統制の目的は、企業内部のリスクについて、①業務の有効性および効率性、②財務報告の信頼性、③事業活動にかかわる法令等の遵守、④資産の保全、の4つである。このために、評価・改善活動を行うことになる。

一般に、内部統制は、①統制環境の整備、②リスクの評価と対応、③統制活動、④情報と伝達、⑤モニタリング（監視活動）、および⑥IT（情報技術）への対応、の6つの基本的要素から構成される。したがって、内部統制の実施にあたっては、リスクの評価と対応だけでなく、事前に統制環境を整備するほか、内部統制が機能しているかどうかをモニタリングし、ITを適切に利用することなどが必要になる。→図表4-1-1

日本では、企業による不正取引や粉飾決算などの不祥事を防止する目的で、2006年5月に会社法（最終改正は2023年6月）が、2007年9月に金融商品取引法（最終改正は2023年6月）が、それぞれ施行された（**J-SOX**、**日本版SOX法**）。これらにより一定規模以上の企業は、2008年4月以降に始まる会計年度から、内部統制の構築が義務づけられている。

図表4-1-1 ●内部統制の基本的要素と内容

基本的要素	内　　　容
①統制環境の整備	リスク管理という観点での組織構造・権限・職責の整備、従業員の誠実性・倫理観教育の実施など
②リスクの評価と対応	経営に影響を及ぼすリスクの識別・分析・評価と、当該リスクへの対応策（回避、低減、移転、受容）の選択
③統制活動	リスクへの対応が着実に行われるための職務分掌・権限および職責の付与、業務プロセスへのリスク対応策の組み込みなど
④情報と伝達	必要な情報が識別、把握および処理され、組織内外および関係者相互に伝えられることを確保
⑤モニタリング（監視活動）	内部統制が有効に機能していることを継続的に評価
⑥IT（情報技術）への対応	ITを用いた内部統制の実施

第4章 ● ロジスティクスの評価と改善

（2）リスクの分類

　米国のトレッドウェイ委員会組織委員会（COSO）のエンタープライズ・リスクマネジメント（ERM）のためのフレームワークは、企業の内外におけるリスクを図表4-1-2のように分類している。

　企業活動を取り巻くリスクは多くある。それらをあらかじめ洗い出し、事前に対応方法を定めることによって、経営の健全性を担保することができる。

図表4-1-2 ● リスクの発生要因による分類

<table>
<tr><th colspan="2">分　類</th><th>リスクの発生要因（例）</th></tr>
<tr><td rowspan="4">社内要因</td><td>事業基盤</td><td>資産状況、資本、買収・合併の可能性</td></tr>
<tr><td>人的リソース</td><td>社員のスキル・人数、健康・安全、セキュリティの訓練レベル、不正や違法行為発生の可能性</td></tr>
<tr><td>プロセス</td><td>処理能力、設計、データのミスや改ざん</td></tr>
<tr><td>情報システム</td><td>処理能力、データ管理状況、データの利用可能性、処理証跡の不在、システム選定・開発・設置箇所・信頼性</td></tr>
<tr><td rowspan="6">社外要因</td><td>経済</td><td>経済状況、金融市況、マーケット市況</td></tr>
<tr><td>事業環境</td><td>競合状況、消費者行動、業界標準化</td></tr>
<tr><td>技術環境</td><td>新技術の広がり、新技術による取引方法の変化</td></tr>
<tr><td>自然環境</td><td>地球環境問題、自然災害</td></tr>
<tr><td>政治情勢</td><td>政権交代、規制、新法、政策</td></tr>
<tr><td>社会</td><td>人口動態、進出国における認知度</td></tr>
</table>

出所：COSO ERM 2004年　資料より

2　ロジスティクスにおけるリスク

　企業活動を取り巻くリスクのうち、ロジスティクスにおけるリスクは、荷主企業や物流事業者、3PL事業者など、その立場によって対象とする内容や範囲が異なる。それゆえ、立場ごとに分けて考える必要がある。

第1節●ロジスティクスとリスクマネジメント

（1）荷主企業のロジスティクスにおけるリスク

　金融庁企業会計審議会「財務報告に係る内部統制の評価及び監査に関する基準並びに実施基準」では、企業の事業目的に大きくかかわる勘定科目として売上げ、売掛金および棚卸資産を挙げており、原則としてそれらの勘定科目にかかわるすべての業務をリスク評価の対象としている。

　ロジスティクス業務は、調達業務、販売業務、物流業務など多岐にわたる。そして、それらの業務において多くのリスクがある。たとえば、調達業務では発注品目・数量の間違いや納品場所・納品日時の間違いなど、販売業務では受注品目・数量の間違いや出荷先・出荷日時の間違いなど、物流業務では誤出荷や遅配、不良品納品、在庫の紛失や盗難などである。これらは、業務における作業方法や手順と評価方法を見直すことにより防ぐことができる。

　ロジスティクスにおける作業を通じて、リスクの発生を抑制することもある。たとえば、売上げの架空計上や在庫の資産価値の低下などは、ロジスティクスにおける入出庫管理やピッキング作業の中で、防止あるいは顕在化させることが可能である。

　その一方で、自社内における作業のみでは制御できないリスクもある。自然災害による納品遅れ、石油の高騰による物流コスト上昇などは、社外要因によって発生するリスクである。ただし、社外要因によって発生するリスクであっても、リスクの発生を想定して対応計画を事前に作成することで、損害を小さくすることができる。多くの企業が、世界各地から部品や部材を調達するようになった現在、他国における自然災害やテロなども、自社の生産停止のリスクとなる可能性があり、その想定と対応が求められる。

　たとえば、2011年3月の東日本大震災の発生時に多くの倉庫が出荷不能となったが、出荷を代替する倉庫を決めておいたことで、早期に出荷できた例がある。また、東日本大震災では、東北地方の工場の被災により、世界各地の工場も稼働停止に追い込まれた。

181

（2）物流活動におけるリスク

　物流活動（輸送・保管・荷役・包装・流通加工・情報）は、事故、火災、労働災害、盗難、コンピュータ停止、自然災害などで損害を受けるリスクにさらされている。現在、これらの多くは荷主から物流事業者に外部委託されているため、これらは物流事業者の抱えているリスクでもある。

　物流活動が受ける損害の種類には、次の5つがある。
①　物的損害：商品・輸送機関・倉庫建屋・設備機器など
②　人的損害：従業員の死傷など
③　収益損失の損害：操業停止・休業など
④　第三者への損害賠償責任負担：物的・人的損害賠償
⑤　情報システムの損害：操業停止・ソフトウェア損傷・修復費など
　これらは、損害保険によってカバーされるものが多いが、これらの損害によって出荷が停止した場合、荷主企業は売上げ損失という多大な影響を被ることになる。よって、荷主企業も物流事業者も、リスクを発生させない工夫や、リスクが発生したときに早期に操業再開できるように、事前に対応策の検討（例：対策マニュアルの作成など）などが必要である。

（3）3PLにおけるリスク

　前述したように、荷主企業は、物流事業者に委託している物流業務も含めて、リスクマネジメントを行う必要がある。そして、受託している物流事業者は、荷主企業のリスクマネジメントに対応した対策を提案・実施することが求められる。従来型の委託（チャーターでの輸送、営業倉庫での保管など）の場合、限定的ではあるが契約においてリスク発生時の責任が明確化されていることが多い。

　それに対して、3PLの場合、本来、荷主企業が行うべきリスクマネジメントの一部を3PL事業者が担うことになる。ただし、3PL事業者が、荷主の特性に合わせて荷主ごとに異なるリスクマネジメントを行うことになれば、書類の準備や情報システムの整備などの負担が膨大となる。

これについて日本公認会計士協会では、委託先企業（3PL事業者）の内部統制に関する監査結果（「受託業務に係る内部統制の保証報告書」）を委託元企業（荷主企業）が用いる実務指針を示している。

3 リスク評価と改善の手順

(1) リスクの評価 (Check)

企業会計審議会は、内部統制におけるリスクの評価と改善の手順を示している。→図表4-1-3

この手順をロジスティクスの管理サイクルに当てはめると、「リスクの識別」「リスクの分類」「リスクの分析」「リスクの評価」が、管理サイクルの評価（Check）に相当し、「リスクへの対応」が管理サイクルの改善（Act）に相当する。

初めに、リスクの評価（Check）にあたっては、リスクを識別し、分類し、分析し、評価するという手順が必要である。

第1が、リスクの識別である。リスクの識別では、組織目標の達成に影響を与える可能性のある事象を把握し、それらの事象に存在するリス

Column **知ってて便利**

《VMI（Vendor Managed Inventory）と在庫管理》
　VMIは、メーカーの部品・原材料の在庫を削減する方策として採用されている。
　部品・原材料のVendor（供給者）が、メーカーの工場内もしくはその近傍に、部品・原材料のInventory（在庫）を持ってManage（管理）し、メーカーが在庫から使った分だけの所有権を移転する方法である。
　メーカーにとっては、部品・原材料の在庫を所有しないでJIT（ジャスト・イン・タイム）に手に入れるメリットがある。一方、供給者側は、在庫の日々の変化を管理することで、需要の動向を直接把握できるメリットがある。→第6章第4節4、第11章第3節2

図表4-1-3 ● リスクの評価と改善の手順

出所：企業会計審議会「財務報告に係る内部統制の評価及び監査に関する基準並びに実施基準の改訂について」2023年

クを特定する。なお、リスクは、ロジスティクス管理の各階層において存在することから、各ロジスティクス管理において、適切にリスクを識別することが重要である。

　第2が、リスクの分類である。リスクの分類では、識別したリスクを、組織全体の目標にかかわる全社的なリスクと、組織の職能や活動単位の目標にかかわる業務別のリスクに分類する。また、過去に発生したことがあるリスク（影響を推定できるリスク）と、発生したことがないリスク（影響が不透明なリスク）に分類することもある。

　第3が、リスクの分析である。リスクの分析では、分類したリスクについて、そのリスクが発生する可能性、発生した場合の大きさ（損失額）などを分析する。

　第4が、リスクの評価である。リスクの評価では、分析したリスクについて、対応策を講じるべきかどうかを評価する。この対応策を講じるべきかどうかの評価のみを指して「リスクの評価」と表現することもあることに留意が必要である。

　リスクの評価の主な内容は、以下のとおりである。
　〇経営への影響（利益、売上げ、マーケットシェア、資金繰りなど）
　〇顧客への影響（顧客の事業継続の可否、顧客との取引維持の可能性など）

○従業員への影響（従業員の雇用・福祉への影響など）

○社会的な影響（法令・条例や契約、サービスレベルアグリーメント（SLA）などの遵守、自社の社会的な信用、社会機能の維持など）

（2）リスクの改善（Act）

次に、リスクの改善（Act）とは、評価したリスクへの適切な対応策を選択し、その実施を通じて社内の体制を改善することである。主な対応策には4つあり、リスクの回避、リスクの低減、リスクの移転、リスクの受容である。

第1のリスクの回避とは、リスクを生じさせる要因そのものを取り除き、リスクの発生回避を図る対策である。事業にもたらす利益が少ないにもかかわらず発生時の影響が大きいリスク、または頻発しやすいリスクに対してとられることの多い対策である。たとえば、製造業における受注生産がこれに相当する。顧客から注文を受けた時点で生産を行うので、ムダな製品在庫が発生しない。

第2のリスクの低減とは、リスク発生の可能性を下げたり、リスク発生時の影響度合いを小さくしたりするための対策である。たとえば、品切れを防ぐための在庫の保持がこれに相当する。過剰在庫とならないように適切な在庫サービス率を定め、在庫を維持する必要がある。

第3のリスクの移転とは、発生が考えられるリスクを自社外（第三者）へ移転する対策である。たとえば、保険への加入が挙げられる。前述のColumnで紹介したVMI（Vendor Managed Inventory）におけるメーカーの立場から見た場合がこれに相当する。

第4のリスクの受容とは、発生したリスクを認識しつつも特に対策はとらず、許容し受け入れる対策である。損失が許容できる範囲、もしくはリスク対策のコストより損失のほうが小さいときにリスク保有が選ばれる。たとえば、品切れが発生した際に、別途、調達を行い納品する場合がこれに相当する。具体的には、インターネットショッピングにおける通販企業が、自社倉庫にない商品をメーカーから直接納品する場合な

第４章 ●ロジスティクスの評価と改善

どがある。

このとき、想定されるすべてのリスクについて予防措置を行うと、多大なコストと労力が必要になる。そのため、自社の業務への影響の大きさにより、リスクの発生を完全に防ぐのか、発生は防げないとして円滑な対応とするのかなど、複数の案から最適な対策を選択する。

以下、具体的な対応について、予防と拡大防止の２つの観点から整理する。

① リスクの予防

リスクは、その発生を未然に防ぐことができれば、それに越したことはない。交通事故や作業ミスのようなリスクでは、日常の予防対策が功を奏する。しかし、リスクをすべて回避することは困難であり、保険や、緊急対応としてのマニュアルの整備などが重要である。

また、発生の予測ができない自然災害のような場合であっても、その被害をなるべく軽微にするための予防対策が必要である。たとえば、建物の免振構造や耐震構造の措置、設備の緊急停止装置や安全対策、情報システムのバックアップシステムの導入などがある。

② リスクの拡大防止

予防措置を行うことができないリスクについては、発生時のリスクの拡大防止措置を、あらかじめ定めておくことが重要である。拡大防止措置には、初動対応計画とBCPがある。

１）初動対応計画

リスクのうち地震や火事、爆発、水害、テロなどにおいては、拡大防止措置のうち初動対応計画（人命保護最優先の活動計画）が重要になる。

大規模災害の場合、その被害の影響は甚大であり、初期の緊急対応のよしあしが被害の大きさや、回復の遅れを左右する。特に、正確な被害状況の早期把握や緊急指令の徹底など、あらかじめ緊急連絡網の設定とその訓練が必須である。大規模災害時は、平時の通信・情報ネットワークは使用できない。予測できる範囲でのあらゆる対応マニュアルを作成し、平時からその周知徹底をしておくことが必要となる。

186

第1節 ● ロジスティクスとリスクマネジメント

このように、大規模災害は発生の予測ができず、突然の発生によって一時的なパニック状態にも陥ることも考えられるため、平時から、全社的規模の訓練を定期的に実施しておくことが重要である。

災害発生時は、被害状況を迅速かつ正確に把握したうえで、災害対策本部を組織し、二次災害の防止、従業員の安全・生活支援、顧客・地域住民への支援、センター機能の回復、輸送・情報システムの代替など、臨機応変の対応が必要とされる。

2）BCP

自社にとって重要な事業は、中断させない、もしくは中断しても速やかに復旧させることが必要である。これについては、BCP（Business Continuity Plan＝事業継続計画）を事前に策定することにより、有事の際の復旧が円滑に行えるようになる。

（3）リスクへの対応策における在庫対策

リスクへの対応策は、リスクの特徴によって異なる。

一般的にリスクを大別すると、「純粋リスク」と、「投機的リスク」の2つに分類される。

第1の純粋リスクとは、損失のみを発生させるリスクであり、地震、火災、台風、洪水、交通事故、テロなどがある。

純粋リスクの対策には、在庫増加対策（調達先の地震等の災害からの復旧期間や調達先の切り替えに要する期間を考慮して在庫を多く保持する対策）と、在庫分散対策（調達先および自社の地理的な在庫の分散保管を行う対策）がある。近年では、比較的予測が可能な台風に対して、輸送機関の運休に備えて事前に注文量を増やし在庫を増やす対策がとられている。このほか、保険の活用や地震に対する倉庫の耐震化など、在庫以外の対策についても検討していく必要がある。

第2の投機的リスクとは、損失だけでなく、利益を生む可能性のあるリスクであり、為替変動、金利変動、新商品の開発、貿易制限、紛争、市場における取引価格の変動などがある。

187

投機的リスクの対策には、為替変動や市場における取引価格が安価なときに、大量に注文することにより、調達コストを低減する対策が考えられる。しかし、この対策は一方で在庫コストを増加させることによるトレードオフを生じる。したがって、調達コストと在庫コストを考慮して、適切な量の注文となるようにする必要がある。なお、この対策の検討では長期間保管することによる品質の保持や在庫品の将来需要の見通しが重要となる。これらの点についても考慮した注文量の決定が必要である。

なお、完成品（製品）の在庫や小売店などでの在庫を減らす場合には、サプライチェーン全体で、在庫の削減とリスク対策を考えておく必要がある。

すなわち、サプライチェーンの各段階において、原材料や半製品や製品などの在庫を保有することで、いざというときは活用することができる。具体的には、災害やパンデミック時に対応するために、工場操業度を70％程度に抑える方法や、倉庫の空き余裕を設けておく方法（ホットスタンバイ）がある。また、通常のサプライチェーン外において、地方自治体と企業の備蓄協定など、災害やパンデミック時に稼働する在庫拠点や備蓄拠点を設けておく方法（コールドスタンバイ）がある。

第2節 ● ロジスティクス評価指標

第 2 節 ロジスティクス評価指標

学習のポイント

◆ロジスティクス評価指標は、企業の経営目標に関係づけて設定する。そして、ロジスティクスの管理サイクルのうち、特に評価と改善に用いられる。

◆ロジスティクス評価指標は、自社に適したものをロジスティクス管理の階層ごとに選定する。そのうち、特に重要なものをKPIという。

◆5R以外のロジスティクスの管理の観点としてQCDがあり、品質（Q）、コスト（C）、納期（D）から構成される。

1 ロジスティクス管理と評価指標

（1）経営指標とロジスティクス評価指標の関係

　企業は、利益および成長を求めて活動している。企業内のすべての活動は、企業の経営目標に沿うことが必要であり、ロジスティクスも例外ではない。そのため、経営目標に基づき設定される経営指標とロジスティクス評価指標の関係を理解し、経営目標の実現に向けてロジスティクスを実行することが望ましい。→第1章 図表1-2-1

　また、経営指標とロジスティクス評価指標の関係を理解することは、経営トップのロジスティクスへの理解を促すことにも役立つ。

（2）経営指標とロジスティクス評価指標

　経営指標の中でも重視される重要目標達成指標（KGI＝Key Goal Indi-

189

cator）には、**ROA**（Return On Assets＝総資産利益率）、**ROE**（Return On Equity＝自己資本利益率）、**キャッシュギャップ**などがある。

　このうち、ROAやROEは資産の効率的活用による利益増を目指した指標であり、ROEはROAに加えて株主資本の活用も意図したものである。これらは、ロジスティクス評価指標と密接な関係にある。たとえば、ROAを構成する純利益は納期遵守率や物流コスト低減率に関係し、総資産は在庫回転率や物流外部委託化率に関係している。→図表4-2-1

図表4-2-1 ●経営指標とロジスティクス評価指標の関係

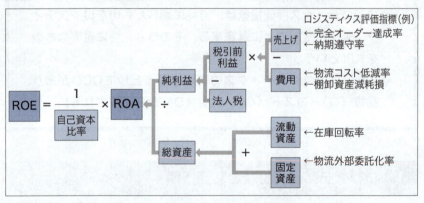

　また、**キャッシュギャップ（Cash Gap）** とは、代金を支払って商品を仕入れ、在庫し、販売して代金を回収するまでの間の資金の入出金の時間差を日数で表した経営指標である（最近では原材料の調達から製品の生産、販売、代金回収までの現金循環日数を意味するものとして**CCC**（Cash Conversion Cycle＝**キャッシュ・コンバージョン・サイクル**）とも呼ばれる）。キャッシュギャップは、〔在庫日数＋売掛金回転日数－買掛金回転日数〕で求めることができる。このうち在庫日数は在庫金額÷1日当たり平均売上高で、売掛金回転日数は売掛金÷1日当たり平均売上高で、買掛金回転日数は買掛金÷1日当たり平均仕入高で、それぞれ求められる。→図表4-2-2

図表4-2-2●キャッシュギャップ

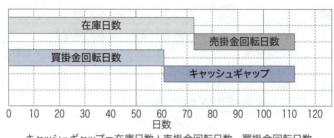

キャッシュギャップ＝在庫日数＋売掛金回転日数－買掛金回転日数

　ロジスティクスは、運転資金、つまり棚卸資産、売掛金、買掛金などを通じてキャッシュフローとかかわっている。経営指標としてのキャッシュギャップの計算式を構成する、在庫日数、売掛金回転日数、買掛金回転日数は、キャッシュフローにかかわるロジスティクス評価指標である。

　キャッシュギャップは、資金繰りに必要な運転資金の大きさを日数で表す指標であるため、少なければ少ないほどよい。極端な場合、在庫日数と売掛金回転日数が短く、それらの合計が買掛金回転日数より短ければ、マイナスになる場合もある。ここでマイナスのキャッシュギャップは、商品の仕入れから販売までにおいて資金繰りの負担がなく、回収した現金を買掛金の決済期日まで運用できることを意味する。

2　ロジスティクス評価指標の選定

(1) 管理の観点と評価指標

　第1章で示したように、ロジスティクス管理には、戦略管理、運営管理、作業管理の3つの階層がある。そのため、ロジスティクス評価指標も、これら3つの階層ごとに設定される。なお、一般に、経営判断にかかわる戦略管理に関するロジスティクス評価指標は、経営指標と重なるものが多い。→図表4-2-3

　なお、ロジスティクス管理の代表的な項目は5R（→第1章参照）で

第4章 ● ロジスティクスの評価と改善

図表4-2-3 ● ロジスティクス管理の階層とロジスティクス評価指標

管理の階層	ロジスティクス評価指標
戦略管理	ROA、ROE、売上高、営業利益率、投資効率など
運営管理	売上高物流コスト比率、在庫回転率、返品率、CO_2排出量など
作業管理	出荷1単位当たり物流コスト、在庫日数、発注エラー率、受注エラー率、人時当たりピッキング量、納期遵守率、誤出荷率、緊急出荷率、誤配率、完全オーダー達成率など

あるが、企業の管理においては、QCDとして、品質（Quality）、コスト（Cost）、納期（Delivery）が重視されることも多い。そのためここでは、納期に場所や量の要素も含まれると考えて、ロジスティクスの評価指標をQCDの観点から考えることにする。また、その他の観点としては、生産性、安全、法令遵守、環境などがあり、それぞれにおいてロジスティクス評価指標が設定され、用いられる。

（2）KPIの選定

KPI（Key Performance Indicator＝重要業績評価指標）とは、設定された複数の評価指標のうち、目標達成に向けて企業活動が適切に実行されているかを測るうえで特に重要な評価指標のことである。そのため、戦略管理、運営管理、作業管理の階層ごとに設定されたそれぞれのロジスティクス評価指標の中から、特に重要と考えられる評価指標が、KPIとして設定される。

ロジスティクス評価指標におけるKPIの選定にあたっては、評価指標間におけるトレードオフの関係などの存在に注意する必要がある。たとえば、出荷効率のみを追求すると、スピードを優先するあまりにミスや破損が増加する危険性がある。このような場合は、出荷効率を表す「人時当たり出荷件数」とともに、正確性を表す「出荷ミス率」や「出荷時破損率」などもあわせて考慮する必要がある。他社が採用しているから、あるいは目についたからという理由のみでKPIを選定すると、管理のもれが発生することに留意が必要である。

ここでQCDのうち納期を例にとり、KPIの選定の考え方を図表4-2-4に示す。

納期に関するKPIとして一般に用いられるロジスティクス評価指標に、**納期遵守率**がある。ただし、納期遅れの原因は、受注作業、出荷作業、配送作業のいずれでも生じうる。そのため、納期遵守率を改善するためには、まず上述した作業のうちのどれが、納期遅れの原因となっているのかを特定する必要がある。そのため、納品時の納期遵守率をKPIとして設定する際には、受注作業完了時の最終受注締め時間遵守率と、出荷作業完了時の荷ぞろえ締め時間遵守率の2つの作業指標もあわせて考慮することが重要である。

すなわち、納期遵守率が低い場合は、まず最終受注締め時間遵守率を見る。この値が低ければ、受注作業の遅れにより納期遵守率が低くなっていると考えられる。もし、最終受注締め時間遵守率に問題がない場合は、荷ぞろえ締め時間遵守率を見る。この値が低ければ、出荷作業を担

図表4-2-4●納期に関するロジスティクス評価指標（例）

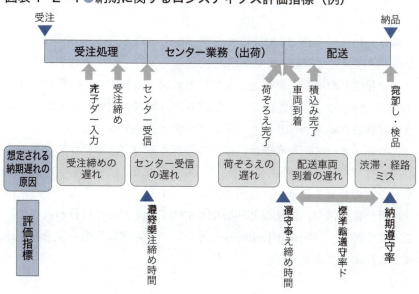

第4章 ● ロジスティクスの評価と改善

うセンター業務に想定以上の時間がかかっていると考えられる。この値に問題がなければ、配送作業に問題があると考えられる。こうやって特定された問題のある作業については、さらに、その作業の方法や遅れ発生原因などを詳細に調べ、評価指標の改善に結びつく具体的な改善策を検討する。

3　代表的なロジスティクス評価指標

（1）完全オーダー達成率

　欧米で着目されているロジスティクス評価指標に、完全オーダー達成率（Perfect Order Measureあるいは Perfect Order Percentage）があり、「完全オーダーの基準を満たしたオーダー数の、全オーダーに占める割合」を意味する。ここで完全オーダーとは、顧客と取り決めた取引条件をすべて満たすオーダーのことであり、「受注エラー」「欠品」「納品伝票ミス」「納品ラベルミス」「誤出荷」「誤配送」「納期遅延」「納品物の汚損・破損」「請求書ミス」「請求書送付遅延」などがすべてない注文のことである。

　具体的には、全部で100件のオーダーがあったときに、「受注エラー」から「請求書送付遅延」まで挙げた10種類のエラーが、それぞれ1％の確率で発生した場合（重複発生しないと仮定すると）は、完全オーダー率は、（全オーダー100件－エラー件数の総和10件）÷100＝90％というように計算される（→ Column「完全オーダー」参照）。

　この完全オーダー達成率は、品質の観点から設定された作業管理のためのKPIであり、「受注エラー率」や「在庫充足率」「誤出荷率」「誤配送率」などのロジスティクス評価指標に分解することができる。また、出荷以降の輸配送が、遅延など一切なくすべて計画どおりに行われることを「完全配送」（Perfect Delivery）といい、その達成比率を完全配送達成率と呼ぶこともある。

194

第2節 ● ロジスティクス評価指標

（2）その他のロジスティクス評価指標

　代表的なロジスティクス評価指標について、QCDの観点とシステムの分類から例示したものが、図表4-2-5である。指標の名称や計算式は、企業ごとに異なる。また、重視される指標は、物流作業を自社で行っているか、外部に委託しているか、どのような物流機能を重視しているかなどによっても異なる。

　このため図表4-2-5を参考に、自社に適したものを選定する必要がある。

図表4-2-5 ● 代表的なロジスティクス評価指標

システム QCD	受発注	倉庫管理	貨物・輸送管理
品質（Q）	発注精度 受注エラー率	在庫充足率 誤出荷率 棚卸精度	誤配送率 貨物事故率
コスト（C）	1件当たり発注コスト 1件当たり受注コスト	SKU当たり保管・荷役コスト 人時当たり入出庫処理量 面積当たり保管コスト	トンキロ当たり輸送コスト 1件当たり輸送コスト
納期（D）	受注処理時間 納期回答所要時間 最終受注締め時間遵守率	在庫日数 滞留在庫比率 荷ぞろえ締め時間遵守率	配送時間 店着時間遵守率

195

| Column | コーヒーブレイク |

《完全オーダー》
　完全オーダーの定義は、提案者や団体によって異なる。たとえば米国の食品マーケティング協会（FMI）では、納入者－発注者間でのSCMの取り組みを前提として、以下のように定めている。
1. 納品数が注文数を満たしている
2. 指定時間±30分以内どおりに納品される
3. 注文したアイテムが間違っていない
4. 送付したオーダーアイテムに関するデータが正確である
5. 汚損・破損などがない
6. 納入者－発注者間で取り決めた在庫日数を満たしている
7. 納入者－発注者間で取り決めた納入リードタイムを満たしている
8. 小売店の店頭における在庫充足率が100％である

第3節●ロジスティクス監査

| 第 **3** 節 | # ロジスティクス監査

学習のポイント

◆ロジスティクス監査は、適切なロジスティクス管理を行い、管理の実態を調べて改善点を探すために実施する。特に３PLでは、委託者と受託者がともに監査を実施することが必要である。

◆ロジスティクス監査は、顧客サービス、業務内容、資産活用、競合他社との比較、法令遵守の観点から行う。

◆ロジスティクス監査の手順には、監査計画の策定、現状調査、監査テーマの抽出、予備調査、本調査、報告書の作成・報告がある。

1 ロジスティクスと監査

（1）監査とその方向性

監査とは、企業の活動と結果が、法令や社内規程などを遵守しているか、また妥当であるかなどについて、客観的な第三者が検証・報告するとともに、是正すべき点があればそれを指摘することである。

過去から行われてきた公認会計士による会計監査（財務諸表監査）は、外部の第三者が会計という観点から、その企業の状況を監査するものである。それに対し、近年では、会計以外の業務全般を対象とした業務監査を導入することで、監査の範囲を拡大・強化する傾向が見られる。

また、いずれの場合にも、外部の第三者による監査（外部監査）のほかに、社内の監査担当者による監査（内部監査）がある。上述した公認

197

第4章 ● ロジスティクスの評価と改善

会計士による会計監査は外部監査に該当し、社内の監査担当者による業務監査は内部監査に該当する。

（2）ロジスティクス監査の必要性

ロジスティクス監査は、一般に社内の監査担当者がロジスティクス業務を対象として実施する監査であるため、業務監査かつ内部監査に該当する。その役割は、「ロジスティクス業務が企業の目的を満たすように正しく行われているかどうか、また、効率的に行われているかどうか」を検証・報告するとともに、是正すべき点があればそれを指摘することである。ロジスティクス業務は、企業にとって顧客との接点でもあることから、顧客満足の観点からも、その実施が重要となる。

なお、荷主企業がロジスティクス業務を物流事業者に委託している場合、特にロジスティクス監査が重要となる。これは、荷主企業において、委託している物流事業者が業務を適正に進めているかを検証・指摘する必要があるためである。ゆえに、物流事業者には、受託している業務が適正に行われていることをみずから検証し、荷主企業に報告するとともに、是正すべき点がある場合は改善を図ることが求められる。

特に3PLの場合は、ロジスティクス業務を包括的に委託することが多く、委託内容が複雑となるため、ロジスティクス監査の重要性が増す。3PLとして物流事業者に委託している場合で、3PL事業者がみずから行う業務の監査が不十分なときは、荷主自身が、委託している業務の詳細にわたって監査する必要が生じる。しかしこれでは、「包括的な委託」とは相反することとなる。よって、荷主企業がロジスティクス業務を物流事業者に委託する場合には、荷主と物流事業者の双方での、的確な監査の実施が必要となる（→本章第1節 2 （3）参照）。

なお、本章第1節 1 （1）で述べた金融商品取引法で、上場企業に義務づけられた内部統制の構築では、ロジスティクスを含めて委託先における受託業務の遂行状況を「内部統制報告書」に記載しなくてはならない。

第3節●ロジスティクス監査

（3）コンプライアンス監査

コンプライアンス監査とは、内部監査の一部で、従業員の行為が法令や社内規程に違反していないかどうかを社内で監査することである。ロジスティクスには多くの法律が関係するため、それらを正確に理解し、遵守する必要がある。可能な限り、ロジスティクス監査の一環としてコンプライアンス監査も行うことが望ましい。

また、ロジスティクス業務では、委託先の貨物自動車運送業などで生じる過積載や労働災害などに関して、荷主の責任が問われる場合もある。それゆえ、委託先におけるコンプライアンスも監査の対象とすることが望まれる。

なお、国際物流では、輸出入時の税関申告を優遇するAEO制度で、コンプライアンス監査が求められている。これはAEO制度が、貨物のセキュリティ管理と法令遵守の体制が整備された事業者に対し、税関が承認・認定し、税関手続の緩和・簡素化策を提供する制度であるためである。
→第12章第1節

2　ロジスティクス監査の観点と監査項目

前述したように、一般にロジスティクス監査は、業務監査かつ内部監査に位置づけられる。ロジスティクス監査の観点と監査項目は、図表4-3-1のとおりである。

3　ロジスティクス監査の手順とガイドラインの活用

（1）ロジスティクス監査の手順

一般に、ロジスティクス監査では、初めに監査計画（監査の目的、実施期間、実施方法など）を策定したうえで、現状調査（既存資料、情報システムデータの収集など）を行い、監査テーマ（重点的に監査する課題など）を抽出する。そのうえで、予備調査（本調査の実施計画、調査

図表4-3-1 ●ロジスティクス監査の観点と監査項目

監査の観点	監査項目
顧客サービス	リードタイム、納品率・時間指定遵守率、問い合わせへの応答状況、注文変更への対応力など
業務内容	輸送管理業務、在庫管理業務、生産計画業務、調達業務、販売業務など
資産活用	在庫、物流施設と保管・荷役機器（自社保有のもの）、輸送設備（自社保有のもの）など
競合他社との比較	物流サービス、ロジスティクス・システムなど
法令遵守	研修実施状況、マニュアル整備状況、モニタリング（運転日報、出勤簿等）、委託先向け要求書、指導など

図表4-3-2 ●ロジスティクス監査の手順

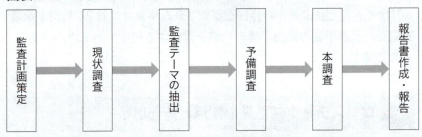

票の作成などのために行う調査）を経て本調査を行い、調査分析結果を報告書としてまとめ、経営者に報告することが求められる。ゆえに、具体的には、図表4-3-2の手順で行うことが多い。

（2）システム監査ガイドラインの活用

　ロジスティクス情報システムの監査については、情報システム監査の枠組みに沿った実施が望まれる。情報システム監査とは、客観的な立場で、コンピュータを中心とする情報処理システムを総合的に点検・評価するものである。情報システム監査では、システムを品質、セキュリティ、効率、法規遵守という観点で評価し、改善箇所の指摘を行う。この

情報システム監査については、経済産業省がシステム監査基準を策定・公表しているほか、特定非営利活動法人日本システム監査人協会がシステム監査基準ガイドラインを作成・公表している。

システム監査ガイドラインは、ロジスティクス監査の手順の検討にあたっても参考となる。ロジスティクス・システムは情報システムと類似する点が多い。また、品質、効率、法令遵守はもちろんのこと、最近では個人情報の漏えいへの対策も取り上げられている。

ロジスティクス固有のものとしては、顧客サービスや環境が監査項目となる。情報システム監査とロジスティクス監査を対比して検討することにより、ロジスティクス監査の手順を効率的に進めることができる。

なお、ロジスティクス監査の意義は、監査そのものにあるのではなく、現状および将来的に起こりうることについて、どのような観点でチェックを行うべきかを明確化することにある。

Column ☕ **コーヒーブレイク**

《CIA》

業務の現状を把握して改善策を提示する業務監査要員は、社内コンサルタントであるともいえる。米国では社内で行う内部監査も体系化されており、CIA（Certified Internal Auditor）という認定資格がつくられている。

ロジスティクス・システムの監査人に求められる知識は幅広い。情報システムに照らして列挙すれば、ロジスティクス・システムおよびその企画・運用に必要となる知識と能力に加え、監査の知識および実施能力、さらに経営、企業会計、関連法規、セキュリティ、マーケティング、生産などの幅広い知識が必要となる。

第4章 理解度チェック

次の設問に、○×で解答しなさい（解答・解説は後段参照）。

1. ロジスティクスにおけるリスクは、企業内部にのみ存在する。

2. 在庫日数を削減すると、キャッシュフローに関する重要目標、達成指標であるキャッシュギャップも減少する。

3. 完全オーダーとは、契約にかかわらず、常に顧客から要求されたことをすべて満たした納品を実現した注文のことである。

4. ロジスティクス監査の観点の1つに、競合企業の提供サービスとの比較がある。

第4章 理解度チェック

解答・解説

1 ×
ロジスティクスにおけるリスクには、社内要因と社外要因がある。なお、リスクマネジメントは、内部統制の枠組みに対して行う必要がある。

2 ○
在庫日数と売掛金回転日数の減少、買掛金回転日数の増加が、キャッシュギャップの減少（改善）に寄与する。

3 ×
完全オーダーとは、顧客と取り決めた取引条件をすべて満たすオーダーのことである。

4 ○
顧客満足は競合他社のサービスとの比較により決まるため、監査の観点として競合他社との比較を設けることが望ましい。

第4章●ロジスティクスの評価と改善

参考文献

企業会計審議会「財務報告に係る内部統制の評価及び監査に関する基準並びに
　実施基準の改訂について」2023年

(一財)日本規格協会『品質マネジメントシステム－基本及び用語』

ベティー A. キルドゥ、樋口恵一訳『「事業継続」のためのサプライチェーン・
　マネジメント』プレジデント社、2011年

内閣府「事業継続ガイドライン」2013年

国土交通省「荷主と物流事業者が連携したBCP策定のためのガイドライン」
　2015年

経済産業省「システム監査基準」2023年

特定非営利活動法人日本システム監査人協会「システム監査基準ガイドライン」
　2023年

第 **5** 章

物流サービスの種類と管理

この章のねらい

　第5章では、物流サービスの種類と管理について学ぶ。物流サービスは、荷主企業にとっては受注と納品に伴うものであり、売上げに直結する。したがって物流サービスは、ロジスティクス・システムの最も重要な管理項目である。

　第1節では、物流サービスの定義と種類について説明する。具体的には、『ロジスティクス管理3級』のテキストで示した物流サービスの基本概念を要約して説明するとともに、物流活動別の物流サービスについて示す。

　第2節では、物流サービスの管理サイクルについて説明する。物流サービスの管理が十分ではない企業は多く、管理サイクルの確立が望まれる。ここでは物流サービスの計画、実施、評価、改善という管理サイクルのそれぞれについて、概要と管理の要点を学ぶ。

　第3節では、物流品質の管理について説明する。物流は顧客との接点であり、その品質管理は重要である。ここでは、品質の種類と管理の範囲、管理の要点について学ぶ。

第5章 ● 物流サービスの種類と管理

第 1 節 物流サービスの定義と種類

学習のポイント

◆物流サービスは、物流がその活動において付ける価値である。

◆物流サービス管理とは、販売先や顧客のニーズに合わせた物流サービスが実現できているかを管理するものである。

◆物流サービスレベルを高めると、顧客満足も高まって売上げが増える。その一方で、高いレベルの物流サービスの提供はコストの増加を招くため、適切なレベルに設定することが望まれる。

◆近年、労働力不足や環境制約を背景に、物流活動の維持を目的とした物流サービスレベルの設定の考え方も出てきている。

1 物流サービスの定義と特徴

　物流サービスとは、物流がその活動において付ける価値である。そのため、荷主は、物流サービスレベルを高めることで顧客満足を高め、売上げを増やそうとするし、顧客も、価格が上がらない限りより高い物流サービスレベルを求める。そのため、物流サービス管理が必要となる。ここで物流サービス管理とは、販売先や顧客のニーズに合わせた物流サービスが実現できているかを管理するものである。なお、物流サービスは、物流事業者が荷主に提供する輸送・保管・荷役・包装・流通加工・情報処理などの各種業務・作業という意味で用いられることもある。

　顧客満足と物流サービスは、以下の関係を持つ。

206

○荷主企業において、製造以外の各種活動で付加される価値が顧客サービスである。顧客サービスは、受注時の購入履歴の照会やアドバイス、営業の行う提案、保守・修理など多岐にわたる。
○物流サービスとは、顧客サービスのうち、物流活動において付ける価値である。たとえば、納品の迅速性や正確性などであり、顧客のニーズに合わせた物流サービスの実現が重要である。
○顧客の要望は、「適切なモノを、適切な場所に、適切な時間に、適切な条件で、適切なコストで供給すること（Supplying the right product at the right place at the right time in the right condition for the right cost)」であり、それを満たされたときに顧客は満足する。
○物流サービスは日々の物流活動を行うために必要な条件である。また、その提供に要するコストが顧客サービス全体のコストに占める割合も高い。それゆえ、顧客サービスにおける物流サービスの重要性は高い。
○一般に、物流サービスが向上すると売上げが増加するが、物流サー

図表5-1-1 ●物流サービスレベルに応じた売上げと物流コスト

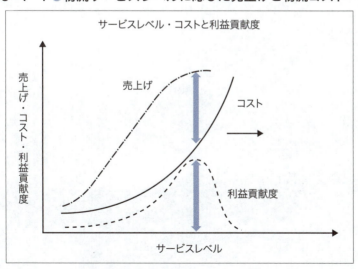

ビスの提供に要するコスト（**物流コスト**）も増加する。そのため、物流サービスレベルの設定に関する制約がない場合、物流サービスレベルは、最も費用対効果の高い、つまり利益が最大になる水準に設定される。ただし近年、労働力不足や環境制約などを背景に、物流活動の維持を目的とした物流サービスレベルの設定の考え方も出てきている。→図表5-1-1

2　物流サービスと物流サービスレベル

　物流活動ごとに提供される物流サービスとそのレベルは、業種や企業によってさまざまである。たとえば、受注生産品であれば、注文時に納入予定日を教えてもらえるか、その納入予定日は守られるか、量や納期の注文への対応力があるかなどが、物流サービスレベルを判断するうえで重要である。また、工事用資材であれば、クレーン付きトラックの手配、夜間納品への対応などが求められるし、卸売業であれば、バラ納品、値札貼りなどの流通加工業務への対応力が求められる。

　一般に物流活動ごとに図表5-1-2のようなものがある。

第1節 ● 物流サービスの定義と種類

図表5-1-2 ● 物流活動別の物流サービスと物流サービスレベル

物流活動	物流サービス	物流サービスレベル
輸送	迅速性	即日配達、翌日配達など
	正確性	納品率・誤配率等の条件あり、条件なしなど
	時間指定	時間指定あり、時間指定なしなど
	場所指定	車上渡し、軒先渡し、置き場渡しなど
	車種指定	4t車指定、ウィング車指定など
保管	アベイラビリティ	常に在庫、欠品率など
	正確性	賞味期限の管理、ロット単位の管理など
流通加工	生産加工、販売促進加工	組み立て、値札貼付、セット化、詰め合わせなど
包装	梱包	簡易包装、緩衝材の使用など
荷役	荷役方法	手荷役、機械荷役など
情報	情報処理	貨物追跡サービス、EDI（Electronic Data Interchange）への対応、データ加工・提供など
その他	受注単位	バラ、1ダース、1ケースなど
	受注業務時間	24時間対応、平日のみ対応など
	付帯作業	配送時の代金回収、大型商品などの設置など
	引き取り、回収	不要品、輸送残渣、返品などの引き取り、回収など

209

第5章●物流サービスの種類と管理

第 2 節　物流サービスの管理サイクル

学習のポイント

◆物流サービスの管理サイクルとは、顧客に対して提供する物流サービスを、計画し（Plan）、実施し（Do）、結果を評価して（Check）、改善すること（Act）である。

1　物流サービスの管理サイクル

物流サービスの管理サイクルとは、顧客に対して提供する物流サービスを、以下の手順で実行することである。
① 計画（Plan）：物流サービスレベルの設定
② 実施（Do）：実行体制の確立と推進
③ 評価（Check）：物流サービスの実態調査、実行体制の成果、物流サービスの分析・評価
④ 改善（Act）：評価結果に基づく改善
物流サービスは、自社や顧客の業種、目的に合わせて詳細を決める必要がある。なお、物流サービスの計画はすでに実施した物流サービスの結果の評価によって変わってくるため、以下では、③評価（Check）、④改善（Act）、①計画（Plan）、②実施（Do）の順に説明する。

2　物流サービスの評価（Check）

（1）物流サービスの実態調査

210

第２節 ● 物流サービスの管理サイクル

　物流サービスの評価とは、自社が顧客に対して実施している物流サービスの実態を理解するために、物流サービスの実態調査と実態分析を行うことである。

　物流サービスの結果を評価するためには、自社が実施している物流サービスの実態を調査し、分析する必要がある。物流サービスの実態は把握されていないことが多い。特にサービスレベルについては、クレームがなければよいとしていることも多いが、顧客はよほど耐えきれないときしかクレームを伝えないことが多い。そのため、不満が積もり積もって、知らぬ間に自社の評価が下がっていることに気がつかないことも多い。このような事態を回避するため、自社の物流サービスに関する十分な調査を定期的に行うことが必要である。

　調査は社内調査と社外調査の両面から行うことが望ましい。

① 　**社内調査**

　社内調査には２つある。第１が、既存データによる調査であり、情報システム内にあるデータや手書きの管理表などの既存データを対象に調査するものである。この調査を通じて、時間指定の有無、配送ロット数などの物流サービス内容と、到着遅れ、誤配送件数などの物流品質を把握することができる。

　情報システムの精度や集計方法によっては、データが実態を反映していない場合もある。たとえば、誤配送が発生したにもかかわらず、情報システムの構造上、最終的に顧客が受領したアイテム・数量にシステム上のデータが書き換えられてしまうことなどがある。この場合、情報システムのデータからは、誤配送件数は把握できない。

　このように、既存データによる調査の過程で、情報システムの問題も明らかになる。定期的に実態把握が必要な物流サービスについては、情報システムで収集できるように修正することが望ましい。

　第２が、社内インタビューや追加調査であり、情報システムでは把握できない物流サービスの実態を調査するものである。たとえば、納品時の付帯条件が納品先によって異なっており、それが情報システムに記録

211

第5章 ● 物流サービスの種類と管理

されていないことがある。そのような場合は、まず付帯条件にどのようなものがあるかを数人のドライバーにインタビューし、洗い出したものをベースに調査票を作成して、全ドライバーに記入してもらう。欠品率などの数値データが必要なときには、ドライバーに一定期間、発生のつど記録してもらうことなどによって、実態データを収集することが必要である。

なお、調査対象はドライバーに限られない。たとえば、顧客の要望や競合他社のサービスの実態などについては、営業担当者を対象として調査することが考えられる。

② 社外調査

社外調査にも2つある。第1が、顧客へのサービス実態の調査である。物流サービスは顧客サービスの一部であり、その管理にあたっては、顧客の意見を直接聞き取ることが望ましい。代表的な調査方法を、図表5-2-1に示す。

顧客に対してサービスの実態調査を行う際の注意点は4つある。第1に、調査項目の設定であり、自社が提供する物流サービスに対する顧客の期待レベルや競合他社に対する満足度との相対比較という観点から設定することが望ましい。第2に、調査日程の設定であり、調査はできる限り一斉に行うことが望ましい。第3に、評価項目の設定であり、特に調査票記入法の場合、調査項目は記入にあまり長い時間を必要としないようにすることが望ましい。第4に、調査票の設計であり、必要に応じて専門家・専門業者に依頼することも検討することが望ましい。

最近は、電話インタビューに代わって、スマートフォンを活用した、短時間で回答可能なアンケート等のサービス実態調査も増えてきており、その積極的な活用が望まれる。

第2が、競合他社のサービス内容の調査である。競合他社のサービス内容は、自社の物流サービスに対する顧客の期待を大きく左右する。競争優位な物流サービスを顧客に提供し、顧客満足を高めるためには、常に競合他社を対象としたサービス内容の調査と比較が必要である。なお、

第2節 ● 物流サービスの管理サイクル

図表5-2-1 ● 社外調査の代表的な調査方法

調査方法	進め方	記入方法	特徴・留意点等
調査票記入法	調査票を設計し、顧客に依頼して、記入してもらう。	顧客が時間をとり、自分で記入する。	多くの調査項目を設定でき、詳細なデータ収集が可能。調査期間が長くなる。
電話インタビュー法	調査員が電話で顧客に質問し、結果を調査票に記入する。	電話による回答を調査員が記入する。	調査項目はある程度多くできるが、調査票記入法より少ない。調査時間は比較的短い。
インタビュー法	主要ないし代表的な顧客を抽出し、調査員が訪問、あるいは会議室等に集め、インタビューによる調査を行う。	記録をもとに、調査員等が整理して記入する。	顧客の本音や定性的な情報が収集でき、焦点を絞った情報を引き出すことも可能。標本抽出が限定される。
随時情報収集法	現場担当者などが顧客と接するつど、情報をとり、記録を蓄積する。	あらかじめ用意した情報カードなどに、そのつど記入しておく。	顧客別のデータの蓄積が可能。随時取得するため、情報が体系的でない。あらかじめ収集・分析するためのシステムを用意しておく必要がある（取得情報をパターン化しておく）。

出所：埰本一雄『実践顧客満足経営』1998年を一部修正

競合他社のサービス内容の調査はベンチマーク調査ともいわれる。

　顧客満足は、一般に、顧客が期待する物流サービスレベルに対する、自社が提供する物流サービスレベルで評価される。しかし、自社が提供する物流サービスレベルが、顧客の期待する物流サービスレベルに応えていたとしても、競合企業がそれを上回るレベルの物流サービスを提供している場合もある。この場合、自社が提供する物流サービスレベルを向上させるかどうかを検討する必要がある。

　その一方、競合他社が自社よりも低いサービスレベルの物流サービスを提供している場合も考えられる。この場合、自社が提供する物流サー

第5章 ● 物流サービスの種類と管理

ビスレベルを競合他社と同等レベルに引き下げることで、その提供にかかる物流コストを抑えるという選択肢もある。これは、物流サービスでは競争しないという考えでもある。このように競合他社の物流サービスレベルは、自社の物流サービスレベルを設定する際の目安となる。

競合他社のサービス実態は、自社サービスの実態調査時にあわせて調査することが効率的である。調査票記入法において調査票に競合他社のサービス実態に関する項目を設けたり、インタビュー法において自社サービスの実態を聞くときにあわせて聞くことなどにより実施する。

③ 実態調査の留意点

実態調査の留意点としては、以下の2つがある。

第1に、調査を継続して実施することである。そうすることで、問題発生時の早期把握、改善活動の進捗状況の把握などが行えるようになる。

第2に、ロジスティクス監査に含めて行うことである。物流サービスレベルの変更頻度は、一般に数年単位であるものの、毎年実施するロジスティクス監査に物流サービスレベルの実態調査を組み込むことにより、実態調査を効率的に実施するとともに、顧客の物流サービスに対するニーズを早期に把握することが可能になる。

（2）物流サービスの実態分析

物流サービスの実態調査の後、その調査結果を用いて物流サービスの実態分析を行う必要がある。図表5-2-2は、顧客が期待するサービスレベル（期待度）と自社が提供する物流サービスレベルの対比の実例である。この図表からは、欠品の事前通知や多品種少量配送などにおいては、自社が現状で提供しているサービスレベルが、顧客の期待するサービスレベルと等しい反面、欠品率減少や配送リードタイムにおいては大きく下回っていることがわかる。

図表５-２-２ ●物流サービスの分析例

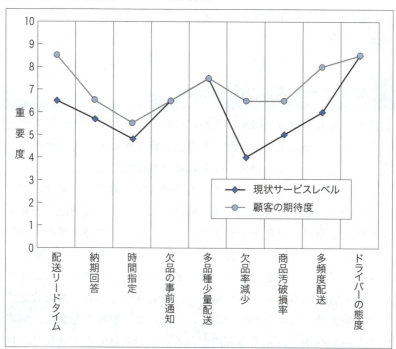

3　物流サービスの改善（Act）

　物流サービスの改善とは、物流サービスの評価結果の内容に従って物流サービスの改善を行うことである。
　具体的には、顧客と取り決めた取引条件に基づき提供すべき物流サービスレベルを実現できるように、物流サービスの評価で特定された問題の発生箇所について、その改善を行うことが必要である。なお、複数の問題がある場合には、期待度と現状の乖離が大きい物流サービスや、速やかな改善が必要な物流サービスなど、優先順位を定めて改善を行うことが重要である。
　たとえば、図表５-２-２の例では、欠品率減少や配送リードタイム、

第5章 ● 物流サービスの種類と管理

商品汚破損率、多頻度配送において、自社が提供する物流サービスレベルが、顧客の期待する物流サービスレベルと同程度になるように改善する必要がある。

4 物流サービスの計画（Plan）

物流サービスの計画とは、自社が顧客に提供する物流サービスとそのサービスレベルを設定することである。物流サービスとそのサービスレベルは、前述した結果の評価、改善に基づき設定する。

ただし、物流サービスレベルは、顧客の要望どおりに設定すればよいというものではない。なぜならば、顧客の要望どおりに物流サービスレベルを設定すると、コストがかかりすぎてしまい、利益が出なくなることもあるからである。その一方で、コストがかかるとしても、競合他社以上のサービスレベルを設定し、積極的に顧客開拓や売上げ増に努めるという選択肢もある。これらを勘案し、物流サービスレベルを設定する。

また、物流サービスレベルの設定にあたって、顧客を分類し、顧客ごとに異なるレベルを設定する方法がある。この具体的な方法には、以下の2つがある。

1つは、顧客の要望の違いを参考に顧客を分類する方法である。たとえば、ある顧客は、納品リードタイムを重要視するかもしれないし、またある顧客は、納品リードタイムより指定時間納品を重要視するかもしれない。さらには、顧客の立地や業態などにより、物流サービスへの期待が異なることもある。

もう1つは、顧客の重要性に基づき顧客を分類する方法である。たとえば、自社にとって利益貢献度の大きい顧客に対しては、高い物流サービスレベルを設定し、取引の頻度や金額が少ない顧客については、低いサービスレベルを設定している荷主企業もある。

5　物流サービスの実施（Do）

物流サービスの実施とは、物流サービスの計画で設定した物流サービスを、顧客に提供することである。物流サービスの実施にあたって重要な点は4つある。

第1が、設定した物流サービスレベルを、顧客に周知徹底することである。たとえば、多頻度小口配送を是正するために最低受注ロット数を引き上げる場合、顧客にそれを伝え、了承してもらう必要がある。このような物流サービスレベルの変更について顧客の理解を得るためには、その変更趣旨を明確に伝えることが効果的である。そのため、普段から顧客と接している営業担当者にも協力を求め、顧客に物流サービスレベルの変更の目的やその要因、背景などを丁寧に説明する必要がある。

第2が、設定した物流サービスレベルを維持するために、作業手順や作業方法を修正・変更することである。たとえば、納品精度を向上するためにバーコード検品を導入する場合がある。このとき、作業手順や作業方法の変更に伴い、情報システムの修正も必要となる。特に、変更した作業に関するデータが自動的に収集できるように、情報システムを修

Column　知ってて便利

《物流サービスレベルの是正のための価格体系の変更》
　物流サービスの提供にはコストがかかる。これまで、サービス水準の是正に向けて、緊急注文は追加料金を請求するなどの物流サービスの有料化策が取り組まれたが、失敗に終わった事例は多い。逆に、物流コストの低い注文について協力金（アローアンス）を払うといった取り組みは、成功する確率が高いようである。
　ある飲料メーカーでは、納品トラックが顧客の物流施設などに到着後5分以内に荷卸しを開始した場合に協力金を支払うとしたところ、ほとんどの納品で待たされることがなくなった。加工食品、日用雑貨メーカーでは、トラック満載の注文に協力金を設定している企業が複数あり、トラック1車単位の納品が増えている。

正することが望ましく、それに必要な投資を行うことが重要となる。

　第3が、従業員間における情報の共有である。特に、顧客に提供する物流サービスレベルを変更した場合、従業員の従事する仕事の内容が変化することも考えられる。それゆえ、すべての従業員に対して、新たな物流サービスレベルへの変更の目的と物流サービスの変更内容を周知することが必要である。

　第4が、従業員の作業に対する意識の変化である。従業員が仕事の内容の変化を理解したとしても、物流サービスの変更の目的が理解できなければ、従業員の作業の意識も変わらず、結果として新しい物流サービスを提供できるとは限らない。そのため、従業員の作業に対する意識改革が重要である。

　第5が、物流サービスの変更に伴って生じる、従業員の作業に対する評価基準の変更である。たとえば、ドライバーの接客態度を向上させようとしても、ドライバーの評価項目が帰社時刻の早さのままであれば、ドライバーが接客に力を入れることは期待できない。接客態度を向上させるのであれば、顧客からの評価をドライバーの評価項目に加えることが考えられる。このように、従業員の評価基準についても、設定した物流サービスレベルを維持できるように変更する必要がある。また、従業員が新たな評価基準に基づき円滑な作業ができるようにするための教育を行う必要もある。

第3節 ● 物流品質の管理

第 3 節　物流品質の管理

学習のポイント

◆物流品質とは、事前に顧客に約束した物流サービスレベルと
比較したときの、実際に顧客に提供している物流サービスレ
ベルの評価である。
◆物流品質の維持・向上には、開発や生産など社内の複数部門
を管理範囲とする必要がある。
◆物流品質を管理するためには、作業者教育・設備・管理体制
の整備が必要である。
◆品質管理を推進して顧客満足を向上する手段として、ISO9000
シリーズの認証取得がある。

1　物流品質の種類と管理の範囲

　物流品質とは、事前に顧客に約束した物流サービスレベルと比較した
ときの、実際に顧客に提供している物流サービスレベルの評価である。
すなわち、「物流品質が高い」とは、実際の物流サービスレベルが約束
した物流サービスレベルと同じか、上回っていることである。逆に、下
回っていれば、「物流品質が低い」と表現される。
　物流品質の管理とは、物流品質を維持・向上させるための計画・実施・
評価・改善（PDCA）である。すなわち、単に商品や荷物の損傷・劣化
を防止するための管理や方法だけをいうのではなく、物流システムで実
施された結果を、物流品質の面から管理することである。

219

（1）物流品質の種類

物流品質には、物流機能の品質、貨物品質（荷扱いにかかわる品質）、労働災害（労働者、作業者の事故）、その他（印象、環境対応など）がある。このうち、物流機能の品質には以下の6つがある。

① 　**輸送に関する物流品質**：納期、輸送条件、指定時間・場所・車種が守られているか、品目・数量違いが生じていないか、輸送中の商品の破損、交通事故が発生していないか、排ガス・地球温暖化対策がされているか、ドライバーの印象はよいかなど

② 　**保管に関する物流品質**：在庫が納品可能な状態か、賞味期限・ロットが管理できているか、商品に汚損・破損・劣化がないか、作業事故が発生していないか、廃棄物の削減対策ができているかなど

③ 　**流通加工に関する物流品質**：組み立て等の作業が正確に行われているか、作業事故が発生していないかなど

④ 　**包装に関する物流品質**：商品に適した包装がされているか、緩衝材の種類や量は適正かなど

⑤ 　**荷役に関する物流品質**：荷役方法は適正か、商品の汚損・破損が発生していないか、作業事故が発生していないかなど

⑥ 　**情報に関する物流品質**：伝票記載ミス等が生じていないか、情報が正確に管理できているか、情報漏えい対策ができているかなど

（2）物流品質の維持・向上のための管理範囲

物流品質を維持・向上するためには、物流活動だけでなく、製品の開発から製造、物流、請求までを管理範囲とする必要がある。たとえば納期は、輸送担当者が確実に作業を行うだけでは守ることはできず、メーカーであれば製造部門が注文された製品を期日どおりに製造し、倉庫で適切に保管し、最後に輸送担当者が届けて初めて守ることができる。また、貨物品質を向上させるためには、設計の段階にさかのぼって製品の強度を向上させる検討も必要になる場合がある。

物流は顧客との接点であるため、社内でのさまざまな活動の結果が、

第3節 ● 物流品質の管理

図表5-3-1 ●物流品質を左右する要因例

システム 物流品質	受発注	倉庫管理	貨物・輸送管理
輸送	—	—	輸配送計画・手配 納品方法 落下、紛失、盗難 輸送指導・安全運転 労務管理 挨拶・荷扱い 排ガス・地球温暖化対策 燃料消費量
保管	—	保管方法・保管機器 質量・結束単位 在庫管理精度 危険表示 作業環境・安全管理 燃料消費量 廃棄物排出量	—
流通加工	—	作業環境・安全管理 作業方法 要員計画・手配	—
包装	—	包装形状・材質 包装方法・安全管理 要員計画・手配	包装強度
荷役	—	荷役方法・荷役機器 ピッキングミス 検品ミス 作業環境・安全管理 要員計画・手配 燃料消費量	積付け方法 荷役方法・荷役機器 検品ミス 作業環境・安全管理 要員計画・手配 燃料消費量
情報	受注締め切り時間 受注精度 受注・問い合わせ時の応答使用帳票 システムトラブル システム処理能力 プログラムミス 停電、回線トラブル	製品コードの読みやすさ バーコード印字の状態 システムトラブル システム処理能力 停電、回線トラブル	システムトラブル システム処理能力

221

第5章 ● 物流サービスの種類と管理

顧客の目には物流品質と見えがちであることに留意が必要である。

なお、組織の観点からは、管理範囲を自部門内で統制可能なものにするほうが、管理が容易となる。このことから、狭義の物流品質の管理の範囲は、物流部門が統制可能である物流活動のみとなる。

図表5-3-1は、物流品質を左右する要因のうち、主なものを整理したものである。

2　物流品質の管理の要点

（1）作業者教育・設備・管理体制

① 作業者教育

認知行動科学では、人間は決して完璧ではないとし、ミスやエラーを犯さない人間はいないととらえる。むしろ、ミスやエラーがあることを前提とした管理が必要と考えられている。それゆえ、物流品質の管理のためには、人間のミスやエラーを防止するための作業者教育の実施や、設備やシステムの導入、管理体制の整備が必要となる。ここで作業者教育とは、人間のミスやエラーを減らすための教育・訓練の総称である。

人間のミスやエラーを防止するための作業者教育には、人間の注意力を喚起する反復訓練や、指差し呼称確認などがある。また、集団が従事する業務の目標や目的の明確化と伝達、作業方法の見直し、設備や情報システムの改造、疲労回避・健康管理なども、物流品質の向上に効果がある。

② 設備・システム・作業環境

人間のミスやエラーの防止のための設備には、フール・プルーフやフェイル・セーフなどがある。ここでフール・プルーフ（fool-proof）とは、人間が知らずに間違った操作をしたときに、機械が作動しないようにする安全機構であり、フェイル・セーフ（fail-safe）とは、機械が故障を起こしたときに、事故につながらないように自動停止して人間に異常を知らせる機構である。

222

第３節 ● 物流品質の管理

　また、人間のミスやエラーの防止のためのシステムには、バックアップシステムなどがある。ここでバックアップシステムとは、機械やシステムが異常停止したときに、回復までの時間によって、ただちに他の作業方法で代替作業が進行できるよう、あらかじめシステムを用意しておくことである。そのほかにも、作業ミスや誤認識を防止するためのシステムや、安全運転を支援するシステムなど、情報技術の活用も考慮する必要がある（ハンディターミナル、検品システム、デジタルタコグラフ、ドライブレコーダーなど）。

　さらに、人間の注意力を左右するものとして、作業環境がある。代表的な作業環境は、照明、空調、騒音、整理・整頓、色調などであり、作業や行動に集中できる環境の整備が必要である。また、疲労回復やストレス低減のための休養施設なども、作業環境として対策が望まれる。

③ 管理体制

　物流品質を維持・向上するためには、社内の管理体制、とりわけ経営トップの物流品質に関する明快なビジョンに基づいた組織的取り組みが必要となる。また、物流品質管理や安全管理、健康管理への全社的取り組み、組織・階層別の施策、さらには物流現場で実際に作業を行う作業者グループまでを巻き込んだ取り組みも望まれる。

　経営トップは、物流品質の管理に関する方針を明確に打ち出し、それに基づく各組織内での具体的な目標の設定、目標達成のための施策の実施、定期的なミーティングによって、組織内の意識徹底を図る必要がある。たとえば、作業や運転のための社内ルールや作業手順書は明確に理解されているか、それをいつでも、誰でも、必要なときに見ることができるか、物流サービスの変更のつど、確実に修正され徹底されているか、といった日常の管理水準のよしあしが物流品質の水準を左右する。なお、社内ルールや作業手順書に関する最近の動向として、文章によるマニュアルよりも、写真・動画を多用して、スマートフォンやタブレットにより作業現場でも確認できるようなしくみが増えている。

　また、物流現場における作業は必ずしも社員に限らず、むしろパート

223

タイム労働者やアルバイト、協力企業の従業員に頼る場合も多い。こうした構造を考慮すれば、物流品質の管理のための小集団活動は社員だけで推進するのではなく、むしろパートタイム労働者やアルバイト、協力企業の従業員を中心に推進する体制をつくり上げることが重要である。

（2）ISO9000

ISO9000は、ISO（International Organization for Standardization＝国際標準化機構）により制定された、品質管理に関する国際規格の総称である。認証の中核をなす規格であるISO9001には、品質管理システムの確立、文書化、実施、および品質管理システムの有効性を継続的に維持するための活動に関する要求事項が記述されている。→図表5-3-2

ISO9001では、顧客要求事項を満たし、顧客満足を向上することを目

図表5-3-2 ● ISO9001：2015の要求事項

○組織の状況
- ・組織およびその状況の理解
- ・利害関係者のニーズおよび期待の理解
- ・品質マネジメントシステムの適用範囲の決定
- ・品質マネジメントシステムおよびそのプロセス

○リーダーシップ
- ・リーダーシップおよびコミットメント
- ・品質方針
- ・組織の役割、責任および権限

○計画
- ・リスクおよび機会への取り組み
- ・品質目標およびそれを達成するための計画策定
- ・変更の計画

○支援
- ・資源
- ・力量
- ・認識
- ・コミュニケーション
- ・文書化した情報

○運用
- ・運用の計画および管理
- ・製品およびサービスのための要求事項の決定
- ・製品およびサービスの設計・開発
- ・外部から提供される製品およびサービスの管理
- ・製品およびサービス提供
- ・製品およびサービスのリリース
- ・不適合なプロセスアウトプット、製品およびサービスの管理

○パフォーマンス評価
- ・監視、測定、分析および評価
- ・内部監査
- ・マネジメントレビュー

○改善
- ・一般
- ・不適合および是正処置
- ・継続的改善

的として、品質管理に、①PDCAサイクルの確保、②手順化・文書化・記録化の推進、③第三者による監査、④責任・権限の明確化、を規定している。ISO9001の認証取得は、物流品質管理に有効な手段の1つである。

ISO9000シリーズの認証は、特に荷主企業での取得が進んでいるが、物流業でも取得する事業者が増えている。欧米では、ISO9000シリーズの認証取得を物流事業者の選定の基準の1つとするところが多く、また国内でも、ISO9000シリーズの認証をすでに取得している荷主企業からの要求がその背景にある。

第5章　理解度チェック

次の設問に、○×で解答しなさい（解答・解説は後段参照）。

1　物流サービスは顧客満足を決定する重要な要因であるから、顧客の期待するレベルを提供する必要がある。

2　物流サービスの実態調査では、顧客が期待するサービスレベル、競合他社が提供するサービスレベルもあわせて調査する。

3　顧客を分類して物流サービスレベルを変えることにより、より多くの利益を獲得しやすくなる。

4　設定した物流サービスレベルを現場に周知徹底すれば、物流品質の維持・向上が可能となる。

5　ISO9000シリーズは、顧客満足向上のための品質管理の国際規格である。

第5章　理解度チェック

解答・解説

1 ×
顧客の期待するレベルを提供すると、コストがかかりすぎて利益を圧迫することがある。顧客満足向上による売上げ増と、それに要するコストとの関係の中で決定する。

2 ○
現状調査時には、自社サービスの現状のみではなく、顧客の期待レベル、競合他社のサービスレベルもあわせて調査することで、より正確に自社が提供する物流サービスの実態のポジショニングができる。

3 ○
顧客をセグメント化してサービスレベル設定を行う目的は、利益をより多くすることである。

4 ×
設定した物流サービスレベルを守るためには、現場への周知徹底だけでなく、作業システムの見直し、評価システムの変更、情報システムの修正など、各種整備が必要になる。

5 ○
ISO9000シリーズは、顧客要求事項を満たし、顧客満足を向上することを目的とした、具体的な品質管理の手順を定めた規格である。

参考文献

マーチン・クリストファー、田中浩二・e-Logistics研究会訳『ロジスティクス・
マネジメント戦略－e-ビジネスのためのサプライチェーン構築手法』桐原書
店、2000年

阿保栄司編著『ロジスティクスの基礎』税務経理協会、1998年

垰本一雄『実践顧客満足経営』東洋経済新報社、1998年

第 **6** 章

物流システムの開発と管理

この章のねらい

　第6章では、物流システムの開発と管理について、以下の4つについて学習する。

　第1節では、社内の物流システムの設計と開発方法について、タスク（果たすべき任務）やスケジュールとチェック項目などを学ぶ。

　第2節では、物流業務の外部委託について、委託先の選定・料金の設定、契約、管理指標などを学ぶ。

　第3節では、物流センターの業務改善について、その視点と分析方法を学ぶ。

　第4節では、企業間物流システムについて、調達物流・販売物流・在庫管理の視点から学ぶ。

第6章 ● 物流システムの開発と管理

第 1 節　物流システムの開発

学習のポイント

◆物流システムの円滑な構築には、プロジェクトチームを設け、適切なスキルを持った要員を確保することが望ましい。
◆物流システム開発のタスク（果たすべき任務）を明示する。
◆個々のタスクの実現可能な期間やタスク間の整合性を考慮して、開発スケジュールを作成する。
◆稼働の可否判断のために、あらかじめチェック項目を明らかにしておく。

1　物流システム開発プロジェクトチームの設置

　物流システムとは、物流業務（輸送・保管・荷役・包装・流通加工・情報）を一体として、管理運営するものである。

　物流システムの構築には、関連部署の参画と、開発工数の確保が必要になるので、プロジェクトチームを編成することが望ましい。具体的には、物流部門、物流事業者の営業担当だけでなく、営業・マーケティング部門、情報システム部門、調達・購買部門、製造部門など、関連する部署からそれぞれ人員を選出し、メンバーの役割分担と責任を明確にしたうえで、プロジェクトとして推進する。

　物流システムの開発に必要となる要員のスキルと人数は、開発するシステムのサイズ（規模）、対象とするタスク（果たすべき任務）などによって異なる。適切な人選と勤務形態（専従か兼務かなど）が、プロジェクトの成功に不可欠である。

230

第1節●物流システムの開発

　プロジェクトでは、事務局を設けることが必要である。事務局では、タスクの洗い出し、タスク（業務）のスケジュールの立案、また進捗状況のチェックと、遅れやトラブル発生時の対策の検討と指示などを行う。

2　物流システム開発のタスク（果たすべき任務）

　物流システム開発のタスク（果たすべき任務）の代表例を、図表6-1-1に示す。なお、個々のタスクに番号を振ると、管理しやすい。

図表6-1-1●物流システム開発のタスク（果たすべき任務）の例

大項目	中項目		目的・内容
10000 プロジェクト マネジメント	11000	キックオフミーティング	・プロジェクトの概要と進め方を説明し、意思統一を行う
	12000	プロジェクトミーティング	・実質的なプロジェクトを進行・承認する
	13000	進捗管理	・プロジェクトを遅延なく進める
	14000	全体計画(運用)の骨子確定	・新拠点の方針を確定し、実務面を含め全体の運用方法を決定
20000 ロジスティクス情報システム	21000	現状調査・確認	・現在の実務フローと倉庫管理システム（以下、WMS）の機能・特性を把握する
	22000	新倉庫システム要件定義	・新物流拠点のシステム運用方法を決定
	23000	WMS・TMS等システム決定、開発	・WMSおよび輸配送管理システム(以下、TMS)の概要を決定し、既存システムに不足している機能は開発する
	24000	設備現地搬入・調整	・事務所設備およびハード面の準備
	25000	帳票関係確定	・納品書・伝票の確定
	26000	新倉庫ネットワーク環境設定	・新拠点における通信環境の設定
	27000	インストール・バグ修正	・システムのインストールとバグの修正、帳票類発行
30000 設備・機器	31000	倉庫・事務所ほか	・倉庫レイアウトおよび必要に応じた内部工事
	32000	物流機器(マテハン)	・物流機器およびマテハン機器の確定・準備
40000 オペレーション	41000	現状調査・確認	・現状のオペレーションの確認と新拠点運用の詳細確定
	42000	倉庫（現地）フロー確定	・倉庫の準備と使用荷札ラベル、流通加工の内容の詳細確定

231

	43000	事務所フロー確定	・事務業務のフローと事務所の手配
50000 輸配送	51000	現状調査・確認	・現状の再調整と確認
	52000	輸配送業者の決定	・新拠点における輸配送業者の選定・契約、リードタイムの設定
60000 総務関連	61000	3PLの外部倉庫契約	・倉庫大家（不動産会社）と3PLの契約
	62000	荷主と3PLの基本契約	・倉庫会社との契約と課金開始時期の確定
	63000	荷主と3PLの料金協定	・運用の詳細・システムの詳細を詰めて料金を確定する
	64000	作業員の雇用・手配	・新倉庫に必要な従業員の雇用、人材派遣会社・請負会社手配の実施
	65000	作業員の教育・研修	・作業員の教育・研修を行う
70000 移転	71000	引越方法・日程の確定	・引越の方法・日時の確定、スケジューリング
	72000	引越に関する打ち合わせ	・引越に関する費用分担、準備事項についての詳細打ち合わせ
	73000	仕入れ先、納品先への告知	・仕入れ先・納品先にセンター移転スケジュールと住所の通告
	74000	引越	・在庫の移動段取り
	75000	新拠点の稼働開始	・新拠点のシステムテスト、棚卸と出荷準備

（1）プロジェクトマネジメント（図表6-1-1の大項目10000）

　プロジェクトマネジメントのタスクとして、プロジェクトメンバーの役割分担とその進捗確認を行う。これをもとに、より具体的には図表6-1-1の中項目にあるように、メンバーの意思統一、スケジュールに遅れが出た際のその理由とリカバリーなど、全体を管理する。

（2）ロジスティクス情報システム（図表6-1-1の大項目20000）

　ロジスティクス情報システムのタスクとして、新しい物流システムを実現するためのロジスティクス情報システムの構築を行う。

　具体的な中項目のタスクとしては、荷主と物流センターのEDI、WMS（Warehouse Management System＝倉庫管理システム）やTMS（Transportation Management System＝輸配送管理システム）の準備を行う。
→第10章第3節・第4節

第1節●物流システムの開発

パッケージのカスタマイズが多い場合やカスタムメイドの場合は、必要に応じてカスタマイズの対象業務ごとに分科会形式を設けて検討し、その進捗状況をプロジェクトメンバー間で共有する。

（3）物流センターの設備・機器（図表6-1-1の大項目30000）

物流センターにおける設備・業務フロー・輸配送手段については、物流センターの設備機器、物流センターのオペレーション、輸配送などの中項目のタスクに分けて確定する。特に、倉庫の設備・機器は、仕様と数量の正確な見積もりと、適切な発注タイミングが要となる。これらに問題があると、新システムの稼働を延期せざるを得なくなる。

（4）物流センターのオペレーション（図表6-1-1の大項目40000）

物流センターのオペレーションのタスクとして、作業手順（業務フロー）を定めて、これに必要な物量と要員数を確定する。必要であれば、作業マニュアル、タイムチャートなども作成する。

（5）輸配送（図表6-1-1の大項目50000）

輸配送のタスクとして、輸送モードの選定、委託運送会社との契約などを行う。

（6）総務関連（図表6-1-1の大項目60000）

総務関連のタスクとして、荷主と3PL事業者（または倉庫業務委託会社）間との契約、作業者の手配、教育訓練を行う。

（7）移転（図表6-1-1の大項目70000）

新しい物流センターに移転する場合は、なるべく早い段階で、移転先の物流拠点に、情報システム、保管・荷役機器、そして在庫を搬入し、ただちに稼働できる状態になっていることが望ましい。

しかし、実際には、スケジュールやコストとの関係でなかなかそうは

いかない。したがって、ほとんどの事例において、新しい物流センターへの移転は、業務に支障が出ないように短時間かつ正確・円滑に行うことになる。このためには、事前に詳細な計画を立て、十分に吟味した段取りをつけることが肝要である。

移転のタスクでは、設備や機器の移転と、新システムの稼働に関する各種作業を行う。このため、旧物流センターからの引越の手順、スケジュールなどを作成する。引越に要する要員や機器、トラックなどの見積もりの取得と手配も行う。また、新システム稼働に向けた取引先への早めの告知も必要になる。

3 開発スケジュール

旧物流センターから新しい物流センターへ移転する場合の、借庫から借庫への移転における開発スケジュールの例を、図表6-1-2に示す。

図表6-1-2●物流システムの開発スケジュール（例）

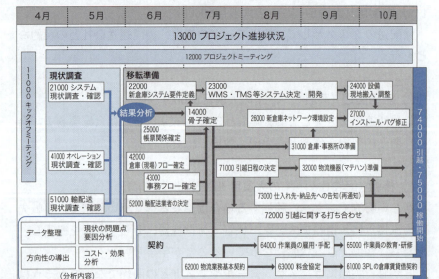

第1節 ● 物流システムの開発

スケジュールの期間、タスク（果たすべき任務）の種類、各タスクの実施時期や期間は、新しい物流拠点での物流システムの仕様によって異なってくる。新規に倉庫や物流センターを建設する場合は、開始から稼働まで2年以上かかるのが一般的である。大規模な情報システムを構築する場合は、その開発期間とスケジュールが、全体スケジュールに大きく影響する。新築や空いている物件を借りる場合は、物流機器の早めの設置が可能となる。

以上のことから、細かく条件を詰め、実現可能かつタスク間の整合性のとれたスケジュールを立てることが肝要である。

4 物流システムの稼働判断のチェック項目

物流システムの稼働の可否判断のためには、あらかじめチェックリストを作っておく必要がある。物流システムの稼働の可否を判断する項目のうち、主要なものは以下となる。

(1) ロジスティクス情報システムの完成

物流システムの稼働には、ロジスティクス情報システムの完成度が大きく影響する。

ロジスティクス情報システムの完成とは、システムのバグの修正まで終わり、仮想データなどの伝送や帳票類の発行テストも完全に終わっている状態にあることをいう。物流センター移転の遅延や稼働後のトラブル多発の大半は、この情報システムのスケジュール遅れに起因する。

(2) 担当者の教育訓練の完了

物流システムの運営や作業に携わる担当者は、物流システムの稼働までの期間に、業務の流れおよび各人の作業内容を理解しておくことが必要である。少なくとも各業務や作業のリーダーは、移転前の物流センターにおいて実務研修を行い、新しい物流センターの作業者にその内容を

指示することができる状態にすることが望ましい。

　ただし、物流センターの移転を機に、業務委託先の物流事業者を変更する際などは、その協力を断られるケースが多く見受けられる。また、荷主も物流事業者への気遣いから、新規に委託する物流事業者に対して「研修なし」を条件とする場合がある。新規に受託した物流事業者が同業他社での実績がある場合は、それでもうまく立ち上げることができる可能性があるが、可能な限り研修を行うことが望ましい。

　物流事業者の現場のセクションリーダークラスまでの要員に対しては、荷主企業のサプライヤー（納入業者）からエンドユーザー（最終届け先）までの物流と、その中でのみずからの業務の役割を理解させることが望まれる。これを物流事業者に対して行っている荷主企業は少ない。

　物流事業者においても、営業と拠点運営を請け負う現場がうまく連絡を取っておらず、実務の理解が不十分なことが見受けられる。

（3）輸配送手段の確保とドライバー教育の完了

　輸配送によって、最終的に顧客に商品を届けることになるため、輸配送手段の確保は顧客サービスの実現にとっても重要である。一方で、輸配送費用の物流コストに占める割合は大きいため、適切な輸配送手段の確保は、コスト削減にとっても重要である。

　顧客への納品において、センター納品の場合は、納品時間の細かな指定、工場納品の場合は生産ラインへの直接投入、医療関係などでは病院の特定の貨物ヤードもしくは医師の研究室への直接持ち込みなどの条件が付くこともある。このため、事前にドライバー教育を行っておく必要のあるケースが多くなってきている。一方で、労働力不足により、顧客が望む条件をすべて満たすことも難しくなっている。

　よって、顧客の望む納品条件と輸配送手段の制約を考えながら、最適な方法を探し出すことが重要である。

（4）バックアップ体制の準備

入念に準備を行っても、新しい物流システムの稼働時にはトラブルが発生する可能性がある。想定されるトラブルを洗い出し、それが発生した場合の対処方法について、あらかじめ定めておくことが望まれる。

なお、稼働直後のトラブルに対処するために、作業要員、車両などを多めに手配する事例も多く見られる。

（5）新しい物流センターへの移転の完了

新しい物流センターに移転する場合、円滑な移転と稼働のためには、新しい物流センターにおける在庫が、情報システム上の在庫と同じ量で、決められたロケーションに在庫されていることが必要となる。

Column　知ってて便利

《物流センターの移転の予算》

物流センターの移転に際して、よくトラブルになるのが移転費用である。移転費用を荷主側で予算化していないケースが多く見られ、その費用を荷主が物流事業者に押し付けようとすることがまま見られる。

移転費用には、①新しい物流センターの準備期間における物流センターの二重家賃、②旧物流センターから搬出する出庫費用（人件費）、③旧物流センターからの移送費用、④新しい物流センターにおける入庫費用、⑤旧物流センターの原状回復費用、などがある。

第6章●物流システムの開発と管理

第 2 節 委託先管理

学習のポイント

◆物流業務の委託先の管理は、委託先の選定、料金体系の選定
と料金設定、契約、管理指標の設定、という4つの手順がある。
◆委託先の選定では、①委託先候補の選定、②提案の要求、③
提案書の提出、④委託先の評価、⑤委託先の決定、という流
れで行われる。
◆料金体系の選定と料金の設定は、委託する業務内容に合わせ
て決める。
◆管理指標は、コストや物流品質などの指標を設定するととも
に、指標を達成できなかったときの違約条項を設ける。

1 物流業務の委託先の選定

（1）入札の流れ

　委託先管理とは、荷主企業が物流業務（輸送・保管・荷役・包装・流通
加工・情報）の委託先である物流事業者の業務内容を管理することである。
　近年、物流業務の外部委託が増えており、ほとんどの荷主企業が物流
業務の一部を物流事業者に委託している。このため、円滑なロジスティ
クス管理のためには、委託先管理は不可欠となっている。
　物流業務の委託先（物流事業者）の選定において、近年は入札を行う
ケースが増えている。複数の物流事業者からの提案内容を比較すること
により、コスト低減や品質向上など、物流システム改善と向上の目的に
適した委託先を選定することが可能になる。

238

第2節●委託先管理

入札は、①委託先候補の選定、②提案の要求、③提案書の提出、④委託先の評価、⑤委託先の決定、という流れで行われる。

物流業務の入札に際しては、あらかじめ委託先の候補を選定しておくことが一般的であり、また、そのほうが委託先選定を効率的に行える。複数の委託先候補の選定にあたっては、委託する業務と類似する業務について、過去の業務実績や評判などを参考にする。

（2）委託先候補への提案の依頼

委託先候補に対して提案書の提出を依頼する。これをRFP（Request for Proposal ＝提案依頼書）という。公平を期すためには、RFPを書面化し、委託先候補に配る。→図表6-2-1

図表6-2-1●RFP（提案仕様書）の記載内容（例）

○物流システム見直しにあたっての方針
○取り扱い品目および物流特性（サイズ、質量、形状など）
○現状物量および将来における物量予測
　─生産（調達）拠点所在地および生産（調達）量
　─納品先所在地および納品量
○物流サービスレベル
○その他物流システム検討に必要となる各種データ
○提案要求内容
　─物流システム案
　─稼働スケジュール
　─費用見積もり

（3）物流事業者による提案書の作成

入札に応募する事業者は提案書を作成する。提案書は、提案依頼のあった事項をすべてカバーする。→図表6-2-2

費用見積もりにおいては、見積もりの前提および根拠を明確化することが、受託後のトラブル回避に重要である。

239

第6章 ● 物流システムの開発と管理

図表6-2-2 ● 提案書の構成（例）

○提案依頼内容についての理解
○提案システム案
○導入スケジュール
○費用見積もりの前提および根拠
○見積もり金額

（4）提案書の評価と委託先の決定

応募した複数の物流事業者からの提案内容について、比較検討を行う。提案内容を表形式でまとめると、比較が行いやすくなる。

なお、RFPの段階で、表形式に整理することを前提に提案要求事項を列記しておくと、この作業が容易になる。

2 料金体系の選定と料金の設定

（1）料金体系の選定

物流業務の委託内容が複雑になるにつれ、料金体系もさまざまな形がとられるようになってきている。料金体系はそれぞれ利点と留意点がある。→図表6-2-3

料金体系の選定にあたっては、それらの特徴を考慮する必要がある。このとき、荷役料、機器使用料、情報処理料、流通加工料、物流管理料などのそれぞれについて、別の料金体系をとることも可能である。また選定した料金体系については、問題点をカバーするように業務委託内容、評価指標、インセンティブ・違約条項などを設定することもできる。

（2）料金の設定

運賃料金表に基づく料金表型料金を除き、料金はそれぞれの条件に合わせて設定する必要がある。それらについては、荷主、物流事業者双方の独断に基づく行動を防ぐために、料金設定方法の相互理解と適切な設

240

第2節 ● 委託先管理

図表6-2-3 ● 料金体系の種類と特徴

料金体系	例	利点	留意点
料金表型料金 (運賃料金)	・保管料1期1ケース○円 ・50km圏内50kg以内○円	・価格体系がシンプルでわかりやすい ・相場との比較で料金の妥当性の検証が可能	・利用可能なサービスが限定される ・荷主側が物流業務改善を行う必要がある
リソースベース型料金 (コストプラス方式) (オープンブック方式)	・作業者1人時○円	・物流事業者は一定の利益を期待できる ・コストの透明性が高い	・荷主側が効率性を管理する必要がある
フラットレート型料金	・入出庫1ケース○円 ・通過金額の○% ・全国一律1ケース配送料○円	・価格体系がシンプルでわかりやすい	・実際のコストと料金がプラス・マイナス双方に乖離する危険がある
アクティビティ・ベース料金 (メニュープライシング)	・パレット単位出庫1パレット当たり○円 ・バラ出庫1ケース当たり○円	・サービスの違いによるコスト差を料金に反映しやすい	・料金体系を設定するのに手間や時間がかかる
固定料金	・一式○円	・荷主は予算が組みやすい	・物流事業者は高額に、荷主は低額にする傾向がある
管理型料金	・料金総額の○%	・料金計算が容易 ・物流事業者の改善努力を引き出しやすい	・物流事業者は内訳を明示しないと持ち出しになる危険がある

定が必要となる。

① リソースベース型料金

　リソースベース型料金とは、作業者1人時当たり単価、残業1時間当たり単価、m²当たり単価などである。このリソースベース型料金は、従来型の倉庫荷役の料金体系に多く見られ、3PL型の委託でも採用されることがある。

　リソースベース型料金の単価は、物流事業者で実際にかかるコストに、

241

図表6-2-4 ● リソースベース型料金の構造

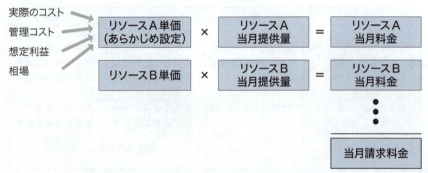

物流事業者の管理コスト、想定利益を加えたものである。この単価の決定にあたっては、他社の近隣センターにおける単価（相場）も参考になる。→図表6-2-4

② フラットレート型料金

フラットレート型料金は、物流事業者の対象業務にかかるコストを推計し、料率の基礎となる単位で割った金額を基準に、契約料金を決定する。たとえば通過金額制 Key Word の料金とする場合は、その業務にかかるコストを、想定される通過金額で割った値を基準に、荷主、物流事業者が協議して契約する料率を決定する。→図表6-2-5

フラットレート型料金は、流通業などで採用されている。

> **Key Word**
>
> 通過金額制——流通業で採用されている料金体系。たとえばセンター料金を通過金額制とするときは、そのセンターから出荷される商品の仕入原価（下代）の一定割合（%）をセンター荷役料とすることなど。センターから店舗までの配送料金を加えて設定することも多い。
>
> この料金体系は、センターフィー方式ともいう。センターフィーについては、納入業者と十分に協議して決定しないと、独占禁止法の優越的地位の濫用に抵触する場合があるので、注意が必要である。

図表6-2-5 ●通過金額制料金の設定方法

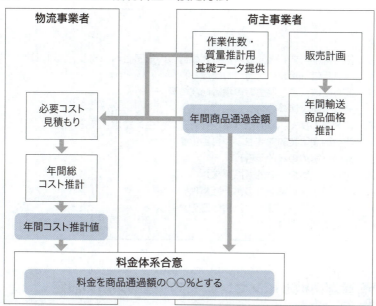

3 契 約

　委託内容が複雑になるのに伴い、契約書の重要性が増す。特に3PL型の委託の場合は、契約書に細かく契約条件を記載することにより、トラブル発生時における荷主と物流事業者双方の責任範囲を明確にできる。このとき、荷主と物流事業者の双方とも、契約書の記載内容を詳細に検討することが必要である。→図表6-2-6

　契約料金や支払いなどについては、独占禁止法（物流特殊指定）・下請法・下請振興法や振興基準に抵触していないかチェックする必要もある。

　なお、国土交通省では、「3PL事業促進のための環境整備に関する報告書」（2006年）の中で3PL契約書ガイドラインを出しており、参考にすることができる。

第6章 ● 物流システムの開発と管理

図表6-2-6 ● 契約書の記載内容（例）

1. 目的（業務の範囲）
2. 業務の細目（業務の運営方法）
3. 秘密保持（業務上知り得た両者の情報の第三者への開示・非開示）
4. 事故報告（事故発生時の措置など）
5. 損害賠償（事故発生時の損害賠償の責）
6. 損害保険（保険の付保）
7. 料金および支払い方法（業務委託料の発生、請求、支払いなど）
8. 契約期間（契約期間および自動更新）
9. 解約（解約の事前予告）
10. 解除（有事の一方的解除要求）
11. 再委託（物流事業者の再委託事項）
12. 法律の遵守（関連する法律の遵守）
13. 価格情報の取り扱い

4 管理指標とインセンティブ・違約条項の設定

（1）管理指標による委託業務の管理

　管理指標は、改善すべき業務の早期発見、改善施策の進捗状況把握などを可能にする。このため、委託する業務内容について、あらかじめ管理指標を設定し、そのモニタリング（監視）を行うことは、荷主、物流事業者双方にとってメリットがある。

　たとえば、荷主企業にとっては、委託業務が期待したとおりの効率や精度で行われているかの判断ができ、また物流事業者にとっては、みずからの業務の効率や精度の証明にもなる。→第4章第2節

　委託業務において設定する管理指標の代表的なものには、以下がある。

① コスト（コスト削減効果など）
② 輸送品質（指定納期・時間達成度、実輸送時間など）
③ 保管品質（棚卸の精度、在庫実績値・在庫計画値など）
④ 貨物品質（紛失・破損発生の抑制度、事故発生の抑制度など）
⑤ 取引精度（請求行為の精度など）

244

（2）インセンティブ・違約条項と契約タイプ

　物流事業者がみずから改善を行うためのしくみが、インセンティブ・違約条項である。

　インセンティブによるコントロールでは、目標値を達成した場合に、荷主が物流事業者へ報酬を支払う。違約条項によるコントロールでは、契約において規定されたコスト、品質などを達成できなかった場合に、物流事業者が荷主に違約金を支払うというものである。

　3PLでは、物流事業者がみずから物流改善に取り組むことになるため、インセンティブ・違約条項の活用が望まれる。それらを踏まえた3PLにおける契約タイプの代表的なものを、図表6-2-7に示す。

　料金体系と契約タイプの組み合わせには、適・不適がある。たとえば契約タイプをゲインシェアリングとする場合、料金体系はリソースベース型料金あるいは管理型料金と組み合わせる。

図表6-2-7 ● 3PLで用いられる契約タイプ

契約タイプ	概　　　要
ジョイントベンチャー	荷主、物流専業者の双方が出資して受託のための会社をつくる。コスト低減に貢献すれば会社は安定、また利益を出し出資企業に配当することで出資企業に貢献する
ゲインシェアリング ペインシェアリング	あらかじめ定めたコストまで低減した場合、低減額の一定割合を受託者が得る。逆に到達しなかった場合は、受託者がオーバーした金額の一定割合を委託者に支払う
ベンチマーク方式	あらかじめ目的となる指標と値を設定（ベンチマーキング）し、目標値を達成したら受託者は報酬を得る。また定められた値より結果が悪い場合は、受託者はペナルティを支払う
インセンティブ併用 コストプラス料金	使用した人・モノなどの対価を受託者から委託者に請求する。ただし、あらかじめ定めた目標をクリアした場合に、あらかじめ定めた報酬が委託者から受託者に支払われる
リスクシェアリング リワードシェアリング	委託者・受託者双方で初期費用を負担する。それより得た利益を委託者・受託者で配分する
価値ベース	受託者が主に初期費用を負担する。それにより得た売上げを受託者が得る

（3）サービスレベルアグリーメント（SLA）

SLA（Service Level Agreement：サービスレベルアグリーメント）とは、サービス提供者（プロバイダ＝物流事業者）とサービス委託者（顧客＝荷主）との間で契約を行う際に、提供するサービスの内容と範囲、品質に対する要求（達成）水準を明確にして、それが達成できなかった場合のルールを含めて、あらかじめ合意しておくこと、あるいはそれを明文化した文書である。

SLAは、契約書の付属資料として契約書に添付する。SLAは契約書と同等の効力を持つ。そして、管理指標およびその目標値、インセンティブや管理指標違約時の取り扱いなどについては、SLAに記載する。

SLA締結時に、以下の点を明確化することによって、契約の不透明さを取り除くことができる。すなわち、①サービスを提供する前提条件、②委託業務の範囲、③責任と役割の分担、④サービスレベルの評価項目、

図表6-2-8●SLAの記載項目（例）

記載項目	内　　容
前提条件	サービスレベルに影響を及ぼす業務量、端末数、拠点数などの前提条件を明確にする。
委託業務の範囲	外部委託する業務の分析を行い、具体的にどのような業務を委託するかを整理する。
責任と役割の分担	サービスを構成する個々の業務プロセスに関して、荷主と物流事業者のどちらかがどのような役割を果たし、その実施に対して責任を持つかを明確化した表を作成する。
サービスレベルの評価項目	サービス管理の対象となるサービスを決定し、サービスの水準を評価するための客観的で測定可能なサービスレベル評価項目と要求水準を設定する。数値や算定式などを用いた評価項目の定量的な測定方法を定義する。
対応方法	サービスレベルが達成されなかった場合の荷主、物流事業者それぞれの具体的な対応方法を設定する。
運営ルール	年度、月次の報告ルール、SLAを適切に維持するための会議体運営のルールを設定する。

出所：（独）情報処理推進機構『情報システムに係る政府調達へのSLA導入ガイドライン』2004年に加筆

⑤対応方法、⑥運営ルール、である。

なお、SLAに記載する項目の例を、図表6-2-8に示す。

（4）派遣契約と偽装請負

物流センターなどの業務委託で気をつけなければならないのが、「偽装請負」である。偽装請負とは、荷主と物流事業者との間で行っている物流センター業務などの請負契約が、労働者派遣法に抵触していることを指す。

具体的には、たとえば荷主の社員がその業務を請負っている物流事業者の社員に直接的に指揮・命令した場合は、労働基準監督署から偽装請負と判断される可能性がある。偽装請負と判断されると、荷主は労働者派遣法違反として処罰される可能性がある。→図表6-2-9

受託者が偽装請負ではない「請負業務」と容認されるには、以下の要件が必要である。すなわち、受託者が自己の事業として以下の点において独立処理していることである。

　1）経理上　①自己責任による資金の調達・支弁
　2）法律上　①民法、商法、労働基準法、労働安全衛生法、その他法律上の事業主責任の遂行
　3）業務上　①機械、設備、機材、材料等の自己調達により業務が行われている。

　　　　　　　　荷主の機械等を無償使用するのではなく、少なくとも賃貸借契約等により物流事業者が費用を負担していること（たとえば、フォークリフト・パレット・ラックなど）

　　　　　　　②専門的な企画、技術、経験により自己の独立した業務の遂行がなされている。単に肉体労働の提供ではない。

なお、補足であるが、前記要件が労働者派遣法の適用を免れるために故意に偽装されたものである場合は、労働者派遣事業者であることを免れない（労働者派遣法告示第37号第3条）。また、形式的請負であって

247

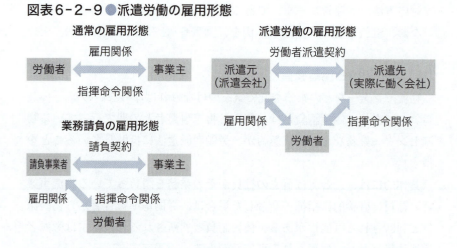

図表6-2-9 ●派遣労働の雇用形態

も実態のないものは労働者供給事業を行う者とする（職業安定法施行規則第4条第2項）。

| Column | コーヒーブレイク |

《3PLの契約書の厚さ》
　欧米企業の3PL契約書は、日本と比較して著しく厚い。数百ページになることが多く、その厚さは数センチにものぼる。責任の所在を明確にするには、それくらいの厚さが必要ということであろう。

第3節 ● 物流センターの業務改善

| 第 **3** 節 | # 物流センターの業務改善

学習のポイント

◆物流センターの業務改善は、保管効率の向上、生産性の向上、
情報システムの活用の観点で検討を行う。

◆物流センターの業務改善のための分析は、組織体制、レイア
ウト、業務フロー、要員配置など、多角的に行うことにより、
問題点が抽出され、またその改善の方法が明らかとなる。

1 物流センターの業務改善の視点

（1）保管効率の向上

　物流センターの費用の多くを占めるものが、保管料（借庫の場合はそ
の賃借料、自社物件の場合は減価償却費）である。レイアウト、ロケー
ション割の工夫を行い、保管効率を上げ、使用スペースを小さくするこ
とが、費用の低減に大きく寄与する。

（2）生産性の向上

　2018年7月、「短時間労働者の雇用管理の改善等に関する法律（いわゆ
る「パートタイム労働法」）」が「短時間労働者及び有期雇用労働者の雇
用管理の改善等に関する法律（いわゆる「パートタイム・有期雇用労働
法」）」に改正され、2020年4月1日から施行、中小企業にも2021年4月
1日から適用された。

　この改正法により、正社員と非正規社員の間の不合理な待遇差が禁止
され、「同一労働同一賃金」の原則が定められた。→第2章第4節 **2** （4）

249

第6章 ● 物流システムの開発と管理

　かつては、派遣社員やパートタイム労働者・アルバイト社員の非正規労働者を戦力化し、人件費単価を引き下げようとする企業も多くあった。しかし、「同一労働同一賃金」の原則が定められたことにより、このような手法は通用しなくなった。

　これからは、正規社員、非正規社員を問わず、人時生産性の向上を図ることが重要になる。人時生産性とは、社員1人1時間当たりの粗利益（円／人時）であり、社員が効率的に働くことにより人時生産性は向上する。

　そのため、業務フローや業務プロセスを見直すとともに、倉庫や工場等のレイアウトを業務動線に即した形に設定することが重要になる。また、業務にあたる社員の人数や労働時間は限られているため、ロボット（自動化機械）やITツール等を適切に導入し、機械化できる業務は機械に任せつつ、社員は付加価値の高い業務に専念できるようにする必要もある。

（3）情報システムの活用

　物流センターの業務の改善において、情報システムの活用は不可欠である。近年では、少額の投資でも短期間にそれを回収する効果が上げられるパッケージが出てきている。→第10章第4節

　一方、現状を深く分析せずに過剰な投資を行い、投資は行ったが情報システムが役に立たないという事例もある。このため、投資額と、それによる効果を吟味した情報システムの導入を行う必要がある。

2　物流センターの業務改善のための分析

　物流センターの業務改善のための分析には、以下がある。

（1）組織体制の分析

　組織体制の分析は、物流センター業務を運営するうえでの業務分掌や指揮命令系統が、適切に規定されているかを分析するものである。

（2）レイアウト分析

レイアウト分析は、保管効率の向上や作業動線の改善を目的として行うものである。

保管効率は、目視とともに、空きロケーションの数やロケーションをオーバーフローしている商品の数量などをチェックし、その理由を調査する。また、作業者の動線を調べ、非効率な移動の有無も調査する。

空いているロケーションが多く保管効率が悪い場合は、固定ロケーション方式を採用していることが多い。このような場合は、フリーロケーション方式の導入を検討する。

倉庫の構造に起因するもの、たとえば柱が太い、柱のピッチが中途半端である、天井高が低い、床荷重が不足しているなどの場合は、移転等の根本的な手を打たねばならない。

図表6-3-1 ●物流センターの業務フロー（例）

1. 入荷ケースの確認
・入荷商品を入荷予定リストと照合
・ケース数の確認・外装チェック
・運送会社荷受け票へ受領印捺印
・アイテム・ロット別にパレタイズ

2. 棚入れ・保管
・商品を、アイテム・ロット番号別に分類し、指定ロケーションに格納
・貨物指定条件下で保管
・WMSへ入庫入力

3. 流通加工商品の荷ぞろえ
・流通加工作業別、アイテム別に商品、資材を流通加工場へ荷ぞろえ
・ラベルの印刷、作業内容の説明

6. 商品の梱包
・ピッキング終了後、商品の外装に「荷札ラベル」「梱包明細書」の貼付、「専用伝票・納品書」を封入
※終了後、荷札ラベル残存時、該当納品先の梱包内容を再確認

5. 商品のピッキング
①ケースピッキング
②ピースピッキング
・方面・運送会社別ピッキング
・ピッキング時、品番コード、シリアルナンバーの読み込み
・ピッキング後、棚卸

4. 流通加工
①各種ラベルシールの貼付、説明書の封入の作業
②流通加工作業別に作業
・実績数を作業日報に記録

7. 商品積付け・口数確認
・方面別（運送会社別）に台車、パレットへ梱包済みカートンの積付け
・その梱包数量を数量確認リストを参照し口数確認

8. 運送会社引き渡し
・台車およびパレットのまま商品を運送会社へ引き渡す
・商品と同時に当日の出荷一覧表と送り状を添付

9. ロケーション移動・補充
・ピッキングロケーションへ商品を補充
・翌日入荷予定分のロケーションを空ける

（3）業務フローの分析

業務フロー分析は、物流センターにおける各担当者の１日の業務フローを作成する。このとき、業務フロー上にムダがある場合、それが改善すべき点となる。→図表6-3-1

（4）要員配置分析

要員配置分析は、個々の業務フローにおける要員について、何時から何時までどの作業を行っているかを調べることである。これにより、時間帯別の要員配置の見直しを行うことができる。→図表6-3-2

（5）ロケーション分析

ロケーション分析は、在庫の位置が適切でムダがないかを明らかにするものである。この分析には、在庫のパレート分析を活用できる。→第

図表6-3-2●作業要員のタイムスケジュール（例）

		8時	9時	10時	11時	12時	1時	2時	3時	4時	5時	6時
ケースピッキング	A（リーダー）	ミーティング	棚入れ・保管	顧客対応	流通加工		顧客対応	ケースピッキング		棚卸	顧客対応	ミーティング
	B（サブリーダー）			帳票類発行			帳票類発行				ロケーション移動・補充、清掃	
	C 派遣社員	荷受け・入荷ケースの確認		流通加工商品の荷揃え						運送会社引き渡し		
	D アルバイト											
ピースピッキング	E 派遣社員											
	F パート						ピースピッキング商品の梱包			商品積付け		
	G パート									口数確認		

7章第3節 1

　一般的に、在庫する商品をパレート分析によってABCランクに分け、Aランク品を出荷場の近隣に配置するという方法がとられている。これはピッカー（ピッキングの作業員）の動線を短くすることを目的として行われている。しかし、1日のピッキング数量や梱包数が多く、多人数のピッカーが従事するときは、Aランクのロケーションにピッカーが同時に集まりすぎ、「渋滞」を引き起こすことになる。これではせっかく動線を短くしてもピッキングの作業は滞り、余計な時間を費やすことになる。→図表6-3-3

　このような場合には、Aランク在庫を分散配置することが必要になる。この場合、作業動線は長くなり、歩数も増えることになるが、渋滞がない分、短時間でピッキング作業を終えることができるようになる。→図表6-3-4

図表6-3-3 ● ABCランク順のロケーション設定

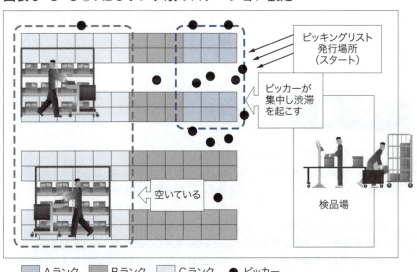

図表6-3-4 ●渋滞を回避させたロケーション

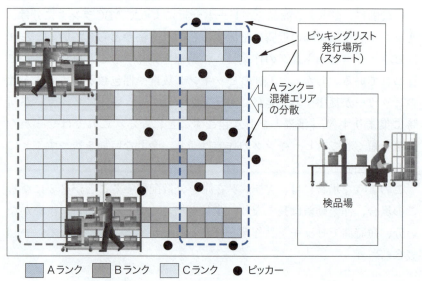

なお、このような高度な分析を行うには、シミュレーションシステムが有効である。→第11章第8節2

Column コーヒーブレイク

《3PL事業者に求められるもの》

　従来型の倉庫業務委託と3PL型の委託の最も大きな違いは、倉庫業務改善や輸送改善を、3PL事業者が行うことである。これは簡単なようで難しい。従来型の委託では、業務改善が荷主側の業務であったため、3PL事業者にノウハウを持つ人材が不足しているからである。

　3PL事業者への業務委託の成功は、3PL事業者の担当者のスキルに負うところが大きい。3PL事業者にとっては、物流改善を行える人材の育成が事業成功のカギを握る。

第4節 ● 企業間物流システム

第**4**節 企業間物流システム

学習のポイント

◆物流における企業間連携の特徴を理解する。
◆調達物流の効率化対策として、JIT とミルクランのメリット
　とデメリットを理解する。
◆販売物流の効率化対策として、共同輸送と共同配送のメリッ
　トとデメリットを理解し、導入の際の検討項目を学ぶ。
◆在庫管理における効率化対策として、VMI と CRP を理解する。

1 物流の企業間連携と共同化

（1）企業間連携

　物流の企業間連携を、メーカーや卸・小売業などの荷主企業の立場で
考えると、取引先、同業他社、関係会社の3つがある。→図表6-4-1
　第1の取引先との企業間連携（調達先、販売先）とは、自社を中心に
調達物流と販売物流を考えるものである。
　第2の同業他社との連携とは、類似した製品を扱う複数の会社が、共
同調達、共同生産・共同保管、共同輸配送などの連携をするものである。
同業種の会社が類似した商品を扱うのであれば、貨物特性（温度（Tem-
perature）、発送時刻や納品時刻（Time）、重量や壊れ物などの物性（Tol-
erance））が類似しており、共同化や標準化も進めやすいことになる。
　第3の関係会社との連携は、いわゆる協力会社や下請け企業などとの
連携である。

255

図表6-4-1●荷主（製造業・卸小売業など）から見た企業間連携

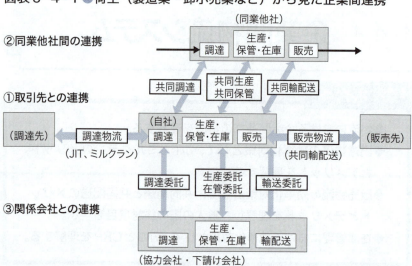

（2）物流共同化の対象の分類

　共同物流という用語は、JIS Z 0111で定義されており、「複数の企業が、物流業務の効率化、顧客サービスの向上、交通混雑の緩和、環境負荷の軽減などのために、物流機能を共同化すること」とされている。
　物流共同化には多様な側面があるので、ここでは物流共同化について、「調達、生産、販売」「物流機能（輸送、保管、荷役、包装、流通加工、情報）」「物流活動」の3つの視点で分類してみる。→図表6-4-2
　第1の「調達・生産・販売」から考えたとき、共同調達には、ミルクラン（巡回集荷）や、複数社の貨物の積合せに伴う搬入時刻の調整（JIT）などがある。メーカーであれば、製品の部品や原材料の調達に関する物流であり、卸・小売業であれば商品の仕入れに関する物流である。共同販売では、販売先の委託（農協など）、共同輸配送などがある。
　第2の「物流機能」では、輸送機能の共同化が代表的であり、共同輸配送、共同集荷などがある。保管では、共同調達、共同保管などがある。荷役では、共同入出庫、共同仕分けなどがある。包装では、包装箱（段ボ

図表6-4-2 ●物流共同化の分類

調達・生産・販売による分類

調達	搬入時刻の調整（JIT）、ミルクラン（巡回集荷）など
生産	OEM（相手先ブランドでの生産）、委託生産など
在庫	VMI（納入業者主導の在庫管理）、CRP（連続自動補充）
販売	共同販売、共同輸配送など

物流機能による分類

輸送	共同輸配送（納品代行を含む）、共同集荷など
保管	共同調達、共同保管など
荷役	共同入出庫、共同仕分けなど
包装	包装箱（段ボール箱などの外装）の規格化、個装の規格化など
流通加工	仕分けや検品方法の作業手順の規格化、設備の共同利用など
情報	伝票の統一、外装の表示形式の統一、コードや形式の統一など

物流活動による分類

データ処理	伝票やインターネット通信での、情報の表現方法の統一
外装の規格	商品包装における外装や包装箱の、規格や表示内容の標準化
輸送用具	使用するパレットやコンテナなどの規格の標準化
施設と車両	物流施設や輸配送車両などの共同利用の標準化

ール箱などの外装）の規格化、個装の規格化などがある。流通加工では、仕分けや検品方法の作業、設備の共同利用などがある。情報機能では、伝票の統一、外装の表示形式の統一、コードや形式の統一などがある。

第3の「物流活動」では、データ処理では、伝票やインターネット通信での、情報の表現方法の統一がある。外装の規格では、商品包装における外装や包装箱の、規格や表示内容などの標準化がある。輸送用具では、使用するパレットやコンテナなどの規格の標準化がある。施設と車両では、物流施設や輸配送車両などの共同利用がある。

本節では、第1の分類に基づき、「調達物流での企業間連携」と「販売物流での企業間連携」の改善対策を述べるとともに、「在庫管理での企業間連携」を取り上げる。

第6章●物流システムの開発と管理

2 調達物流での連携（ミルクラン、JIT）

（1）調達物流の特徴

　わが国では、調達物流の改善の取り組みは、販売物流や在庫管理に比較して遅れがちだった。

　この理由の第1は、たとえばメーカーにおいて、納品までの物流コストをサプライヤー（納入業者）が負担するという商慣行（店着価格制）のため、調達物流は納入業者に任せる傾向があったからである。第2は、バイヤー（発注者）が改善に着手すると、その費用をバイヤーが負担する可能性があるからである。第3に、調達物流は製造部門や調達部門の管理下にあることが多く、物流部門の関与が小さかったからである。

　一方で、調達物流は商取引においてバイヤー（発注者）が主導権をとりやすいため、バイヤーにとっては改善しやすい面もある。

　調達物流は、メーカーや卸・小売業などの業種や業態によって特徴がある。たとえば、組み立て型メーカーの調達物流は、取り扱い品目数が多いという特徴がある。特に家電や自動車など機械工業製品の場合、その資材の調達先と品種数は多岐にわたり、全調達資材に関してメーカーが在庫を持ち、その管理を行うのは非常に煩雑である。また、資材在庫を持つことによる資金の固定化を招く。

　調達物流の改善をコストから考えると、バイヤー（発注者）とサプライヤー（納入業者）の双方でコストを低減できる可能性があるが、逆にバイヤーのコスト削減が優先されるあまりに、サプライヤーに負担がかかることも多い。このために、コスト削減で得た利益を両者で分配する方法（ゲインシェアリング）が重要と考えられている。

　ここでは、調達物流の代表的な改善策のうち、バイヤー（発注者）が進める改善策の例として、ミルクラン（巡回集荷）とJIT（Just In Time）を取り上げる。

258

（2）ミルクラン（巡回集荷）

　ミルクラン（巡回集荷）とは、バイヤー（発注者）が、サプライヤー（納入業者）のもとを巡回して集荷する方法である。→図表6-4-3

　ミルクランのメリットとしては、納品量が車1台分にならないような複数の小規模部品メーカーに対して、トラックを工場や倉庫に巡回させて、満載に近い形で集荷できることである。このため、小規模部品メーカーが集積して立地している地域（愛知県豊田市周辺、東京都大田区、大阪府東大阪市など）で、有効とされている。

　一方で、ミルクランのデメリットとしては、集荷した部品や原材料の保管費用がかかるので、この負担と価格への反映が重要な課題となる。

　海外では、自動車メーカーを中心に古くからミルクランが行われていた。

　日本では、物流コストが製品（部品）価格に含まれるという商慣行（店着価格制）があるが、ミルクランを導入するとバイヤー（発注者）のコスト低下の可能性をもたらすことになる。そこで近年では、日本の自動車メーカーも、低価格化やグローバル競争化に伴い、積極的に行うようになっている。

図表6-4-3 ●ミルクラン方式の例

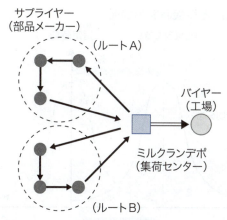

(3) JIT (Just In Time)

JIT (Just In Time) とは、サプライヤー（納入業者）がバイヤー（発注者）の生産計画に合わせて、部品や原材料を「必要な時間に、必要なモノを、必要な分量、必要な場所へ、必要な納品形態で」で納品する方法である。なお、かんばん方式とは、JITを実現するためにトヨタ自動車が考案した方法であり、生産を指示するための「生産指示かんばん」と、部品の引き取りに使われる「引き取りかんばん」がある。

JITのメリットは、第1に、バイヤー（発注者）にとって、在庫リスクを負わなくて済むことである。第2に、製造と物流が直結した効率化が図られることである。

JITの留意点としては、第1に、配送が多頻度小口化することでトラックの積載率が低下し、結果として輸送コスト上昇や環境負荷の悪化などの問題も発生する可能性がある。第2に、サプライヤー（納入業者）は、納品時間の厳守と、遅れた場合のペナルティの回避のために時間に余裕を持つ必要がある。このため、工場周囲でトラックが待機することも多く、交通渋滞や騒音・排出ガスの発生などの問題が起きることもある。

たとえば、所要時間が平均2時間のとき、9時の指定時刻に合わせて

図表6-4-4 ● JITと待機時間の関係

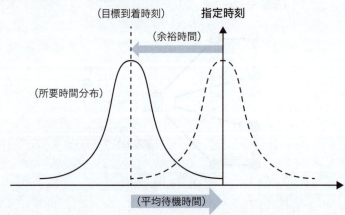

第4節 ● 企業間物流システム

7時に出発すると2回に1回は遅刻してしまう。このため、安全を見越して30分程度早めに6時30分に出発すれば、30分遅延したときでも間に合うことになるが、平均所要時間の2時間で8時30分に到着した場合には30分間待機することになる。→図表6-4-4

3 販売物流での連携（共同輸送、共同配送、統合納品）

（1）販売物流の特徴

　販売物流は、顧客（着荷主）に届ける輸配送において、遠距離の幹線輸送（1対1）の「共同輸送」と、近距離（1対多）の「共同配送」が主である。そして、共同輸送や共同配送は、従来単独で輸送していたものを他社と共同で輸配送する場合を指すことが多い。

　ここでは、販売物流の代表的な改善策として、共同輸送、共同配送、統合納品を取り上げる。

（2）共同輸送の種類と特徴

　輸送とは、原則として中長距離の幹線輸送（1対1）を指すことが多い。このため、共同輸送も中長距離の輸送が対象となる。共同輸送の代表的な例には、4つの種類がある。→図表6-4-5

　なお、共同輸送は複数の荷主の貨物を積むことなので、貨物を買い取らない限り荷主が自家用貨物車で行うことはできない。このため、共同輸送は基本的に一般貨物運送事業における運行ということになる。ただし、卸売業の場合は、貨物を買い取り「帳合」を持つことにより自家用貨物車で共同輸送する例もある。

　第1は、同一方面での共同輸送である。これにより、積載率の向上と車両数の削減が期待できる。たとえば、東京から大阪に貨物を運びたい複数の企業（A社とB社）が、それぞれ1社の貨物では満載にならないときに、2社の貨物を1台に積むような例である。

　第2は、輸送途中で貨物を追加して積み込む共同輸送である。第1の

261

図表6-4-5 ●共同輸送の代表例

① 同一方面での共同配送
（目的：車両数の削減、積載率の向上）

② 輸送途中で積み込む共同輸送
（目的：車両数の削減、積載率の向上）

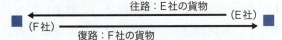

③ 帰り便利用による共同輸送
（目的：車両の往復利用、片荷の解消）

④ 輸送途中でトラックドライバーが交代する共同輸送
（目的：車両の往復利用、トラックドライバーは中継地点で交代）

　共同輸送の変形として、2社の出発地が異なるときに、運行経路の途中で積み合わせることである。たとえば、大阪に向けて東京を出発するとき満載にならない（C社）としても、運行経路の途中の静岡などで空いたスペースに他社の貨物（D社）を積み合わせるような例である。

　第3は、帰り便利用による共同輸送である。これにより、同一車両を他社と往復で利用することにより、片荷の解消と積載率の向上を期待できる。たとえば、東京の百貨店（E社：東京から大阪に送る荷物が多い）と、大阪の百貨店（F社：大阪から東京に送る荷物が多い）が提携し、運送事業者が往復で貨物を確保することにより、積載率の向上を目指すものである。販売ではライバル（競争相手）であるが、輸送はパートナー（協調仲間）ということになる。なお、帰り荷の貨物を探すマッチングシステムは、共同輸送に含めないことが多い。

　第4は、車両と貨物は発地から着地まで移動するが、荷主の了解のも

第4節●企業間物流システム

と輸送途中で2社（G社とH社）のドライバーが交代するものである。中継輸送（リレー輸送）といわれることもある。第3の帰り便利用の発展形として、時間外労働時間の削減や、ドライバーが自宅に帰る勤務形態を確保するために考えられたものである。このために、高速道路でも、SA・PAに中継用の施設を設けている例がある。

（3）共同配送の種類と特徴

配送とは、原則として短距離であり、物流センターや倉庫などから複数の店舗や住宅などに貨物を配ること（1対多）である。このため、共同配送も、都市内や地域内などでの面的な配送が対象となる。

共同配送は、物流システムの効率化対策として取り上げられることが多いが、実現のためのハードルが高い。

共同配送の効果としては、一般に、トラックの積載率の向上やトラックの総走行台数の削減などの効果とともに、さらに二次的効果として、物流コストの低減、交通渋滞の緩和、総走行距離の削減、地球温暖化・環境問題の解決への寄与、などが考えられている。

しかし、これらの期待される効果の間にはトレードオフ（例：多くの貨物を積むことで積載率を向上させると、配送時間が長くなりリードタイムを守れないこともある）が存在するため、複数の効果を同時に得られるケースは少ない。また、共同配送の効果が実態よりも過大に評価されていることや、実施上の困難さが理解されていないことも課題である。

共同配送の種類には、主導者別（荷主主導、物流業者主導）、利用者の業種別（同業種間、異業種間）、地域別（地域内、広域）、共同の形態別（共同配送、統合納品）などがある。

ここでは共同配送の形態に着目して、第1に一般的な共同配送、第2に統合納品、第3にルート配送での共同配送、第4に配送経路が束ねられているルート配送について述べることにする。

第1の共同配送を直送と比較してみると、次の以下のような特徴がある。→図表6-4-6

263

直送では、着地での車両台数が各3台（計9台）と多く、配送経路は9本であり、荷役（積・降）回数は計18回である。なお、総走行距離は、道路や共同配送センターの位置によって変わる。

しかし、この例において、発地で3カ所の着地の貨物が少量ずつであれば、車両台数は3台から1台に削減できるが、もともと満載で出発しているのであれば車両数は減らずに3台は変わらない。また荷役回数も、満載で出発して1カ所に直送するのであれば、あえて共同配送センターに寄って積卸し作業をする必要はない。総走行距離は、発地と着地の位置や道路によって変わるが、特に共同配送センターの位置次第で長くも短くもある。

図表6-4-6において、たまたま共同配送センターの位置は、3つの発地と3つの着地の中間にあるので効果が高いように見えてしまう。この位置関係は、横浜市の3つの工場から東京都の3店舗に配送するとき、川崎市にある共同配送センターを利用するような場合に相当するが、共配センターが埼玉県や千葉県にある場合には効果的とはいえないことになる。

第2の統合納品は、デパートやスーパーマーケットなどの大規模商業

図表6-4-6●直送と共同配送の比較

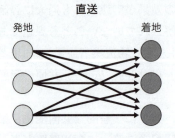
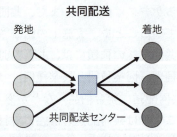

直送
発地　着地
(1) 車両台数：各3台、計9台
(2) 配送経路：各3本、計9本
(3) 荷役回数：積・降で計18回
(4) 総走行距離：道路距離で変化
(5) 到着台数：3台／着地

共同配送
発地　共同配送センター　着地
(1) 車両台数：最小6台、積載率で変化
(2) 配送経路：6本
(3) 荷役回数：積・降で計12回
(4) 総走行距離：センターの位置で変化
(5) 到着台数：1台／着地

施設で、納品の短時間化と店舗に来る貨物車の台数（到着台数）の削減のために導入している例が多い。しかし、到着台数を削減できても、共同配送センターの位置によっては総走行距離が削減できるとは限らない。この統合納品を直送と比較してみると、以下のような特徴がある。→図表6-4-7

直送では、着地での到着台数は3台で配送経路も3本であるが、荷役回数は少なく、走行距離も道路距離によって変わるが、直送ゆえに短いことが多い。

統合納品では、使用する車両台数と配送経路と荷役回数が増える可能性は高いが、着地での到着台数が少なくなる可能性が高い。このため、共同配送センターでの在庫や品ぞろえを重視するときや、到着台数の削減を優先するときには、有効である。特に、共同配送センターまでの配送は納入業者の業務であれば、着荷主（例：商業施設など）は、共同配送センターから着地までの配送だけを対象に考えることが多い。ただし、総走行距離は、共同配送センターの位置によって変わる。

特に、デパート等の場合は、共同配送センターでの「検品」作業が煩雑であることから、「納品代行」「検品代行」としての統合納品の事例が

図表6-4-7 ●直送と統合納品の比較

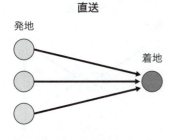
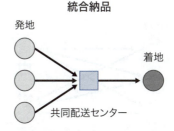

直送
(1) 車両台数：3台
(2) 配送経路：3本
(3) 荷役回数：少（積・降で計6回）
(4) 総走行距離：道路距離で変化
(5) 到着台数：3台／着地

統合納品
(1) 車両台数：最小4台、積載率で変化
(2) 配送経路：4本
(3) 荷役回数：多（積・降で計8回）
(4) 総走行距離：センターの位置で変化
(5) 到着台数：1台／着地

多い。

　第3のルート配送には、限られた地域において、類似の商品をルート配送する例がある。直送では、3つの発地から、それぞれ3つのルートで配送しているが、配送先がほぼ同じであれば、配送ルートをまとめて1台で運ぶことになる。→図表6-4-8

　たとえば、半径20km程度の地域を対象に、常温の日用雑貨品を複数の店舗に配送する場合などがあり、スポーツ用品や文具なども類似の傾向がある。

　また、大都市中心部や商店街など（福岡市、武蔵野市など）で行われている共同配送も、物流事業者各社の貨物を共同配送センターに集めてから、各店舗などに配送している。

　共同配送を空間的に見たとき、実現可能性は配送経路を束ねた状態か、束ねられず平面的な状態かによって、大きく異なる。

　第4の「配送経路が束ねられている共同配送」は、前掲図表6-4-5の②のような線的な幹線輸送に近い形となるため、共同配送を導入しやすい。

　たとえば、配送経路が途中1カ所で束ねられているとき、貨物が

図表6-4-8●ルート配送での直送と共同配送の比較

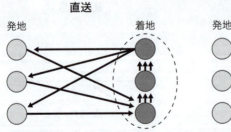

第4節 ● 企業間物流システム

図表6-4-9 ● 配送経路が束ねられている場合
（線的な配送：離島、半島、山間地、高層ビルなど）

直送

発地

着地

経由地点
（港、半島の付け根）

(1) 車両台数　　：3台
(2) 配送経路　　：4本
(3) 荷役回数　　：少、6回（積・降で2回×3）
(4) 総走行距離　：最大
(5) 到着台数　　：多、4台／着地

共同配送

発地

着地

共同配送センター
（港、半島の付け根）

(1) 車両台数　　：最大で4台（3+1）
(2) 配送経路　　：4本
(3) 荷役回数　　：多、8回（積・降2回×4）
(4) 総走行距離　：削減
(5) 到着台数　　：少、1台／着地

満載であれば積み替え場所の横を通過して直送すればよい。逆に、低積載なので共同配送を利用したい場合には、立ち寄って積み合わせればよい。このような例としては、離島、半島、山間地、都心の高層ビルなどがある。これらの場合は、港、半島の入り口の都市、山麓の都市、ビルの荷さばき場などを通過することになるので、共同配送も導入しやすく実施例も多い。→図表6-4-9

（4）共同配送の5つの検討項目

　共同配送の検討項目として、第1に貨物特性の確認、第2に輸送条件の確認、第3に直送と比較した共同配送のメリットの確認、第4に共同配送の阻害要因の確認、第5に共同配送の事業継続性の確認、が必要である。→図表6-4-10

　第1は、貨物特性である。貨物特性とは、3Tと呼ばれているもので、貨物の品質を維持するために、①温度（Temperature）、②発送時刻や納品時刻（Time）、③重量や取り扱いに注意が必要な壊れ物などの物性（Tolerance）、である。共同配送する貨物は、これらが共通していること

267

第6章 ● 物流システムの開発と管理

図表6-4-10 ● 共同配送導入のための検討項目

（1）**貨物特性（3T）の適合性**
　　①貨物の温度（Temperature）
　　②発送時刻や納品時刻（Time）
　　③重量や壊れ物などの物性（Tolerance）
（2）**輸送条件の適合性**
　　①出荷日時や納品日時の一致
　　②配車計画との整合
　　③輸送量（重量や容積）の整合
（3）**効率化の効果**
　　①積載率の向上
　　②総走行距離の削減
　　③到着台数の削減
（4）**阻害要因の排除**
　　①経営レベル（企業間の利害対立、コスト配分）
　　②技術レベル（容器・伝票・品番、情報システム）
　　③運営レベル（サービス低下、配送距離の増加）
（5）**事業継続性**
　　①採算性の維持
　　②機密保持
　　③物流サービスの差別化の維持
　　④適正な運賃・料金と、適切なコスト負担
　　⑤リーダー、コーディネーターの確保
　　⑥従来の物流事業者との関係

や相性がよいことが望ましい。

　第2は、輸送条件である。輸送条件には、①出荷日時や納品日時の一致、②輸送量や運賃負担力があること、③輸送量の整合、などがある。たとえば、出荷日時や納期が一致していない限り、貨物を積み合わせることはできない。また、輸送量（重量、容積など）が大きいために一緒に積むことができないこともある。そして、高価な商品は運賃負担力も高いため、安価な商品を一緒に運ぶことは少ない。さらに、集荷場所や配車の都合、貨物の総数量（質量）、荷姿なども大きく影響する。

　第3は、効率化の効果である。直送と共同配送の比較で示したように、①積載率を向上したいとき、②走行距離を削減したいとき、③到着台数

を削減したいときは、共同配送に向いている。しかし、これらの効果の間にはトレードオフが存在し、すべての効果を同時に得ることが難しいので、効果の分析と、どの効果を優先するかについて、検討が必要である。

第4は共同配送の阻害要因の排除である。①経営レベル（各企業間の利害対立と調整など）、②技術レベル（包装形態・容器・伝票類・品番、情報システムなど）、③運営レベル（効率・サービス水準の低下、共同配送センターを遠隔地に設置したことによる輸送距離の増加など）、がある。

第5は、共同配送の事業継続性である。①採算性の問題では、収益性の薄い貨物が共同配送に回されることで採算が合わないことがある。②企業の機密保持では、ライバル会社に取引先の情報が漏れてしまうことがある。③共同化をすることで、各社のセールスドライバーの特徴を出せずに、差別化が困難になる。④運賃・料金とコスト負担の問題では、共同配送の運営主体への支払い問題が大きい。⑤リーダー、コーディネーターの確保は、共同配送に慣れている専門家が少ないことである。⑥従来利用していた物流事業者との関係では、長い付き合いのあった物流事業者との関係を断ちにくい場合が多い。

（5）共同配送の進め方

共同配送の5つの項目を検討した結果、共同配送の導入が決まると、次に進め方が重要となる。共同配送では、強力な荷主のリーダーシップによって進められることも多いが、ここでは多様な関係者の合意に基づく共同配送の進め方として、以下に10の手順を説明する。これらをクリアすることによって、具体的に共同配送を導入できることになる。→図表6-4-11

① 「物流共同化による効率化の可能性の検討」では、現状の物流の問題点（コスト・サービス）を整理するとともに、パートナー探しと条件（事業者数と立地、配送圏と密度、サービス水準、取り扱い商品の輸送特性、物流施設の状況など）の整理が必要になる。

② 「参加構成員の意思統一と物流事業者への呼びかけ」では、各社経

第6章 ● 物流システムの開発と管理

図表6-4-11 ● 共同配送の進め方

①物流共同化による効率化の可能性の検討
②参加構成員の意思統一と物流事業者への呼びかけ
③物流共同化推進主体の確立（事業協同組合等の設置など）
④共同配送システムの設計
⑤基本的な運営ルールの合意と策定
⑥運営開始にあたっての留意点
⑦行政の支援策を受けるための効率化計画の申請と認定
⑧資金の調達
⑨事業立ち上がりでの検討
⑩実施状況のチェック、共同配送システムの改善

営トップの共同配送実現への強固な意志の表明と、優秀な事務局人材の確保と、共同配送システムに詳しい専門家・コンサルタントや物流事業者の確保が不可欠である。

③ 「物流共同化推進主体の確立」では、事業協同組合等の設置などを行う。

④ 「共同配送システムの設計」では、共同配送センターの立地選定とともに、配送システム・共同配送センター・情報システムなどの設計とシミュレーションを行う。

⑤ 「基本的な運営ルールの合意と策定」では、配送ルール、荷姿・パレットなどの標準化、運賃・料金の決定（共同化によるコスト削減メリットを、メンバー間で均一配分するメリット均一配分方式、すべてのメンバーに同一の運賃料金体系を適用する同一運賃料金方式など）

⑥ 「運営開始にあたっての留意点」としては、納品先との調整や、既存の物流事業者との調整などがある。

⑦ 「行政の支援策を受けるための効率化計画の申請と認定」は、市町村によって対応が異なるが、補助なども含めて積極的に利用すべきである。

270

第4節 ● 企業間物流システム

⑧ 「資金の調達」では、施設資金（土地・共同配送センター・物流システム機器）とともに、事務局運営費も忘れずに計画に入れることが重要である。

⑨ 「事業立ち上がりでの検討」では、物流要員の確保と教育、物流事業者への委託、福利厚生、共同化の収支目論見、運営主体の活動開始ということになる。

⑩ 「実施状況のチェック、共同配送システムの改善」では、事業継続と新規メンバーの拡大など事業拡大への検討を行うことになる。

4 在庫管理での連携（VMI、CRP）

（1）VMI

VMI（Vendor Managed Inventory＝納入業者主導の在庫管理方式）とは、バイヤー（発注者）企業の在庫情報や出荷情報をベンダーやサプライヤー（納入業者、受注者）に伝え、ベンダーやサプライヤーが在庫を補充することである。→第11章第3節2

VMIには、在庫補充量の決定方法、店舗やセンターの在庫の所有権の移転時期、在庫情報の共有範囲などにより、さまざまなバリエーションがある。→図表6-4-12

小売業のVMIの例として、「大手GMS（General Merchandise Store）と製品メーカーの間のVMI」がある。ここでは、両社が同じ在庫補充量の決定方法を採用することにより、GMS（バイヤー）にとってもメーカー側（ベンダー、サプライヤー）の補充量が妥当なものとなっている。在庫の所有権は、メーカーが店頭に納めた時点で、GMSに移る。この方法により、メーカーは店頭の自社製品の棚を確保できるメリットがあり、GMSでは店頭の発注業務をなくせるメリットがある。

組み立て型製造業のVMIの例として、「完成品メーカーと部品メーカーの間のVMI」がある。ここでは、在庫情報、生産計画、ラインでの使用実績を納入業者との間で共有している。また、在庫は使用直前まで納

271

図表6-4-12 ● 小売業、製造業におけるVMI

小売業におけるVMIの例

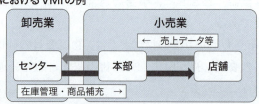

製造業におけるVMIの例

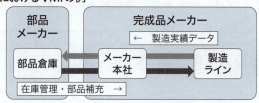

入業者の資産としている。これにより、メーカー（バイヤー）は、自社資産の部品在庫を極小化している。

（2）CRP

CRP（Continuous Replenishment Program＝連続自動補充方式）とは、小売業のセンター在庫について、メーカー側が在庫管理と補充量決定を行う方法である。

日本におけるCRPでは、小売業（店舗、通過型センター（TC））と卸売業（小売業専用の流通センター（DC））とメーカー（工場、流通センター（DC））の間で行われている例がある。たとえば、小売業の流通センター（DC）の運営を任されているのは卸売業だが、ここでの在庫管理を、納入するメーカーが決定する。→第11章第3節 2

CRPの目的は、正確な在庫管理の実現と欠品の削減である。もしも、卸売業が発注を行う場合、発注担当者1名が担当する商品は2,000アイテム程度となる。このため、きめ細かな管理ができず、欠品や少量発注が増えてしまうことがある。一方、卸売業に納品するメーカーが在庫管理

図表6-4-13 ● CRPのしくみと効果

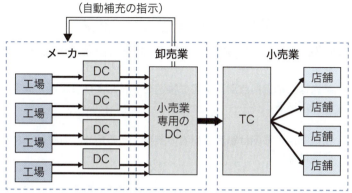

出所：(一財)流通システム開発センター資料

を行えば、対象アイテム数は数十程度となる。

このように、小売業におけるCRPの最大の効果は、納入業者が在庫を管理して自動補充してくれるために、的確な在庫管理に基づく「店頭での欠品の減少」が可能である。これにより「販売機会損失の削減」もできる。このことが、輸送効率を考慮した配送の実現にもつながる。これ以外にも、各メーカーのDCにおける在庫管理の適正化とともに、輸配送の面では、定期配送、工場直送、パレット納品、積載率の向上などの効果があるとされている。→図表6-4-13

第6章　理解度チェック

次の設問に、〇×で解答しなさい（解答・解説は後段参照）。

1　輸送は、物流拠点別に適切な輸送モードおよび事業者を選定する必要がある。

2　物流拠点の移転は物流事業者の業務であるため、荷主はかかわる必要はない。

3　ゲインシェアリングとは、あらかじめ定めた目標をクリアした場合に、あらかじめ定めた報酬を委託者から受託者に支払うという契約タイプである。

4　ミルクランとは、調達物流において巡回しながら集荷する方法である。

第6章　理解度チェック

解答・解説

1 ○
全国規模の事業者であっても、地域によって得手不得手、品質のばらつきなどがあるため、輸送モードおよび事業者選定は物流拠点別に行う。

2 ×
円滑な移転がシステム稼働の成否を握るため、荷主は移転に積極的に関与することが望まれる。

3 ×
ゲインシェアリングとは、あらかじめ定めたコストまで低減した場合、低減額の一定割合を受託者が得るという契約タイプである。

4 ○
ミルクランとは、部品などの調達物流について、巡回集荷を行う方法である。

参考文献

エドワード・H・フレーゼル、小川智由監訳『物流担当者のための世界水準のウェアハウジング理論とマテハンのすべて』ダイヤモンド社、2016年

（独）情報処理推進機構『情報システムに係わる政府調達へのSLAA導入ガイドライン』2004年

国土交通省総合政策局貨物流通施設課『3PL事業促進のための環境整備に関する調査報告書』2007年

苦瀬博仁『ソーシャル・ロジスティクス』白桃書房、2022年

第 **3** 部

ロジスティクス管理の計画

第7章

在庫管理の計画

この章のねらい

　第7章では、在庫管理の企画と実務を行う人が、在庫管理手法を理解し、実際の在庫管理業務を遂行するために必要な事項を学ぶ。

　在庫管理の目的には、必要なモノを必要なときに必要なだけ供給する顧客サービスと、在庫を過剰でもなく、かつ過度な品切れも起こさないように適正に保つ在庫資産の効率化がある。そして、在庫管理には在庫という資産を管理するだけでなく、その資産効率を高めることが要求されている。在庫管理から発信される情報は、経営にとって非常に重要である。

　そこで、第1節では、在庫管理方式と、在庫を分類し在庫を削減する方法を学ぶ。

　第2節では、在庫管理に大きな影響を及ぼす需要予測の手法を学ぶ。

　第3節では、在庫分析手法の活用方法を学ぶ。

第7章 ● 在庫管理の計画

第 1 節 在庫管理方式の種類

学習のポイント

◆在庫管理方式は、在庫補充の方法によって大きく4つに分かれる。在庫を過剰でもなく、かつ過度な品切れも起こさないように維持管理することが在庫管理の大きな目的である。そのために、出庫量に応じて適正に在庫を補充する必要がある。

◆在庫の分類として、部品・原材料、仕掛品、半製品、製品など、さまざまな状態での在庫が存在することを学ぶ。

◆適切な在庫管理のための、在庫削減の方策を学ぶ。一般に、在庫が少ないほどコスト削減につながるが、機会損失の可能性も高まる。逆に、在庫が多いほどコストが増加するが、機会損失の可能性は低くなる。

◆部品、半製品、製品などの在庫の持ち方について学ぶ。

1 在庫管理方式の種類と計算方法

　在庫補充のタイミングと補充量は、出庫量の平均値と標準偏差、補充リードタイム等から算出される需要予測量と安全在庫、そして在庫補充方式によって決まる。そのため、在庫管理の方式の違いは、在庫補充方式の違いでもある。

　在庫補充方式は、補充のタイミング（定期か不定期）と補充量（定量か不定量）により、4つに分類される。

　なお、補充方式は、将来必要となる需要量を予測して補充量を決定し、補充するプッシュ型と、補充が必要となったときに補充するプル型に分

280

けることもできる。

（１）定期定量補充方式

定期定量補充方式は、一定の量を定期的に補充する方式である。この方式は実態としてきわめて少ないので、説明を省略する。

（２）不定期定量補充方式
① 方式の概要と特徴

不定期定量補充方式は、在庫量が決められた在庫量（補充点）を切ったら、あらかじめ決められた一定量を補充するプル型の補充方式である。
→図表７-１-１

不定期定量補充方式は、比較的安価で、需要量が安定しており、補充

図表７-１-１ ●不定期定量補充方式の在庫の動き

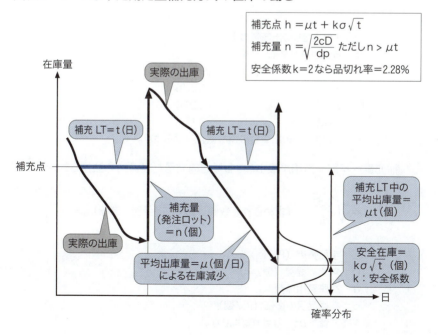

リードタイム（補充LT）が短い品目に適している。補充点と補充量が適切ならば、あまり手間をかけなくても、適正在庫を維持することができる。管理が簡単なため、情報システムがなくても運用できる場合もある。

　一方、設定した補充点と補充量は、需要の状況に応じて定期的に見直す必要がある。この見直しを怠ると、在庫が必要以上に増えたり、品切れを起こしたりする。

② 補充点と補充量の設定

　補充点と補充量は、基本的に次の数式で算出される。なお、年間総費用が最小となる最適補充量は、一般的に経済的発注量（EOQ：Economic Order Quantity）といわれている。

補充点＝補充リードタイム中の出庫量の平均＋安全在庫

　　　＝１日当たりの出庫量の平均×補充リードタイム＋安全在庫

　　　$= \mu t + k\sigma\sqrt{t}$

μ：１日当たりの出庫量の平均
t：補充リードタイム（補充LT）
k：安全係数　　　　　　　品切れ率
　k＝1　　　　　　　　　15.87％
　k＝2　　　　　　　　　2.28％
　k＝3　　　　　　　　　0.13％
σ：１日当たりの出庫量の標準偏差（ばらつき）

補充量＝年間総費用が最小となる最適補充量（経済的発注量ともいう）

　　　$= \sqrt{\dfrac{2cD}{dp}}$　（求められる数値はあくまで目安である）

c：手配費用（円／回）
D：年間需要量（個／年）
d：在庫費用係数
p：在庫品目の単価（円／個）
※補充量＞μtでなければならない

③　不定期定量補充方式の運用方法

　不定期定量補充方式を実務で運用する方法のうち、代表的な例を紹介する。

1）補充点方式（発注点方式）

　補充点方式（発注点方式）とは、在庫量が補充点を切ったら（下回ったら）、決められた補充量を補充手配する方式である。不定期定量補充方式の基本的な運用方法である。一般に、在庫量が補充点を切ったという情報は、WMS（Warehouse Management System）の在庫データから得ることができ、この情報をもとに補充手配を行う。より簡単な方法として、在庫品の補充点の区切りになる場所に矢印や線引きで示すことや、補充手配かんばん（在庫補充の指示を記載した票）を差し込むことで、在庫量が補充点を切った情報を実在庫から得る方法もある。

2）ダブルビン方式（ツービン方式）

　ダブルビン方式（ツービン方式）とは、在庫を2山に分け、片方の山の在庫を出庫し、その山の在庫がなくなったら、もう1山から出庫すると同時に1山分の補充手配を行うものである。残った1山から出荷している間に、1山分の在庫が補充される。このように在庫を2山管理し、交互に出庫し、補充する。この結果、補充点と補充量が同量になる。

　大物品（容積がかさばる品物）は、在庫エリアを2区画に分けたり、小物品（軽量で容積の小さい品物）は、バケット（トレーなどの収納容器）などの容器2つに入れたりなどして、このダブルビン方式を運用できる。バケットの空容器は補充手配用のかんばんの代わりに使うことができる。

　応用として、2山管理の代わりに、3山、4山と山数を増やすこともできるが、管理の手間を考慮すると、あまり山数を増やさないほうがよい。

　この方式は、在庫の現物によって補充点が目に見えることがメリットであり、情報システムの助けを借りないで運用することも可能である。そのため、在庫管理に手間をかけたくないCランク品は、この方式で管理することが多い。

第7章 ● 在庫管理の計画

3）かんばん方式

かんばん方式とは、複数枚のかんばん（品名・品番・保管場所などが記載されている商品管理カード）を用意し、1枚のかんばんに定量の補充量を割り当てる方法である。1枚分の出庫があったら、かんばんで決められた定量を補充する方式である。小刻みに在庫が補充できる。かんばん枚数を適切に設定すれば、あまり手間をかけなくても、適正在庫を維持することができる。管理が簡単なため、コンピュータの情報システムがなくても運用できる。

一方、設定したかんばん枚数は需要の状況に応じて定期的に見直す必要がある。この見直しを怠ると、在庫が必要以上に増加したり、品切れが生じたりする。

Column ☕ コーヒーブレイク

《補充点と補充量の計算例》

補充点と補充量の計算例を見てみよう。

A製品の需要等のデータは以下のとおりであった。

1日当たりの出庫量の平均：$\mu = 48.8$

1日当たりの出庫量の標準偏差：$\sigma = 18.4$

補充リードタイム：$t = 7$日

安全係数：$k = 2$

年間需要量：$D = \mu \times 365 = 17{,}812$

在庫費用係数：$d = 0.25$

在庫品目の単価：$p = 1{,}000$円

1回当たりの補充手配費用：$c = 2{,}000$円

これらのデータを前述の数式に代入すると、

安全在庫＝97

補充点＝439　数字を大きめに丸めて→450（梱包単位を50とした場合）

補充量＝534　数字を小さめに丸めて→500（梱包単位を50とした場合）　とすると、

平均在庫＝補充量÷2＋安全在庫＝347……在庫保有日数＝7.11日となる。

第1節 ● 在庫管理方式の種類

かんばん1枚に割り当てる個数は、補充の手配費用と在庫費用の和である年間総費用が最小となる最適補充量を参考にし、補充手配に好都合な量（ロット）に設定する。たとえば、梱包単位、加工ロット、コンテナに入る個数、等がよく使われる。

かんばん枚数を設定するためには、まず、補充点を決める。そして、かんばん枚数は〔補充点÷かんばん1枚の割当個数〕を計算し、端数を切り上げた枚数とする。平均在庫は〔かんばん割当数÷2＋安全在庫〕となる。

かんばんには、品名、かんばん1枚の割当数、かんばんの総枚数、補充元、補充リードタイム、保管ロケーション（補充先）、などを記述する。現品の表示とともに、補充指示機能を持つ。

かんばんは、在庫を抑え、サービスレベルを維持するジャスト・イン・タイム・サービスの強力な手段である。運用のルールを決めて、運用する人すべてがルールを守ることが要求される。

（3）定期不定量補充方式
① 方式の概要と特徴

定期不定量補充方式は、定期的に補充必要量を計算して補充するプッシュ型の補充方式である。補充量は一定でなく、計算の結果変動する。この方式は、比較的高価で需要量の変動をある程度高い精度で予測できる品目に適する。需要予測が正確ならば、補充リードタイムが比較的長い品目でも在庫量を最小限に抑えることができる。

定期補充間隔は、毎日・毎週・毎月という例が多いが、週に2〜3回や月に2〜3回という例もある。

一方、需要予測が大きく狂った場合、過剰在庫や品切れを起こす危険がある。また、補充必要量の定期的計算には、情報システムの支援が必要となる。品目数が多い場合、補充必要量の計算と補充手配の事務が煩雑となり、小刻みな間隔で補充すると費用がかさむ。

② 補充量と補充間隔の決め方

補充量は、補充リードタイムと補充後の補充間隔の間の需要予測量（出庫予測量）に安全在庫量を加えた補充必要量から、現在の在庫量と手配済み補充量（発注残）を差し引いた量となる。

式で表すと以下となる。

補充量＝{(補充リードタイム＋補充後の補充間隔)の需要予測量＋安全在庫量}－(現在の在庫量＋手配済み補充量)

補充必要量（需要予測量と安全在庫量）は販売計画や生産計画から決める場合と、1日当たりの出庫量の平均と標準偏差、補充リードタイム、補充間隔から求める場合がある。→図表7-1-2

補充必要量＝需要予測量＋安全在庫量＝$\mu(t+T)+k\sqrt{t+T}\delta$

　　μ：1日当たりの出庫量の平均

図表7-1-2●定期不定量補充方式の概念図

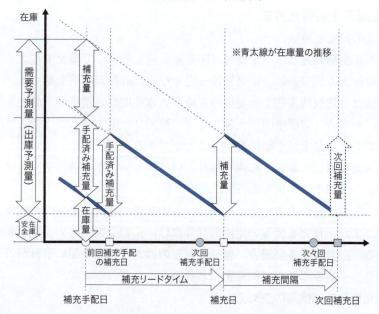

第1節 ● 在庫管理方式の種類

t ：補充リードタイム
T ：補充後の補充間隔
k ：安全係数
$δ$ ：1日当たりの出庫量の標準偏差

　補充間隔は、不定期定量補充方式における年間総費用が最小となる最適補充量を平均補充量とみなし、年間総需要量から補充間隔を求めることができる。

補充間隔（日）＝365÷（年間総需要量÷平均補充量）

　したがって、平均補充量が500、年間総需要量が17,812ならば、補充間隔は10日となる。

　運用を簡素化する目的で、補充間隔は1品目ごとではなく、アイテムをグルーピングしてグループごとに同一の補充間隔とすることが多い。その場合、グループ内の在庫金額の大きい主要品目で補充間隔を決めるとよい。また、コンピュータ処理のサイクルに合わせる場合もある。

③ 定期不定量方式の運用方法

1）MRP方式

　定期不定量補充方式はほとんどの場合、コンピュータシステムを使って補充量計算を行う。その中で生産部門において部品・原材料の在庫管理によく使われているのがMRP（Material Requirement Planning＝資材所要量計画）である。製品の部品・原材料構成と、各部品・原材料の調達（補充）リードタイムを登録しておき、生産計画に従って各部品・原材料の所要量計算を定期的（多くの場合、週1回）に行う。調達リードタイム、在庫量、発注残と所要量から各部品材料の手配を行う。

　パッケージソフトも多く市販されており、多くのメーカーで部品・原材料の補充手配に採用されている方式である。

　ただし、対象製品や構成部品・原材料が多くなると、コンピュータの負荷が大きくなる。また、部品・原材料の基礎データ（構成表、調達リードタイム、等）のメンテナンスに手間がかかる。比較的高価なモノに

はMRPを採用し、安価な品目には不定期定量補充方式を採用し、運用を分けるのが望ましい。

（4）不定期不定量補充方式

不定期不定量補充方式は、補充量や補充間隔を決めない方式であり、都度補充方式ともいわれる。大きく分けて3つの形態がある。

1）出庫が確定しているだけ補充

出庫が完了すると在庫が残らないプル型の補充方式である。例として、顧客から注文を受けたモノを受けただけ顧客に納入するまで在庫する例や、受注生産品の部品・原材料を必要なだけ購入補充する例がある。製番方式ともいわれ、製品を完成させ納入したら在庫は残らない。

Column　コーヒーブレイク

《MRPを離島に住む家庭の卵の補充方式に適用してみよう》
補充の前提条件は以下のとおりとする。
卵の消費期限は無視する。

　　補充リードタイム：t＝7日（注文してから1週間）
　　補充頻度：2回／週（月曜日と木曜日に注文1週間後に補充される）10個入りのパックで補充する
ある月曜日の注文は以下のように行う。
　　冷蔵庫の中の卵の数を確認する：12個（先週の月曜日に注文した卵を受け取る前の在庫量）
　　先週の月曜日と木曜日に注文した個数：月曜日10個、木曜日10個、計20個
　　　（来週月曜日までに入荷する手配済み補充量となる）
　　今日から来週の水曜日までに計画している卵の使用計画数：44個
　　　（今日注文した卵が入荷した後、その次の木曜日に注文した卵が入荷する
　　　前日までの使用予定数（補充必要量））
　　卵の注文数（補充量）＝卵の使用計画数44－（在庫量12＋手配済み20）＝12個
パック単位に丸めて、20個を注文（補充）する。

第1節 ● 在庫管理方式の種類

しかし、顧客からの受注が変更になったり、設計変更で使用する部材が変更されたりすると、使われない在庫が死蔵在庫、つまり出荷のない在庫として残る。

2）一定の在庫量を持ち、出庫したら出庫しただけ補充

一定の在庫量を持ち、出庫したらその数だけ補充手配するプル型の補充方式である。毎日補充手配した商品が納品されるとすると、初期在庫量の設定は以下の式となる。

$$都度補充方式の初期在庫量＝\mu t+k\sigma\sqrt{t}$$

また、最初に補充手配した分は補充リードタイム後に納品されるので、初期在庫からだんだんと在庫が少なくなり、最終的には納品時の在庫は補充手配された1日の出庫量 μ と安全在庫となる。したがって、平均在庫量は以下の式となる。

$$都度補充方式の平均在庫量＝\frac{\mu}{2}+k\sigma\sqrt{t}$$

μ：1日当たりの出庫量の平均
t：補充リードタイム
k：安全係数
σ：1日当たりの出庫量の標準偏差

この方法は状況によっては補充手配回数が多くなるが、小刻みに在庫が補充されるため、在庫量を低く抑えることができる。

3）補充点と最大在庫量を設定し、補充点を切ったら現在の在庫量と最大在庫量の差を補充

発注点方式の変形となるこの方法は、ミニマックス方式といわれ、出庫量の変動の大きい品目に向いている。最大在庫量は一般に、〔安全在庫量＋出庫の何日分〕というように設定する。最大在庫量を一定とした場合は2）と同様にプル型の補充方式であるが、需要予測と組み合わせて、予測値に合わせて最大在庫量を変動させている事例もあり、この場合はプル型とプッシュ型の両方の特徴を持った補充方式となる。

289

2　在庫の分類

(1) 在庫の分類と特性

　在庫は、5つの状態（部品・原材料、仕掛品、半製品、製品、商品）と、顧客に届けられるまでの2つの段階（製造段階、流通段階）に分類することができる。

　一般的に、製造段階では4つの状態（部品・原材料、仕掛品、半製品、製品）の在庫があり、流通段階では主に商品在庫がある。そして商品在庫であっても、販社・代理店・卸売業者での在庫や、小売店での在庫がある。→図表7-1-3

① 製造段階での在庫の分類と特性

1）部品・原材料在庫

　部品・原材料在庫とは、製品を作るための部品や原材料の在庫である。

図表7-1-3●在庫の分類の概念図

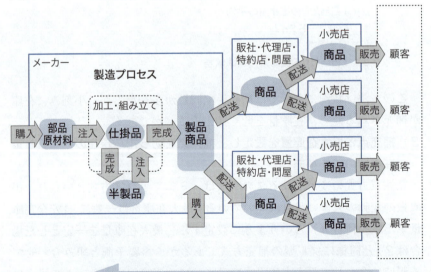

部品や原材料を加工したり、組み立てたりすることによって製品となる。また、これらを購入することによって在庫が補充され、加工工程や組み立て工程の必要に応じて出庫され、製造工程の仕掛品に注入される。

なお、部品の素材として原形をとどめていないものを「原料」、とどめているものを「材料」とすることが多い。

2）仕掛品在庫

仕掛品在庫とは、製造工程の中で、加工工程ないし組み立て工程の品物（仕掛品）の在庫である。部品・原材料もしくは半製品より在庫が補充され、製造工程で完成して出るときは半製品または製品となる。

3）半製品在庫

半製品在庫とは、製品としては完成していないが、部分完成している中間製品の在庫である。最終製品の構成要素であるユニットやモジュールが、半製品として在庫される例が多い。製造工程の仕掛品の半製品完成によって在庫が補充され、製造工程の必要に応じて出庫され、製造工程の仕掛品に注入される。

なお、さきの「仕掛品」とは販売できない製造途中の状態であり、「半製品」は販売できる状態である。

4）製品在庫

製品在庫とは、完成品で顧客に販売できる状態になった在庫である。製造工程の仕掛品から製品完成によって在庫が補充される。そして、顧客の注文に応じて出庫される。

5）商品在庫

完成品であっても社外から仕入れたものは商品在庫となる。商品を購入することによって在庫が補充され、顧客の注文に応じて出庫される。

製造段階での在庫は、加工・組み立て工程を経るにつれ価値が高くなるので、完成品の状態で在庫するほうが、部品・原材料の状態で在庫するよりも棚卸資産金額が低くなる。したがって、在庫はできるだけ部品・原材料の状態で持つことがよいことになる。

② 製造段階と流通段階での在庫の分類

1）製造段階での在庫（メーカー在庫）

　製造段階での在庫（メーカー在庫）とは、製品を製造したメーカーが在庫しているものである。在庫している物流センターは、製品により製造した工場もしくはその近傍にあることもあれば、顧客のいる消費地に近いこともある。

2）流通段階での在庫（流通在庫）

　流通段階での在庫（流通在庫）とは、製造段階と顧客をつなぐ段階として、販売会社・代理店・特約店・問屋・小売店などが在庫しているものである。顧客の要求に即座に応じるため、顧客に近いところにメーカー等から仕入れた商品在庫を配置することが多い。

（2）在庫の保有期間（滞留期間）による分類

　在庫の保有期間（滞留期間）とは、原材料や製品の在庫されている日数である。保有期間の長短は、原材料や製品、そして企業の方針（リスクに対する備蓄など）によっても変化するので、一概にはいいにくいが、一般的に平常時であれば短い在庫の保有期間が望まれる。

　一般に、保有期間の短い在庫は回転率が高く、在庫の鮮度も高くなる。保有期間の短い在庫品目は、需要と供給のバランスがとれているといえる。このような品目は通常の在庫管理方式を実施しながら保有期間の状況を監視し、保有期間が適正に維持されるように管理する。

　一方、保有期間の長い在庫は回転率が低く、在庫鮮度も低い。保有期間が長い在庫は、最終的に死蔵在庫となり損失を生む可能性が高い。そのため、各在庫品目の保有期間をいくつかに区切って管理し、保有期間の長いものは、補充を制限して在庫量を減らし保有期間の短縮に努める必要がある。需要がほとんどなく、補充を止めても保有期間が短縮できそうもない在庫品目は叩き売りや、廃却により消滅させるしか方策がなくなる。

（3）在庫の配置（拠点数、階層数）の考え方

　全国の顧客に商品を供給し、そのサービスレベルを維持するために、全国に在庫を保有する拠点（在庫拠点）が展開されている。きめの細かいサービスを実現するためには、図表7-1-4左側に示すようにピラミッド型に流通在庫が配置されることが多い。メーカー→販売会社→代理店・特約店→問屋→小売店と、商流（所有権の移動）に従って多階層に在庫があり、同時に末端に行くほど多数の在庫拠点が存在する。

　一般的に、在庫拠点の数が増えるほど、在庫コストと拠点コストが増加するが、配送コストは減少する。逆に、在庫拠点の数が少ないほど、在庫コストと拠点コストが減少するが、配送コストは増加する。そのため、在庫拠点の数は、総物流コストが最も少なくなるように設定するこ

図表7-1-4●在庫配置の削減の概念図

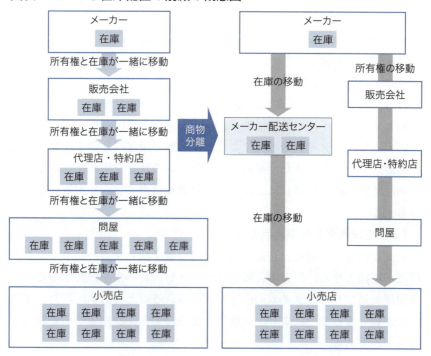

第7章 ● 在庫管理の計画

とが多い。

　具体的には、2つの方法が考えられる。1つは、各拠点で重複して在庫を持つため在庫量が増大するため、在庫削減を重視して、図表7-1-4右側に示すように商流と物流を分離（商物分離）し、在庫の階層と拠点数を減らす方策である。もう1つは、配送の短時間化を重視して、拠点を増やす方法である。

3　在庫削減の方策

　在庫削減のための方策には、以下の4つがある。なお、これらの方策は、在庫削減の一方で配送などに影響を与えることも多く、いわゆるトレードオフの関係がある。このため在庫削減の方策を実施する際には、配送など他への影響を考慮する必要がある。

（1）小刻みな補充

　小刻みな補充により、納品先での在庫削減が可能になる。一方で、多頻度配送による輸送回数の増加および1回当たりの輸送量の減少により、輸送効率の低下やCO_2排出量の増加も考えられる。

（2）補充リードタイムの短縮

　補充リードタイムの短縮により、納品先での在庫削減が可能になる。一方で、リードタイムの短縮により、配送費の増加や非効率な車両の運行のおそれがある。また、補充リードタイムの長さを生かした納品先との納品時間の調整や曜日による配送量の調整（平準化）が困難になることもある。

（3）在庫階層と在庫拠点の削減

　商流と物流を分離し、在庫の階層と拠点数を減らすことにより、在庫削減が可能となる。一方で、顧客へのサービスレベルを維持するために、多頻度配送やリードタイムの厳守を求められることもある。また、配送距離が長くなることにより、運転手の労働時間および拘束時間が増加するおそれがある。

第1節 ● 在庫管理方式の種類

（4）完成品の在庫や小売店などでの在庫の削減

メーカーは、補充リードタイムの許す限り、完成品（製品）の状態で在庫せずに、生産途中で部品・原材料在庫のまま在庫を持つことが考えられる。また、流通在庫も小売店より流通センターへ、さらにメーカーへ集めることで、流通在庫を削減することが考えられる。一方で、リードタイムが長くなる可能性もあり、急な発注に応じられないこともある。

4 在庫ポイントと延期・投機戦略

（1）見込み生産と受注生産における在庫の特性

工場などで物流センターや店舗などを経て消費者に届く製品は、原材料・部品または半製品が「調達」され、製品が「生産」され、製品が「販売」される。

このときメーカーは、製品の受注時点と生産時点の関係から、受注前に生産するか（見込み生産）、受注後に生産するか（受注生産）を決めなければならない。このとき在庫の保有対象は、見込み生産であれば「製品在庫」になり、受注生産であれば「部品・原材料在庫、仕掛品・半製品在庫」ということになる。

（2）デカップリング・ポイント（Decoupling Point）（在庫ポイント）

デカップリングとは、「生産工程において、前の工程と後の工程を切り離すこと」である。そして、工程を切り離したポイント（デカップリング・ポイント（在庫ポイント））で在庫を持つことになる。→図表7-1-5

サンドイッチの生産販売で考えたときのデカップリング・ポイントは、小麦粉を在庫しておき、注文後にパンを焼く場合、部品・原材料在庫である。パンを焼いて在庫しておき、注文後にサンドイッチを作るなら、半製品在庫である。あらかじめサンドイッチを生産しておく見込み生産

295

では、製品在庫になる。

(3) 延期戦略と投機戦略

経営戦略に基づき生産方式と在庫ポイントを決めるときは、「延期戦略」と「投機戦略」がある。

延期戦略（ポストポーンメント）とは、「過剰な生産や在庫を避けるために、発注量が確定するまで製品の生産や在庫のタイミングを遅らせる考え方」である。このため、リードタイムが長くなるリスクがあるが、生産量の変動を小さくし在庫量を削減しやすくなる。この延期戦略に従えば、「原材料在庫、受注生産」ないし「半製品在庫、受注生産」となる。

投機戦略（スペキュレーション）とは、「欠品防止や迅速な供給のために、発注量が確定していなくとも、予測や計画に基づいて生産しておき、これを在庫する考え方」である。このため、売れ残りや在庫量が増えるリスクはあるが、注文にただちに応じられるのでリードタイムは短くなる。この投機戦略に従えば、「見込生産、製品在庫」となる。→図表7-1-5

図表7-1-5 ●製品特性に基づく在庫ポイントの選択方法

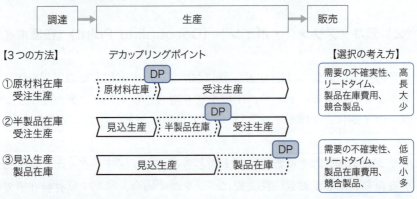

出所：苦瀬博仁編『サプライチェーン・マネジメント概論』白桃書房、2017年

第2節 ● 需要予測

第 2 節 需要予測

学習のポイント

◆需要予測は、生産計画や販売計画においても重要であるが、在庫管理の計画でも重要である。ここでは、需要変動の要素や留意点を学ぶ。

◆需要予測手法として多く使われているものとして、移動平均法、指数平滑法、相関分析、回帰分析などを学ぶ。

1 需要予測の概要

(1) 需要予測の目的

　需要予測は、在庫の補充方式を決め、安全在庫量を設定し、在庫削減の方策を実行するために重要である。なぜならば、需要量の大きさと需要変動の度合いが、在庫補充方式の決定、補充リードタイム、安全在庫量の設定、補充量、補充頻度などを決めることになるからである。そして、長期的には、物流センターの配置を決める重要な項目になるからである。この結果、適切な需要予測により、在庫補充方式から物流拠点の配置に至るまで、適切な将来の計画を立てることができる。

　しかしながら、需要予測は必ず当たるとは限らない。また、予測精度を高めるために、全品目の在庫状況を常にきめ細かく監視すると、膨大な管理の手間と費用がかかる。そこで、業務を簡素化する必要が生じる。

　具体的には、品目ごとの在庫の状況が正常である数値の範囲（管理範囲）を決め、その範囲に入っているときは正常と判断する。しかし、管理範囲を外れたときには異常の発生として警報を出し、対策をとること

297

になる。このように正常と異常の定義を決め、異常値となったものを管理することを異常値管理という。

異常値管理の指標は、品切れ率や在庫の保有期間が代表的である。在庫管理の実務を行うにあたっては、需要予測をもとに設定された品切れ率や在庫の保有期間や補充リードタイムなどについて、正常値の管理範囲を決めておき、管理範囲から外れたときには異常値が発生したと判断して、需要予測を見直す。

（2）需要変動の要素

需要は、何も原因がなくても不規則に変動する。このため、品切れを避けるためには、想定される平均的な需要より多めの在庫を設定することになる。

この一方で、下記のような明確な要因によって、需要が規則的に変動することもある。

① 季節変動

季節によって、需要は変動する。エアコンは夏季に需要が増加し、冬季は減少する。クリスマス、年末、新入学前には、家庭用品や文具の需要が増加する。企業や官公庁の会計の区切りとなる決算期末（9月、3月が一般的）には、建設やシステム物件関係の需要が増大する。また、月次勘定の締めの月末にも需要が増大する傾向がある。

② 曜日変動

1週間の曜日によって、需要は変動する。小売の需要は買い物客の多い土曜・日曜に多く、それを引き継いで月曜・火曜に問屋やメーカーなどへの需要が増加する。

③ 商品ライフサイクル（プロダクト・ライフサイクル）

商品（製品）のライフサイクルによって、需要は変動する。新商品として発売し、市場に受け入れられた商品の需要は増加し、高い状態が続くが、類似商品やより斬新な商品が市場に投入されてくると、次第に需要が減少する。

第2節 ● 需要予測

市場が必要としている商品は、常に変化する。長い間市場に受け入れられる商品もあれば、大ヒット商品となりながら短期間で市場から消える商品もある。

④　景気変動

需要は景気の影響を大きく受ける。景気がよくなれば需要は膨らみ、悪くなれば需要が縮むことは説明を要しないだろう。景気は社会の動きに影響を受ける。

⑤　販売促進による変動

キャンペーンや特売などの販売促進策は、需要を大きく変動させる。予測対象の商品そのものの販売促進策のみではなく、類似商品、さらには他社商品の販売促進策も需要に影響する。また、販売促進策終了後に需要の落ち込みが起こる場合もある。

販売促進策による需要予測は、後述の需要予測手法とは別に行うことが一般的である。具体的には、①販売促進のタイプ別に需要変動の傾向を収集・分析しておく、②販売促進の計画をなるべく早期に把握する、③計画されている販売促進のタイプに応じ、需要の変動を予測する、といった手順を踏む。

（3）需要予測手法の概要

需要予測の手法には、以下のような方法がある。→図表7-2-1

①　過去の実績と変動要素で予測する方法

時系列データを将来に外挿して予測する手法である。比較的長期に過去の需要実績がある場合に有用な手法である。類似品の予測にも使われる。過去のデータを外挿するために、移動平均法や指数平滑法などが使われる。→本節**2**

過去の実績をもとに予測するため需要の変動傾向が安定している場合は比較的精度が高く、品目別の需要予測に使われる。

②　計画を積み上げて予測する方法

過去の類似品の需要実績がない新商品や、新しいジャンルの商品の場

合は、各種の計画を積み上げて予測する。ここでの各種の計画には、需要先の生産計画や販売計画、営業の販売計画、顧客や販売店へのアンケート調査、マーケットリサーチによる調査などがある。

計画や予測に依存するため、①ほどの精度は期待できないが、類似品の実績がない場合や、新しい市場に参入するときに必要な手法である。

③　経済指標や景気指標から予測する方法

GDP、人口、物価指標、工業出荷指数、失業率、先行指標などといった需要に与える変数との相関を活用して、経済指標や景気指標と需要の相関分析や回帰分析を用いて需要を予測する。

分野別の商品の中長期的なマクロな予測に使われる。たとえば、半導体や薄型カラーテレビの市場全体での年度別需要予測は、この方法で行われる。

なお、近年は、経済指標や景気指標のほかに、気象情報を活用した食

図表7-2-1●需要予測の方法

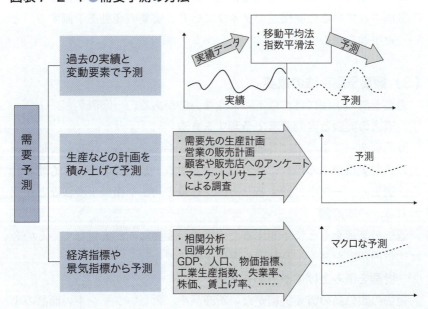

第2節 ● 需要予測

品の短期的なミクロな需要予測も行われており、消費者の購買行動を詳細に分析できるようになっている。さらには、より精度よく消費者の購買行動を予測するために、SNS（Social Networking Service）上の会話を活用する試みなどが行われている。

（4）需要予測システムの留意点

在庫管理の実務における需要予測システムは、日常業務に適用されるものである。そのため以下のような留意点がある。

① 日常的にデータが入手できること
② 予測理論が明確で、簡便であること
③ 管理限界を設けることで、異常値管理ができること
④ 管理限界を予測の変化に合わせて簡単に見直せること

需要予測システムは、需要の過去の実績と変動要素を分けて設計するのが一般的である。

最近ではSCP（サプライチェーン・プランニング）という名称で、需要予測のソフトウェア・パッケージが複数社から販売されている。それらを活用する方法もある。その場合は、パッケージによって使用している需要予測手法が異なるため、いくつかの品目で試し、自社商品に最も適したものを選定することが肝要である。

（5）需要予測のステップ

需要予測を行いその結果を活用するステップは、以下のとおりである。

① 予測する対象の品目、もしくは品目群を決める
② 対象品目、もしくは類似品目の過去の需要実績を入手する

需要の平均値、偶発変動（標準偏差）、季節変動、期末・月末の増加、曜日変動、商品市場の伸びなどの実績データを入手する。

③ 得られたデータをもとに需要を予測する

変動要素と実際の需要実績の関係を相関分析や回帰分析などを使って需要変動に有効な変動要素を決め、変動要素を加味した需要予測を

301

行う。

④　需要予測結果をもとに在庫管理の諸元を決める

得られた需要予測を基に以下のことを決め、在庫管理を運用する。

・在庫補充方式
・安全在庫：変動要素に合わせて変動が必要
・補充リードタイム
・補充量と補充間隔
・在庫量を正常とする管理限界：異常値管理のために必要

2　需要予測に使われる手法

需要予測に使われる手法はいろいろあるが、ここでは代表的な4つの手法を紹介する。詳細は需要予測の専門書を参照されたい。

（1）移動平均法

移動平均法は、過去数日から1カ月程度の間の需要の平均値をとることで、偶発的な変動を吸収して需要曲線をなだらかにする。日々の需要実績は偶発的変動によって凸凹があり、そのままでは需要動向を把握しにくいことがあるので、移動平均法を利用することにより、需要の動向を見やすくできる。

たとえば、季節変動や曜日変動がある場合は、それらの変動が周期的に繰り返す期間の需要の平均値をとる（平滑化という）ことによって、短期的な変動の影響をなくすことができる。これにより、需要が増加しているのか、それとも減少しているのかといった長期的な需要の動向（トレンドという）を判断できる。なお、平均する期間が短いと変動の吸収ができず、需要の増減傾向がわからなくなる。→図表7-2-2

在庫の保有期間を計算するときにも、需要の日々の変動を平滑化するために需要の移動平均が使われる。

なお、上記の移動平均法の応用として、加重移動平均法（新しいデー

図表7-2-2 ●移動平均の事例

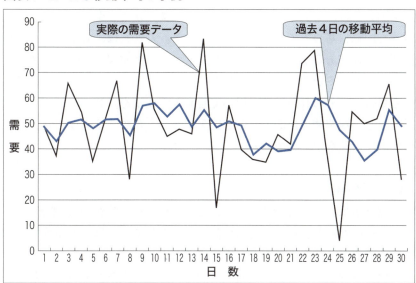

タの比率を大きく、古いデータの比率を小さくして、平均を求める方法）を用いることも多い。

（2）指数平滑法

　指数平滑法は、過去の実績値に0から1までの指数を用いて重みを付け、将来的な需要を予測する手法である。重みは、直近の実績値ほど大きく、古い実績値ほど小さくなるように付けられる。これは、直近の実績値ほど将来の予測値に与える影響が大きいという考え方によるものである。また、指数平滑法にはいくつかの種類があり、移動平均法とよく似たものから需要の増減傾向や周期的な変動まで考慮できるものまである。短期的な予測では精度が高いことから、季節性のあるモノや商品ライフサイクルの短いモノに使われている。

第7章 ● 在庫管理の計画

（3）相関分析

　相関分析は、複数のデータの間に関係があるかどうかを分析し、分析された関係に基づいて予測する手法である。たとえば、気温とビールの需要に関係があるかどうかを分析したりする。散布図にデータをプロットし相関があるかないか、正の相関か、負の相関かを分析する。相関がある場合、求められた係数を用いて将来の需要量を計算する。

　ただし、相関関係があることと因果関係があることは違うので、原因の解明には注意が必要である。

（4）回帰分析

　回帰分析は、回帰式（例：$y = ax + b$）において、需要（目的変数、y）に対し相関があるデータを説明変数（x）として、回帰式の係数（a、b）を求めて、需要を予測する手法である。

　需要（目的変数）を表す回帰式において、説明変数が1つの場合には1次式となるので、直線回帰または単回帰分析という。説明変数が複数の変数の場合は、重回帰分析という。回帰式における係数（a、b）を求める方法として、各データと回帰式の誤差が最小となるように、各誤差の二乗の和を最小とするように計算する最小二乗法がある。

　なお、回帰分析における回帰式は、過去のトレンドの延長で求めることになる。このため、需要が右肩上がりといった一定の変化傾向のときには多用されるが、社会構造が大きく変わる場合には当てはまらない場合も多い。

304

第3節 ● 在庫分析手法

第 3 節 在庫分析手法

学習のポイント

◆パレート（ABC）分析は、在庫配置、生産・調達方式の選択、在庫管理方式の選択などに活用される。
◆在庫鮮度分析は、余剰在庫や死蔵在庫を見いだすことで、在庫処分対象品の選定、取り扱い品目削減などに活用される。

1 パレート（ABC）分析の活用

パレート（ABC）分析とは、需要によって品目をそれぞれAランク、Bランク、Cランクに分類するものである。

パレート（ABC）分析の結果は、在庫配置、生産・調達方式、品目削減などの各所で活用されている。

ここでは、横軸に売上げの多い順に品目を記載し、縦軸を売上高と、売上比率の累積比率とする。そして、売上げの累積比率80％（ないし70％）を占める品目をAランク、次の80％から95％（ないし70％から90％）を占める品目をBランク、その他のCランクとする。→図表 7 - 3 - 1

（1）Aランク品
① 在庫配置

Aランク品は需要量の80％程度を占め、品目数は少ないが、1品目の需要の量・頻度とも大きい。そのため、サービスレベルを上げる目的で需要先に近い場所に在庫し、需要に対し即座に対応するのが一般的である。

また、Aランク品は売上げ全体に占める比率が高い「売れ筋」商品な

305

第7章 ● 在庫管理の計画

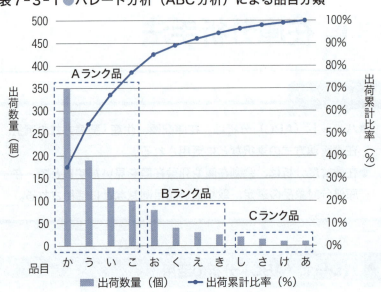

図表7-3-1 ● パレート分析（ABC分析）による品目分類

ので、欠品すると顧客が来店しなくなるなど他品目の売上げにも影響して、大きな機会損失を招くおそれがある。

しかし、Aランク品は出荷が多い分、在庫金額も多くなる。Aランク品を多くの在庫拠点で在庫すると、ますます在庫量が増加する。要求されるサービスレベルと全体の在庫量をよく見極めて、最小限の在庫拠点数にすることが望まれる。

在庫拠点内の在庫配置においては、入出庫の多いAランク品を入出庫口の近くの最も作業がしやすい場所に保管する。これにより荷役の効率を上げることができる。

② 生産・調達方式

Aランク品の生産および部品・原材料調達は、需要予測に基づいた見込み生産・調達方式が一般的である。しかし、予測が外れると過剰在庫や品切れを引き起こす。出庫された量だけを生産・調達する在庫補充生産・調達方式で需要の変動に対応することも考慮する必要がある。

第3節 ● 在庫分析手法

③ 在庫管理の留意点

Ａランク品が、いつまでもＡランクであるとは限らない。商品の需要の変化を監視する必要がある。定期的にパレート（ABC）分析を実施し、ランクの見直しをする必要がある。特に急速な需要の減少は、過剰在庫、死蔵在庫を引き起こしやすいので、需要状況を１品目別に監視する。

Ａランク品の在庫補充は、頻繁に出庫するからこそ在庫切れを起こさないように、定期不定量発注方式ないし不定期定量発注方式により、在庫不足分を補充することが多い。

（2）Ｂランク品

① 在庫配置

Ｂランク品は、需要量の15％程度を占める。Ａランク品に比べ品目数は多いが、１品目当たりの需要量は大幅に小さくなる。そのため分散して在庫しないで、生産・調達地点に近いところに在庫を集約する。そして需要に対しては、補充リードタイム（配送時間など）を短くしてサービスレベルを維持する。

サービスレベルが維持できれば、在庫を持たずに、需要に応じて生産・調達して供給することもできる。

② 生産・調達方式

品目数が多く１品目当たりの需要量が少ないので、見込み生産・調達は過剰在庫のリスクが大きい。そのため、在庫補充生産・調達が一般的である。さらに一歩進んで無在庫で、受注組み立て生産 **Key Word** によって需要に応える方式もとられている。

Key Word

受注組み立て生産──製品を在庫しないで、代わりに製品を構成する部品・原材料・モジュール・ユニットを需要予測に応じて在庫する。実需要（受注）があったら即座に組み立てて供給する方式である。客の注文に応じてその場で握る寿司はよい事例である。BTO（Build to Order）ともいわれる。

307

③　在庫管理の留意点

　Bランク品は品目数が多いので、異常値管理を行う。在庫の保有期間の管理限界を決め、管理限界から外れたら異常値として対応する。生産・調達の停止により在庫が急増することを防止する。

　Bランク品の在庫補充は、あまり出庫しない品目のため、販売されて在庫が少なくなったときに発注することになるので、不定期不定量発注方式が多い。

　Bランク品には、Aランク品がライフサイクル衰退期に入ったもの、逆に新商品がライフサイクル成長期に入ったものもあり、売行き・在庫の動向を注視する必要がある。

（3）Cランク品

①　在庫配置

　Cランク品は需要量の5％程度しかないが、品目数がA・Bランクに比べ圧倒的に多いのが一般的である。1品目当たりの需要はほとんどないため、できれば在庫を持たないほうがよい。サービスレベルの関係で在庫を持たざるを得ない場合も、在庫量を極小に抑え、また在庫拠点も集約する。

②　生産・調達方式

　Cランク品は、可能ならば受注生産方式、受注組み立て生産方式とし、需要が確定してから生産・調達を行うことが望ましい。

③　在庫管理の留意点

　Cランク品は1品目当たりの需要が非常に小さい。できれば在庫を持ちたくないが、Aランク、Bランクから需要の減少によって、在庫を持ったままCランクに落ちてきた品目も多い。その中には、在庫はあるが需要がないという死蔵在庫が多くある。Cランク品は需要がほとんど見込めないため、在庫を処分し管理すべき品目を削減する必要がある。

　Cランク品の在庫補充は、ほとんど出庫しない品目だからこそ、出庫して在庫がなくなったときに必要な量を発注するので、不定期不定量方

第3節 ● 在庫分析手法

式となる。

在庫を持たざるを得ない場合は、ダブルビン方式をとるなど、在庫管理業務を軽減する。

2 在庫鮮度分析の活用

在庫鮮度分析とは、在庫滞留時間の長い余剰在庫、入庫と出庫がない死蔵在庫を抽出する分析である。需要が見込めないこれらの在庫は、以下のステップを踏んで処分する。

① 正常在庫から分離抽出する

余剰在庫、死蔵在庫を在庫拠点内の1カ所に集約したり、余剰・死蔵専用の在庫拠点に集約したりする。1カ所に集め、余剰在庫や死蔵在庫であることを明示し、誰が見てもわかるようにする。

② 処分方法を決める

余剰在庫、死蔵在庫の処分方法には以下の方法がある。そのうちのどれか、もしくは複数の方法をとる。在庫処分は財務諸表に影響するため、P/L（Profit and Loss Statement ＝損益計算書）やB/S（Balance Sheet ＝貸借対照表）への影響も考慮して、処理方法を選択する。

1）廃却する

破壊し処分する。在庫品そのものの金額と処分するための費用（産業廃棄物としての適正処理費等）として廃却損が発生する。

2）需要を無理やり喚起する

販促費を多めに付けたり、値段を下げて投げ売りしたりする。この方法では、過剰な販促費支出や値下げ損が発生するが、この総額を廃却損よりも小さくすることにより、損失を小さくできる。しかし、企業ブランドや他の品目の需要に影響が出ることもあるので、注意が必要である。

3）需要のある品目に改造する

改造して再販できればそれに越したことはない。ただし、改造費用

309

第7章 ● 在庫管理の計画

がコスト増として発生する。改造後の原価、販売可能性などを考慮して判断する。

なお、本章第1節**2**(1)①で説明したように、製品の特徴により、在庫は部品・原材料、仕掛品、半製品、製品などがある。

③ 処分を実行する

処分実施の可否および方法について、財務部門の判断が必要となる。承認を得たら、速やかに処分する。

④ 再発防止策をとる

余剰在庫や死蔵在庫の処分には、必ず損失が発生する。これは経営的損失である。そのため在庫が余剰化や死蔵化した真の原因を追求し、再発防止策をとらなければならない。これを行わない場合、近い将来にまた余剰在庫や死蔵在庫の処分が必要になる。

｜ 参考文献 ｜

（一社）日本能率協会編『新版トヨタの現場管理』日本能率協会、1986年

勝呂隆男『適正在庫のマネジメント』日刊工業新聞社、2005年

第7章 理解度チェック

次の設問に、○×で解答しなさい（解答・解説は後段参照）。

1. 在庫補充方式は、大別すると定期不定量補充方式、不定期定量補充方式の２つとなる。

2. 在庫拠点はできるだけ需要先に近いところに小規模な拠点を多数つくることが必要である。

3. 需要予測を用いて在庫管理を行う場合、予測が外れることも想定して対応策を用意しておくべきである。

4. 余剰在庫や死蔵在庫を防止するためには、すべての在庫品目の在庫状況を常に監視しなければならない。

第7章　理解度チェック

解答・解説

1 ×
在庫補充方式は大別すると、定期定量補充方式、不定期定量補充方式、定期不定量補充方式、不定期不定量補充方式の4つとなる。

2 ×
在庫拠点が増えると在庫も増加する。在庫拠点は、サービスレベルを考慮したうえで、階層、拠点数とも極力減らすべきである。

3 ○
需要予測は必ずしも正確とは限らない。予測が外れることをあらかじめ考慮しておく必要がある。

4 ×
多数の品目を常に監視することは管理の手間が大きくなり、結果として異常の見逃しにつながりかねない。変動による影響の大きいA品目を集中的に監視し、Bランク品は異常値管理による管理業務の簡素化を図ることが望まれる。

第 **8** 章

輸配送管理

この章のねらい

　第8章では、輸配送管理を計画するときの考え方について学習する。輸配送管理はロジスティクスの運用に不可欠であり、その適切な計画策定がロジスティクスの効率化に直結する。

　第1節では、物流拠点を計画するときの手順と内容を学ぶ。具体的には、物流拠点の種類を確認したうえで、物流拠点の立地選定、拠点規模の見積もり、物件の選定、レイアウトの設計からなる手順について説明する。

　第2節では、輸送機関（モード）を選定するときの考え方を学ぶ。具体的には、輸送モードの選定の考え方、自社輸送と委託輸送の特徴、輸送事業者の選定のポイントについて説明する。

　第3節では、輸送や保管を行うときの包装とユニットロードシステムについて学ぶ。具体的には、輸送・保管時における包装の考え方のポイントを確認したうえで、ユニットロードシステムの考え方や効果、パレチゼーションとコンテナリゼーションの内容と効果、留意事項について説明する。

　第4節では、輸送包装の設計とその際の技法について学ぶ。具体的には、輸送包装を設計するときの注意点と考慮すべき外力と影響の種類、輸送包装の技法の種類について説明する。

第8章 ● 輸配送管理

第 1 節　物流拠点の計画

学習のポイント

◆物流拠点の計画は、拠点の立地選定、拠点規模の見積もり、物件の選定、レイアウト設計という流れで進める。

1　物流拠点の4つの種類（物流センター、広域物流拠点、卸売市場、生産・消費関連施設）

　本テキストでは、物流拠点を、①物流センター、②広域物流拠点、③卸売市場、④生産施設や消費施設での物流用施設など、主に物流に関与する施設を指すことにしている。そして、物流センターや広域物流拠点は、物流拠点の一部と考えることにする。なお、物流の結節点（ノード）という場合には、物流拠点に加えて、住宅やオフィス、店舗など、物流施設には含まれないが、モノの最終到着地点も含むことが多い。

　物流拠点の種類は、図表8-1-1のとおりである。ここで紹介する拠点の名称は代表的なものであり、企業によっては異なることに注意を要する。

　本節の「物流拠点の計画」については、物流センターを対象に説明する。ただし、この考え方は、他の物流拠点でも参考になるため、あえて「物流拠点の計画」としている。

2　物流拠点の立地選定

（1）物流拠点の立地選定の考え方

第1節 ● 物流拠点の計画

図表8-1-1 ● 物流拠点の種類と分類

物流センター
　　流通センター（DC：Distribution Center）
　　通過型センター（TC：Transfer Center）
　　流通加工型センター（PC：Process Center）
　　保管型センター（SP：ストックポイント Stock Point、倉庫：Warehouse）
　　配送型センター（DP：デポ Depot、デリバリーポイント Delivery Point）
広域物流拠点
　　複数企業が集合した広域物流拠点（流通業務団地、卸売団地など）
　　輸送機関での積替拠点
　　　（トラックターミナル、集配センター、港湾・コンテナターミナル、コンテ
　　　ナフレートステーション、インランド・デポ、鉄道貨物駅・コンテナター
　　　ミナル、空港・航空貨物ターミナルなど）
　　その他の広域物流拠点（トランクルーム、廃棄物センター、災害用備蓄倉庫
　　　など）
卸売市場（野菜、果実、魚類、肉類、花き等の卸売のために開設される市場）
　　中央卸売市場（農林水産大臣の認定）
　　地方卸売市場（都道府県知事の認定）
生産施設・消費施設内の物流用施設
　　工場内（資材センター、中間仕掛センター、製品センター、治具センターなど）
　　メンテナンス用（サービスパーツセンター、修理品センターなど）
　　資機材（書類センター、備品センター、病院内の資機材センターなど）

　物流拠点の立地選定について、主に物流センターを対象に考えてみると、大きく3つの考え方がある。

　第1は、在庫拠点の集約に伴う物流拠点の集約である。

　商品の多品種化や商品ライフサイクルの短期化などに直面する現在、在庫を持つリスクは増えており、在庫を削減するために物流拠点を集約する傾向にある。このとき、既設の施設を借りることが多い。

　メーカーでは一部の業種を除き、在庫拠点は可能な限り少なくしたほうが、トータルコストが低くなる。したがって、拠点の立地選定は、受注から納品までのリードタイムが守られる範囲で、可能な限り集約することになる。

　第2は、多頻度配送に合わせた物流拠点の分散である。

315

第8章●輸配送管理

　アパレルを中心とした消費財メーカーでは、個人の趣味嗜好が多様化するにつれて、製品アイテム数が増える一方、売れ筋製品の絞り込みが難しくなりつつある。そのため、納品までのリードタイムをできる限り短縮し、販売機会損失を回避するように、製品在庫を分散しようとする傾向がある。このような拠点では、製品在庫に限らず、消費地に半製品在庫を置き、注文に応じて完成品に仕立てて出荷するところもある。

　また、多品目の製品を各地の卸売業に出荷する加工食品メーカーは、卸売業の立地状況に応じて製品在庫を分散している。大手の卸売業や小売業では、店舗までの多頻度配送が必要となるため、店舗展開している地方ブロックごとに商品在庫を分散配置するところが多い。

　第3は、災害に備えた物流拠点の分散である。

　近年、地震や台風等の大規模災害の発生が著しい。大規模災害により物流拠点が被災し、出荷が滞る事例も多く発生している。このため施設そのものの予防対策として、耐震耐火構造の強化、拠点施設の嵩上げ、庇下の吹き込み防止、排水設備の充実などがある。

　一方で、物流拠点を立地から考えた場合、たとえば物流拠点が1カ所に集約されていると、その拠点が被災することにより出荷が不可能になり、影響がサプライチェーン全体に及ぶことも予想される。過去の災害では、重要な自動車部品を製造する工場が被災し、自動車生産が全国的に停止した事例があった。また、加工食品の物流拠点が被災し、一部の加工食品の店頭在庫が消えた事例もあった。

　このような事態を回避するため、災害対策として物流拠点を東日本と西日本に分けて配置する企業が増えている。

（2）物流拠点の立地に関するトレードオフ

　物流拠点（物流センター）の数と立地場所の選定は、物流の効率化に向けた大きな手段である。なぜならば、物流拠点（物流センター）の開設は投資額が大きいだけでなく、固定的な支出（人件費、賃借料など）も発生し、さらに拠点数が増えると在庫も増加する傾向があるからである。

316

図表8-1-2 ●物流拠点（物流センター）の数と配送コストの関係

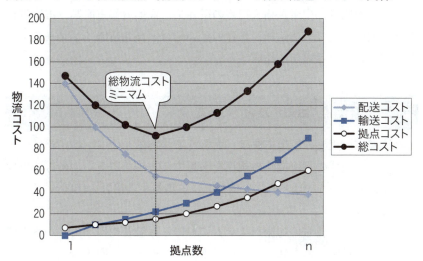

　このようなことから、物流拠点（物流センター）の数は、発（着）荷主と合意した物流サービス水準を満足する範囲内で、総コストが最小となる数が望ましい。なぜならば、一般に、拠点数が増えると配送コストは下がるが、在庫保有コスト、入出庫コストなどが増えてくる。トータルの物流コストが最も低くなるように、拠点数を設定することが望まれるからである。→図表8-1-2

（3）物流拠点の立地選定にあたっての留意事項

　物流拠点の立地選定の多くは、複数の拠点立地案を作成して、それぞれの案におけるコストを算出し、最良の案を選ぶという方法で行われる。
　このとき、拠点の立地選定における代表的な手法に**重心法**がある。これは、配送先の距離と配送量をもとに、最適な地点を選ぼうとするものである。しかしながら重心法は、拠点立地が自由に選べる場合の手法であるため、使用するケースは限定される。なぜならば、重心法により選ばれた場所に、希望どおりの規模の物件があるとは限らないし、周辺環

境が物流に適さないことがあるからである。

拠点立地案は、生産・輸入拠点の所在地、商圏（都道府県、市区町村など）別の販売量、道路網、物件の多い地域（高速道路インターチェンジ近隣）などを考慮して作成する。

3　物流拠点の規模の設定方法

物流拠点の規模の設定方法は、大きく２つある。

１つは、現状の物流拠点の規模を準用する方法である。この方法では、たとえば1,500m²のセンター３つを１つに集約する場合、4,500m²必要と考える。

もう１つは、新しい物流システムにおける保管量や作業条件から必要な床面積を見積もる方法である。以下にその概要を説明する。

（1）建屋内規模の算出

建屋内の規模については、物流拠点内で行われる業務をエリア別に分けて、必要な床面積を算出する。

①　保管エリア

保管エリアに必要な床面積は、保管量（パレット数、ケース数、質量など）、アイテム数、保管方法（平置き、パレットラック、軽量棚など）に基づき算出する。簡易な算出方法として、総保管質量を１m²当たり平均保管質量で割る方法がある。一方で、より厳密な算出方法として、保管方法別に想定保管量（パレット数、ケース数、質量など）から必要な床面積を計算する。

②　通路

一般的に、通路は保管エリアの0.8～１倍の面積が必要になるといわれている。詳細条件がわかる場合は、それに基づいて必要な床面積を算出する。

③　荷受け・仮置き・積込みエリア

第1節●物流拠点の計画

荷受け・仮置き・積込みエリアに必要な床面積は、入出庫トラックの台数から算出する。十分なトラックバースがない場合、入出荷時にトラブルが多発することになる。トラック到着のスケジュール化を行って時間帯別に使用すれば、必要な床面積を小さくできる。

④　その他（梱包、流通加工、資材置き場など）のエリア

その他のエリアについても、それぞれ必要な床面積を算出する。梱包や流通加工などのエリアは、作業方法、作業量、要員数などから求める。

（2）事務所・福利厚生スペース

伝票処理などのスペースやコンピュータ室に必要な床面積は、設置する機器や机などの数とサイズから求める。

センター業務では更衣室が必要となることが多い。また、人数が多い場合は休憩場所、夜間作業がある場合は仮眠場所も必要になる。

（3）屋外スペース

屋外に必要となるスペースには、接車バース、車両待機場、来客・従業員用駐車場、空パレット置き場などがある。入出庫トラックが多い場合は、その台数、トラックのサイズとスケジュールから、接車バースと車両待機場に必要な面積を求める。

4　物件の選定

物流拠点の大まかな立地と規模（敷地面積・延床面積）が決まったら、そのエリアにおける不動産物件から構築する物流システムに適したものを探す。

（1）所有形態

物件については、自社物件、賃貸物件という2つの選択肢がある。それぞれのメリットとデメリットは、図表8-1-3のとおりである。

319

第8章●輸配送管理

図表8-1-3●自社物件と賃貸物件の違い

	メリット	デメリット
自社物件	・使用上の制約が少ない（レイアウトが自由にできる等） ・不動産担保物件にできる	・初期投資が必要 ・事業や経営状況に応じた移転がしにくい
賃貸物件	・初期投資が抑えられる ・移転がしやすい	・トータルでの支出が多くなる ・使用上の制約がある ・賃料値上げの可能性がある

　自社物件については、建屋を新規に建設するほか、すでに建っている物件を購入する場合がある。

　賃貸物件については、物件のみ借りて倉庫内オペレーションは自社で行う場合や、物流事業者から借りてセンター業務もその事業者に委託する場合などがある。また、自社物件として建設した施設を不動産会社にセール・アンド・リースバックとする場合なども、所有形態からすれば賃貸物件に該当する。

　それぞれの場合で、メリットとデメリットに違いが生じてくるし、費用対効果も異なってくる。施設はいったん決めると長期にわたって使用するため、どちらがよいかについては十分に検討する必要がある。

（2）物件選定での検討項目

　物件選定の代表的な検討項目には、以下がある。

○物件規模（面積、地形）（既存物件の場合は建屋内・建屋外の面積も
　検討）

○価格（1m²または1坪当たり単価など）

○（既存物件の場合）建屋の形状（平屋・多層階、接車バースの位置
　および数など）

○（既存物件の場合）建屋の構造（高床・低床、梁下高さ、床面高さ、
　耐荷重など）

○（既存物件の場合）その他建屋内設備（垂直搬送機器、保冷設備な

ど）
○道路環境（幹線道路からの距離、沿道との接続性、車両制限の有無など）
○周辺環境（スクールゾーン、住宅街における騒音問題など）
○パートタイム労働者・アルバイトなどの募集の容易性

5 レイアウトの設計

　物件が決まったら、建物図面上に入荷・保管・出荷に必要なスペース・エリアを貨物の移動順序に応じて配置する。レイアウトは、平屋のセンターの場合、Ｉ型、Ｕ型、Ｌ型等と区分することが多い。この３つの型のどれにするかは、敷地形状や隣接建物との関係、道路との接続性等により決まることが多い。→図表8-1-4

図表8-1-4●レイアウト設計の３つの型（例）

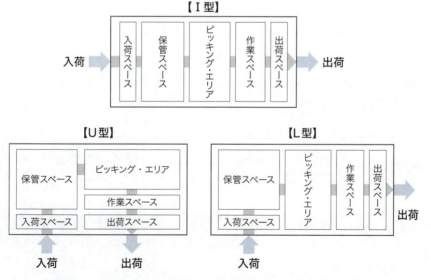

出所：苦瀬博仁・鈴木奏到監修『物流と都市地域計画』大成出版社、2020年

エリアごとに固定的に配置する保管機器・荷役機器などについて、具体的な配置案を作成する。

保管機器・荷役機器は、新規に購入する場合、発注から納品まで日数がかかるため、稼働に間に合う時期までに発注内容を決める。また、既存あるいは入手が容易な保管機器・荷役機器を用いる場合でも、機器配置の決定後に照明の配置や構内LANなどの配線が決まり、その後に配線工事となるため、稼働日から必要な工事日数を逆算した時期までにレイアウトを決める必要がある。

第2節●輸送機関（モード）の選定

| 第 **2** 節 | # 輸送機関（モード）の選定 |

学習のポイント

◆輸送機関（モード）は、輸送コストと在庫保有コストのトレードオフの検討を踏まえて選定する。

◆同一の輸送モードであっても事業者、地域によって各種条件が異なるため、輸送モードは拠点別に、委託事業者選定も含めて決定する。

1 輸送機関（モード）の選定の考え方

（1）輸送機関（モード）選定の重要性

　国内輸送における輸送機関（モード）の選定にあたっては、輸送機関（トラック、鉄道、船舶、航空機）の種類と特徴を踏まえつつ、輸送する貨物の特性と輸送ニーズが、各輸送機関（モード）のサービスレベルに適合するかどうかを検証し、同時にトータル物流コストや環境負荷などを考慮することが重要である。

　輸送する貨物の特性とは、貨物の形状や重量のほか、温度管理の必要性や衝撃等への耐性等である。輸送ニーズとは、出荷日時・時間帯、輸送ロット、輸送区間（輸送距離・輸送時間）、納期、時間指定の有無、貨物価額（運賃負担力）である。

（2）輸送機関（モード）の特徴

　トラックは、輸送ロットが小さく納期が厳しい貨物の短距離の集荷や配送に向いている。輸送する貨物の特性に応じた専用車両、たとえば冷

凍品は冷凍車、精密機械はエアサスペンション車、液体にはタンク車等
を使用することもできる。長距離の輸送であっても、出荷時間帯を自由
に設定でき、機動性が高くドアツードアの輸送が可能であるため、輸送
ニーズに適合するケースが多い。しかし、ドライバー不足から長距離を
輸送するトラックの手配が難しくなっている。

　鉄道による国内輸送は、コンテナ利用が原則となっている。長距離輸
送に向いているが、貨物駅まで集配料金がかかるため、短距離の輸送は
トラックより運賃が割高になる。

　船舶は、輸送ロットが大きい大量貨物の輸送が可能であり、運賃も割
安で長距離輸送に向いているが、輸送時間は鉄道より長い。また、スポ
ット的に1隻を借り切ることは難しい。

　航空機は、短時間での輸送が可能であるが、運賃が非常に高額であり、
高付加価値品や短時間で輸送する貨物の輸送に向いている。

（3）輸送機関（モード）選定の留意点

　トラック以外の鉄道、船舶、航空機を選定する場合、実運送事業者に
直接依頼するより、通常はフォワーダーに依頼することが多い。

　サービスレベルは、同じ輸送モードであっても事業者によって異なる
こともあるため、事業者の選定も含めて検討する。

　トータル物流コストの検討に大きく影響するのが、輸送コストと在庫
保有コストのトレードオフである。在庫保有コストの検討には、物流セ
ンター内の在庫に加え、輸送途上の在庫も対象とする。リードタイムの
短縮など在庫削減を目的として輸送モードを見直す場合は、在庫保有コ
ストの削減分が運賃の増加分を上回るように適切な輸送モードを選定す
る必要がある。

　また近年では、地球環境問題への意識の高まりにより、環境負荷の削
減という観点での選定も行われている。国内輸送においては、トラック
輸送から鉄道または船舶（フェリー・RORO船）輸送への切り替えるモー
ダルシフトの事例が徐々に増えている。

第２節 ● 輸送機関（モード）の選定

2 トラック輸送

（1）自社輸送と委託輸送の実態

　トラックを使って輸送する場合、自家用貨物自動車（白ナンバー）を使う自社輸送と営業用貨物自動車（緑ナンバー）に依頼する委託輸送のどちらにするのか、選定する必要がある。

　国土交通省「数字でみる自動車」による2022年度の貨物車（トラック・商用バン）保有台数は、自家用（自社輸送）が12,931千両（普通車1,515千両、小型車11,416千両）であり、営業用（委託輸送）が1,306千両（普通車932千両、小型車374千両）である。

> 注１）普通車とは、小型車、軽自動車、大型・小型特殊自動車以外の自動車。
> 注２）小型車とは、総排気量が2,000cc以下で、長さ4.7m以下、幅1.7m以下、高さ2.0m以下の自動車（軽油を燃料とするものは除く）、小型三輪車、軽四・三輪車を含む。

　一方、国土交通省「自動車輸送統計調査」によると、2022年度の自家用の輸送トン数、輸送トンキロとも2001年度から半減しており、自営転換が着実に進展している（→図表８-２-１）。2022年度における自家用と営業用の実働率、実車率、積載効率を比較すると、実働率では自家用は営業用の半分以下しか動いておらず、実車率、積載効率でも自家用に対する営業用の効率の高さがうかがえる。→図表８-２-２

図表８-２-１ ● トラックの保有先別輸送トン数および輸送トンキロの推移

	2001年度		2022年度	
	自家用	営業用	自家用	営業用
輸送トン数（千トン）	2,679,891	2,898,336	1,268,451	2,557,548
輸送トンキロ（百万トンキロ）	53,301	259,771	27,737	199,149

出所：国土交通省「自動車輸送統計調査年報」より

第8章 ● 輸配送管理

図表8-2-2 ● トラックの保有先別実働率、実車率、積載効率（2022年度）

	自家用		営業用	
	普通車	小型車	普通車	小型車
実働率（%）	24.22	15.59	57.53	43.57
実車率（%）	44.48	21.16	61.76	49.90
積載効率（%）	29.00	7.79	40.12	20.92

注1）実働率とは、調査期間中にあった車両数のうち、何両が貨物輸送のために走行した
　　かを延日数の割合で表したもの。
　　　実働延日車÷実在延日車×100
注2）実車率とは、自動車が走行した距離のうち、貨物を輸送した距離の割合を表したもの。
　　　実車キロ÷走行キロ×100
注3）積載効率とは、自動車の輸送能力に対する、実際の輸送活動（トンキロ）の割合を
　　表したもの。
　　　輸送トンキロ÷能力トンキロ×100
出所：国土交通省「自動車輸送統計調査年報」より

（2）自社輸送と委託輸送の選択の留意点

　荷主企業が、トラックを使って輸配送しようとするとき、自家用とするか、営業用とするかの選定にあたっては、上記のデータを参考にしながら、以下の観点から総合的に検討することが必要である。
① 本来の業務の効率は、どちらで維持できるか。
　　自家用では、砂利等を運ぶダンプカーや、荷台に工具を据え付けた小型トラックやバン型の商用車、作りたての惣菜等を店舗に運ぶ小型車、廃棄物の収集運搬車などを見かけることも多い。つまり、本来の業務と一体化した輸配送を行っているトラックと解される。したがって、自家用と営業用でどちらが本来の業務の効率・生産性を維持できるかを検証する。
② 輸配送コストは、どちらが低廉か。
　　自家用の場合、実働率、実車率、積載効率とも、営業用より見劣りしている。このことは一般に輸配送効率が営業用より劣ることを意味しているが、自家用（自社輸送）の費用（車両費などの償却費と運営

費、人件費の合計）と営業用（委託輸送）の費用（支払い運賃等）を比較し、費用的にどちらが低廉かを検証する。

③　環境負荷は、どちらが小さいか。

一般に輸配送の効率が高ければ、環境に与える負荷は相対的に小さく、地球温暖化対策への対応に加えて、NOx・PM対策など地域環境改善にも効果は大きい。したがって、自家用と営業用の両者の環境への影響を比較し、どちらが環境にやさしいかを検証する。CO_2排出量の計算については、第2章第2節**2**（2）を参照。

3　輸送事業者の選定

輸送の各種条件は、同一輸送モードであっても事業者によって、また出荷・納品場所と物流拠点の位置関係によって異なる。ここでは、トラック運送事業者を例に、選定のポイントを列記する。

一般的に事業者選定において考慮すべき点は、以下のとおりである。

○車両設備（保冷設備、エアサスペンション、テールゲートなど）

○運賃・料金

○貨物追跡能力（輸送車両の所在地が迅速に把握できるか）

○輸送手配能力（繁忙期、繁忙日に必要な車両数を手配できるか）

○輸送品質

○トラブル発生時の対応

○請求書の正確性

○情報システム対応力

○輸送事業者の財務健全性

また、特別積合せ貨物運送事業では、以下の点についても選定の条件となる。

○輸送所要時間（業者による所要時間の長短の比較）

○集荷・配送の正確性（誤配や破損などのミスが起きないこと）

○集荷・配送時間の正確性（集荷時刻や納品時刻が正確なこと）

○集荷・配送時間の柔軟性（集荷時刻や納品時刻の変更に応じること）

○ドライバーの品質（荷扱い、挨拶など）

ただし、同一事業者であっても地域によって異なることがあるため、経路別に検討する必要がある。

なお、国土交通省が推進する安全性優良事業所の認定制度として「Gマーク制度」（貨物自動車運送事業安全性評価事業）がある。この制度は、荷主が安全性の高い事業者を選びやすくする等の観点から、輸送の安全の確保に積極的に取り組んでいる事業者を事業所単位で認定する制度である。国が指定した機関（（公社）全日本トラック協会）が評価項目を設定し、申請のあった事務所を調査したうえで、同機関内の安全性評価委員会において認定する。本事業は2003年から開始され、2023年現在2万9,044事業所（全事業所の33.6％）、76万1,012両（全事業用トラックの51.8％）が認定を受けている。輸送事業者を選定する際、Gマーク認定事業所も1つの目安となる。

第3節 ● 包装とユニットロードシステム

第 3 節 包装とユニットロードシステム

学習のポイント

◆輸送・保管時における包装（輸送包装）では、適正包装、適正荷役、標準化、モジュール化について理解する。
◆ユニットロードシステムの内容と効果、留意点について理解する。
◆パレチゼーションの内容と効果、留意点について理解する。
◆コンテナリゼーションの内容と効果、留意点について理解する。

1 輸送・保管時における包装の考え方

（1）輸送包装と消費者包装

　包装とは、商品や物資の価値および状態維持のため、適切な材料や容器により商品や物資を収納することである。包装には2種類あり、輸送包装と消費者包装である。

　輸送包装とは、輸送中に包装物品（商品などを入れた段ボール箱など）が受けるいろいろな外力から内容品（段ボール箱の中の商品など）を保護するとともに、包装コストの低減や、物流作業者の作業のしやすさなどに重点を置いた包装であり、工業包装とも呼ばれる。これに対し、消費者包装とは、最終消費者の購買意欲を惹起することに力点を置いて開発された包装であり、商業包装とも呼ばれる。消費者包装では、法定表示を遵守したうえで、包装容積比（内容品の容積と包装の外寸容積の比率）を適正値に保つことや、最終消費者の使い勝手、環境負荷を可能な

329

第8章 ● 輸配送管理

限り小さくすることに留意する必要がある。

　消費者包装が施された物品を、そのまま輸送・保管すると、包装箱表面のこすれなどによって包装外観が劣化したり、内容品に影響が出たりする可能性が大きい。そのため、消費者包装の外側に、さらに輸送包装を施すことが一般的である。

（2）輸送包装における適正包装

　適正包装とは、一般に想定される外力の条件のもとで、内容品や包装の異常を生じさせることなく、出荷時の状態のまま内容品を消費者の手元に届けることができる包装である（JIS Z 0108）。適正包装の考え方に基づき、包装が内容物に比べて過剰になることを防ぐことが重要である。輸送包装における適正包装の要点は以下の5点である。

　　○物流過程で包装が受ける振動、衝撃、圧縮などの外力による影響から内容品を保護する機能を有する包装
　　○物流過程で包装品が遭遇する、水分や温度、湿度などの環境変化によって内容品が影響を受け、内容品の価値や状態の変化をきたすことがないよう、十分なバリア性を有する包装
　　○包装コストを可能な限り低減した包装
　　○省資源、省エネルギーおよび廃棄物処理を考慮し、荷扱いや保管を容易にするための配慮を行った包装
　　○法律などで規定された、表示などの条件が適切に守られた包装

（3）輸送包装における適正荷役

　適正荷役とは、内容品や包装の異常を生じさせることなく、出荷時の状態のまま内容品を消費者の手元に届けることができる荷扱い作業である。内容品によって適正な荷扱いの方法は異なるが、製品を安全に届けることを十分認識して、作業者が作業を行うことが重要である。

　輸送包装では、適正包装が施されているが、包装が耐えられる外力の限界値がある（JIS Z 0200）。内容品に異常を発生させず、消費者の手元

図表8-3-1 ●包装貨物の試験落下高さ　JIS Z 0200

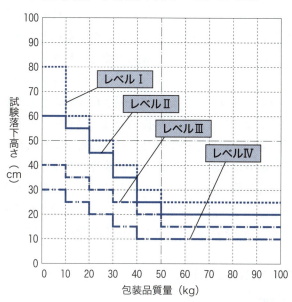

に完全な状態で届けるためには、この限界値を超える荷扱いを行ってはならない。

たとえば落下試験の条件は、図表8-3-1のように規定されている。一般的な荷扱いを想定した場合、通常、試験レベルとしてはレベルⅡを選ぶ（10kg未満の包装物品である場合、試験落下高さは60cmとなる）。これを超える高さからの落下が生じた場合、内容品が破損する可能性は非常に大きい。この試験条件は、メーカーが実施する内容品保護の確認のための落下試験で用いる高さであり、破損しないことを保証している高さではない。さらに、複数回の落下が生じた場合には、包装物品が耐えられる可能性は低くなる。したがって、包装物品の荷扱いに際しては、包装品に衝撃を与えないことが基本であり、落下や衝突などが生じないよう注意して取り扱うことが重要である。

なお、荷扱いによる製品異常は、落下衝撃以外にも発生しうる。たと

えば、包装箱の取っ手は、包装物品を1個だけ運ぶことを想定して設けられているにもかかわらず、実際の作業現場では、数個の包装物品を重ね、最下段の包装箱の取っ手を使って荷扱いをすることがある。また、包装箱の取っ手は上向きに持ち上げる際の強さを基準にして設計されているにもかかわらず、パレットや荷台の上に段積みされた包装物品を、最下段の包装物品の取っ手に手を掛けて引き寄せることもある。

さらに、冷蔵庫などの背高品の荷扱いでは、包装をやや前に傾けて左右の角部を互い違いに前に進めて移動させること（歩行荷役）や、包装箱を膝で押して前方に移動させること（膝荷役）が見受けられる。ただし、歩行荷役は包装箱の角部をつぶすことになり、冷蔵庫の角に変形が生じるなどの事故につながる可能性があるし、膝荷役は製品の側面にへこみが生じる可能性があり、いずれも不適正な荷役の例である。

（4）輸送包装における標準化

① 標準化の目的

多くのメーカーでは包装を標準化している。標準化の主な目的には2点ある。

第1が、包装材料の発注ロットが大きくなることによる物流コストの削減である。包装材料の製造コストは材料費と加工費で決まり、このうち加工費はシートや箱を作るための機械調整と製造作業の総時間に依存する。一般に、機械調整の時間は製造ロットの大きさにかかわらず一定であるため、製造ロットが小さければ割高に、製造ロットが大きければ割安になる（実際の例では、発注量が100枚以下の場合の単価は、1,000枚以上の場合の単価の2倍以上になる）。なお、発注ロットが大きくなることは、資材管理の面でもメリットがある。

第2が、トラックなどの輸送機関やコンテナなどの輸送機器の寸法と対応した包装寸法での標準化を通じた、積載効率の向上による物流コストの削減である。日本で使用されているトラックやコンテナの幅方向の内寸は2,300mm、国際貨物コンテナのISO規格に基づく最小内寸は2,350

第3節 ● 包装とユニットロードシステム

mmが標準とされている。そのため、輸送機器に効率的に積み込むためには、この寸法から作業余裕スペースを引いた寸法を整数分割して得られる数値になるように、包装の外寸を標準化することが有利となる。JIS Z 0105ではこのような状況を考慮して、包装モジュール寸法を決めている。→本節**1**(5)参照

② 標準化の範囲

すべての製品の包装が標準化できるわけではなく、また包装の標準化のメリットが小さいかまったくない製品もある。一般に、包装の標準化のメリットが生じるのは、小型で大量に取り扱われる製品（食品、菓子、雑貨、トイレタリー商品など）であり、一定以上の大型の製品でのメリットはあまりない。

小型の製品では、入り数や組み合わせを変えることによる、包装寸法選択の自由度が大きく、標準化が進んでいる例が多々ある。

それに対して大型商品（冷蔵庫や洗濯機など）の包装は、製品に対し最適な緩衝設計を通じて決められており、JISの包装モジュール寸法を考慮したものとはなっていない。たとえば、ある420ℓ冷蔵庫の包装箱の外寸は、769×639×1,847mmであり、包装モジュール寸法とは異なっている。しかし、この包装物品をトラックに積載した場合の積載効率（床面の利用効率）は93.8％と、非常に高くなっている。→図表8-3-2

このような寸法設定の理由としては、冷蔵庫や洗濯機は製品寸法が大きく、包装モジュール寸法に合うような設計が不可能であること、物流

図表8-3-2 ● 冷蔵庫包装品のトラックへの積載効率

11t　トラック車輌サイズ…9,400 × 2,340 × 2,330（mm）
製品名と型式　　冷蔵庫　　　1
製品サイズ…769 × 639 × 1,847（mm）製品質量…92（Kg）
1段当たりの積み台数＝42（台）　積み段数＝1
実積載台数　　　＝42（台）　積載質量＝3,864（Kg）　〃（10,750KG）
床面利用効率　　＝93.8（％）　容積利用効率＝74.4（％）

第8章 ● 輸配送管理

センターでの保管効率よりもトラックの積載効率のほうが物流コストに
与える影響が大きいことから、輸送機器の床面を最大効率で利用できる
ように考慮がなされていることがある。なお、積載効率を高めるため、
作業余裕スペースをとらずに、ギリギリの寸法決定がされていることも
ある。

（5）輸送包装におけるモジュール化
① 包装モジュールと包装モジュール寸法
　包装モジュールとは、トラックや貨車などの荷台寸法、パレットやコ
ンテナなどの物流機器、および包装貨物の外法寸法を決定するための基
準数値であり、JIS Z 0105「包装貨物－包装モジュール寸法」では550
×366と600×400の2種類がある。
　550×366という包装モジュールは、JISの**T11型パレット**（1,100×1,100
mm）を基準に、縦を2分割、横を3分割したものである。同様に600×
400という包装モジュールは、欧州で標準パレットとして利用されてい
る**ユーロパレット**（1,200×800mm、ISO3394に規定）を基準に、縦横と
もに2分割したものである。
　包装モジュール寸法とは、倉庫での保管の効率化のために包装モジュ
ールから導出した（整数を乗じるか、整数で除す、もしくはそれらの組
み合わせ）数値をmm単位で表した寸法である（小数点以下切り捨て、
100mm以上）。包装モジュール寸法を採用することで、倉庫での保管時
に100%近い積載効率を確保できる。具体的には、包装モジュールが550
×366の包装モジュール寸法が**図表8-3-3**であり、包装モジュールが
600×400の場合の包装モジュール寸法が**図表8-3-4**である。
② 輸送包装の系列寸法
　輸送包装の系列寸法とは、一貫パレチゼーションの効率化のために導
出した包装の外寸であり、物流センターでの保管の効率化を考慮した包
装モジュール寸法とは異なる数値が採用されている。
　基本的なパレットの寸法は7種類あり、1,100×1,100mm（T11型パレ

334

第3節 ● 包装とユニットロードシステム

図表8-3-3 ● 包装モジュールが550×366の場合の包装モジュール寸法

（単位：mm）

項　目	寸　法	項　目	寸　法
倍数系列	1,100×1,100	分割系列	550×183
	1,100×　733		275×183
	1,100×　550		183×183
	1,100×　366		137×183
	733×　550		110×183
包装モジュール	550×　366		550×122
分割系列	275×　366		275×122
	183×　366		183×122
	137×　366		137×122
			110×122

図表8-3-4 ● 包装モジュールが600×400の場合の包装モジュール寸法

（単位：mm）

項　目	寸　法	項　目	寸　法
倍数系列	1,200×1,000	分割系列	600×200
	1,200×　800		300×200
	1,200×　600		200×200
	1,200×　400		150×200
	800×　600		120×200
包装モジュール	600×　400		600×133
分割系列	300×　400		300×133
	200×　400		200×133
	150×　400		150×133
	120×　400		120×133
			600×100
			300×100
			200×100
			150×100
			120×100

ット）のほか、1,100×800mm、1,100×900mm、1,300×1,100mm、1,400×1,100mm、1,200×800mm（ユーロパレット）、1,200×1,000mmである。そのため、輸送包装の系列寸法は、これらのパレットの各辺の寸法を整

335

数分割した数値および複数の包装を組み合わせることによって、パレット積載に適合する値となる寸法を整理したものである。

パレットの寸法を整数分割したものは、ほぼ100％の積載効率となる。また、それ以外の寸法の包装物品については、ピンホイール積み、スプリット積みなどいくつかのパターンが想定される。JIS Z 0105に記載さ

図表8-3-5●輸送包装の系列寸法による貨物積載例（T11型パレット）

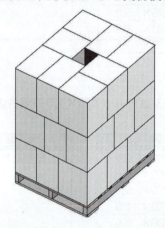

図表8-3-6●輸送包装の系列寸法による貨物積載例（ユーロパレット）

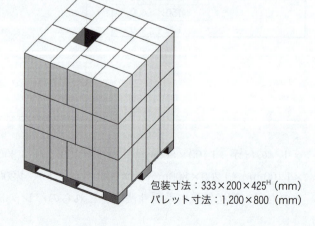

包装寸法：333×200×425^H（mm）
パレット寸法：1,200×800（mm）

第3節●包装とユニットロードシステム

れている積載パターンを採用することによって、平面利用効率の高い包装品の積載が可能となる。→図表8-3-5・6

2　ユニットロードシステム

（1）ユニットロードシステムの考え方

　ユニットロードとは、個々の包装貨物を個別に扱うのではなく、パレットやコンテナを利用してひと固まりのユニットとした貨物のことであり、JIS Z 0111で規定されている。そしてユニットロードシステムとは、貨物をユニットロードにすることによって、荷役を機械化し、輸送や保管などを一貫して効率化するしくみである。ユニットロードシステムの導入にあたっては、輸送機関とパレットやコンテナの寸法が適合しており、積載効率が高いことが必要条件になる。このために重視されるのが、本節1で示した包装のモジュール化である。なお、ユニットロードシステムを利用して、トラック、船舶、航空機など複数の輸送機関を組み合わせて輸送することを複合一貫輸送という。

　ユニットロードの手段としては、パレット、コンテナ、ロールボックスパレットなどが利用される（→図表8-3-7・8）。また、ユニットロードシステムの代表として、パレチゼーションとコンテナリゼーションがある。→本節34

（2）ユニットロードシステムのメリットとデメリット

　ユニットロードシステムを導入するメリットとして、次の4点がある。
○フォークリフトやクレーンなどを用いた荷役（機械荷役）となるため、物流センター内での荷役、運搬や輸送機関への積卸し作業の時間が大幅に短縮する。
○個々の包装での荷扱いの機会が減少するため、汚破損などの荷傷みの可能性が減少するとともに、包装の簡素化が可能となり、包装コストも低減する。

337

図表8-3-7 ● ユニットロードの例

パレット

ロールボックスパレット

折りたたみコンテナ

図表8-3-8 ● ユニットロードで用いられるコンテナ

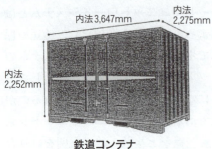
鉄道コンテナ

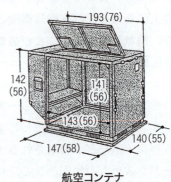
航空コンテナ

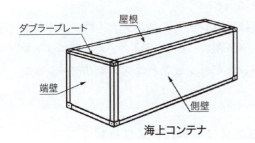
海上コンテナ

○ユニット単位で管理するため、検品工数が削減され、検品ミスが減少する。

○機械荷役となるため、人力荷役に伴う腰痛発生などに対する労働環境の改善につながる。

一方、ユニットロードシステムの導入のデメリットとしては、次の4点がある。

第3節 ● 包装とユニットロードシステム

○輸送機器を用いるため、輸送車両への積載効率が低下する。なお、質量勝ちの貨物では、極端に積載効率は低下しないものの、パレット自重分（一般に1枚当たり約30kg）だけ、従来よりも貨物の積載量が減少する場合がある。
○機械荷役を行うための施設・設備・機材が必要となるため、多額の初期投資が必要となる可能性がある。
○コンテナやパレットの改修費、補修費用、保管スペースの確保、管理費などが必要になる。

（3）ユニット化のパターン

ユニット化の基本は輸送貨物のパレタイズ（パレット上に貨物を積み付けること）だが、パレタイズの方法は貨物の種類と荷姿によっていろいろなパターンがある。そして、どのパターンを採用するかによってパレチゼーションが適用される範囲も変化する。

たとえば、家電品のような工業製品では段ボール箱包装が施されているため、平パレット上に積み付け、接着やシュリンク、ストレッチなどの方法で荷崩れ防止を施し、ユニット化することが一般的である。簡易的には、上段貨物にひもやベルトで鉢巻きを施しただけという方法も実施されている。食品類やトイレタリー商品、雑貨類についても、段ボール箱包装が結構多く採用されており、このような包装物品については工業製品と同じように、平パレットとストレッチフィルムによるユニット化の事例が多い。→図表8-3-9

一部の企業では、ワンウェイ（使い捨て）のパレットを利用している例もある。ワンウェイの中でもシートパレットは、発地と着地でプッシュプルフォークが必要となるため、初期投資がかさむため、実施例はあまり多くない。

粉体や粒体を大量に輸送する場合は、フレキシブルコンテナ（粉体や粒体を入れる袋状の容器）を利用したユニット化が一般的である。一般に、フレキシブルコンテナは、産地から中間加工工場までの貸切輸送限

339

図表8-3-9 ●ストレッチフィルムによるユニット化の例

定で実用化されており、一般向けの粉体や粒体の包装は、紙袋が使われている例が多い。このような貨物の場合は、平パレット上に紙袋を積み重ね、ストレッチフィルムで荷崩れ防止を行って輸送されるのが一般的である。このようなユニットは、大型量販店までの一貫輸送で用いられている。

　ビールや清涼飲料水の一部などで、リターナブルボトルを用いて包装された製品では、専用のプラスチックコンテナ（略称、プラコン）を利用した輸送が行われている。牛乳パックや乳製品、果汁などについても、**クレート**と呼ばれる専用プラコンによる輸送の実施例が多い。

　雑貨類や食料品、農産物などの生鮮食料品の流通については、（ロール）ボックスパレットによるユニット化の実施例が多い。その理由は、（ロール）ボックスパレットは雑多な形状の包装品を混在させてのユニット化が容易であり、流通の途中段階での保管容器の働きも果たすことができるためである。

3　パレチゼーション

(1) パレチゼーションの内容

第3節 ● 包装とユニットロードシステム

　パレチゼーションとは、包装物品または包装貨物をパレットに積み、パレット単位で物流を行うことである（JIS Z 0111）。特に、発地から着地まで一貫して同一のパレットに貨物を積載したまま物流を行うことを一貫パレチゼーションという。パレチゼーションでは、貨物の荷扱い（積込み、積み替え、荷卸しなど）において、包装物品や包装貨物をパレットに載せたまま、フォークリフトを利用して行う。

　ただし、一貫パレチゼーションが物流の主流を占めているわけではなく、バラ積み貨物輸送が大半を占めている。現実的には、生産地から消費地までの多段階で一貫パレチゼーションを行うのは困難である。消費者に近づくほど購入ロットサイズが小口化し、また、パレットの回収管理などが困難になるためである。したがって、メーカー工場と自社の物流拠点間、大手卸・小売等の物流拠点間などで行われていることが多い。また、輸出・輸入貨物ではパレットの回収が費用的に困難な場合が多いため、使い捨てのワンウェイパレットやシートパレットなどが使われている。

（2）パレチゼーションのメリットとデメリット

　パレチゼーションを採用することの主なメリットには、次の2つがある。

　第1が、荷役人件費の削減である。パレタイズされた貨物はフォークリフトでトラックやコンテナに積み込まれるため、バラ積みの場合とは異なり、手荷役は不要となる。フォークリフトの操縦者だけで作業を完了させることができるため、人件費の削減効果は大きい。また、工場でのパレタイズも、ロボットなどを利用した自動化が進んでいる。

　第2が、作業時間の短縮である。パレタイズされた貨物の積込みに要する時間は、人力での積込みに要する時間に比べて大幅に短い。この作業時間の短縮は、トラックの待ち時間の短縮にも効果が大きい。

　一方、パレチゼーションを採用することの主なデメリットには、次の3つがある。

　第1が、積載効率の低下である。日本の一貫パレチゼーション用のパ

341

レットとしてはT11型（1,100×1,100mm）が標準となっているが、T11型のパレットは通常145mm程度の厚さがあるために、トラックの積載段数が1段減少することも多い。積載段数が1段低下すれば、1段当たりの物流コストは増加する。また、パレットの側面や後部に多くの空間ができることでも、積載効率は低下する。

第2が、パレットの回収と紛失コストの増加である。パレットの回収には予想外に手間とコストがかかる。また、相手先での保管・管理が確実でない場合が多く、パレットが紛失することもある。

第3が、初期投資の増加である。商品の流れとパレットの回収サイクルによって状況は異なるが、パレチゼーションの運用開始時点で、十分に余裕を持った枚数のパレットを準備しておく必要があり、初期投資が必要となる。このことが、パレチゼーションの採用の障害になっている。また運用を開始すると、不良パレットの修理と新規投入が必要になるので、さらにコストが増加することも考慮する必要がある。

なお、これらの問題に対しては、レンタルパレットを使用する方法もある。**レンタルパレット**は、パレットレンタル会社が配送センターなどを巡回して定期的にパレット回収を行っている方式か、パレットが不要になった時点でレンタルパレット会社のパレット・デポに搬入すればよいという方式で運用されている。レンタルパレットの使用料はかかるものの、回収や補修などの手間がかからないため、パレチゼーションを採用しやすくなる。

（3）パレチゼーションの留意事項

パレチゼーションの留意点としては、次の4点がある。

第1が、パレットの標準化である。一貫パレチゼーションでは、複数の企業がかかわるため、T11型などの標準パレットの使用が望ましい。しかし、一部の採用事例にはT11型以外のパレットを使用している例もあるが、自社と系列会社など限定された範囲内での運用にとどめることが望ましい。

第3節●包装とユニットロードシステム

標準パレットとは、経済産業省がJIS化している「ユニットロードシステム通則」では、1,100×1,100mmサイズと1,200×1,100mmサイズの2種がある。

第2が、パレットの管理である。特に、着地（入荷側）でパレットの返却が滞り、発地（出荷側）でパレットが不足する例がある。その理由として、着地におけるパレットの、貨物の保管などへの流用がある。一貫パレチゼーション用のパレットは別の用途に流用することなく、常に空きパレットの返送が可能な体制を維持できるように、出荷側と入荷側の両者で調整しておく必要がある。

第3が、パレットの回収である。パレットプールシステムが整備されている欧州では、標準規格のユーロパレットを使用しさえすれば、出荷側が持ち込んだパレットと同じ枚数のパレットを、入荷側が保管しているパレットの中から引き取ればよく、基本的にパレット不足は生じない。しかし日本では、納入時や配送時の引き取りよりも、定期的に引き取ることが多い。このため、回収方法を事前に決めておかないと出荷側のパレットが不足する事態が生じやすい。この問題について、荷主とパレットレンタル会社と物流事業者の共同でパレット回収システムを運営している例もある。

第4が、費用負担である。パレチゼーションでは、フォークリフトなどの荷役機械の導入費用やパレタイズされた貨物（パレタイズド貨物）の荷崩れ防止対策の費用が生じる。そのため、パレチゼーションを採用する際は、出荷側、入荷側、物流事業者で十分に協議し、運用中に生じる費用の分担方式を事前に決めておくことが重要である。

4 コンテナリゼーション

（1）コンテナリゼーションの内容

コンテナリゼーションとは、物資をコンテナに積んでユニット化し、荷役機械によってトラック、船舶、鉄道車両、航空機などへの積込み、

第8章 ● 輸配送管理

取卸しを行い、物流の効率化を図る手段である（JIS Z 0111）。

　コンテナは金属製の堅牢な箱であり、この中に収納された貨物は輸送や荷役において人手に触れることなく、発地から着地まで運ばれる。荷役はガントリークレーン（コンテナクレーン）、トランスファークレーン、ストラドルキャリアなどのクレーンや、フォークリフトなどを利用して行われるため、予定外の外力を受けることなく、温湿度もある程度の範囲に保たれる。また、盗難のリスクも小さく、安全に輸送することができる。

　コンテナ輸送は、鉄道や船舶など、いろいろな輸送機関で採用されている。わが国の鉄道貨物輸送の過半がコンテナ輸送であり、JR貨物の12ftコンテナ（通称、ゴトコン）や31ftコンテナが使用されている。また、現在、日本の国際海上荷動き量の約2割がコンテナ貨物であり、20ftコンテナや40ftコンテナなどで運ばれている。そのほか、海外では、トレーラによるコンテナ輸送が中心的な国も多い。

（2）コンテナリゼーションのメリットとデメリット

　コンテナリゼーションを採用することの主なメリットには、次の5点がある。

　第1が、包装コストの削減である。コンテナリゼーションでは、輸送機関の間での積み替えはコンテナのままで行われるため、個別の包装品が人手による荷扱いを受けることがない。そのため、内部に収納する貨物は、簡略化した包装でも輸送ができるため、包装コストを削減できる。

　第2が、盗難リスクの減少である。コンテナは発地から着地の間まで封印されたままで運ばれ、途中で開けられることがない。そのため、バラ積みで輸送を行っていた時代に比べ盗難が少なくなった。

　第3が、包装物品の濡損がないことである。コンテナは密閉構造であるため、輸送時に包装品が水濡れなどの被害を受けることが少ない。

　第4が、作業時間の短縮である。荷役がコンテナ単位で行われるため、荷役作業の時間が短く済み、作業の予定が立てやすい。また、貨物輸送

344

第3節●包装とユニットロードシステム

の時刻表に沿った運行が行われるため、計画どおりの日程で納品が可能
になる。

第5が、屋外で段積みが可能なことである。コンテナは堅牢な箱であ
るため、待機時に倉庫や上屋に入れることなく、コンテナターミナルな
ど屋外に段積みすることができる。

一方、コンテナリゼーションを採用することの主なデメリットには、
次の3つがある。

第1が、設備が必要なことである。コンテナリゼーションでは、ガン
トリークレーンやストラドルキャリアなど、専用の大型設備を備えたコ
ンテナ埠頭が必要となる。ただし、国内外の港湾が競ってコンテナ設備
を増強し、コンテナ船の誘致に努めている。

第2が、ロットサイズの制約である。小さなロットの貨物を送る場合
は、1本のコンテナを利用することができず、他の荷主の貨物との積合
せが必要になる場合がある。

第3が、盗難発生時のコストの増加である。コンテナリゼーションで
は、盗難リスクは減少するものの、もし盗難が生じる場合は、コンテナ
単位で生じるため、被害が生じたときの被害額が大きくなる。

（3）コンテナリゼーションの留意事項

コンテナリゼーションの留意点としては、次の3点がある。

第1が、コンテナへの貨物積載にかかわる、積付けにおける配慮、積
載効率、貨物の固定などである。積付けにおける配慮については、コン
テナが陸上輸送される区間では、コンテナはトラックの荷台と同様に、
荷崩れ防止などの配慮が必要である。また、海上輸送される区間では、
偏荷（前後左右の質量差が大きいこと）や高重心を避けるなどの配慮も
必要になる。なお、偏荷重状態になるとクレーンつり上げ時にコンテナ
が不安定になりがちになることにも留意が必要である。

積載効率については、コンテナ内部に同一寸法の包装物品を多数積み
込む場合は、トラックへの積付けと同様に、積載効率を重視して積み込

345

第8章 ● 輸配送管理

めばよい。ただし、海上輸送では、陸上輸送とは異なる揺れ・衝撃が加わるおそれがあるため、コンテナと積み荷の空間にダンネージ（Dunnage＝緩衝材）を入れるなど、荷崩れ防止処理を行うことが重要である。空気を入れて使用するエアダンネージは、荷崩れ防止の効果だけではなく、輸送中のこすれ防止の効果もあるため、外装への影響を最小限にとどめることができる。

　貨物の固定については、コンテナ内に積み込んだ包装物品や包装貨物が動かないようにするために必要であり、個々の包装物品や包装貨物の質量配分を考えて、コンテナ全体の重心位置がなるべく中央にくるようにすることが重要である。なお、コンテナに機械設備、鋼管、コイル、部品類、大型包装貨物などを積み込む場合に、コンテナ内の貨物の固定が不十分だと、コンテナ船の揺動やコンテナ移載時の衝撃などの外力によって、貨物が移動して壁面に衝突したり、製品損傷を招く危険がある。これらの事故の発生を防止するためには、ラッシング（ロープ、ワイヤー、帯鉄、ゲージワイヤー、鎖などを使用して貨物を固縛し、位置を固定する作業）やショアリング（木材またはパイプなどを使用して貨物の位置を固定し、また区画する、根止めという作業）を確実に行っておく必要がある。

　第2が、コンテナの運用効率（稼働率）である。コンテナは金属でできたただの大きな箱であり、製造コストが安価で済むということでもあり、これがコンテナの最大のメリットといえる。コンテナの運用効率は、たとえば自社コンテナの場合、発地のコンテナプールを出てから着地のコンテナプールに輸送され、また発地のコンテナプールに戻ってくるまでの時間を考えればよい。最近では、高速コンテナ船の就航などでこの期間が短縮されており、しかも大規模コンテナ埠頭の増加が著しい状況下では、港湾における滞留時間も短縮されており、全体的な効率は非常に良好な状況になっている。

　第3が、コンテナリゼーションの推進にかかわる、輸送手段の選択、相手先の物流事情の把握などである。輸送手段の選択については、積載

346

第3節●包装とユニットロードシステム

貨物の特性と、輸送の緊急度を考慮することが重要である。コンテナリ
ゼーションは、すべての貨物や輸送に適用できるものではない。たとえ
ば、緊急度が低い貨物を航空コンテナで輸送することは費用の増加につ
ながる。脆弱製品の航空輸送も、安全性確保のための包装費用がかさむ
ことで、コスト高となる可能性がある。

　相手先の物流事情の把握については、国際輸送の場合に特に必要とな
る。先進諸国では、港湾での荷役や設備などが整備されており、内陸部
での道路や鉄道網も整備されているため、特別な配慮は必要ない。その
一方で、発展途上国で、鉄道が完備しておらず、道路の整備水準も低い
国では、輸送日程と製品ダメージの両面から検討が必要となる。

第8章●輸配送管理

第 **4** 節　輸送包装の設計と技法

学習のポイント

◆輸送包装を設計する際に考慮すべき点について理解する。
◆輸送・保管・荷役時に包装物品が受ける外力と、それに伴う障害について理解する。
◆内容品ごとに求められる包装仕様と、そこで必要となる技法について理解する。
◆特に輸送包装の技法において重要な点について理解する。

1　輸送包装の設計

(1) 輸送包装の設計に関する注意点

①　保護性

輸送包装の設計にあたって主に注意すべき点が8つある。

第1が保護性であり、輸送・保管・荷役時に加わる、衝撃や振動、圧縮などの外力から内容品を保護することである。包装の最も重要な役割であり、内容品の強さや特性を調べ、適切な包装材料を使用して包装設計を行う必要がある。

衝撃については、製品の耐衝撃強度を確認したうえで、包装物品が荷扱い中に受ける可能性がある落下衝撃によって、製品が異常をきたすことがないように、適切な緩衝材を設計する。

また、振動については、製品の振動特性を確認したうえで、包装表面のこすれや製品の共振による部品の疲労破壊が生じないように、包装物品の共振周波数（エネルギーの最も大きい周波数）と輸送機関の荷台の

348

第4節 ● 輸送包装の設計と技法

卓越周波数（周波数の中で最も多く現れる周波数）が重ならないように設計する。

さらに、倉庫での保管中の圧縮荷重について、製品の圧縮強度を確認したうえで、包装容器の変形や製品の変形が生じないように、包装箱に使用する段ボールとして適切な素材を選択する。

② 荷役性

第2が荷役性であり、輸送・保管・荷役時の荷扱いを容易にすることである。そのために、包装がどのような荷扱いを受けるかを想定して、包装設計を行う必要がある。

最近はドライバー1人で輸送することが多いため、1人でも荷扱いを行いやすい包装の設計が求められる。包装貨物の荷役性を決める要素には、包装物品と内容品の、寸法、質量、重心位置、取っ手の数と位置などがある。

包装寸法については、横方向の寸法が80cmを超える包装品は、1人では持ちにくい。そのため可能な限り包装の横寸法は80cm以内で納まるように、設計する必要がある。

包装の質量は、荷扱いに最も影響を与える項目である。重すぎると荷扱いが困難であるし、軽すぎると荷扱いが荒くなり、製品破損の原因となりやすい。1人で荷扱いを行う場合、荷扱いしやすく、雑な荷扱いになりにくい質量は、15kgから20kg程度といわれている。そのため、包装設計を行う場合は、この程度の質量になるように設計する必要がある。

なお、18歳以上の作業者が人力のみで取り扱う物品の質量は、「陸上貨物運送事業労働災害防止規程」において、男子で最大55kg、常時取り扱う場合は作業者の体重の40％以下と規定されている。包装の質量を決定する際には、この規程を考慮する必要がある。

重心位置については、横方向は中央付近に、縦方向は下方にあることが望ましい。なお、重心が極端に偏った製品は、ルームエアコンの室外機や電子レンジなど、一部の工業製品に限られる。

取っ手の数と位置については、一般的な包装物品の場合は箱の両側に

349

図表8-4-1 ●冷蔵庫包装箱の取っ手

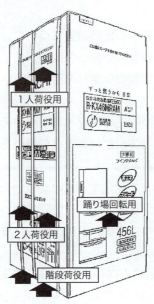

1カ所ずつ設けておけばよいが、大型重量品では実際の作業を行ってみないとわからない場合がある。たとえば大型冷蔵庫の包装を見ると、荷扱い用の取っ手穴は、1台当たり14カ所（1人作業用：2面/4カ所、2人作業用：2面/4カ所、踊り場回転用：2面/2カ所、階段荷役用：底面/4カ所）も設置されている。このうち、踊り場回転用と階段荷役用の取っ手は、最初の包装開発時点では存在せず、作業者の要求によって追加されたものである。→図表8-4-1

③ **作業性**

第3が作業性であり、包装ラインでの包装作業と物流過程での包装物品を取り扱う際の作業を容易にすることである。

このうち、物流過程での作業性を決める要素には、包装の形状、寸法、質量、重心位置、手を掛ける位置などがある。→図表8-4-2

なお、ハの字ロックやニの字ロックの箱（フラップ差し込み式の箱の

図表8-4-2 ●冷蔵庫の階段荷役作業

穴を上から見た形状がハや二の字となっている差し込み封緘箱→図表8-4-3)を軽量製品の箱として使用した場合、倉庫保管時の積み重ね安定性が悪いため、ときどき拼替え(はい)が必要となるなど作業回数が増加し、作業性が低下する。また、ルームエアコンの室外機のように、重心位置が偏っている包装物品では、倉庫保管中に拼の傾きが生じやすいため、やはり拼替えが必要となる。このような製品の場合、製品や包装の特性を考慮して、拼替えなどのムダな作業を発生させないように設計する必要がある。

④ 便利性

　第4が便利性であり、開梱および再梱包の作業を容易にすることである。輸送包装では、輸送包装のまま販売店で取り扱われたり、そのままで消費者の手元まで直送される商品の場合に関係する。

　冷蔵庫や洗濯機などの家電製品では、販売店で展示のための開梱および再梱包の作業が発生するが、この作業は手間がかかる。このような商品の包装には、差し込み封緘箱を使用することによって、開梱および再梱包の作業が容易になる。→図表8-4-3

　また、缶ビールのカートンなどのように、消費者がカートンのままで持ち帰ることもある商品については、取り出しを容易にするための工夫

図表8-4-3●差し込み封緘箱

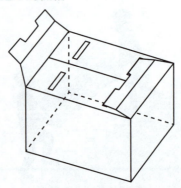

がされている。このように、特殊な商品について、便利性が問題となることはあるが、一般の輸送包装で検討すべき項目（圧縮荷重、衝撃、荷台振動）を意識する必要はない。

⑤　表示性

第5が表示性であり、物流作業者向けの指示をわかりやすくすることである。

最近の物流センターでは、物流センター内の照明は十分な明るさが確保されているので、商品の形式の判断も容易であるが、旧式の物流センターでは、十分な明るさが確保されておらず、誤出荷などが生じる例が多い。特に照明器具などは類似した形式が多く、表示する文字の大きさや印刷色によっては誤読による誤出荷が生じやすいので、包装の表示レイアウトには注意が必要である。

また、荷扱いの方法の指示について、図で表示するものと、短い言葉（天地無用、上乗厳禁、火気厳禁など）で表示するものがある。このうち、図の表示による荷扱いの方法の指示については、JIS Z 0150で荷扱い図記号（通称、ケアマーク）が規定されている（→図表8-4-4）。このケアマークとは、荷扱い作業を行う者に対し、対象製品がどのような特性を持っており、どのように荷扱いすべきかを直観的に判断してもらうため、図を主体として作成したマークのことであり、短い言葉を注記する

図表8-4-4 ● 荷扱い図記号（ケアマーク）

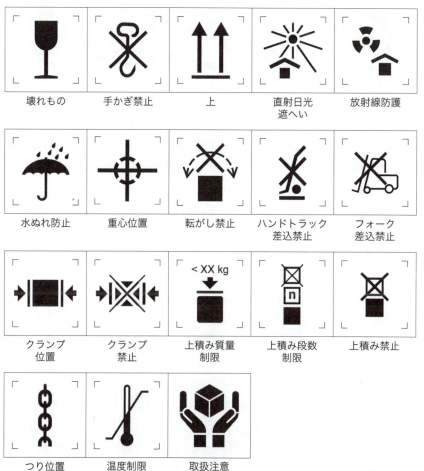

 ものもある。
　代表的なケアマークとしては、包装貨物の上下方向を明示するため、矢印で上方向を示した「上」、壊れやすいものにはワイングラスの絵を描いた「壊れもの」、段ボール包装品のように水に弱いものには、傘に水滴がかかっている「水ぬれ防止」等がある。

図表8-4-5●資源有効利用促進法で規定された分別マーク

　ケアマーク以外の図による表示としては、製造物責任法（PL法）に対応し、一般消費者が包装品を取り扱うときの安全確保のために策定された「包装物品の取扱注意マーク」（JIS Z 0152）や、資源有効利用促進法で規定された「分別マーク」がある。「分別マーク」は、無地の包装材を除いたすべての包装材料について表示しなければならないことに注意する必要がある。→図表8-4-5

⑥　輸送適合性
　第6が輸送適合性であり、トラックやコンテナ、パレットなどの輸送機器との寸法を適合させ、積載効率を高めることである。
　通常、トラックやコンテナへの適合性が最も重視されるが、一貫パレチゼーションなど、ユニットロードで輸送する場合は、パレットへの適合性が重要視される。なお、一般に積載方法の検討は、コンピュータソフトを用いて行われる。
　トラックやコンテナへの適合性を検討する場合、単独製品のみか異種製品の積合せかによって、検討手順は大幅に異なる。それぞれ専用のソフトが開発されているため、これを利用するのが最も容易であり、高い効率が確保される。なお、これらのソフトでは、包装寸法を変更した場合の積載量の変化を計算する機能が含まれているものも多く、輸送適合性を高めるのに有効である。
　パレットへの適合性を検討する場合、包装モジュール寸法に合わせて包装箱の寸法を設定することが容易であり、効果も大きい。ただし、特殊な寸法のパレットを使用する場合や、特殊な寸法の包装が必要となる場合は複雑になるため、専用のソフトを利用することが望ましい。

第4節●輸送包装の設計と技法

以上の輸送適合性は物流コストに大きく影響するため、包装設計段階と配送計画段階の両方で、十分な検討を行うことが重要である。

⑦ 経済性

第7が経済性であり、コスト低減のために包装材料の使用量を削減することである。

大半の包装は、消費者の手元に届いた時点でゴミ（廃棄物）になる。したがって、廃棄物量を少なくすることは、コスト低減の観点から重要であり、包装設計では、包装材料の使用量の削減に努めることが重要である。ただし、包装費の低減対策は、すでに十分に検討され適用されているものがほとんどであり、包装費が物流価格に占める比率はあまり大きくはない。

たとえば20インチクラスの液晶テレビについて、現在の包装を見直したとしても、包装費の低減額は1台当たり数円〜10円／台程度にすぎない。ところが包装寸法を変更し、前述した輸送適合性を改善すれば、1台当たりの輸送費の低減効果は、その何倍にもなる。そのため包装設計では、包装費の低減とともに、輸送適合性の検討に重点を置くことが、非常に重要である。

⑧ 環境適応性

第8が環境適応性であり、廃棄物の削減のために包装材料の使用料を削減することである。

菓子類や調味料、トイレタリー製品や雑貨類の一部など、包装容器がそのまま中身を利用するときの容器として利用されるものを除き、大半の包装は、消費者の手元に届いた時点でその役割を終えゴミ（廃棄物）となる。廃棄物の量を少なくすることは、前述した経済性のみならず環境対策にも効果がある。

「改正容器包装リサイクル法」（2006年）では、大半の包装材がリサイクルの対象として取り上げられ、再商品化が義務づけられている。個々の会社が自力で再商品化義務を果たすのは事実上不可能に近いため、ほとんどのメーカーや包装材料の供給会社は、（公財）日本容器包装リサイ

355

クル協会に再商品化委託費用を支払うという方法で、再商品化義務を果たしている。このための費用は多額であるため、企業は包装材料の使用量の削減や包装仕様の見直しに注力し、環境への影響を小さくした包装の開発に努めており、同一製品1台当たりの包装材の使用量が毎年削減されている。

　一方で、LCA（Life Cycle Assessment）の観点から包装材料の環境適応性を検討することも重要である。環境に適応した材料が、必ずしもLCAの面でも優れているとはいえない。このような場合、包装設計では、可能な限り再生可能な（たとえば、段ボールなどのパルプ系の）素材の使用に努めることが重要であり、枯渇資源（プラスチックの原料となる石油など）については、必要最低限の利用にとどめる努力が必要である。

（2）輸送・保管・荷役時に生じる外力と障害の種類

① 輸送・保管・荷役時に生じる外力の種類

　輸送・保管・荷役時に生じる包装物品への外力には、主に物流センターにおける保管中の圧縮荷重、荷扱い中の落下による衝撃、輸送中の荷台振動の3つがある。

　第1の保管中の圧縮荷重とは、物流センターにおいて出荷までの期間、製品が積み上げられることにより加わる荷重である。鮮度が重視され、ただちに輸送される商品を除き、製品は物流センターに保管される。一般の商品の保管期間はさほど長くはないが、家電の季節商品（暖房器具やエアコンのように、出荷シーズンが存在する商品）では、生産されてから出荷まで半年近く保管される商品も存在する。商品が工場から出荷されると、物流センターを経由して、販売店に輸送される。物流センターでは「先入れ先出し」（入庫した順に出荷すること）が行われるため、保管期間はさほど長くはならないのが普通であるが、一部の物流センターでは、不十分な在庫管理のため長期在庫となる場合がある。

　なお、多くの物流センターの1階部分には広い開口部が存在するため、基本的には外気の温湿度に準じた温湿度である。一般に外装として用い

られる段ボールは湿度の影響を受けやすいため、物流センターの１階に保管する商品については包装設計の際、特別に考慮を払う必要がある。販売店での保管は、通常は短期であり、かつ高く積み上げられることは少ないので問題は生じにくいが、大型量販店などでは見込み仕入れを行い、在庫を多く持つこともあるため、物流センターなどと同じような問題が生じることがある。

　第２は、荷扱い中の落下による衝撃を原因とする障害である。衝撃による破損は、包装事故の大半を占め、荷扱いの機会が多いほど、破損の可能性が増大する。工場倉庫では出荷時に、物流センターや販売店などでは入荷時と出荷時に、必ず荷扱いの機会が存在する。また、倉庫内で長期保管される商品の場合、保管中の安全（拼の傾きや段ボール箱の座屈の予防）を確保するため、拼替え（段積みされた包装品の上下を入れ替えること）が行われる。さらに、地域によって商品の売れ行きが異なる場合、在庫がある地域から在庫がなくなった地域への輸送（横持ち）が発生し、この輸送の両端で荷扱いが行われる。

　１個の商品が荷扱いを受ける機会は、数回程度で済む場合もあれば、10回以上となる場合もあり、荷扱い回数が多いほど誤って落下させるなどの事故が発生する可能性が高くなる。

　第３の振動については、トラックの荷台振動を考えれば十分である。これは、日本では輸送量の90％以上がトラックによって運ばれており、また貨車や船舶による輸送では、トラック輸送に比較して振動の影響が小さいためである。

　すべての商品は、生産地から消費者に届くまでに、何らかの手段で輸送される必要があるが、その距離は、近い場合でも数十km、遠い場合は国内でも2,000km程度の輸送が考えられ、さらに輸出商品では、より長い距離の輸送が行われる。特に輸出の場合、輸出先によっては悪路や古いトラックによる振動を受けることもあり、製品に及ぼす振動の影響は、包装設計において非常に重大な問題である。

②　輸送・保管・荷役時に生じる障害の種類

輸送・保管・荷役時に生じる障害には、外力の種類に応じて、包装の
つぶれや変形、内容品の変形・破損などがある。

圧縮荷重による包装と内容品の異常としては、包装箱のつぶれ、内容
品の変形などがある。最近の包装容器の多くは段ボール製であるため、
多湿の環境に置かれると水分を吸収して強度が低下する。それと同時に、
段ボールの伸びも発生するため、段ボール箱の側面が膨らんだり、波打
ち（段ボールの表面が水分を含むことで波状になること）が生じたりす
る。この条件に加えて、内容品の強さが不足している場合や、箱の上部に
すき間がある場合などは、段ボールが座屈して箱がつぶれることもある。

外箱の強度が弱く最下段で箱つぶれが生じた場合、その上部に積まれ
ている包装物品の積付け荷重のすべてが、最下段の内容品に加わること
になる。内容品が丈夫であれば内容品に問題は生じないが、内容品の圧
縮に対する強さが不足している場合は、内容品の変形や破損が生じる。

落下に伴う衝撃による内容品の異常には、内容品の変形や破損および
包装外観不良がある。家電製品などの工業製品では、製品が衝撃に耐え
られる能力は加速度の大きさで表される。荷扱い時の落下などによって
包装物品に加わる衝撃の大きさが許容値を超えると、製品の内部の最も
弱い箇所に破損が生じる。また、角部から落下した場合は、製品角部に
変形などが生じ、商品価値をなくすことが多い。

落下に伴う衝撃による包装の異常には、箱つぶれや包装容器破損など
がある。異常が過大であれば、包装の交換などが必要であり、状況によ
っては内容品まで影響があるため、非常に重要な事項である。衝撃によ
る製品や包装の破損は、物流過程で生じる製品事故のうち最も多く発生
するため、衝撃による破損が生じないことを最大の目的として包装設計
を行う必要がある。

振動による商品の異常は、通常、①製品内部の可動部の共振による疲
労破壊、②製品のネジ部のゆるみ、③振動による製品や包装箱のこすれ、
④上段に積まれた包装箱の荷重による下段包装箱のつぶれ、などの形で
現れる。

第4節 ● 輸送包装の設計と技法

このうち、①の疲労破壊と②のネジ部のゆるみについては、一般に包装設計の段階で十分考慮され、しかも出荷前の室内試験で確認される。このため、実際に市場に出荷された製品で事故として現れる例は少ないが、包装設計では避けなければならない問題である。

また、③の製品や包装箱のこすれについては、その発生の物理的な因果関係が明らかになっていないため、十分な対策ができているとはいえない。なお、こすれという現象は、発生した運動の振幅、周波数成分、製品や包装の材質と材料、接触する対象物の材質と材料、環境中の温湿度、物体を構成する材料が含んでいる水分量など、さまざまな項目が関係している。

④の荷重によるつぶれについては、FEM（Finite Element Method＝有限要素法）を利用して、多段積み包装品の破損過程の解析が行われており、かなりのレベルで解明が進んでいるほか、包装箱の強度設計も高いレベルにある。

2 輸送包装の技法

（1）輸送包装の技法の種類

内容品ごとに求められる包装仕様とそこで必要となる技法は異なる。輸送包装に関する主な技法としては、緩衝包装設計の技法、防湿包装の技法、防さび包装の技法、集合包装の技法の4つがある。また、内容品のうち、食品、危険物、輸出品については、包装仕様と技法に注意が必要な場合がある。

（2）緩衝包装設計の技法

① 緩衝包装設計の考え方

包装の最大の目的は、輸送・保管・荷役時に包装に加わる外力から、内容品を保護することである。包装に加わる主な外力には、圧縮荷重、衝撃、振動の3つがあり、緩衝包装は、このうち衝撃からの保護を目的

としている。

このとき、衝撃に対する製品の強さを把握する必要がある。製品の強さは、一般に製品設計者から提供されるが、提供されない場合には、製品の衝撃試験装置を使用して耐衝撃強さを明らかにする必要がある。

また、荷扱い条件として包装試験条件を確認する。包装試験条件は、落下方向と落下高さを規定した形で与えられるのが基本である。

② **緩衝包装設計における安全余裕**

緩衝包装では、輸送・保管・荷役時に加わると予想される外力の大きさ（実用的には包装試験条件）と、製品の強さの差を包装で補う必要があるが、このとき包装の保護性と製品の強さの和が外力の大きさよりも、わずかに大きくなるように設計することが重要である。このわずかな余裕分（**安全余裕**）は、安全率や安全係数などと呼ばれている。→図表8-4-6

安全余裕が大きすぎる包装を、過大包装や過剰包装といい、消費者に余計な負担をかけたり、環境に悪影響を及ぼしたりする原因になる。逆に、安全余裕が小さすぎる包装を欠陥包装といい、輸送時の外力による製品異常の発生が危惧されることになる。

図表8-4-6 ●包装の保護性

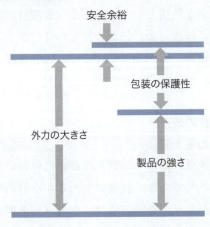

図表8-4-7 ●緩衝材の特性曲線

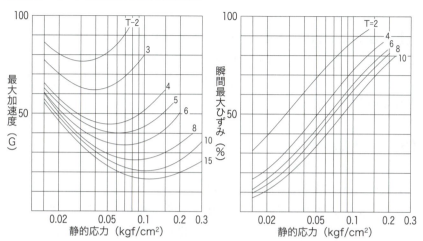

③ 緩衝包装設計の技法の詳細

　緩衝包装設計では、落下方向と落下高さおよび製品の耐衝撃強さのデータから、緩衝材に必要な厚さと受圧面積を算出する作業が必要となる。

　実際の緩衝計算では、緩衝材の厚さと受圧面積を、落下高さごとの「静的応力－最大加速度線図」と、「静的応力－瞬間最大ひずみ線図」という２種類の特性曲線を使って決定する。ただし、製品の凹凸や突起などの条件を考慮して数値を決定する必要があり、負担の大きな作業である。緩衝計算が完了すると、対象製品の形状に合わせて各部への緩衝材の配置を決定し図面化する。→図表8-4-7

　緩衝包装設計の際に考慮すべき項目には、重心位置による面積配分、底付きに対する対応、座屈に対する配慮などがあり、それまでの設計経験ができ栄えを左右することも多い。なお、包装物品の振動特性は緩衝設計で決まるため、この段階で振動特性の検討も同時に実施し、輸送中の荷台振動で製品破損などが生じることがないよう、十分な検討を行う必要がある。

　設計が完了すると緩衝材を試作し、包装貨物試験の装置で試験を実施

第8章●輸配送管理

する。不合格の場合は再度、設計計算を繰り返すことになる。

④　環境への配慮

　緩衝包装設計では、環境への配慮も求められる。このため、段ボール製緩衝材とプラスチック系緩衝材を比較すると、プラスチック系緩衝材のほうが安価である場合が多いが、再生可能な段ボール製緩衝材が使用されている。

（3）防湿包装の技法

①　防湿包装の考え方

　防湿包装は、湿度により食品にカビが生えたり、変質・腐敗したりすること、機械器具や金属製品の表面にさびが発生することなどを避けるためのものであり、JIS Z 0301「防湿包装方法」で規定されている。

②　防湿包装の技法の詳細

　防湿包装では、対象品の特性と物流条件を把握し、防湿方法と防湿材料を選択する。

　対象品の特性と輸送や保管時の状況の把握について、防湿包装が必要な商品は次の4種類である。

　　①　湿もしくは脱湿特性を持つもの（せんべい、食パンなど）

　　②　平衡湿度を持つもの（化学肥料など）

　　③　水溶液（化粧品など）

　　④　非吸湿性のもの（金属類）

　この4種類の商品は防湿包装の手法がそれぞれ異なっている。ここでは、菓子類や金属製品など、多湿を嫌うものを対象とする。また物流条件については、どのような温湿度環境下に置かれるか、その時間や期間がどの程度であるかが問題となる。

　防湿方法と防湿材料の選択について、一般には対象品を、透湿度が低い（湿度遮断性が高い）プラスチックフィルムなどで、すき間なく包んでしまう方法が採用される。その際、内部には、対象製品中および包装の中に取り込まれた水分を、吸水できるだけの量（計算式に基づいて算

362

第4節 ● 輸送包装の設計と技法

出できる）の乾燥剤を入れておく。また、防湿材料は、できるだけ透湿度（水蒸気透過性）の小さな材料を選択することと、その材料が内容品保護に適した物理特性（ピンホールが生じにくい、破れにくいなど）を持つことが重要である。さらに、製品の角部や突起部などに接触したフィルムの一部に、輸送中の振動などにより裂け目やピンホールなどが生じることがないように、危険箇所を十分保護しておくことも重要である。

なお、大型機器などの工業製品の場合は、シール部の不全による漏えいに備えて確実なシール貼りを行うほか、パレットなどへの固定部からの水分の侵入に備えて固定部に関する十分な注意が必要である。さらに、作業場所の温湿度条件によって、包装内部に含まれる水分量の初期値に大幅な違いが生じるため、作業場所を低湿度状態に保つことも重要である。

（4）防さび包装の技法

① 防さび包装の考え方

防さび包装は、金属に、大気中の水分による腐食（さび）が生じることを避けるためのものであり、JIS Z 0303「さび止め包装方法通則」で規定されている。

② 防さび包装の技法の詳細

防さび包装の技法は、防湿包装の技法と類似した点が多く、最初に、対象品の特性と物流条件を把握する。金属の材質、表面処理の有無とその種類などによって、防さび包装の方法には大きな違いがあることに注意が必要である。

防さび包装の基本的な手順は、次の4段階で実施される。

① 対象製品の洗浄
② 乾燥
③ 防さび処理
④ 防湿包装処理

ただし、製品表面の状態によっては、このうちの一部の工程が省略される。

363

①の洗浄は、金属表面に付着している油脂分や金属粉などを除去する作業であり、対象品の材料と汚れの種類により、石油系溶剤を使用する方法など各種の化学的洗浄方法と、機械的洗浄方法のいずれかを選択して実施する。

②の乾燥は、熱風乾燥、遠心分離機、真空乾燥などがあるが、いずれの方法も手早く行うことがポイントである。

③の防さび処理には、防さび脂剤を塗布する方法、気化性防さび剤を使用する方法、防さび紙を使用する方法、可剥性プラスチックの皮膜で金属表面を保護する方法の4通りがあり、対象製品の状況によって適切なものを選択して処理を行う。

④の防湿包装処理は、本項 **(3)** と同様である。

(5) 集合包装の技法

集合包装には、同一仕様の複数の包装物品を1つにまとめたものと、寸法が異なる複数の包装物品を1つにまとめたものがある。

手作業を前提とした同一仕様の包装物品の集合包装は、荷扱い回数を減らして作業効率を高めるために行われることが多く、対象となるのは軽量品が主である。集合化の方法としては、段ボールスリーブなどで一体化したあとPPバンド（ポリプロピレン製のバンド）を掛ける方法や、ストレッチ・シュリンク（集積包装用の透明なフィルム）などのフィルムを使用する方法がある。個別の包装物品の基本的な形態は、バラ貨物のときと差はない。

同一仕様の包装物品でもパレットを使用した集合包装は、機械荷役を基本としており、対象品はすべての包装物品ということになる。集合方法はパレット、シュリンクやパレットストレッチなどであるが、最近はストレッチフィルムを使用することが一般的である。

寸法が異なる包装物品の集合化は、プラント製品の場合に頻繁に見られる。プラント製品では大型の機械設備とともに、付帯設備や付属機器など各種の異なるサイズの製品が同時に輸送されるため、これらの製品

第4節 ● 輸送包装の設計と技法

の包装も、多様なものとなる。通常これらの製品は、個別に段ボール包装や木箱梱包を施され、パレットに積載されて取り扱われるが、トリプルウォール製（またはトライウォール。3層の強化段ボール）の大型箱に詰められて運ばれる場合もある。したがって、このような製品の包装には決まった方法はなく、対象製品の特性によって対応されている。

（6）内容品に伴う注意点

① 食品の包装

食品は種類が多いので、その包装もさまざまである。たとえば菓子類などは、湿度が高いと変質したりカビなどが生えたりする心配があるため、乾燥剤と一緒に透湿度が低い素材でできた袋に入れて、板紙製の箱に入れることが一般的である。また、魚などの生鮮食品は、発泡スチロール製のトレーに載せられ、ストレッチフィルムでラップされる。清涼飲料やお茶は、PETボトル容器が使用され、牛乳やジュース類は、紙パック容器に入れられるが、ビールや炭酸飲料は、内部の圧力が高くなるため金属缶が使用される。なお、金属缶も中身によってアルミ缶とスチール缶が使い分けられている。

どのような形態の包装を採用する場合でも、衛生面での厳格な安全性の確保が最も重要である。この食の安全は、大きな社会問題としても重要なテーマであり、食品の製造ラインでは厳格な衛生管理を行っており、包装ラインでも、製造ラインと同レベルの安全性の管理が求められる。そのため、包装に使用される各種資材の製造段階での無菌状態の確保、外注資材の調達先の安全管理の確認、輸送過程での汚染の可能性排除、包装ラインの衛生管理の強化など、すべての工程での衛生管理が必要となる。

② 危険物の包装

危険物とは、国連が定めている危険性基準に合致する物質で、9分類に分けられているが、さらに細分化される場合もある。これらの物質は、分類ごとに特性が大きく異なっており、危険性のレベルや取り扱い方法

などもまったく異なる。また、量によっても取り扱いが異なり、微量である場合は危険物とはみなされないが、ある程度以上の量がまとまると危険物として扱われるもの（リチウム電池など）や、少量である場合、少量輸送許可物件として扱われるもの（IATA（国際航空運送協会）の危険物リストに記載されているが、国によって箱の区分を認めないものもあるため注意が必要である）など、さまざまな物質が存在する。

　危険物の輸送に関しては、陸上輸送、海上輸送、航空機輸送などの輸送機関別に、規定条件や対象となる物質・包装の方法などが異なっている。陸上輸送の場合は、消防法や厚生労働省の基準などで規定されているのに対して、海上輸送の場合は、「危険物船舶運送及び貯蔵規則」で詳細が規定されており、航空機輸送の場合は、「航空法及び関連規格」で規定されている。

　包装容器としては、ドラム缶、ジェリ缶（20ℓ等の携行缶）、箱、袋、複合容器などが国連規格で規定されている。また、消防法の関連で「危険物の規制に関する規則」、（一財）日本舶用品検定協会の「危険物の容器及び包装の検査試験基準」、厚生労働省が定めた「毒物及び劇物の運搬容器に関する基準」などがあり、これに基づいた包装仕様であることが不可欠である。また、物質ごとに規定されたラベルもあり、その表示も不可欠である。→図表8-4-8

③　輸出品の包装

　一般に、国内で流通している包装仕様は、海外諸国に向けて輸出する

図表8-4-8●危険物の表示ラベル

爆発物　　　毒性ガス　　　引火性ガス　　　放射性物質

場合に必要とされる保護機能を十分に確保できている。そのため、輸出品だからといって特別な包装技法を必要とすることはあまりない。

しかし、発展途上国向けである場合、輸出先でパレット単位の荷扱いが行われる場合、航空機による輸送である場合には、国内向けと大きく異なった包装が必要となることもある。

第1に、発展途上国では、荷扱いが極端に悪いことや道路条件が非常に劣悪なことがあり、このような場合は十分な保護性を確保するため、特別な緩衝設計や外装箱設計が必要となる。また、このような相手先では、荷役作業が手作業で行われる場合を想定して包装仕様を決めるなど、相手先の物流事情に適合した包装を採用することも必要である。

Column 知ってて便利

《梱包用木材規制：ISPM　No.15》

梱包用木材規制は、近年の輸出入物量の増加とともに、カミキリムシやキクイムシなどの有害昆虫類が付着した生木を梱包材として使用する例が増加し、生態系に含まれない有害昆虫の拡散の可能性が増大したことを受けて、検疫措置について国際的な基準が決められたものである。対象となる梱包材は「パレット、ダンネージ、木枠、こん包ブロック、ドラム、木箱、集積板、パレット枠及び滑材のような針葉樹、広葉樹の非加工の木材こん包材」で「接着剤、加熱、加圧又はその組み合わせを用いて作られる合板など」は対象外である。

消毒の方法には、熱処理（木材中心部が56℃以上になる条件で30分間維持する）または臭化メチルを用いた燻蒸処理がある。消毒を実施した木材を使用した梱包材には、図表8-4-9に示すようなマークを表示することが必要である。このマークは熱処理（HT）の場合で、燻蒸処理の場合はMBと表示する。

図表8-4-9●熱処理（HT）マーク

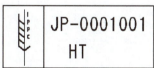

第8章 ● 輸配送管理

　第2に、海外諸国では、日本国内と異なる寸法のパレットが使用されていることが多く、輸出先でパレット単位の荷扱いが行われる場合、輸出先で使用されるパレットの寸法に適合した包装寸法を採用する必要がある。日本国内で使用されるパレットはT11型が多いが、国際的には少数派である。したがって、欧州向けに輸出する貨物では**ユーロパレット**の使用が前提となる。この場合、国内向けの包装とは商品の入り数や包装方法を変えるなどの対応が必要となる。

　第3に、航空機輸送では、航空コンテナの使用が前提となるが、航空コンテナは通常のコンテナとは寸法・形状が大きく異なるため、航空機による輸送である場合、航空コンテナの寸法に適合した包装寸法を採用することで、物流コストが低減できる。そのため、包装設計の段階でさまざまな条件を検討し、最適寸法の包装開発がなされている。

　なお、包装に木材を使用する場合、使用する木材はISPM（International Standards for Phytosanitary Measures＝植物検疫措置に関する国際基準）No.15の規定に合致している必要がある。また、包装に表示する荷扱い指示マークや環境対応関連マークなどは、相手国で規定されたマークを表示する必要がある。

368

第8章　理解度チェック

次の設問に、○×で解答しなさい（解答・解説は後段参照）。

1 輸送包装で最も重視されるのは包装コストであり、そのほかの要素は包装コスト低減が可能な範囲で考慮される。

2 包装寸法に包装モジュール寸法を採用すれば、輸送機器への積載効率は高い値を保証されている。

3 一貫パレチゼーションでは、包装貨物に加わる衝撃が小さくて済むので、製品を安全に輸送することができる。

4 物流過程で包装物品が受ける外力は、圧縮荷重、衝撃、振動の3種類が代表的である。

5 包装物品の質量が大きいほど、荷扱いはよくなる傾向があるが、人力により常時行う連続作業の質量が制限されているため、包装質量を55kg以下にしてはならない。

6 危険物の包装容器については、国連規格で規定されている。

第8章 理解度チェック

解答・解説

1 ×
輸送包装では、物流過程で包装が受ける衝撃や振動などの外力および温湿度などからの影響から内容品を保護することが最大の目的であり、そのほかの要素として包装コスト、環境への配慮、包装への表示などについても配慮がなされている。

2 ○
包装モジュール寸法の包装品は、JISの標準パレットを利用した一貫パレチゼーションを採用した場合、輸送機器への高い積載効率が保証されているほか、バラ積みの場合は、輸送機器により適した寸法が存在しているのが普通である。

3 ○
荷役作業が機械荷役前提のため、大きな衝撃が加わる可能性は小さい。

4 ○
物流過程で包装物品が受ける外力は、倉庫保管中の圧縮荷重、荷扱い時の衝撃、輸送機関の床面振動の3種類が基本であり、包装貨物試験もこの3種類の外力に対して実施される。

5 ×
連続作業とは常時行う作業のことで、作業者の体重の40％以下にする必要がある。

6 ○
危険物とは、国連の危険性基準に合致する物質のことであり、その包装容器についても、ドラム缶やジェリ缶などが国連規格で規定されている。

第8章 ● 理解度チェック・参考文献

参考文献

長谷川淳英『包装技術学校テキスト：緩衝包装設計と包装貨物試験』日刊工業
新聞社、2007年

テキスト編集委員会『包装技術学校テキスト：防湿と防錆の包装技術と包装設
計』日刊工業新聞社、2007年

陸上貨物運送事業労働災害防止協会「陸上貨物運送事業労働災害防止規程」

（公財）日本容器包装リサイクル協会ホームページ

国連・危険物輸送専門委員会「危険物の輸送に関する勧告」国際連合、2003年

IATA/DGR 国際航空運送協会「航空危険物規則書」2023年

総務省「危険物の規制に関する規則」

国土交通省「危険物船舶運送及び貯蔵規則」

（一財）日本船舶用品検定協会「危険物の容器及び包装の検定試験基準」

厚生労働省「毒物及び劇物の運搬容器に関する基準」

ISPM No.15「国際貿易における木材梱包材の規則に関するガイドライン」2002
年

農林水産省植物検疫所ホームページ

JIS Z 0108：2012　包装－用語

JIS Z 0200：2023　包装貨物－評価試験方法一般通則

JIS Z 0105：2015　包装貨物－包装モジュール寸法

JIS Z 0202：2017　包装貨物－落下試験方法

JIS Z 0232：2022　包装貨物－振動試験方法

JIS Z 0205：1988　包装貨物－水平衝撃試験方法

JIS Z 0216：1991　包装貨物及び容器の散水試験方法

JIS Z 0111：2006　物流用語

第 **9** 章

物流コスト管理の計画

この章のねらい

　第9章では、物流コスト管理を学ぶ。

　第1節では、物流コストの管理として、コストの計画（予算）を立て実績との比較で管理するため、原価および予算管理について学ぶ。

　第2節では、ABC（活動基準原価計算）を取り上げ、物流ABCを用いた各種の分析について学ぶ。

　第3節では、棚卸資産を取り上げ、財務会計上の説明とともに、財務諸表などとの関係を学ぶ。

　第4節では、物流システムの改善や投資判断に不可欠な物流採算計算を取り上げる。

　以上を通じて、物流コストとその扱いを正しく認識することにより、物流システム改善案が検討・実施できる。

第9章●物流コスト管理の計画

第 1 節 物流原価と予算管理

学習のポイント

◆原価の計算方法には、直接原価計算と全部原価計算がある。限界利益は、売上高から直接原価計算における変動費のみを差し引いたものである。
◆予算管理は、標準原価と実際原価との差異分析をベースに行う。

1 原価計算の概要

（1）物流における「原価計算」の意義

　「コスト」という単語には、製造原価や仕入原価という「原価」と、販売費用といった「費用」の両方の意味が含まれる。

　このうち原価とは、製造原価を例に挙げると、製品を製造するために直接かかったコストである。原価要素を製品別に集計することで、製品等に対応したコストが把握される。一方、販売費用等は、売上げに対応するある期間のコストとして、個々の製品等と対応しない形で集計されるという違いがある[注]。

　物流コストを、「物流サービスを提供するためのコスト」だと考えれば、そのサービスに対応した「原価」だととらえることができる。ここでは、そのような、物流サービスに対する「原価」を把握する目的で行われる物流コスト計算のことを、製造原価計算に準じて、物流における原価計算と呼ぶことにする。

　荷主企業においても、物流管理を高度化するためには、原価計算の考え方を導入することが望まれる。

374

第1節 ● 物流原価と予算管理

　物流コストの管理は、原価計算の考え方に基づき予算を立てて管理サイクルを実践することにより可能となる。具体的には、次年度に想定される物流コストを予測して予算化し（Plan）、業務を行い（Do）、実績との差異を分析（Check）して問題を早期に把握し、改善を行うこと（Act）が重要である。

　（注）「原価計算基準」第1章　六　原価計算の一般的基準　参照

（2）財務会計の原価計算と管理会計の原価計算

　原価計算は、財務会計として行われるものと、管理会計として行われるものがある。

　製造業や流通業の場合、財務会計においては、損益計算書に計上する製造原価や売上原価を算出するために原価計算が必要となる。一方、物流事業者の場合、原価計算の方法はルール化されていないが、ほとんどの業種で業法やその施行規則等によって定期事業報告が規定されており、その際に運送費用等の明細の提出が必要な業種が多い。たとえば（一般）貨物自動車運送業では、事業年度ごとに、（一般）貨物自動車事業報告書および実績報告書の提出が必要である。同報告書には、（一般）貨物自動車運送事業損益明細表が含まれ、同報告書の内容は実質的には「運送原価」に相当するものである。運送事業者ではこのような背景から、事業報告における費目構成等を援用して決算報告を行っている企業が目立つ。

　一方で、管理会計における原価計算がある。これは、企業の意思決定等を目的とするものであり、たとえば、顧客別の損益、車両の種類別の損益等の把握が目的である。また、車両別の損益を毎日、算出しているトラック運送事業者もいる。このように企業経営で必要な管理のためには、目的に応じて独自に管理会計としての原価計算を行う必要がある。
→図表9-1-1

　以降で述べる内容は、すべて「管理会計としての原価計算」に関するものである。

375

第9章 ● 物流コスト管理の計画

図表9-1-1 ● トラック運送業における原価計算の種類（例）

車両別の原価計算	○車両別の原価について、走行距離、運送時間（稼働時間）を踏まえ、車両別に「1km当たり変動費」と「1時間当たりの固定費」を算出する。
ルート別の原価計算	○運行ルート別の原価（東京〜大阪、市内配送等）として、運送距離と運送時間を踏まえ、運行ルートの原価を把握する。 ○これにより、スポット輸送への受注対応について迅速、的確に判断できるようになる。
取引先別の原価計算	○取引先により、運送時間、手待ち時間、運送距離等が相違し、複雑に変化するため、高い稼働で仕事をしていても、正確に原価計算すると赤字になる場合がある。
事業別・事業所別の原価計算	○会社の損益計算書のうち運送事業に限定した売上げおよび費用を抽出し、原価計算する。なお複数の事業所がある場合には、事業所別に原価を算出し、所長に利益責任、原価管理の権限を与え、組織的な管理を徹底することが可能。
部署別の原価計算	○部署別に車両を配置している場合、部署別の原価計算を実施し、部長等に利益責任、原価管理の権限を与え、管理を徹底することが可能。
契約単位別の原価計算	○契約単位とは、1本の独立した契約を基礎とした運送契約をいう。 ○取引先によっては複数の契約を締結する場合があるが、契約ごとに原価が異なるため、契約単位ごとに原価計算を実施する。

資料：（一社）全日本トラック協会資料より一部加筆

（3）直接原価計算と全部原価計算

管理会計としての原価計算において、物流原価の把握方法は、大きく2つある。

1つは直接原価計算である。直接原価計算では、変動費のみを原価ととらえる。これは端的にいえば、経理伝票から、明確に物流にかかった支払い費用のみを物流原価に仕分けることである。

もう1つは全部原価計算である。これは、物流と他の部門との間で分担して使用している費用についても、物流活動の使用割合に応じ按分して物流原価に組み入れるものである。全部原価計算をすれば、物流全体にかかるコストを把握することができる。

第1節 ● 物流原価と予算管理

　それゆえ物流原価は、全部原価計算で把握することが望ましい。しかしながら、全部原価計算は、財務会計の延長線として行う管理会計、すなわち伝票入力時に部門コードを割り当て、部門で経理データを抜き出すという方法では把握できない。なぜなら生産や営業などと共有している費用について、使用割合で分けることが必要になるからである。したがって、予算管理のための物流原価を全部原価計算で把握するためには、財務会計とは独立した管理会計を導入する必要がある。

（4）限界利益

　物流事業者では、直接原価計算による管理を行っている事例が多く見られる。直接原価計算は、限界利益という考え方の導入を可能とする。

　限界利益とは、売上高から売上げを得るためにかかる変動費のみを差し引いたものである。たとえば、倉庫内で使われていない150m²のスペースがある。ここで、ある荷主の業務を行うとすると、パートが3名必要となり、それに月30万円かかるとする。この業務を月30万円以上で受託すれば、限界利益を生み出せることになる。

　固定費、たとえば自社倉庫の減価償却費や固定資産税、さらには一棟借りの倉庫の賃貸料は、そのスペースの使用・未使用にかかわらず、確実に発生する。変動費分以上の売上げがあるなら、利益はその分増加する。同じことは、トラック輸送でもいえる。貨物を届けたあとの復路は空車でも実車でも、費用が確実にかかる。復路相当分の燃料費や通行料などをカバーできれば、空車であるより、実車のほうが着実に利益が増える。

（5）限界利益の問題点

　直接原価計算で変動費を把握し、変動費を上回る運賃や料金で業務を受託できれば、着実に利益を増やすことができる。ただし、すべての業務について限界利益がゼロで受託すれば、固定費と同額の赤字となる。

　この考え方は、荷主企業にも当てはまる。物流コストや営業コストを

固定的にかかる費用ととらえ、売上原価以上で商品を販売すれば、それを売らない場合と比較し、着実に利益額が増える。しかしながら、そうした販売が増えると、物流コストや営業コストをカバーできないために、赤字となる。このような現象は、各所で散見される。多頻度小口配送の受注が多いと、物流コストがその商品から得られる限界利益以上かかってしまい、それが赤字の原因の１つとなってしまう。

そうしたことから、荷主企業、物流事業者双方が着目しているのがABC（Activity Based Costing＝活動基準原価計算）である。ABCでは、直接原価計算で固定費ととらえていたコストを、変動費として扱うことにより、より正確な原価管理を行おうとするものである。→本章第２節

2 予算管理

（１）物流コスト管理と予算管理

物流コストを管理することは、物流コストについても計画・実施・評価・改善の管理サイクルを適用することである。ここで計画に該当するのが予算である。実施した結果がコスト実績となる。予算と実績を比較評価して問題点を把握し、予算の達成に向けて各種改善策を検討して、その実施を指示することが、予算管理である。

（２）中長期計画と予算管理

予算は、企業を運営するために不可欠なものである。会社全体という観点で予算を考えると、月々の収入と支出をあらかじめ把握することにより、資金の手配や余剰資金の活用が円滑にいく。各部門における予算は、経営計画に対する具体的な実行計画であり、実行結果の評価基準である。

収支に関する計画は、およそ図表９-１-２のような関係になっている。まず経営計画として、数年後の売上目標や利益目標などを立てる。次に、中長期計画として、経営目標を実現化するための計画を立てる。このとき、目標を達成するための施策をいくつかリストアップし、それぞれの

図表9-1-2 ● 経営計画と月次予算の関係

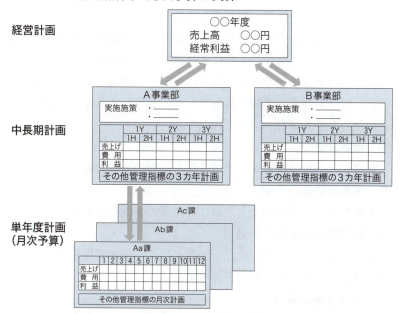

投資、効果を試算する。そして、効果の見込めるものを選定し、その導入と実施による売上げ、利益、資産の計画を半期、あるいは四半期単位に立てる。

中長期計画に従って、かつ現場からの積み上げも行ったうえで、単年度計画として、月別に計画を立てるが、その具体的な内容の1つが月次予算である。中長期計画が達成できないことが判明した場合は、中長期計画との間で調整を行い、施策や目標を変更するなどして、達成可能な予算とする。

単年度計画や中長期計画が達成できれば、おのずと経営計画も達成できることとなる。したがって、予算は経営計画からのブレイクダウンと現場からの積み上げを調整し、実現可能な目標のもとで立てるべきである。

（3）物流予算の編成手順

　物流予算は、想定物量、想定される物流諸条件などを考慮して編成する。対売上高物流コスト比率を基準とした年間予算から単純に月次予算に割り振る方法は、条件の変動により達成が困難となることがある。たとえば商品の低価格化が進展すると、対売上高物流コスト比率が上昇するため、対売上高での年間予算をオーバーしてしまう可能性が高い。

　そのため、予算は次の手順で作成する。

①　標準単価の算出

　実績から、単位（トン、ケースなど）当たりの物流コストを求める。

②　翌年度物量の予測

　生産計画、販売計画などから、翌年度の予測物量を算出する。

③　翌年度標準単価の予測

　運賃の変化、荷役料の変化、法改正に伴う追加費用発生などから、翌年度における標準単価を予測する。

④　予算金額の算出

　翌年度の予測標準単価に翌年度予測物量を乗じることにより、翌年度の予算を算出する。

　上記手順を輸送、保管、包装などに分けて実施する。バラ出荷、ケース出荷というように、細分化したほうが予算の精度は向上する。

　物流は、月による入出荷量の波動がある。したがって、前年同月実績も参考にする。

（4）予算による管理

①　標準原価による予算と実績との差異把握

　標準原価とは、各工程や作業に対して、社内で標準として設定している原価のことをいう。この標準原価を基準に、予算と実績との差異を把握する。

　予算と実績が異なる原因には２つある。１つは、予測した物量と実際の物量の違いである。もう１つは、予測した単価と実際の単価の違いで

図表9-1-3 ●予算と実績の差異分析

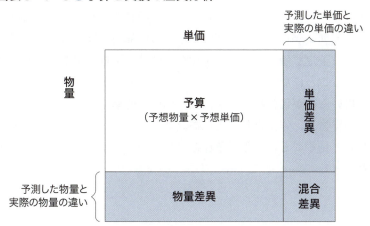

ある。→図表9-1-3

予算と実績が異なるとき、どのような理由でどれくらいの差異が発生したかを把握し、具体的な原因を究明する。ただちに改善できるものについてはその着手を指示し、やむを得ないものについては予算の修正を行う。作業効率が下がった結果、単価が上昇したとしたら、作業効率が向上するように作業手順の見直しなどを行い、予算と実績との差異を減らすように努める。燃料費の高騰により差異が発生した場合や、販売量が伸びたために差異が発生した場合は、予算の修正を行う。

② 指標と組み合わせた日単位での管理

月次予算は、さらに日単位までにブレイクダウンして実績との差異を把握すれば、変化を早期に発見でき、対策を早めに打つことが可能になる。だが、予算を日単位で管理することは難しい。たとえば、月締めによる請求・精算の扱いをどうするのかを考えなければならない。月中での波動をどう扱うかということも難しい。

それを解決する方法の1つに、ABC（活動基準原価計算）がある。

荷主企業であれば、物流について作業実績から計算した活動別の標準

原価を用いて営業部門別にコストを求めれば、営業部門別の日々の想定物流コストが算出できる。これに日々の営業経費を乗せれば、営業部門別のコストと利益が日単位で計算できる。物流部門では、日々の作業実績をベースに予定原価と実際原価を比較すれば、予算と実績をより細かく把握できることになる。だが、この方法は実施に多大な労力がかかる。

　そこで用いるのが代替指標である。日単位で簡単にとれる指標には、売上高、出庫物量、作業人時、支払物流コストなどがある。それらの変化もあわせて見ることにより、予算どおりなのか、差異が出ているのかの判断ができる。

第2節 ● 物流ABC（活動基準原価計算）

第 2 節 物流ABC（活動基準原価計算）

学習のポイント

◆物流原価計算にABC（活動基準原価計算）を用いることにより、顧客別・製品別・物流サービス内容別などの物流コストの算出が可能になる。
◆物流ABCでは、コストをアクティビティ（活動）ごとに算出し、その組み合わせとして、多様な視点での物流コストを算出することができる。

1 物流ABCの概要

（1）ABCと物流コスト

ABC（Activity Based Costing＝活動基準原価計算）は、従来の製造原価計算を改良するために考案された手法である。従来の製造原価計算では、複数の製品に共通のコストは間接費として把握し、すべての製品に一定割合で上乗せして、製品別原価を算出してきた。これに対しABCでは、共通のコスト（間接費）をアクティビティ（活動）別に割り振り、それの組み合わせとして製品別コストを算出する。

端的にいうと、ABCでは、間接費を直接費化することで、より正確な製品原価を算出しようとするものである。

製品やサービスなどの多様化が進む現在では、物流コストを従来の領域別・機能別・主体別・変固別（変動費固定費別）などで把握するだけでは、問題点の発見や改善ポイントの検討に用いることが難しくなって

きている。たとえば、物流における間接費は、以前から機能別に割り振ることが提唱されてきた。そこで、物流コスト計算にABCの概念を取り入れて、アクティビティ（活動）別に割り振ることにより、物流改善の検討に必要となる多頻度小口配送、バラピッキングなどの詳細なコストを算出しようとするのが、物流ABCである。

（2）物流ABCのコストモデル

物流ABCにおけるコストモデルを図表9-2-1に示す。

図表9-2-1 ●物流ABCのコストモデル

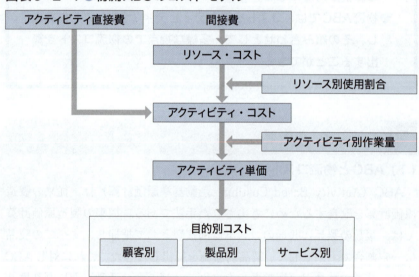

（3）物流ABCの計算手順

物流ABCコストモデルに沿い、物流ABCでは次のような手順で、物流コストを算定する。→図表9-2-1・2

① コスト集計の単位となるアクティビティ（活動）を設定する。
② 個々のアクティビティのみにかかるコスト（アクティビティ直接

第2節●物流ABC（活動基準原価計算）

図表9-2-2●物流ABCによる顧客別コストの算定イメージ

		アクティビティ単価の算定				顧客別コストの算定			
		アクティビティ原価	月間処理量 数量	月間処理量 単位	アクティビティ単価	顧客X 処理量	顧客X 原価	顧客Y 処理量	顧客Y 原価
1000	入荷	1,199,737							
1001	ケース荷受け・検品	425,472	95,333	ケース	4.5円/ケース	62,938	280,893	32,395	144,579
1005	フォークリフト格納	640,260	85,367	ケース	7.5円/ケース	56,840	426,305	28,527	213,955
1006	台車・手荷役格納	134,500	9,967	ケース	13.4円/ケース	4,582	61,604	5,385	72,401
2000	保管	325,000							
2001	平置き保管	80,000	85,800	ケース	0.9円/ケース	43,054	40,144	42,746	39,856
2002	ラック保管	245,000	540,800	ケース	0.5円/ケース	345,242	156,406	195,558	88,594
3000	出荷	2,968,087							
3001	ピッキング準備	46,142	79,300	行	0.6円/行	35,453	20,629	43,847	25,513
3002	ケースピッキング	1,163,189	91,433	ケース	12.7円/ケース	43,563	554,198	47,870	608,991
3003	ピースピッキング	545,257	57,633	ケース	9.5円/ケース	32,556	308,007	25,077	237,250
	…								
4000	流通加工	1,079,649							
4006	小分け準備	80,387	44,893	ピース	1.8円/ピース	23,423	41,942	21,470	38,445
4007	小分け値付け（袋詰めあり）	508,057	13,043	袋	39円/袋	6,543	254,866	6,500	253,191
4008	小分け値付け（袋詰めなし）	491,206	40,517	ピース	12.1円/ピース	23,648	286,695	16,869	204,511
5000	返品	135,810							
5001	返品受入れ・検品	81,358	1,066	ピース	76.3円/ピース	435	33,200	631	48,158
5004	仕入れ先返品	54,451	1,066	ピース	51.1円/ピース	654	33,406	412	21,045
6000	情報処理	516,866							
6002	納品伝票の作成	203,320	18,989	枚	10.7円/枚	7,846	84,009	11,143	119,311
6004	店別明細書の添付	313,546	9,161	枚	34.2円/枚	5,649	193,344	3,512	120,202

出荷作業費計 | 顧客X | 2,775,648 | 顧客Y | 2,236,002

出所：中小企業庁『増補版物流ABC準拠による物流コスト算定・効率化マニュアル』2004年をもとに作成

費）を、当該アクティビティのコストとして集計する。

③ 残りのコストについてリソース（資源：人員、スペース、設備など）ごとに集計する。

④ リソースごとに、アクティビティ別使用割合（作業時間比、使用スペース比など）を算出する。

⑤ リソースごとのコストを、アクティビティ別使用割合でアクティ

385

第9章●物流コスト管理の計画

ビティごとに配分する。

⑥　アクティビティ別・リソース別コストをもとに、アクティビティ単位に集計し、アクティビティごとの物流コスト（アクティビティ・コスト）を算出する。

⑦　アクティビティ・コストを、アクティビティごとの作業量（処理ケース数、処理伝票枚数など）で除して、アクティビティ単価を算出する。

⑧　アクティビティ・コスト、アクティビティ単価を組み合わせ、物流サービス条件別・顧客別など、分析目的に応じたコストを算出する。

2　物流ABCを用いた各種分析

（1）顧客別サービスのための物流コスト分析

　物流ABCを用いることで、顧客別にどのようなサービス（顧客別・サービス別）を、どの程度の物流コストで提供したかが明らかになる。これにより、顧客別・サービス別の物流コストの高低が明らかになり、サービス改善に役立つ。さらに、サービス是正時の効果を試算することも可能となり、効果的な改善策を検討することができる。

　物流ABCの分析を営業部門にも導入することで、顧客別のコストや利益の試算も可能となる。これにより、顧客サービスにおけるコストや利益に関して、営業担当者の注意を喚起することができる。

（2）物流サービス改善のための物流コスト分析

　物流サービスの水準を見直すとき、物流ABCによりコストへの影響などを分析して明らかにすることができる。たとえば、受注ロットの引き上げなどによるコスト削減効果を試算できる。また、顧客別の利益率を試算することで、顧客に対して、物流サービスと利益の関係を明示でき、よりよい対応策の検討が行える。

386

（3）製品別生産方法改善のための物流コスト分析

　製品ごとの物流コストを物流ABCによって算出すれば、コストが明確になる分だけ、製品ごとの利益をより厳密に試算できる。また、製造（仕入れ）ロットサイズと物流コストとの関連を試算できれば、調達時や生産時の最適なロットサイズなども算出することができる。

（4）取引条件改善のための物流コスト分析

　物流ABCによる物流コスト分析は、荷主間（調達先、販売先など）の関係だけでなく、荷主－物流事業者間にも利用できる。たとえば、調達先から販売先までとともに物流事業者も含めて、物流サービスによるコストの増減を試算できれば、サプライチェーンを通じて、適正なコスト負担を検討することができる。

（5）物流作業の改善のための物流コスト分析

　物流ABCによってアクティビティごとのコストが明らかになれば、コスト改善効果の高いアクティビティが明らかになる。そして、物流ABCの分析の過程で得られるアクティビティ別の作業時間や作業量などのデータを活用することにより、個々の物流作業だけでなく、物流業務の改善を図ることもできる。

　また、これらのデータは、物流の管理指標として用いることができるため、さらなる作業改善が期待される。

第9章 ● 物流コスト管理の計画

第 **3** 節 | **棚卸資産**

学習のポイント

◆棚卸資産とは、取得時には製造原価あるいは仕入れ価格と取得にかかった費用を簿価に計上し、販売または使用時には簿価から引き落とすものである。
◆棚卸資産の時価評価の方法には、正味売却価額（市場価格からの逆算）、再調達原価などがある。

1 棚卸資産評価の重要性

棚卸資産とは、商品・製品、半製品、仕掛品、部品・原材料、貯蔵品などである。なお、棚卸資産は、在庫を財務諸表に計上する場合の勘定科目であり、棚卸資産と在庫に対象範囲などの違いはない。

ロジスティクス管理の目的の1つは、在庫の適正化である。しかしながら、在庫の適正化による財務上の効果が適切に評価されないことから在庫の適正化が進まないという事例も多い。その一因は、価値が低くなっているはずの在庫が適切に評価されないことである。その結果、在庫の簿価が取得した時点の価額のままとなっている場合がある。

以上を踏まえ、在庫の適正化を推進するためには、財務諸表上での在庫の扱い方や、在庫の適正な時価の算定方法について理解することが重要である。

388

第3節 ● 棚卸資産

2　取得時と販売時における棚卸資産の扱い

　在庫は、取得時に棚卸資産として計上し、販売あるいは使用時に棚卸資産から引き落とすことが原則である。

　取得時に在庫を棚卸資産に計上する場合、製造した製品はそれにかかったコスト（製造原価）を、仕入れた商品はそれに要した費用（仕入原価＝仕入価格＋取得に要した費用）を、棚卸資産に計上する。

　棚卸資産の帳簿上の簿価の算出方法には、個別法、先入れ先出し法、後入れ先出し法、総平均法、移動平均法、最終仕入原価法、売価還元法がある。→図表9-3-1

図表9-3-1 ● 棚卸資産の評価方法

評価方法	特　　　　徴
個別法 Actual Cost	個々のモノ別に金額を設定する方法。 1回の取引で大量に取得され、かつ規格に応じて価格が定められているモノには適用できない。
先入れ先出し法 First in First out（FIFO）	先に入手したモノから払い出したこととして、棚卸金額を算出する方法。
後入れ先出し法 Last in First out（LIFO）	後に入手したモノから払い出したこととして、棚卸金額を算出する方法。 売上原価が時価に近くなるため、事業の期間評価という点では優れているが、在庫が多い場合は棚卸資産評価額の妥当性に問題がある。日本では2010年4月から始まる会計年度から使用できない。
総平均法 Average Cost	一定期間における仕入れ額を仕入れ数量で割ったものをベースに、棚卸金額を算出する方法。
移動平均法 Moving Average	単価の異なる商品を仕入れるつど、直前の残高金額と今回の仕入れ金額を合計した金額に、直前の残高数量と今回の仕入れ数量を合計した数量を除して、新たな平均単価を算出する方法。
最終仕入原価法 Most Recent Purchase	その期の最後に仕入れた時点での単価に基づいて、期末に在庫として残っているすべての商品を評価する方法。 税務署に棚卸資産評価方法の届出を行っていない場合は、これを使用する必要がある。
売価還元法 Retail Cost	期末棚卸を商品の売価で行い、これに原価率を乗ずることにより期末棚卸高を算出する方法。 主に、棚卸資産を売価でしか把握していない小売業で用いられている。

389

第9章 ● 物流コスト管理の計画

　前述のとおり販売または使用時は、簿価を棚卸資産から引き去り、売上原価あるいは製造原価に組み入れるのが原則である。

　よって製造業では、製造のつど、棚卸資産に計上し、販売されたときに費用計上して棚卸資産から減じるのが一般的である。一方、流通業では仕入れごとに棚卸資産への計上と、売上げ時の棚卸資産の減価計上をすることは煩雑なので、仕入れ時は仕入れで計上、売上げ時は売上げで計上して、決算期末に棚卸をして、以下のように売上原価を一括処理計上する方法も取られている。

売上原価＝期首商品棚卸高＋当期商品仕入高－期末商品棚卸高

3 低価法による時価評価

(1) 低価法

　現在、在庫の不良資産化が問題になっている。持っていても売れないモノ（製品・商品）、将来的に廃棄しなければならないモノ、値引き販売しなければ売れないモノの簿価と実際の価値（時価）とのずれは、企業の財務実態を不透明化、つまり経営者や管理者が実態を把握できなくなることにつながる。このため、在庫の正確な評価が求められている。

　低価法（Lower of Cost or Market value）という用語は、原価（Cost）と市場価格（Market value）とを比較し、安いほうをとることに由来する。

　日本ではかつて、強制低価法が適用される場合を除き、取得時の原価のまま簿価で計上すること（原価法）が一般的であった。しかしながら、国際会計基準では時価評価（低価法）をすることとしており、諸外国では棚卸資産は時価で評価しているところのほうが多かった。そのため諸外国の動きに合わせ、日本でも2008年4月1日以降に開始される会計年度から中小企業等の例外を除き低価法が強制適用となった。

390

（2）棚卸資産の簿価評価方法

　財務会計上の在庫の時価計算方法は、国によって異なるが、ここでは、わが国の会計基準においてどのようなものが時価を換算するときの基準として使われているのかを紹介する。

　棚卸資産の簿価を判断するときの目安は2つある。1つは帳簿上の簿価である。もう1つが時価である。

①　正味売却価額（市場価格からの逆算）

　時価の基準となるのは、原則として「正味売却価額」である。正味売却価額とは、売価（売却市場の時価）から見積追加製造原価および見積販売直接経費を控除したものである（なお、追加製造原価は仕掛品等の場合以外は考慮する必要はない）。見積販売直接経費としては、販売手数料や物流コスト等が想定される。

　ライフサイクルの極端に短い商品、たとえば洋服やデジカメなどは、この方法での計算に適している。また、販売価格から逆算した計算を用いれば、値引き販売によるロスも含めた形で評価損が試算できる。

②　再調達原価

　製造業における原材料等のように、再調達原価のほうが把握しやすい場合には、一定の条件のもとで、再調達原価（最終仕入れ原価を含む）によることもできる。

　再調達原価とは、購買市場と売却市場とが区別される場合における購買市場の時価に、購入に付随する費用を加算したものをいう。これは汎用樹脂、汎用部品、半導体など競合他社製品との違いのほとんどない商品や製品の場合に適している。

　なお、輸入原材料等の場合は、為替変動の影響を受けることが多い。

（3）切り放し法と洗い替え法

　期首における簿価の扱いには、2つある。

　1つは、期末における簿価をそのまま翌期首以降の在庫の簿価（原価）とする方法で、切り放し法という。

第9章 ● 物流コスト管理の計画

　もう1つは、翌期首に簿価を元の原価に戻す方法で、洗い替え法という。国際基準はこの方法を用いることになっている。

　日本では2011年4月1日以降開始する事業年度から、洗い替え法に一本化することになった。

　現在価値の計算方法と期首における簿価の扱いは、国によって一部認められていないものがあり、またこれら以外の方法が認められていることもある。したがって海外子会社については、財務会計上は連結会社であっても、棚卸資産に関する会計は国によって異なることがあり得る。

4　減耗損・評価損と財務諸表との関係

　棚卸資産の減耗損・評価損は、原価性の有無によって計上される位置が異なる。→図表9-3-2

　原価性のある（言い換えれば、通常の営業活動で生じた）減耗損は、売上原価の内訳項目または販売費及び一般管理費として表示する。ただし、製造業における原材料等の減耗損は、製造原価となる。一方、原価性を有しない場合は営業外費用または特別損失に計上する（財務諸表等の用語、様式及び作成方法に関する規則第96条）。

　前者（原価性あり）に含まれるのは、店頭で不可避的に発生する少量の商品ロス（万引・盗難）等である。一方、たとえば、不慮の火災・震災など偶発的事故によって発生した減耗損は原価性がない。このような減耗損は特別損失となる。

　次に、低価法による評価損については、売上原価とするのが原則であるが、製造に関連して不可避的に発生する場合には製造原価とする。ただし、評価損が「重要な事業部門の廃止」など、臨時の事象に起因し、かつ多額である場合には特別損失に計上する（棚卸資産の評価に関する会計基準17）。

　なお、従前は、低価法による評価損（主に市場価格の低下によるもの）と、品質低下や陳腐化による評価損とは性質が異なるものとして扱われ

第3節 ● 棚卸資産

てきたが、棚卸資産の評価に関する会計基準では、両者の線引きは難しいとの判断のもと、両者に相違がないものとして取り扱うこととなった（棚卸資産の評価に関する会計基準 39）。

　会計基準では以上のとおり規定されているが、減耗損等について原因別に計上費目を変えている企業は少ない。たとえば、製造部門の判断により評価損を発生させる場合は売上原価、営業部門の判断により評価損を発生させる場合は販売管理費としているようなケースがある。予算による統制を行う場合において、減耗損等も予算化される。天災などによる減耗を除き、企業実務上は、予算の枠内での減耗等を行うのが一般的である。

図表9-3-2 ● 棚卸減耗損等の損益計算書上の扱い

内容 ＼ 表示区分		売上原価の内訳	販売費及び一般管理費	営業外費用	特別損失
棚卸減耗損	原価性を有する	○	○	—	—
	原価性を有しない	—	—	○	○
低価法による評価損		○	—	—	○

注：以上のほか、製造業における原材料等の原価性のある減耗は製造原価に計上。
　　評価損が臨時の事象で多額の場合は特別損失となる。

393

第9章 ● 物流コスト管理の計画

第 4 節　物流採算分析

学習のポイント

◆物流採算分析では、特定の改善案に対し、改善案の全期間について投資と効果を算出する。したがって、計算方法は、そのつど検討する必要がある。
◆投資を伴う改善案の物流採算分析には、現在価値法またはROI法等を用いる。

---

1 物流採算分析の概要

（1）物流採算分析の必要性

　物流採算分析とは、各種の物流コストを分析して求められる物流コストと、当該の物流コストを支出して得られる売上高（ないし利益、キャッシュフロー）を比較することである。たとえば、支出する物流コストと、得られる売上高等を比較して、後者が上回れば採算に合うということになる。

　物流において物流拠点の新設から設備投資に至るまで、新たな対策を実施する場合は、実施前に、それにかかる投資（コスト）とリターン（売上高、利益、キャッシュフロー）を十分に吟味しておくことが必要である。他社で効果が上がっているといっても、それが自社に当てはまるとは限らない。それ以前に、採算分析を通じて数値を吟味しない限り、その対策自体が採算に合うか否かは不明である。よって、自社の実情に合わせて、リターンを含め投資効果を多様な視点で正確かつ適切に分析する必要がある。

394

第4節 ● 物流採算分析

（2）物流採算分析と原価計算の違い

物流採算分析は、特定の改善案（ないし対策案）を対象とし、その実施による効果を金額で求めることである。したがって、物流採算分析と本章第1節で取り上げた原価計算と予算管理は、会計の内容が大きく異なる。→図表9-4-1

図表9-4-1 ● 物流の採算分析と原価計算・予算管理

会計内容 ＼ 会計種類	採算分析	原価計算・予算管理
計算目的	効率の向上	業績の評価
計算対象	特定の改善案	業務全般
計算期間	改善案の全期間	予算期間
計算時期	意思決定時のみ	各予算期
計算方式	そのつど相違する	常に一定
計算の継続性	臨時的に計算する	反復的に計算する
原価種類	未来原価	標準原価と実際原価
原価範囲	差額原価のみを対象	全部原価
金利の概念	適用する	適用しない

出所：西澤脩『ロジスティクス・コスト』1999年

2 投資を伴う採算分析

投資を伴うような改善（ないし対策）は、そこから得られる効果が複数年にわたる。投資したコストが将来にリターンとなって採算がとれるのかどうかは、現時点における金額に置き換えて判断することが望ましい。このために、金利（利率）の概念が必要になる。

（1）現在価値法

現在価値法とは、将来におけるキャッシュフローを現時点における価値に置き換えて、投資回収期間を見る方法である。将来的なキャッシュ

フローを現在価値に置き換える式は以下となる。ここで r（利率）は、その企業が内部的に設定しているものを用いる。

$$n年後のX円の現在価値 = \frac{X円}{(1+r)^n}$$

簡単な例を挙げると、以下となる。ある対策で情報システムの導入が必要になって、その費用（コスト）が開発費で1,000万円、ハードウェアで1,000万円かかると仮定する。システムの開発・導入に1年かかり、それによるコスト削減額が年間600万円、ランニングコストが年間100万円見込まれるとする。これを金利（利率）を考慮せずに計算すれば、5年目で投資回収ができることになる。しかし、仮に会社が投資に対して10％の金利（利率）を判断基準としている場合、この投資は回収するまで（効果が投資を上回るまで）7年弱かかることになる。→図表9-4-2

図表9-4-2●現在価値法による採算分析（投資対効果分析）

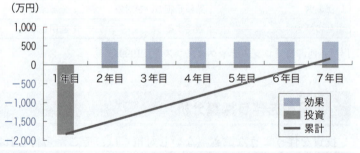

		1年目	2年目	3年目	4年目	5年目	6年目	7年目
投資	システム開発費	1,000						
	ハードウェア	1,000						
	ランニングコスト		100	100	100	100	100	100
効果	コスト低減額		600	600	600	600	600	600
年度計		−2,000	500	500	500	500	500	500
現在価値（r＝10％）		−1,818	413	376	342	310	282	257
累計		−1,818	−1,405	−1,029	−688	−377	−95	161

（2）ROI法、IRR法

　ROI（Return on Investment）は、投資利益率または投資収益率などと呼ばれる。ROIは、投資金額に対する利益（リターン）の率を表す指標である。

　たとえば、100万円の設備を投資した結果、20万円のコストが削減でき、その分、利益が増加した場合にはROI＝20％ということになる。ROIを借入金利や目標利益率と比較して投資の判断をするというのが、ROI法の利用の一例である。

　ただし、ROI法には、キャッシュフローの考え方がなく、最終的な投資額の回収が考慮されていないといった問題がある。

　そこで利用されるのが、IRR（Internal Rate of Return＝内部収益率）という指標である。IRRは、投資から得られるキャッシュフローの現在価値が投資額と等しくなるような割引率である。IRR法では、たとえば、IRRが自社の資本コストを上回る場合に投資を行うといった判断がなされる。IRRは次の式で計算される。

　IRRは以下を満たす r である。なお、r はエクセルのIRR関数を用いると容易に求められる。

$$\frac{C_1}{(1+r)} + \frac{C_2}{(1+r)^2} + \cdots \frac{C_n}{(1+r)^n} = I$$

　　　I ：初期投資額
　　Cn ：当該投資が生み出すキャッシュフロー
　　　n ：期間

　前出の例では、この投資を5年で回収する場合、利回りは0％である。同様に、6年で回収の場合は8％、7年で回収の場合は13％となる。→ 図表9-4-3

　　　資料：ROI法（投資利益率法）の説明については、日本政策金融公庫「経営情報」No375の記述を、IRR法については、財務省財務総合政策研究所　PRI Discussion Paper Series No.19A-04「プロジェクト等の経済性計算についての論点の整理」、みずほ証券　ファイナンス用語集などの記述を参考とした。

第9章 ● 物流コスト管理の計画

図表9-4-3 ● IRRによる採算分析（投資対効果分析）

		1年目	2年目	3年目	4年目	5年目	6年目	7年目
投資	システム開発費	1,000						
	ハードウェア	1,000						
	ランニングコスト		100	100	100	100	100	100
効果	コスト低減額		600	600	600	600	600	600
年度計		−2,000	500	500	500	500	500	500
各年数で計算したIRR				−36%	−13%	0%	8%	13%

┃ 参考文献 ┃

西澤脩『ロジスティクス・コスト』白桃書房、1999年

（公社）日本ロジスティクスシステム協会『物流コスト調査報告書（各年度刊）』

企業会計基準委員会「棚卸資産の評価に関する会計基準」

第9章●理解度チェック・参考文献

第9章 理解度チェック

次の設問に、○×で解答しなさい（解答・解説は後段参照）。

1　1日当たりの運送原価が4万円で貨物を運ぶ場合、5万円で受託すると限界利益は1万円となる。

2　物流ABCでは、アクティビティ1単位にかかる作業時間に、単位時間当たりコストを乗じてアクティビティ・コストを算出する。

3　棚卸資産の時価評価時に再調達原価を利用する場合、購買市場における時価に、購入に付随する費用を加算する。

4　現在価値法では、将来におけるキャッシュフローを現時点における価値に置き換える際に、社内で設定された利率を用いる。

解答・解説

1　×
限界利益とは、売上高から変動費のみを差し引いたものである。運送原価には固定費も含まれる。よって、5万円を売上高としたとき変動費分を差し引くと限界利益となる。変動費となるのは燃料費や残業代などの諸手当である。

2　×
物流ABCでは、リソース・コストをアクティビティごとの使用割合で配賦することにより、アクティビティ・コストを算出する。

3　○
棚卸資産の時価評価において再調達原価を利用する場合、購買市場における時価に、購入に付随する費用を加算する。

4　○

第4部

ロジスティクス
情報システムと国際物流

第 **10** 章

ロジスティクス情報システムと
情報通信技術

この章のねらい

　第10章では、ロジスティクスの情報システムを支える
ICT（情報通信技術）を概観し、各種の物流業務に応じた
ICTの適用可能性を学ぶ。物流業務の特性（荷姿、移動速
度、データ量および頻度など）や現場の運用環境に応じた
ICTを利用することで、適切な情報システムが利用できる。

　第1節では、最初に、モノと情報を一致させるために有
効な手段である自動認識技術について、種類と特性を学ぶ。

　第2節では、無線や移動体通信技術について、種類と特
徴を学ぶ。

　第3節では、企業間の情報交換におけるICTの過去から
の変化、インターネットの活用法について学ぶ。

　第4節では、情報システムの開発および運用について、
パッケージソフトウェアおよびクラウドコンピューティン
グについて学ぶ。

第10章●ロジスティクス情報システムと情報通信技術

第 1 節　自動認識技術

学習のポイント

◆自動認識技術について、その特性とロジスティクスにおける
　活用方法を理解する。
◆データの読み取りシステムとして、OMR、OCR、磁気スト
　ライプについて学ぶ。
◆データキャリアとして、複数の規格の1次元シンボル、2次
　元シンボル、RFIDについて学ぶ。

1　自動認識技術とその活用

(1) 自動認識技術の種類と概要

　自動認識（Automatic Identification）とは、可能な限り人手を介さず
ソフトウェアを含む読み取り機器により、自動的に1次元シンボル、2
次元シンボル、RFIDなどの情報伝達媒体（データキャリア）に書き込
まれたデータを読み取り、必要情報を認識することである。

　最近では、データキャリアの多様化やインターフェースのオープン化
に伴って、自動認識およびデータ取得技術（AIDC：Automatic Identi-
fication and Data Capture Technologies）と表記し、①各種媒体から数
値、文字などのデータを「取得する機能」と、②取得した情報をデータベ
ースと連携して商品名、個数などの必要データとして「活用する機能」を、
分けて考えるようになっている。

　また、データキャリアには、①光の反射率の差異を利用したバーコー
ド（1次元シンボル）、2次元シンボル、OMR（Optical Mark Reader＝

404

光学式マーク読み取り装置）やOCR（Optical Character Recognition＝光学式文字認識）と、②電磁波の特性を利用したRFID（Radio Frequency Identification＝無線周波数識別、通称ICタグとも呼ばれるICカードも同様の技術）や磁気ストライプなどがある。

さらに、人の出入り管理や暗証コードによるアクセス制限などのセキュリティ確保にあたっては、同一性を確認するために指紋、静脈、瞳孔、顔などのバイオメトリクスも利用されるようになっている。

また、画像認識技術の進歩とAIとの組み合わせにより、レジで商品の画像を分析し、販売価格計算に利用している小売店の例も見られるようになった。

（2）ロジスティクスへの活用

ロジスティクスでは、物流センターなどにおいて「入荷」「保管」「仕分け」「出荷」といった「センター業務」と、輸配送においては「積込みと荷卸し」が、繰り返し行われる。この「センター業務」と「積込みと荷卸し」があるからこそ、受発注の商品名・金額・数量などの商取引情報と実際に届けられるモノが一致すること（商物一致、ないし情物一致）を、何らかの方法で担保することが不可欠である。

自動認識技術の利用目的の1つは、商取引情報とモノとの一致を確認することであり、伝票や荷札に自動認識技術を用い、伝票番号の判読を迅速化して、実際のモノとの照合を行ったり、モノの特定と数量を効率的に把握するために用いている。

商品コードとしてはJANコードがある。同コードは、わが国固有の呼び方であり、国際的には、世界110カ国以上が加盟するGS1によってGTIN（Global Trade Item Number）と呼ばれている。コードは事業者コード、商品コード等から構成されている。

段ボール等の商品外装用のケース単位に付けられるコードとしては、ITFコードがある。このコードは、国際標準では、集合包装用商品コード（GTIN-14）と呼ぶ。企業間の取引単位である集合包装（ケース、ボ

ール、パレットなど）に対し設定された商品識別コードで、主に受発注や納入、入出荷、仕分け、棚卸管理等において商品識別コードとして使われている。

GS1のコード体系では、出荷連番**SSCC**（Serial Shipping Container Code）がある。GTINと併用してトレーサビリティ等の幅広い分野に利用されている。同コードは、カートン、ケース、パレット、コンテナ等の輸送容器単位の出荷コードである。同コードは、多様な輸送容器単位の組み合わせからなる出荷管理を可能にし、容器内の商品明細とのヒモ付けコードに利用されるとともに、事前出荷案内（ASN）と合わせて検品時間の短縮にも活用されている。これと**EDI**（Electronic Data Interchange）とを組み合わせ、納品業務の精度向上と効率化が容易となる。SSCCは出荷番号にも利用できる。

なお、特別積合せ便では、ISO15394（JIS X 0515）としてバーコード付き荷札（ラベル）が各社で共通化しており、連絡運輸の場合でも貨物追跡が可能である。→図表10-1-1

自動認識技術は、このような入出荷検品だけでなく、物流拠点内のロケーション管理や組み立て工程でも利用されている。

図表10-1-1●荷札データの基本的な利用方法

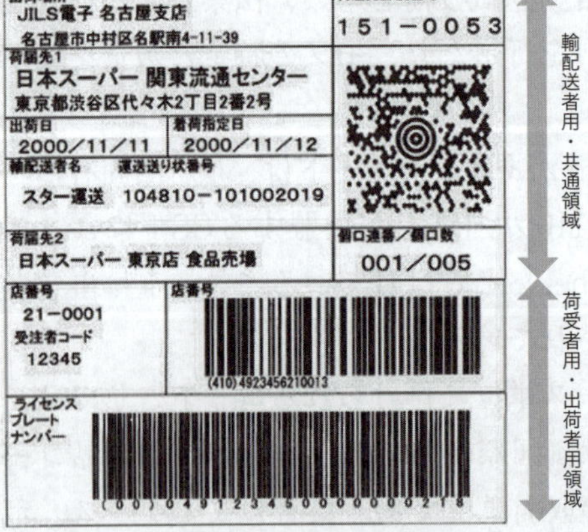

（1）輸配送者用領域
①荷届先情報
②出荷場所情報
③個口数
④着荷指定日時
⑤輸配送者のキー情報（運送送り状番号）

（2）荷受者用領域
①物流商品コード
②荷受者のキー情報（発注番号）

（3）出荷者用領域
①製造番号
②賞味期限
③商品数量
④出荷者のキー情報(出荷番号または納品番号)

出所：（公社）日本ロジスティクスシステム協会

第1節 ● 自動認識技術

2 OMR・OCR・磁気ストライプ

（1）OMR（Optical Mark Reader）

OMR（Optical Mark Reader）とは、マークなどを黒く塗りつぶすことで、光の反射率の差異を利用して読み取るシステムである。たとえば、大学入試共通テストなどの筆記テストやアンケートで用いられるマークシートの読み取り装置などがある。ただし、物流業務に用いられることは少ない。

マークシートには、あらかじめ決められた位置に選択式の記入欄が並んでおり、回答者は鉛筆などの筆記具でこれを塗りつぶす。OMRがどの欄が塗りつぶされているかを読み取ることにより、目視・転記よりも短時間に効率よくデータ入力を行うことができる。ただし、選択肢から選択する方法でしか回答できず、自由記述の内容は取得できない。

（2）OCR（Optical Character Recognition）

OCR（Optical Character Recognition）とは、文字・数値を光の反射率の差異を利用してパターン認識し、電子データとしての文字や数値に変換する読み取り装置のことである。

OCRは輸送においては、国際コンテナのISOのコンテナ番号（英数11桁）をコンテナターミナルのゲートなどで読み取る際に多く利用されているほか、自動車のナンバープレートを読み取り、電子データへ変換する装置などで利用されている。

また、ファックスによるオーダーの受発注にOCRを用いて、ファックスで読み取ったデータを直接PCなどに入力する方法もある。

（3）磁気ストライプ（Magnetic Stripe）

磁気ストライプ（Magnetic Stripe）とは、磁気変化によりデータを記録し読み出す機器である。

磁気ストライプは、工場や倉庫の出入り管理など、人の管理用に多く

407

第10章 ●ロジスティクス情報システムと情報通信技術

利用されている。かつては、銀行のキャッシュカードやクレジットカード、テレホンカードなどに多く活用されていたが、高度なセキュリティ機能や電子マネー機能が要請されるに伴って、次第にICカードに移行している。

3 データキャリア

（1）概要

　データキャリアとは、1次元シンボル、2次元シンボル、RFID（Radio Frequency Identification）、ICタグなど、それぞれの読み取り機器で読み取り可能な仕様で、必要情報が書き込まれた伝達媒体のことである。その意味では、OCRなどの光学的な文字・数値や「紙媒体上の文字・数値」もデータキャリアの一種ということになる。

　GS1標準規格では、バーコードとRFIDを対象としているので、ここではバーコードとRFIDを紹介する。

（2）バーコード

　バーコードは、黒いバーの太さなどから光学的反射率の差異を利用して読み取るシステムである。

　バーコードには、1次元と2次元の2種類のシンボルがある。1次元シンボルは、狭義の意味で長くバーコードと呼ばれていた横方向のみの線的なシンボルである。幅が変化する平行かつ長方形のバーとスペースによって、データをコード化したシンボルである。→図表10-1-2

　2次元シンボルは、長方形のバー・スペースまたは正方形のセルに、縦横2次元でデータをコード化したシンボルである。1次元シンボルに比して、多くのデータを書き込めるので、納品伝票や荷札データをすべてコード化することができる。同一データであれば1次元シンボルと比較して小さなスペースで済むので、機械部品や宝石類など小型のモノの識別に利用されることが多い。

408

第1節 ● 自動認識技術

図表10-1-2 ● 1次元シンボルの種類と特徴

	EAN (JAN)／UPC	Interleaved 2of5 (ITF)	Codabar (NW7)	Code39	Code128	GS1 Data Bar
シンボル	4 912345 678904	1491234567890 1	A12345678A	*123ABC*	1234ABCD	0114912345678901
データ	数字 13桁／8桁	数字 偶数桁	数字、記号(ー、$,：／,＋,.)スタートストップ（ABCD）	数字、英字、記号	数字、英字、記号、制御文字（フルアスキー128種）	数字 識別子01＋14桁
特長	2バー2スペース。マルチ型シンボルにより高密度。	5バーによる2値型シンボル。キャラクタ間ギャップがないので高密度。チェックデジット必要。	7バーによる2値型シンボル。スタートストップでコード分類可能。	9バーによる2値型シンボル。英字、記号が使用できるが、低密度。	3バー3スペース。マルチ型シンボルにより高密度。フルアスキー文字。数字は、1シンボル文字に2桁。	4バー4スペース。マルチ型シンボルにより高密度。4データキャラクタで16桁を表示。
用途	共通商品コード	段ボールラベル、メニューコード、標準物流シンボル	宅配便伝票、DPE封筒、血液パック	FAラベル/伝票。AIAG、EIAJ、JAMA	流通補足シンボルGS1-128、公共料金振込用紙、FAラベル/伝票	省スペース流通シンボル、果物、食肉、薬品
規格	JIS X 0507 ISO/IEC15420	JIS X 0505 ISO/IEC16390	JIS X 0506 対応ISOなし	JIS X 0503 ISO/IEC16388	JIS X 0504 ISO/IEC15417	ISO/IEC24724

出所：（一社）日本自動認識システム協会ホームページ資料をもとに一部修正

2次元シンボルの1種であるQRコードは、最近ではスマートフォンでのURLの読み取りや料金決済、各種チケットなどにも広く利用されている。→図表10-1-3

（3）RFID

RFID（Radio Frequency Identification）とは、電波の周波数特性を利用した識別システムである。RFIDは、多様な周波数帯から構成されており、周波数特性を踏まえた用途や使い方がある。各周波数帯にかかわらず共通する特徴としては、バーコードと比較すると、大量なデータを短時間で取得できること、被覆されている場合でも透過してデータを取得

409

第10章 ● ロジスティクス情報システムと情報通信技術

図表10-1-3 ● 2次元シンボルの種類と特徴

	PDF417	DataMatrix	QRCode	MaxiCode	AztecCode	GS1合成シンボル (Composite Symbol)
シンボル						(01) 14512345678903
データ	数字：2710 英数：1850 バイナリ：1108	数字：3116 英数：2335 バイナリ：1556	数字：7089 英数：4296 バイナリ：2953	数字：138 英数：93	数字：3832 英数：3067 バイナリ：1914	CC-A：56桁 CC-B：338桁 CC-C：2361桁
特長	汚れや傷に強い。シンボル縦横を変更可能。レーザー式やCCD式リーダーで読み取り可能。	高い情報化密度。10×10セルの極小シンボルも可能。	切り出しマークにより早い読み取り速度。高い情報化密度。多い情報量。	切り出しマークと固定シンボルサイズにより早い読み取り速度。	切り出しマークにより早い読み取り速度。高い情報化密度。クワイエットゾーンが不要。	GS1-128、GS1 Data Barと複合化。CC-A/BはMicroPDF417、CC-CはPDF417を使用。
用途	納品書、現品ラベル、品質保証書、IDカード等大容量データ	小物ラベル、医療医薬、電子部品、半導体等のスモールマーキング	小物ラベル、納品書、現品ラベル、自動車工業会標準	仕分けラベル、運輸業界標準	小物ラベル	省スペース流通シンボル、果物、食肉、薬品
規格	JIS X 0508 ISO/IEC15438 省スペース版 マイクロPDF417	ISO/IEC16022	JIS X 0510-01 ISO/IEC18004 QR Code2005（含むマイクロQR Code）	ISO/IEC16023	ISO/IEC24778	ISO/IEC24723

出所：（一社）日本自動認識システム協会ホームページ資料をもとに一部修正

できることである。通称ICタグまたはRFタグとも呼ばれる。→図表10-1-4

第1節 ● 自動認識技術

図表10-1-4 ●データキャリアの比較

| 項目＼方式 | RFタグ | | | | 光学的情報媒体 | | |
| | 電磁誘導 | | 電波 | | 1次元シンボル | 2次元シンボル | OCR |
	135KHz未満	13.56MHz	UHF	マイクロ波			
交信周波数	135KHz未満	13.56MHz	433MHz 900MHz	2.45GHz	－ LED レーザ	－ レーザ カメラ	－ レーザ カメラ
交信距離 （原理上の実力値）	～10cm	～30cm	～5m	～2m	～1m	～1m	～10cm
データの 書き込み	◎	◎	◎	◎	×	×	×
データ量 （バイト）	～4K	～4K	～4K	～4K	～20	～2K	～20
耐光ノイズ性	◎	◎	◎	◎	△	△	△
耐汚れ・耐水性・耐油性	◎	○	○	△	×	×	×
遮蔽物の影響	◎	◎	△	○	×	×	×
価格	△	○	○	○	◎	◎	◎
規格	ISO/IEC 18000-2	ISO/IEC 18000-3	433MHzは ISO/IEC 18000-4 900MHzは ISO/IEC 18000-7	ISO/IEC 18000-6			

（◎優れている、○普通、△やや劣っている）

出所：（一社）日本自動認識システム協会ホームページ資料をもとに一部修正

| Column 知ってて便利 |

《2次元シンボル》

　日本ではすでにスマートフォンでおなじみとなっている2次元シンボルではあるが、国や業界によって主流となっている規格は異なる。日本では、QRコードが各所で使用されている。米国では、電子部品などにはData Matrix、荷主はPDF 417、輸送業界ではMaxi Codeと、複数が混在して使用されている。

　消費財業界では、標準化団体であるGS1が使用する2次元シンボルを「GS1コンポジット」としている。その流れを受け、日本においても医薬・医療の分野では、トレーサビリティにこのGS1コンポジットを使用することとなった。

　多くの情報を記録できる2次元シンボルではあるが、現状ではこのように複数の規格がすみ分けられて使用されている。今後、ロジスティクスの分野での利用範囲の拡大が期待される。

第2節 ● 無線技術とその活用

第2節 無線技術とその活用

学習のポイント

◆無線LANは、建物内や敷地の構内などの狭いエリアでの通信に適しており、ハンディターミナルやフォークリフトの車載端末との間でリアルタイムの交信が行われている。

◆移動体通信は、輸送中の車両などとのインターネットによる通信である。

◆衛星通信は、インターネットによるデータ通信が弱い地域あるいは届かない地域で用いられている。これらとGPSを用いたリアルタイムでの運行管理が行われるようになってきている。

1 無線LAN

(1) 概要

　物流拠点での無線LAN（Local Area Network）は、建物内や構内などの通信に利用されている。身近を見てもパソコンやスマートフォンにはWi-FiやBluetoothの利用環境が標準装備されている。事務所内でのパソコン、プリンター等の事務機器のWi-Fiを利用した無線LAN、構内でのフォークリフトやピッキングカート、ハンディターミナルなどの端末機器類とのデータ交換に広くWi-Fi（2.4GHz帯、5.0GHz）が用いられている。

　Wi-Fiを利用した無線LANの構築は容易となったが、セキュリティへの対応を忘れてはならない。Wi-Fiの規格も進展し高速規格のWi-Fi6が使われ始め、物流業務への利用が期待される。

413

（2）ロジスティクスへの活用

ロジスティクスにおける無線LAN活用の初期の事例は、物流拠点内におけるフォークリフトとのデータ交換である。無線通信なので、送受信の場所が移動する場合であっても、バーコードなどから読み取ったデータを固定の場所で入出力する必要がなく、離れている事務所で拠点内の作業情報をリアルタイムで管理することができる。また、拠点内レイアウト変更の際に、通信ケーブル類の配線処理が不要というメリットもある。

入出庫の検品や棚卸などにおいてLANを使い、現場と管理部門の間の情報交換をリアルタイムにし、モノの管理の効率化を支援するものである。インターネットとの接続も可能であり、対象エリアの広さや距離が情報交換の可否を決める点ではなくなった。

2 移動体通信

移動体通信は、輸送中の車両と運行管理センターとの通信などを対象としたものである。かつてはMCA（Multi-channel Access）無線や衛星通信を用いていたが、近年では、パケット通信であるインターネットを用いている。

トラック輸送の場合、移動体側（輸送中の車両など）で使用する端末機器には、第1にドライバーが持ち歩く代金引き換え決済業務対応のクレジットカードの入金処理端末、第2に物流センターでの入出庫検品用のバーコードリーダー、第3にトラックに搭載された車載端末、第4にドライバーが携帯するスマートフォンの利用、である。

このうちトラックに搭載された車載端末（上記の第3）で扱う情報には、①運転中、休憩、高速走行などのステータス管理情報、②安全運転の監視と警報、③速度・距離の運行記録や燃料消費の情報、④GPSを用いたトラックの位置情報、の4つがある。

また、インターネットを利用した車両管理で扱う情報と処理には、①配送先の登録、②着店入力情報、③位置・温度情報（荷室温度、水温・

図表10-2-1 ●インターネットを利用した車両管理の例

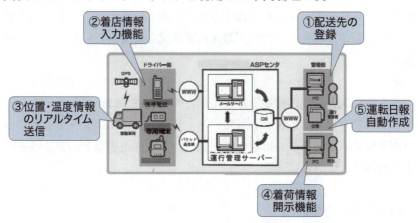

出所:ドコモ・システムズ(株)資料を一部修正

油温)、④着荷情報開示情報、⑤運転情報自動作成、がある。→図表10-2-1

これらに記録機能を持たせることで、運行管理者はそれらの情報をほぼリアルタイムで把握することが可能となる。ただし、移動体通信では通信料低減のため、業務用では5分おきの通信といったように間欠的に行われている。このほかに、メモリカードなどの媒体を経由、あるいは無線LANを介して、帰社時に営業所の情報システム機器に転送する方式も採っている。

3　衛星通信

(1) 衛星通信とその活用

衛星通信は、一般には通信衛星 (CS:Communication Satellite) を利用したデータ通信のことをいう。GPS (Global Positioning System = 全地球測位システム) も人工衛星であるが、時刻データを発信する放送型機能のみであるため、一般には衛星通信と呼んでいない。

第10章 ● ロジスティクス情報システムと情報通信技術

　衛星通信には、静止軌道上にある人工衛星を利用する方式と、低周回軌道上の複数の人工衛星を利用する方式がある。後者は人工衛星の寿命が短いものの、打ち上げ費用が静止衛星に比して安いというメリットがある。

　衛星通信は、IP網（インターネット）の普及以前には、全国をカバーできる通信網としての機能を担っていたが、現在ではいずれもインターネットの利用にとって代わられている。現在では、インターネットにつながりにくい地域あるいは届かない地域、海上や災害などの緊急時を中心に利用されている。

（2）GPSとその活用

　GPSによる位置情報は、業務用では輪配送の実績管理などに用いられている。リアルタイムでの位置情報の把握は、コンビニエンスストアの店舗配送などをはじめ輪配送分野で広く利用されている。また、あらかじめ配送先の緯度経度データを登録しておき（サインポスト方式と呼ばれる）、予定到着時刻に到着していない場合にのみ、遅延情報を営業所に送信する方法もある。今後の通信コストの低下に伴い、リアルタイムでの位置情報利用は増えることが予想される。

　最近では、安全運転や省エネ運転をモニターする方法の1つとして、車速データからではなく、GPSの測位データから計算された速度データや加速度センサー（Gセンサー）を組み合わせたドライブレコーダー機能によって、運転方法への警報を発する機能を利用する事例も見られる。

416

第3節 ● 企業間情報交換と情報通信技術

| 第 **3** 節 | # 企業間情報交換と情報通信技術 |

学習のポイント

◆EDIにより、企業間での情報交換を電子的に行うことは、業務の効率化・精度向上に寄与する。

◆物流業界のデータ交換には、荷主間のものと、荷主・物流事業者間のものがある。

◆データ交換の手段は、物流VANからインターネットを介したものへと変化した。

◆企業間情報交換には、インターネットを利用した多くの技術が活用されている。

◆求車求貨システムは、輸配送業務の効率化や環境負荷の軽減が期待される。

1 企業間での情報交換とEDI

　一般に、企業間では、受発注・請求・入金確認といった情報が交換されている。これらを、電話での口頭で行うと、聞き間違いや書き取りのミスが生じやすい。こうしたミスを防ぐために、ファックスによる文字での確認が普及し、現在でも中小企業では多く利用されている。しかしファックスであっても、その情報を自社のシステムにデータを取り込むためには、再度データ入力する必要があり、入力ミスが発生する可能性がある。このため、取引に関する各種業務の効率化・精度向上のためには、EDI（電子データ交換）の利用が望まれる。

417

第10章●ロジスティクス情報システムと情報通信技術

　EDIとは、標準化されたデータフォーマットを利用して商取引で必要な発注書や納品書、請求書などを電子データ化し、やりとりすることをいう。また、企業間で交換されるデータの自動処理にあたっては、データファイルの仕様を詳細に整合させておく必要がある。電子データの交換は単なるデータ処理ではなく、契約行為に連動し多額の資金処理に影響する。

　業界団体等の標準規約では、取引規約から通信規約までの詳細が規定され、複数の業務モデルに沿った説明書が添付されている。それに沿った処理を行うことで、業務の高度化が図られるばかりでなく、複数取引先とのデータ交換を同じ手順で行えるため、導入も容易であり効率化が図られる。なお現在は、通信プロトコル（伝達手段）にインターネット、情報表現規約にXML（拡張可能タグ付き言語）を使用するようになってきている。→図表10-3-1

図表10-3-1 ●EDIが成立するために必要なデータ構造

| 取引基本規約（大枠の取り決め） |
| 業務運用規約（システム運用規約） |
| 情報表現規約（コード、フォーマット） |
| 情報伝達規約（通信プロトコル） |

2　ロジスティクスとEDI

　物流業務に関するデータ交換は、使用者の観点から見ると、大きく2つに分類される。1つは、製造業－卸売業、卸売業－小売業など荷主間で行われるものである。もう1つは、荷主・物流事業者間で行われるものである。

　標準規約上では、製造業・卸売業・小売業間の商品・製品の売買（所有権の移転）に関する取引データ交換を商流EDIと呼ぶ。そして、こ

418

図表10-3-2 ●商流EDIと物流EDI

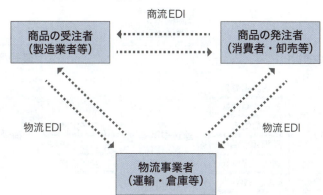

れら荷主と物流事業者間の運送・保管サービスの提供に関する取引データ交換を物流EDIと呼んでいる。→図表10-3-2

(1) 物流EDI

　物流EDIは、複数業種の貨物を扱う物流事業者が、同じフォーマットで荷主との間のデータ交換を行うものである。物流EDIでは、物流業務効率化に向けた業務モデルが制定された。→図表10-3-3

　わが国においては、物流事業者は荷主の商流EDIの情報、あるいは荷主からの輸配送に必要な限られた情報から物流業務を実施することが多いため、物流事業者を対象とした標準EDIの利用は進んでいない。このことは、通信手段がインターネットの利用拡大と同時に、情報表現規約にXMLが使われるようになってきたことも、標準EDIの利用が進まない理由ともいえる。通信ネットワークとして、ISDN回線網といった通信網が主の時代では標準EDIは、効果的な情報交換の手段であったが、IP網に変化した現在、その役割は小さくなった。

　なお、IP網とは、インターネット・プロトコル・スイート技術を使い相互に情報交換を行うネットワークで広義の「インターネット」である。インターネットでは、コンピュータどうしが通信を行うために、TCP/IP

図表10-3-3 ● 物流EDIの業務モデル例

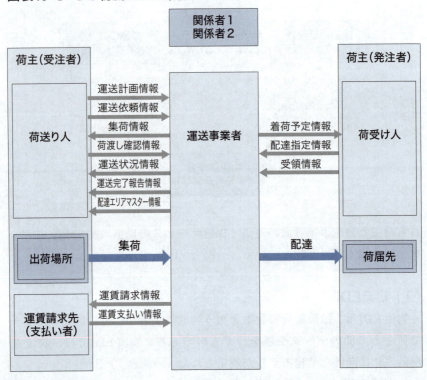

（ティーシーピー・アイピー）という標準化されたプロトコルが使われ、機種の違いを超えて、さまざまなコンピュータどうしが情報交換できるようになっている。（参考：総務省資料ほか）

（2）商流EDI

商流EDIは、業種別に、その特性に対応した情報交換規約がつくられている。

日本の流通業界では、標準EDIの後継として次世代標準EDIである流通BMS（Business Message Standards）を制定し、2000年代後半に実用化段階に入った。流通BMSはグローバリゼーションへの対応を意識

第3節 ● 企業間情報交換と情報通信技術

し、国際標準に準拠している。通信速度は十数倍に高速化された。また
メッセージ形式も、小売側の発注、受領（検品）、返品、支払い、卸売・
メーカー側の出荷、請求など、取引に関連する処理の効率化に寄与する
ものを追加している。データ記述はXML、商品識別コードも国際標準で
あるGTIN（Global Trade Item Number）を採用した。

（3）物流情報標準ガイドライン

　内閣府は「戦略的イノベーション創造プログラム第2期」（SIP第2期）
の対象課題の1つとして、「スマート物流サービス」の社会実装までを目
指す研究開発を進めている。SIP第2期「スマート物流サービス」では、
国内の物流企業、メーカー、小売業等の既存データに加え、最終的には
IoTで得られるデータや交通情報データなどの公的情報データまでを利
用可能とする「物流・商流データ基盤」の構築を目指している。
　業種や業態それぞれのサプライチェーンの特徴を生かし、幅広い範囲
のデータ連携や情報の共有化などによって「物流・商流データ基盤」を
構築し、物流の効率化、生産性の向上を実現しようとするものである。
その基盤となる「物流・商流データ基盤」におけるデータの標準形式を

Column　ちょっとご注意

《ISDN回線網からIP網へ》

　NTT東西日本がISDN回線のサービス提供終了を、2024年から2025年（サービ
ス提供終了時期は2027年まで延期する可能性がある）としている。これに伴い、
ISDN回線によるデータ通信は不通、音声回線によるデータ通信は処理時間の大
幅な増加が見込まれている。サプライチェーンの1カ所でもこれらの回線が使わ
れている場合、企業活動に影響が生じ、場合によっては業務が動かないというこ
とにもなりかねない。
　ISDN回線もしくは音声回線を利用したEDIは、すべてインターネットEDIに移
行する必要がある。

421

規定する目的として、「物流情報標準ガイドライン-ver.2.01-」（内閣府物流情報標準化検討委員会）が策定されている。

策定された「物流情報標準化ガイドライン」の内容は、大きく①物流業務プロセス標準（共同運送、共同保管、検品レス、バース予約）、②物流メッセージ標準、③物流情報標準共有マスタ、の3つの標準が定められている。

（資料）内閣府 戦略的イノベーション創造プログラム（SIP）第2期 スマート物流サービス 物流情報標準化検討委員会

3　物流VAN

VAN（Value Added Network＝付加価値通信網）は、企業間データ交換における通信手法がインターネットのように汎用的でなかった時代において、通信コストを低廉化し、異なる機種の間のデータ交換を可能にする機能を持つことにより接続を容易化した利用企業間通信網である。

大手物流事業者が、荷主との間のデータ交換を円滑化する目的で構築した物流VANは、そのうち物流業務に特化し、貨物の流れと情報の流れを一体的に管理することにより、貨物追跡・受発注・代金請求・在庫管

| Column | | ちょっとご注意 |

《インターネットVPN》

　まず、VPNとは「Virtual Private Network」の略称で、仮想の専用ネットワークで、企業などの拠点に専用のルーターを設置することで、VPNの構築が可能となる。VPNを構築すると、より安全に情報交換ができことになる。

　インターネットVPNとは、インターネットを利用して構築されるVPNのことで、このVPNを利用すると、単にインターネット回線を通じて情報交換を行うよりもセキュリティ性が高められる。企業内の離れた拠点間や、部門間、さらに恒常的に取引関係がある企業間など、必要な通信手段である。

第3節 ● 企業間情報交換と情報通信技術

理などにかかわる情報交換サービスを提供し、荷主の高度なサービス需要の情報提供手段へと変化してきている。

現在では、インターネットの普及に伴って、当該機能の多くは、インターネットを利用したWebベースのクラウドコンピューティング利用にシフトした。

4 インターネット技術とその活用

インターネットとは、TCP/IP（Transmission Control Protocol/Internet Protocol）という通信技術を用いる情報伝達手法のネットワーク（IP網）をいうが、広くホームページ、Webサイト、電子メールまでを総称することが多い。このため、ロジスティクスの各種業務への活用においても、単なる閲覧機能からインターネットを通じてデータベースと連携した各種のデータ処理システムまで多様な利用方法がある。

① 企業紹介ホームページ・照会サービス・ブログ

企業のホームページの活用方法では、会社概要や業務内容の紹介、求人情報としての利用が最も多い。

② 取引情報交換

インターネットを使用することにより、企業間での受発注などの取引情報交換が容易かつ低コストで行えるようになった。インターネットを利用したEDI（インターネットEDIまたはWeb-EDI）には以下の方法がある。

○電子メールの添付書類（受信ごとにファイルを開いて、自社のデータベースに移すバッチ処理型）

○Webサーバーの設定画面を通じての直接入力型

○Webサーバー経由でのファイル転送型

③ 取引先企業向けポータル

企業情報ポータルとは、企業内にある別々のシステムの情報を統合して、ユーザーのパソコン画面上に一元的に表示・検索できるようにした

423

システムである。

取引先企業向けポータルは、利用者を取引先に限定し、必要な各種情報の交換を行うものである。生産計画の開示、注文情報の照会、納期の確認・回答、出荷、注文・納品書発行などが、ポータル上で行われている。

④　IoT

IoTとはInternet of Thingsの略称で、電子機器やセンサーなど、さまざまなモノに通信機能を持たせ、インターネットを利用して情報を発信、相互に通信することにより、自動認識や自動制御、遠隔計測など、さまざまな場面での応用が期待されている。

第4節 ● 開発および運用技術とその活用

第 **4** 節

開発および運用技術とその活用

学習のポイント

◆ロジスティクス情報システムを、短期間・低コストで開発・
運用するためのICTとして、パッケージソフトウェアとクラ
ウドコンピューティングがある。

◆アプリケーションを効果的に活用するには、自社の業種や業
務内容・業務量に適したものを選定することが望まれる。

1 パッケージソフトウェアの活用

（1）パッケージソフトウェア

　近年のICTの著しい進展、急激な市場変化、価格競争の激化に伴い、
ロジスティクス分野の情報システムについても、早期かつ低コストで構
築することが求められるようになってきている。そのような開発ニーズ
を解決する手段の1つとして、パッケージソフトウェアの活用がある。

　パッケージソフトウェアとは、ある適用業務について、あらかじめ標
準化した業務内容に沿ってシステム機能を構築した既成のソフトウェア
である。複数社に販売することを想定して価格設定がなされているため、
自社開発に比べて低コストで導入することが可能となる。既製品である
ことから、導入も短期間で済む。また、複数の業務経験に基づいて構築
されているため、自社では想定していなかった高度な機能を活用するこ
とができるが、一方では自社にとっては不要な機能を持っていることも
あり、運用が煩雑になる場合もある。

第10章 ● ロジスティクス情報システムと情報通信技術

ロジスティクス分野においても、さまざまなパッケージソフトウェアが開発・販売されている。ICTの進展と顧客ニーズの多様化に伴い、新たな適用業務を付加したパッケージソフトウェアが出てきている。それらを活用することにより、早期かつ低コストで目的に合った情報システムを構築することができる。

（2）ロジスティクスとパッケージソフトウェア

ロジスティクス関連のパッケージソフトウェアは多い。

基幹系情報システムとしての ERP（Enterprise Resource Planning）は、会計情報の正確性を主目的に、関連する情報処理機能を持つ。仕入れ、受注、出荷、在庫はすべて会計と密接に関係するため、ERPにはそれらの処理機能が含まれている。たとえば在庫については、所在地と物流拠点内ロケーションも持てるようになっているものもある。

しかしながら、ERPでは複雑なロジスティクス業務には適応が難しい。たとえば在庫であれば、1拠点内の複数ロケーションに在庫を分けて持つ場合には、対応できない場合もある。また、出荷であれば、作業効率化のために、出荷順を入れ替えるということも困難となる。このため、ロジスティクス関連業務のきめ細かな制御のためには、それに対応したパッケージソフトウェアの導入を検討することになることが多い。

現在ではすでに、第11章で取り上げるように、さまざまなシステムのパッケージソフトウェアが、多くの事業者から提供されている。しかも、ICTの進展、先進企業の高度なシステム構築に伴い、提供されるパッケージソフトウェアも増加している。また、ERPベンダーでもその周辺システムとして、ロジスティクス関連のモジュールを提供している。さらに、一部の物流事業者でも、多くの経験を生かし独自にパッケージ化したソフトウェアを活用している。

（3）パッケージソフトウェアの選定とカスタマイズ

それぞれの業務についてパッケージソフトウェアが複数存在するので、

自社の業務規模や業務手順の特徴等に照らして、自社業務に適したパッケージソフトウェアを選定しなければならない。

ロジスティクス関連のパッケージソフトウェアは、ある程度のカスタマイズが行われることを想定している。したがって、理論的には似たようなパッケージソフトウェアを選定して、適切にカスタマイズを行えば目的に適したものが構築できる。しかし、カスタマイズは、①カスタマイズの量に応じてコストがかかり、②カスタマイズが多いほどパッケージソフトウェアの新バージョンへのアップグレードが困難になる場合があり、③カスタマイズの量が著しく多いと、独自開発以上にコストや導入期間がかかることがある。よって、カスタマイズは必要最小限とすることが望ましい。

パッケージソフトウェアの選定にあたっては、自社ないし類似業務の経験、システムニーズへの対応可否、処理能力等を考慮することが重要である。先述のように、パッケージソフトウェアは、想定した適用業務に基づいて構築されている。ここで「想定した」という意味は、パッケージソフトウェアが、開発者の業種や経験に基づいて、「想定した状況」を前提に作られているということである。また、基幹システムにERPを使用している場合は、ERPとの接続可能性や実績があることも重要である。

選定したパッケージソフトウェアは、多くの場合カスタマイズを行うことになる。そのために、まずは自社の業務や情報システムのニーズと、パッケージソフトウェアが提供する機能との差異（フィット・ギャップ）を明らかにする。明らかになった差異（フィット・ギャップ）について、自社の業務内容をパッケージソフトウェアが提供している機能に合わせるか、自社の業務内容に合わせてパッケージソフトウェアをカスタマイズするかを検討する。このような手順を経て、カスタマイズ作業に入る。

これらの過程を経てパッケージソフトウェアを導入することにより、短期間かつ低コストでパッケージソフトウェアの導入が実現できる。

第10章 ● ロジスティクス情報システムと情報通信技術

2　ネットワーク経由でのアプリケーション活用

（1）ロジスティクスにおける実行系情報システムとアプリケーションサービス

　ロジスティクスにおける実行系情報システムは、ネットワーク経由でのアプリケーションの使用により、運用コストが格段に低下する。

　たとえば、物流拠点におけるWMSは、過去においては、物流拠点ごとに個々にサーバーと保守要員を配置する必要があった。そのため、規模の小さな物流拠点では、WMSの使用は困難であった。

　また、輸配送分野における運行管理や貨物追跡の分野での情報システムは、移動中の車両の位置把握、輸配送完了の確認や中継地点の通過の有無などの把握を目的としている。しかし、①情報交換の対象が移動体であること、②輸配送業務など複数の事業者を介することが多いことから、長らく情報システムの導入が遅れていた。そして、1990年代ごろからようやく一部の大手物流事業者で輸配送分野での情報システム導入が始まった。

　さらに、インターネットの出現により、情報システム化は一変した。回線スピードの向上と回線使用料の低廉化により、現在ではインターネット経由でさまざまな物流アプリケーションが提供されるようになってきている。これにより、小規模な物流拠点、事業者であっても、高度な情報システムの活用が可能になった。

（2）ネットワーク経由でのアプリケーション提供の種類

①　ホスティングサービス

　ホスティングサービスとは、サーバーの運営・管理を、コンピュータ管理事業者のデータセンター内で行うサービスである。もしも、仕様変更等で保守が必要な場合は、依頼に基づきそれを提供してくれる。このようなサービスを使用することにより、それぞれの物流拠点でのサーバーおよび情報システム管理要員の配置は不要になるため、運用コストを

低くできる。

　ホスティングサービスは、情報システムのカスタムメイド、あるいは
パッケージソフトウェアのカスタマイズが終わった後に、そのパッケー
ジソフトウェアの運用を委託することになる。情報システムのアウトソ
ーシングといわれるものの大半は、このホスティングサービスを指して
いる。

② クラウドコンピューティング

　クラウドコンピューティングとは、インターネットを介してサーバー
内のソフトウェアを使用することをいう。クラウドコンピューティング
で提供されるソフトウェアを利用するものが、SaaS（Software as a Ser-
vice）である。これは、パッケージの販売ではなく、利用量に応じて課金
して提供するものである。そして、ソフトウェアや稼働環境を提供する
事業者がASP（Application Service Provider）である。

　ロジスティクス関連で、SaaSで提供されるソフトウェアは、制約はあ
るが簡単なカスタマイズなら対応している。したがって、パッケージソ
フトウェア選定の検討に際し、このSaaS型で提供されるサービスも選択
肢に入れることも重要である。

（3）開発・運用におけるICTの選定

　ロジスティクス業務は、複数の物流拠点や複数の事業者が関係してい
ることが多い。したがって、インターネット経由でのアプリケーション
活用に向いているといえる。

　導入する情報システムが大規模な場合は、カスタムメイドとするか、
パッケージソフトウェアのカスタマイズとし、ホスティングサービスを
利用することが考えられる。一方、小規模な情報システムの場合や、
SaaSで提供されているサービスの若干のカスタマイズで対応できる場合
は、SaaSを利用する。

　また状況によっては、SaaS利用のほうがむしろ向いている場合もあ
る。たとえば、リアルタイムで車両の位置を把握する情報システムは、

1社単独で構築すればかなりなコストがかかるが、複数社で利用すればコスト負担は小さくなる。国際輸送の貨物追跡は、それに携わる事業者が個々の荷主のシステムに対応するとコストや労力の負担は多大になるが、共同利用するシステムであれば負担は小さくなる。

開発したい情報システムの特性を考え、それに適した開発・運用方法を選択する。それにより、構築した情報システムの運用の低コスト化が可能となる。

第10章 理解度チェック

次の設問に、○×で解答しなさい(解答・解説は後段参照)。

1 | 宅配便や特別積合せ便の送り状・荷札にはRFIDが使われ、仕分け作業や貨物追跡システムと連携している。

2 | 無線LANは、輸送中のトラックとの間の交信と位置情報把握に使用されている。

3 | GPSとインターネットを利用することで、トラックのリアルタイムでの運行管理が可能となる。

4 | メールの添付ファイル機能は、インターネットによるデータ交換には使用できない。

5 | パッケージソフトウェアは、自社業種の導入実績、システムニーズへの対応可否、処理能力等を基準に選定する。

第10章　理解度チェック

解答・解説

1 ×
宅配便や特別積合せ便では1次元シンボル、2次元シンボルの使用が見られるが、RFIDは使用されていない。

2 ×
無線LANは、構内におけるデータの送受信に用いられる無線技術である。広域を走行するトラックとの間では使用できない。

3 ○
GPSで車両の位置を自動取得し、それをパケット（小包）の形にし、インターネットを介して運行管理システムに送ることにより、運行管理者はトラックがそれぞれどこにいるのかをリアルタイムで把握できるようになる。

4 ×
注文情報、注文に対する出荷可能日や特別積合せ便の伝票番号の返答などを、メールの添付ファイル機能を利用して交換している例は多く見られる。

5 ○
パッケージソフトウェアは業種、取り扱い商品、運用方法、業務量の規模などの経験をベースに構築されているため、選定に際してはそれらを基準とすることが望ましい。

第11章

業務別ロジスティクス
情報システムの構築開発

この章のねらい

　第11章では、ロジスティクス情報システムの開発や、業務改善に必要なロジスティクス情報システムの導入に必要な知識を学習する。

　第1節では、ロジスティクス情報システムの概要を学ぶ。

　第2節から第8節においては、以下の7つの個別システムを学ぶ。

(1) 物流業務の発端となる「受注処理システム」

(2) 企業間情報連携に重要な「購買・発注処理システム」

(3) ロジスティクス情報システムの中心となる「在庫管理システム」

(4) 物流拠点内の効率化を支援する「倉庫管理システム」

(5) 輸配送の効率化を支援する「輸配送管理システム」

(6) 「SCMのための情報システム」

(7) 物流分析と物流シミュレーション

　なお、国際物流における情報システムについては、第12章第2節を参照されたい。

第11章●業務別ロジスティクス情報システムの構築開発

第1節 ロジスティクス情報システムの概要

学習のポイント

◆ロジスティクス情報システムは、各種の物流業務に対応した情報システムで成り立っている。
◆ロジスティクス情報システムの開発にあたっては、可視化・追跡化・即時化・自動化などの検討が必要である。
◆ロジスティクス情報システムの開発と運用には、自社で行う場合と一部またはすべてを外部に委託する方法がある。

1 ロジスティクス情報システムの体系

ロジスティクス情報システムとは、ICT（Information Communication Technology＝情報通信技術）を応用して、各種の物流業務を情報システム化したものである。ロジスティクス情報システムは、個々の物流業務に対応した情報システムで構成される。たとえば、代表的な個別の情報システムには、受注処理システム、購買・発注処理システム、倉庫管理システム、輸配送管理システム、物流分析・シミュレーションなどがある。→図表11-1-1

ロジスティクス情報システムの体系化については、いくつかの観点があるが、ここでは3つ紹介する。

（1）企業経営から見た情報システムの体系

企業経営の立場からロジスティクス情報システムを考えたとき、企業

434

間情報システム、企業内情報システム、企業内ロジスティクス情報システムの3つの視点で、体系化できる。

図表11-1-1は、荷主であるメーカーや卸・小売業の観点で、企業経営から見たロジスティクス情報システムを示したものである。

この中で、ロジスティクス情報システムは企業内情報システムの中に存在し、そこには受注処理、購買・発注処理、倉庫管理、輸配送管理といった各システムと、物流分析・シミュレーションが含まれている。さらに、倉庫管理システムには情報管理、在庫管理、作業管理の各システムが含まれている。

企業内情報システムでは、経営計画情報システム、会計・人事情報システム、生産情報システム、販売情報システムなどがある。

そして、企業間情報システムとして、仕入れ先や販売先の情報システムと連携してサプライチェーンが形成される。特に、自社あるいは仕入れ先・販売先が物流事業者に業務を外部委託している場合には、物流事

図表11-1-1 ●ロジスティクス情報システムの体系

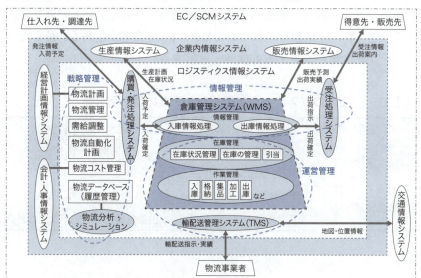

第11章 ● 業務別ロジスティクス情報システムの構築開発

業者の倉庫管理システムや輸配送管理システムと連携することになる。

（2）ロジスティクス管理の3層からの情報システムの体系（戦略管理、運営管理、情報管理）

ロジスティクス管理の3つの階層（戦略管理、運営管理、情報管理）に対応して、ロジスティクス情報システムも概念的には図表11-1-2のとおり3つに分類できる。つまり、戦略管理用のロジスティクス情報システム（物流分析・シミュレーション）、運営管理用のロジスティクス情報システム（在庫管理システム、作業管理システム、輸配送管理システム）、情報管理用のロジスティクス情報システム（受発注処理システム、入出庫処理システムなど）である。

実務上では、ロジスティクス情報システムを3つに分離することはできないので、上記の分類はあくまでも概念的なものであるが、考え方を整理するためには有効である。

3PL事業者に物流業務を委託する場合において、荷主企業における3つの階層との関連は、一般的に次のとおりである。すなわち、戦略管理は荷主企業が立案し、3PL事業者がその戦略に即して実務を企画し実践する。運営管理と情報管理については、3PL事業者が担当し、必要なロジスティクス情報システムも構築・運用する。

図表11-1-2 ●ロジスティクス情報システムの階層別分類

戦略管理	物流分析・シミュレーション	
運営管理	在庫管理システム	作業管理システム
	輸配送管理システム	など
情報管理	購買・発注処理システム	入庫情報処理システム
	受注処理システム	出庫情報処理システム　など

第1節 ● ロジスティクス情報システムの概要

（3）物流ネットワークから見た情報システムの体系

　個々の企業の輸配送システムや情報通信システムは、図表11-1-3のとおり社会インフラである情報通信ネットワークの上に形成されている。

図表11-1-3 ● ロジスティクス情報システムの位置づけ

各 種 情 報 ネ ッ ト ワ ー ク					
企業内	企業間	物流機能	施設（ノード）	経路（リンク）	地域間
工場間、物流センター間、部門間などの情報ネットワーク	メーカー、小売店などの企業間情報ネットワーク	受発注、包装、荷役、保管、輸配送などの情報ネットワーク	工場、倉庫、物流センター、ターミナル、港湾などの情報ネットワーク	道路、鉄道路線、航空路線、内航海運航路などの情報ネットワーク	地域間、国際間の情報ネットワーク

ロジスティクス情報システム

情 報 通 信 ネ ッ ト ワ ー ク（社会インフラ）

　物流ネットワークには、企業内や企業間の物流ネットワーク、物流機能そのものの物流ネットワーク、輸配送に大きくかかわる施設（ノード）、経路（リンク）、さらに地域間・国際間の物流システムなどがあり、情報ネットワークもこれら物流ネットワークに対応してネットワークが構成され、ロジスティクス情報システムを考えるときには、これらのさまざまなネットワークを前提として考える必要がある。

2 ロジスティクス情報システムの開発と運用の留意点

（1）情報システムの開発の留意点（可視化・追跡化・即時化・自動化）

　ロジスティクスの情報システムの開発は、ロジスティクスの効率化とロジスティクスによる顧客サービス向上を目的に進められる。そして、物流コストの削減にも役立つことも多い。→図表11-1-4

　ロジスティクス情報システムの開発にあたっては、可視化・追跡化・

437

図表11-1-4 ●可視化・追跡化・即時化・自動化のためのICT

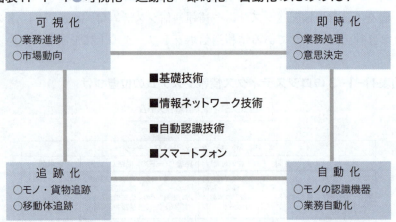

即時化・自動化の検討が必要である。

① 可視化

「可視化」とは、ロジスティクス業務の進捗・実績を数字やグラフなどで表して、確実に把握することである。この可視化により、課題発見（品質、ムダ・ムリ・ムラ、クレーム、不良在庫など）が容易となり、見える物流（在庫状況、市場動向、作業実績など）と各種の評価指標による状況把握（目標への達成度、改善すべき課題）により、速やかな対応をとることができる。

たとえば、物流現場で自動認識機器やセンサーを用いて、ロジスティクスで対象とするモノ（商品や物資）は、保管場所や輸送中など、作業ごとの開始・終了時間をデータベースに登録することによって、物流現場での作業実態を明確に把握することができる。なお、可視化技術において最近注目されているのは、IoT（Internet of Things）技術であり、モノ（Things）の動き・位置・状態（温度、湿度など）をセンサーによりリアルに把握することが主目的である。IoTを用いて進捗状況をよりリアルタイムに把握できる効果は大きい。

② 追跡化

第1節●ロジスティクス情報システムの概要

「追跡化」とは、モノやトラックなど移動体の追跡であり、宅配便などの顧客サービスでは荷物追跡システムとして知られている。荷物への自動認識技術の使用や、輸送機器へのGPSとICTの組み合わせ使用が、より高度な追跡化を可能にする。

トレーサビリティは、食品や医薬品等に代表される生産や流通履歴の追跡化である。これにはバーコードよりも多くの情報量が記録できるCode 128、2次元シンボルやRFIDが用いられている。

③　即時化

「即時化」とは、短時間に状況を把握したり、指示することである。情報システムの導入により、納入のスピードアップ、情物一致のリアルタイムでの確認、業務や意思決定の迅速化などが可能となる。

この即時化は、ICTの進展、特にインターネット利用拡大の賜物である。現在ではすでに、システムのサーバーは必ずしも物流現場に設置する必要はなく、現場から離れた本社や計算センターなどに置いても、データの即時処理が可能となっている。

④　自動化

「自動化」とは、物流の生産性向上のために、可能な限り人手をかけずに物流業務を行うものである。物流拠点では、自動認識技術を活用したモノや容器の自動識別、物流機器の制御に基づく作業の自動化や、発注業務においては発注の自動化などがある。また輸配送においては、トラックに装備された各種センサー（速度、温度など）と連動し、デジタル式運行記録計（デジタコ）により運転日報の自動作成などが実現している。

近年の新技術として、物流センターにおいて、ロボットの活用が増加してきている。また輸配送において、離島への配送や医薬品の配送などで、ドローン（無人航空機）による配送の実証実験も始まっている。

（2）情報システムの運用の留意点

ロジスティクスの情報システムを運用するためには、いくつかの留意点がある。運用にあたって具体的には、サービス方法、対象範囲・場所、

439

第11章 ● 業務別ロジスティクス情報システムの構築開発

組織・体制、教育などを関係者全員が理解・合意しておく必要がある。情報システムは完成したら終わりでなく、実務における円滑な運用が最大の課題であることから、運用開始前から、情報システムの目的、構造、手順などを理解・合意することが重要である。

昨今、インターネット利用などによるICTの高度化により、ロジスティクスの情報システムは自社所有のサーバーでの運用から外部委託にシフトしている。このため、情報システムの開発委託だけでなく、運用の外部委託も進んでいる。

外部委託の1つの潮流が、クラウドコンピューティングである。これは、ロジスティクスの情報システムに必要なすべてのICT資源（設備、人材など）をインターネット上のサービスとして提供するものであり、

Column コーヒーブレイク

《クラウドコンピューティング（cloud computing）》

　クラウドコンピューティングとは、インターネットなどを利用し、クラウドサービス提供事業者の提供するコンピュータ機能を利用するしくみである。利用形態によって、サーバー、OS、ソフトウェア、メモリなど、利用者で準備する必要がなくなる場合もあり、アップデートや保守管理も不要になることもある。利用コストは利用量によって課金される。利用形態は大きく3つに分類できる。

○SaaS（Software as a Service）

　ソフトウェアやアプリケーションを利用できるサービス。メール、オフィス業務システム、顧客管理システムなど多種。

○PaaS（Platform as a Service）

　アプリケーション開発などが可能な環境を利用できるサービス。OSやミドルウェアなどが含まれる。

○IaaS（Infrastructure as a Service）

　基本的なインフラ部分だけを利用できるサービス。ストレージやサーバー、ネットワークなどが含まれる。

（参考：NTT東日本資料）

運用管理も含まれる。ユーザー企業は、パソコンやスマートフォンで情報システムを活用できることもある。ただし、すべてのものが外部にあるので、運用する際はセキュリティ（データ保管場所、データ保全、システム安定稼働等）について精査する必要がある。

　ロジスティクス情報システムの開発と運用には、自社で行う場合と一部またはすべてを外部に委託する方法があり、それぞれの長短を理解・検討して対処すべきである。

第11章 ● 業務別ロジスティクス情報システムの構築開発

第2節 受注処理システム

学習のポイント

◆受注処理システムはロジスティクスの各種業務の起点に位置するものであり、その他の情報システムは受注オーダーの出荷・納入までの過程を支援するものである。

◆オーダーエントリー（受発注業務）はオンライン化の傾向にあり、インターネット利用によるWebEDIが広く活用されている。

◆受注処理システムは顧客との取引の接点であり、顧客サービスの視点からの設計・活用が重要である。

◆事前出荷案内（ASN）は、モノの納入前に納入先へ出荷情報を通知するものである。

1 受注処理システムの概要

　受注処理システムにより、納入先からの受注オーダーを受け付け・処理すると、この受注オーダーをきっかけに他の情報システムに連動する。つまり、受注処理システムによる受注が、ロジスティクスの各業務の起点となっている。

　受注処理システムは、オーダーエントリー（受注オーダーの入力処理）、出荷情報作成、オーダー管理の3つで構成される。そして、受注処理システムは、在庫管理システム、作業管理システム、輸配送管理システムと密接に関係する。

　「オーダーエントリー」では、受注処理システムで受け付けたオーダー

442

の、取引先コード、商品コード、数量などがチェックされた後、在庫引当が可能かどうかを在庫管理システムの在庫情報と照合する。

「出荷情報作成」では、在庫引当が可能な場合に、出荷指示が作られる。

「作業管理システム」では、出荷指示に基づき出荷業務を行う。その後、輸配送管理システムに引き継がれて輸配送が行われる。そして、納入先への納入が完了すると、その情報が「オーダー管理」に渡され、オーダー完了・未出荷オーダー管理（受注データの完了・未完了登録）が行われる。→図表11-2-1

図表11-2-1 ●受注処理システムと他システムとの関連

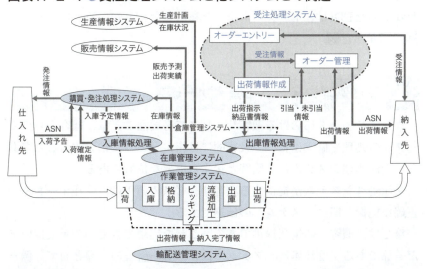

2 オーダーエントリーのオンライン化・EDI化・インターネット化

　オーダーエントリー（受注オーダーの入力処理）の方法として、納入先からのオンライン受注が増えている。しかしながら、電話受注、ファックス受注、郵送される受注伝票、得意先への訪問受注、展示会での受

注など、紙媒体を介した手入力も現存している。手入力にはかなりの工数が発生し、また間違いも起きやすいので、オンライン化が望まれる。

1970年代に始まったオンラインでのデータ交換は、大手企業の発注業務から始まり、当初、各社独自の形式をとっていた。それらの企業に納入する受注側は、取引先（発注者）ごとに個別に対応した処理システムが必要となり、取引先（発注者）が専用端末を設置する事例もあった。そのための開発コストや運用コストが肥大化し、大きな課題となった。このため80年代後半から標準化の検討が行われ、業種別の標準EDIが制定されることとなった。

90年代のインターネットの普及に伴い、公衆回線や専用回線により行われていたEDIは、インターネットを利用したEDIが主流となった。→第10章第3節2

3 受注処理システムと顧客サービス

ロジスティクスにおける顧客サービスで必要なことは、顧客からのオーダーの処理を確実に行い、最終的には指定どおりに納入することである。受注処理システムは、顧客と接する重要な位置にある。

受注処理システムが提供する顧客サービスの第1は、受注オーダーの正確な把握と関連システムへの伝達である。

第2は、顧客への情報提供である。これを実現できている企業はいまだ一部である。受注処理システムではオーダー管理の一環として、個々の注文に対して実際の納入数量を通知する。生産が遅れて入荷が滞った商品があれば、その通知を行う。そのほか、商品パッケージの変更や新商品のマスター情報の提供など、顧客との間で共有が必要な情報は多い。さらに、商談時点での在庫情報の確認や、顧客が在庫情報を直接閲覧できるサービスの提供もある。

第3は、顧客への提案である。たとえば受注状況を診断した結果、過度の小口・多頻度受発注による非効率な状況が判明した場合、発注方法

第2節 ● 受注処理システム

の改善策を提案する。このように受注側と発注側の双方で効率化が実現できれば、顧客にも貢献することになる。

4 事前出荷案内（ASN）

事前出荷案内（ASN：Advanced Shipping Notice）とは、受注オーダーに対し、モノの納入前にあらかじめ出荷情報（品目名、納入量、荷姿、納入日時など）を、納入先に通知することである。→図表11-2-2

ASNの有効利用の前提として、高度な物流品質（出荷精度など）はもとより、発注側・受注側の相互信頼が重要である。

ASNは、以下のことを実現する。

① 入庫業務の効率化

ASNにより、全数検品から抜き取り検品などに変更できれば、作業工数の削減と入庫入力の簡素化が可能になる。ASNを受けることにより、事前にモノに関する必要情報が得られる。たとえば製造ロットや賞味期限など、入荷後の保管や出荷作業に影響する情報を事前に得られることになる。

ASNは、取引先からの発注の電子化が前提である。受注側は出荷内容や納入先を表示するSCM（Shipping Carton Marking）ラベルを貼付することにより、さらに入庫時の効率的な作業が可能となる。

② 品切れの抑制

品切れが事前にわかることにより、別の仕入れ先への手配が可能となる。

③ 作業の計画化

納入前にASNが届くことにより、事前に作業者の確保や格納場所の決定ができる。さらに、納入後にただちに配送する場合には、速やかな配車計画の立案が可能となる。たとえばクロスドック業務では、ASNを受け取ることにより、トラックが到着するとただちに仕分け・積込みが可能となる。

445

図表11-2-2 ● ASNを導入した納入データ交換

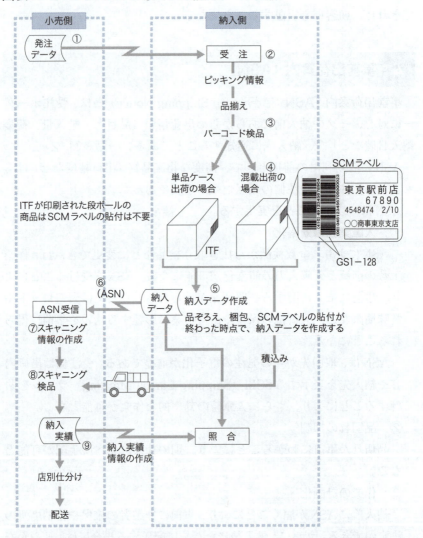

出所：(一財)流通システム開発センター資料

④　返品・支払業務の効率化

　さらにEDIを介して、入庫検品時に違算や返品があればそれを送信し、そのデータに基づき請求金額の確定、請求データの送信、支払いデータの送信を行えば、注文に関するすべての処理の効率化が可能となる。

第11章 ● 業務別ロジスティクス情報システムの構築開発

第 3 節 購買・発注処理システム

学習のポイント

◆購買・発注処理システムは、生産または販売の前処理と位置づけられる。在庫管理システムの現在の在庫状況と今後の生産計画・販売計画により発注量を確定し、入庫予定情報として倉庫管理システムへ連動する。

◆発注方法には、マニュアル（人的）発注と自動発注がある。在庫のパレート分析に基づくＡ・Ｂ・Ｃランクにより、発注方法を決めることが多い。自動発注には、自社主導、仕入れ先主導、仕入れ先と協働という３タイプがある。

1 購買・発注処理システムの概要

　購買・発注処理システムは、受注処理システムと表裏一体であり、受発注処理システムとして一体化される場合もある。特に、流通業などで生産や流通加工がない場合には、受注して販売した商品分を、調達として購買発注することになる。しかし、受注と発注は、担当組織やタイミングなど内容が異なることが多い。

　また、購買・発注処理システムは、「生産・販売の起点」と位置づけられる。特に、メーカーの場合、部品や原材料が納入されて生産が開始され、製品が完成されて販売が可能となるからである。この意味で、「物流業務の起点」となる受注処理システムとの違いがある。

　購買・発注処理システムの重要な役割に、適正在庫の維持がある。ここでは、在庫管理システムの在庫状況、販売情報システムの販売計画、

448

生産情報システムの生産計画などから発注量を決定する。そして、購買・発注を行う。発注内容のデータは、入庫予定として倉庫管理システムに送付される。仕入れ先（調達先）は受注情報を受け取り、出荷予定をASNとして購買者（発注者）に送信する。→図表11-3-1

図表11-3-1 ●購買・発注処理システムと他システムの関連

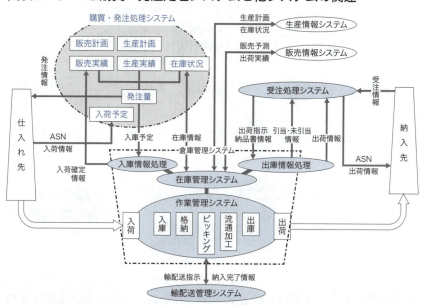

2 発注方法（マニュアル発注・自動発注）

　発注処理システムは、発注ミスを防ぎ、発注精度を上げ、発注業務の効率化などを目的として構築される。その中で最も重要なものが、発注量の決定である。

　発注方法には、人手で行う方式とシステムで自動的に行う方式の2つがある。前者をマニュアル（人的）発注と呼び、後者を自動発注という。当然ながら、マニュアル発注の場合でも、システムによる推奨発注量の

図表11-3-2 ●発注のタイプ

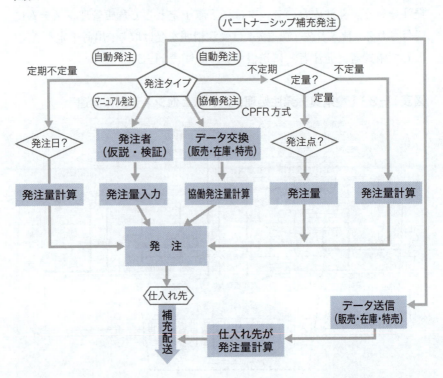

提示が望まれる。人間の判断が入るかどうかが、この2つの発注方法の違いである。→図表11-3-2

(1) 在庫管理と発注処理方法

マニュアル発注は、人手がかかるため、かけられる工数に限界がある。したがって、対象商品を絞り込む必要が出てくる。そこで用いられるのが、出荷量のパレート分析によるABCランク分けである。→第7章第3節

Aランク品は売れ筋の回転の速いアイテムであり、発注において重要な対象となる。在庫補充方式は、一般に定期不定量方式がとられている。

Aランク品は自動発注も可能であるが、比較的出荷量が大きいため、急速な需要の減少による過剰在庫が発生する危険性が高い。したがって、自動発注といえども最終的に人間が判断する過程をとることが好ましい。それが難しい場合は、売上げ上位品目、出荷量の変動が大きい品目はマニュアル発注の対象品とする。

　Bランク品は、Aランク品と比べて出荷量は小さいが、品目数は一般的に多いため、自動発注の効果が期待される。異常値管理を行い、管理限界から外れた場合にはマニュアル発注を行う。

　Cランク品は、さらに出荷量が小さく品目数はさらに多くなる。このため、不定期定量補充方式による自動発注が推奨される。ただし、定期的にアイテム見直しを行わないと、不動在庫が増えることになる。

（2）自社単独発注システム

　自動発注はさらに、自社単独での発注、仕入れ先による発注（パートナーシップ補充システム）、両者の協働型による発注の3つがある。

　第1の自動発注として、自社単独での発注は、CAO（Computer Aided Ordering＝自動発注）と呼ばれる。自動発注は、発注点法を用いたものを第1世代とすれば、現在では販売動向に基づく需要予測と組み合わせたものへと高度化してきている。

　また、生産部門においては、MRP（Material Requirement Planning）により、部品材料を自動発注していることが多い。→第7章第1節■ (3) ③1）

（3）仕入れ先による発注（パートナーシップ補充システム）

　第2の自動発注として、仕入れ先に発注を任せるものが、パートナーシップ補充システムである。これは、発注側と受注側が在庫量、出荷量、特需などの計画について情報を共有し、受注側が発注者の在庫を自動補充するものである。

　仕入れ先による発注（パートナーシップ補充システム）は、さらに2

通りの方式に分けられる。

1つ目は、VMI*（Vendor Managed Inventory＝納入業者主導型在庫管理方式）である。発注側からは、たとえば単品別販売、在庫・特売データなどを仕入れ先・納入業者側に通知し、仕入れ先・納入業者がそれらのデータで需要予測、発注量計算を行い、在庫を補充する。

2つ目は、CRP*（Continuous Replenishment Program＝連続自動補充方式）である。仕入れ先・納入業者が発注側のセンター在庫管理を行い、センターからの出荷・在庫データに基づきVMI方式と同様、納入者側が発注量計算を行い、在庫を補充する。

仕入れ先による発注（パートナーシップ補充システム）には、発注側には発注のための工数をゼロ化し、受注側にはセンターからの店舗別出荷データや店舗別販売データの取得により、早期に作業準備ができるといったメリットがある。

> *直接店舗へ商品を納入する日用品、雑貨、食料品などのメーカーや流通業では、店頭在庫を補充するものをVMI（納入業者主導型在庫管理方式）、商品を店舗へ配送するセンターの在庫を補充するものをCRP（納入業者主導型センター在庫管理方式）と呼んでいる。電機・電子機器などの製造業の調達物流では、納入場所を区別せずに、一律にVMI（納入業者主導型在庫管理方式）と呼称している。

Column **コーヒーブレイク**

《EOS》

EOS（Electronic Ordering System）とは電子発注システムのことである。量販店、大型小売店などの店頭で、ブック型端末（GOT：Graphic Operation Terminal）を手に、棚在庫を確認しながらマニュアル発注を行っている姿を見かける。端末には天気予報、過去の販売状況、発注推奨量などが表示され、それらの情報を参考に、発注量を入力している。入力した結果は上位システムを通じて発注先、あるいは小売店本部に送られる。

EOSは、在庫回転率の向上と販売機会損失の削減を目指すとともに、発注書や納品書のペーパーレス化にも役立ち、機能を追加しながら高度化が図られている。

（4）協働発注（コラボレーション補充システム：CPFR）

　第3の自動発注として、CPFR（Collaborative Planning, Forecasting And Replenishment＝協働計画、予測、補充発注）で取り組まれている協働発注がある。CPFRは、発注側（小売業）と受注側（卸売業やメーカー）がより一層協調を高めようとするものであり、協働の同意に関する契約、ビジネス・販売計画の立案、需要予測、発注量調整、自動補充などのさまざまな項目を取り決めている。

　1990年代後半に登場したCPFRは、欧米では複数の大手小売業とメーカー間で取り組まれている。日本では、今後の普及が望まれている。

第11章 ● 業務別ロジスティクス情報システムの構築開発

第 4 節 在庫管理システム

学習のポイント

◆在庫管理の目的は、機会損失を避けるとともに過剰な在庫を
少なくする「在庫の適正化」にある。
◆在庫管理システムはモノの保管を伴うロジスティクス情報シ
ステムの中核、倉庫管理システム内の重要なシステムであり、
受注処理システム、購買・発注処理システム、さらには基幹
システム、生産・販売情報システムと関係する。
◆在庫情報の管理内容と情報精度は、在庫管理システムの管理
レベルを決め、モノの動きを正確に把握・統合することにある。

1 在庫管理システムと在庫適正化

　一般に、在庫が多ければ在庫コストが増加し、在庫が少なければ顧客
サービスが低下する。よって、在庫管理システムには、その均衡を保つ
ためにも在庫の適正化が求められている。

　在庫適正化のためには、まず欠品率、在庫スペース、出荷変動、目標
商品回転率、最低発注単位、発注リードタイムおよびその変動、曜日変
動、季節変動、商品ライフサイクル、パッケージ変更、割引制度などの
検討項目を調査し、適正な基準を見いだす。次に、それらを使って、販
売予測・出荷量予測や在庫量変化のシミュレーションを行うことが重要
になる。

454

第4節● 在庫管理システム

2　在庫管理システムの概要

　モノの保管を伴うロジスティクス管理の課題は、在庫をいかに適正化するかにある。在庫の適正化のために在庫削減を進めたとしても、受注生産あるいは受注のつどの取り寄せ品でない限り、在庫は少なからず存在する。そのため、在庫管理システムと各種システムとの連携をとりながら、機会損失を避け調達コストの増加を抑えながら、適正な在庫を維持する形で運用される。→図表11-4-1

　「在庫状況管理」では、在庫適正化のための基礎数値（入出荷量、在庫量等）の管理と在庫配分を行う。在庫計画により、在庫基準値を設定あるいは見直すことで、過小・過大在庫といった問題を解決する。

図表11-4-1 ●在庫管理システムと他システムとの関連

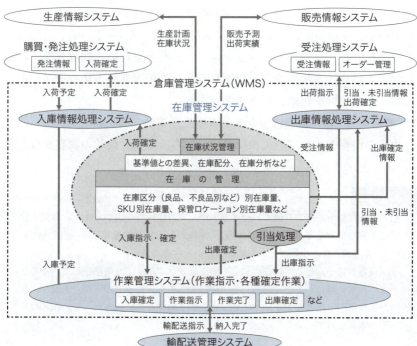

第11章 ● 業務別ロジスティクス情報システムの構築開発

　経営計画などから物流計画が策定され、その計画での「在庫基準値」では、商品ごとに、安全在庫量、最大在庫量、最小在庫量、標準発注量、発注点などが設定され、倉庫管理システム内でそれら設定値との差異がチェックされ必要施策へ連携される。

　「在庫配分」は、物流拠点別（工場、倉庫、物流センター、店舗など）の在庫の配置量を決めるものである。この値は、それぞれの在庫状況により調整される。

　「在庫状況管理」は、モノ別・拠点別の在庫状況を統轄するものである。在庫状況は、「発注処理システム」による入荷処理、「受注処理システム」による出荷処理、および在庫受払情報や保管情報により変動する。このとき在庫引当のためには、「受注処理システム」の在庫照会において、実在庫だけでなく、予定入出荷が考慮された**引当可能在庫** Key Word の把握が重要となる。

　「在庫分析」は、「在庫状況管理」のデータを分析するものである。在庫回転率、在庫期間、品切れ率、出荷量のABCパレート分析、入出荷量の時系列分析、保管ロケーション適正分析などを行い、在庫政策、在庫計画および発注方法の策定・変更を行う。不確実性な市場やモノであるほど、在庫分析を頻繁に行う必要がある。

　「需給調整」は、販売情報システムや生産情報システムと関連し、販売と生産の情報と、在庫や入出荷の状況から、需要と供給の調整が行われ

Key Word

　引当可能在庫──有効在庫に、発注残を加えて、受注残を引いたもの。有効在庫は、実在庫から不良品（汚破損等）、賞味期限切れ（鮮度管理）、返品未処理（良否未定）など出荷できないものを除いた在庫である。

　情報システムとしてはこの引当可能在庫をリアルタイムに把握していくことは、非常に難しいことである。その理由として、入荷予定が不明、入荷が確実か否か不明、出荷指示をいつ出せばよいか不明などの状況もあって、煩雑な処理が求められている。

第4節 ● 在庫管理システム

る。それゆえ、需給調整のための情報提供は、在庫の適正化のためにき
わめて重要である。

3 単品管理と単品管理情報

（1）単品管理

　モノの最小管理単位（SKU：Stock Keeping Unit）を、単品という。
単品管理とは、モノの最小管理単位の受注・売上げ、在庫、発注・仕入
れなどを管理することの総称である。単品ごとに、きめ細かく管理する
ことにより、過剰在庫や販売機会損失の発生を防ごうとするものである。
　「単品管理」が可能になったことで、「ロット管理（ロットとは、同一
条件で製造されたモノの最小単位)」や、食品などでは「賞味期限管理
（美味しく食べられる期限)」も進んだ。
　在庫情報のもととなる売上げ情報や仕入れ情報は、受発注のオンライ
ン化やPOSシステムの導入により、精度の高い情報が収集されている。
そして、在庫管理システムにおける単品管理の精度は、顧客サービスの
向上、物流コストの削減、売上げ・利益の増大などにつながる。さらに、
CRP（Continuous Replenishment Program＝連続補充方式であり、モノ
の需要・売上げを納入側が予測し、必要分が納入（補充）される方式）や、
CPFR（Collaborative Planning Forecasting Replenishment＝メーカー
と卸・小売事業者が協力して、互いの需要予測結果を持ち寄り、的確に
在庫を補充する方法）の実現に近づくことになる。
　この一方で、在庫情報は、在庫の紛失、数量チェックミス、欠品など
を避けるためにも、データの正確性、信頼性の維持が重要である。

（2）単品管理情報

　単品管理情報は、在庫受払情報と実棚情報に、イレギュラー情報（汚
破損、賞味期限切れ、返品未処理など）を加味したものである。これら
の在庫情報を統合的かつ正確に管理することが、在庫管理システムに求

図表11-4-2 ●単品管理情報の流れ

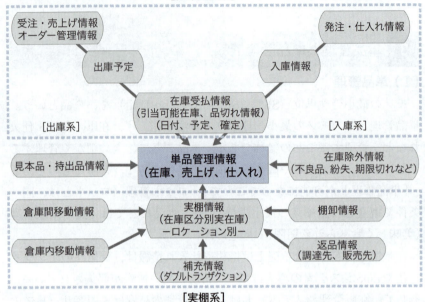

められている。→図表11-4-2
① 在庫受払情報（入庫系、出庫系）

在庫受払情報は、発注・仕入れ情報に基づく「入庫情報」と、受注・売上げおよびオーダー管理に基づく「出庫情報」と、「引当可能在庫や品切れ情報」から構成される。

在庫受払情報の入出庫情報には、入出庫予定、入出庫確定およびそれらのロット情報（入出荷年月日、製造ロット番号、賞味期限など）などが含まれる。

② 実棚情報

実棚情報とは、手持在庫と仕掛在庫の状況を指し、おのおのそれらがどこに保管されているかの場所情報（所在拠点、拠点内のエリア、ゾーン、ロケーション番号など）である。

実棚情報は、棚卸結果（棚卸実施後の実在庫）、在庫区分（良品・不良品、ロット区分など）から構成され、受け払いや拠点内移動、棚卸結果により更新される。

③ **イレギュラー情報（見本品・持出品、汚破損・紛失・期限切れ）**

在庫に関するイレギュラー情報とは、見本品・持出品情報および在庫除去情報（汚破損・紛失・期限切れなど）などである。これらは、管理で見過ごされることもあり、在庫情報の精度を左右する。

（3）在庫管理情報の精度

在庫は、生産の都合で生じてしまう「ロットサイズ在庫」や、不確実な需要に備える「安全在庫」などが存在する。さらに、在庫管理が不十分で管理精度が低いことから発生する「管理精度在庫」がある。

Column ◆ **コーヒーブレイク**

《日本発の管理方式だが…》

在庫管理方式の1つである単品管理（Tanpin Kanri：Unit Control）は日本から世界に輸出されたビジネス和製英語である。同じように日本で生まれて世界に広まった言葉として、生産管理方式であるかんばん方式（Kanban System）やJIT（Just In Time）がある。

この単品管理を提唱した大手小売業の情報システム部長が「情報化の最大の闘いが単品管理システムだった」と語ったように、単品管理は「言うは易く行うは難し」なのである。同社と競合する日本の大手小売業のCIO（情報システム統括役員）は、「わが社がCPFRをできないのは、単品管理が徹底していないからだ」と話している。事実、CPFRを最初に実践した世界一の小売業・ウォルマートは、日本の提唱企業から単品管理の教えを受けた。

日本発の管理方式であるにもかかわらず、単品管理は日本の一部の企業でしか徹底されていない。その背景には、小規模小売店が多く情報化投資が欧米に比べて少ないことが挙げられる。それが、日本でCPFRの導入が遅れている原因の1つと考えられる。

もしも単品管理の情報精度が向上すれば、管理精度在庫は不要になる。

在庫管理情報の精度は、現品管理の徹底と迅速で正確な情報把握に依存する。そのためには、情報（指示、結果など）に基づくモノの動きを連携させて、情報とモノを一致させる情物一致の情報システムを構築・運用することが重要となる。

しかしながら、情報の精度が低ければ収集・処理した情報の精度も低くなってしまうので、在庫管理にかかわる情報は高い精度が必要である。そして、管理会計から見ても、在庫管理精度が低いことは、棚卸資産の管理としてよくないことでもある。

第5節●倉庫管理システム

第 5 節 | 倉庫管理システム

学習のポイント

◆倉庫管理システム（WMS）は、倉庫内業務を自動化することを積極的に検討すべきである。倉庫管理システムの機能は業務の内容によって多様であり、基幹システムや輸配送管理システムに分類される機能もあり、境目は明確ではない。

◆倉庫管理システムの業務は、入庫、保管、ピッキング、出庫、返品処理などであり、物流拠点内の作業内容や他のシステムとの関連によって決定される。

◆倉庫管理システムにおけるICTの利用は、常に進化している。拡張機能として、LMS、YMSなどがある。

1 物流センターと倉庫管理システム

「物流センター」とは、一般的にモノを入出庫・保管する倉庫施設だけでなく、メーカーや卸・小売業の、生産・仕入れから消費者への販売までのロジスティクスにおいて、入出庫・保管・流通加工・仕分けなど、種々の物流業務を行う物流施設である。

物流センター内業務は、経理と密接に関係しており、仕入れ先に発注して納品により入庫したモノ（商品や物資）については、仕入れ先への支払いと棚卸資産としての在庫計上が必要となる。

また、顧客からの受注は、物流センターから出荷・配送して納入した後に、売上げとしての計上となる。

このとき、物流センター内での作業指示は、入庫にあたっては仕入れ

461

先からの納品伝票によっても可能であり、出庫にあたっては受注伝票だけでも行うことができる。しかし、このような入出庫実績だけでは、倉庫内の作業の効率化を図ることはできない。このため、保管場所のロケーション管理、ハンディ端末の有効活用、各種荷役機器の自動化などを含め、倉庫内の事務・作業全般での業務で積極的なICTの活用を図るため情報システムの導入が求められる。

倉庫管理システム（**WMS**：Warehouse Management System）とは、倉庫管理に特化した情報システムとして始まったが、現在では倉庫だけでなく、物流センターを含め多くの物流拠点で使用されている。WMSの管理対象は、一般的に物流センターに入荷（荷受け）後、入荷したモノがシステムに入力（入庫）されることを始点とし、保管やピッキング、出庫検品などの処理を経て出庫（終点）されるまでの、さまざまなセンター内業務である。入荷時のバースのコントロールシステムや配送車両別ピッキングのために配車計画システムを含むこともある。→図表11-5-1

図表11-5-1 ●倉庫管理システムの構成と他システムとの関連（例）

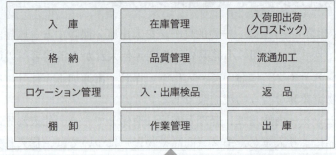

第5節 ● 倉庫管理システム

　WMSの第1の特徴は、WMSと基幹システムとの境目は明確ではないことである。もしも、ロジスティクス情報システムを小規模な物流センターに導入する場合、管理対象の範囲が簡単なロケーション管理やバーコードリーダーによる入出庫検品などであれば、基幹システムで対応することも可能である。逆に、EOSからの受注やASNの送付などは、本来的には基幹システムの機能ではあるが、WMSで処理したほうが効率的な場合は、WMS内で対応することもある。

　第2の特徴は、TMS（Transportation Management System＝輸配送管理システム）との境目も明確ではないことである。つまり、WMSは物流センターで行われるさまざまな業務について、必要に応じて範囲を広げながら発展していく傾向がある。このため、簡単な配車計画や運賃計算など輸配送管理のための情報システムが組み込まれていることもある。→本章第6節

　第3の特徴は、WMSのパッケージの中には、センター内作業を委託された物流事業者が用いるサブシステムを有するものもある。つまり、センター内のさまざまな作業を物流事業者に委託することが多く、このとき物流事業者自身の業務ではあるが、その物流センターが営業倉庫である場合、都道府県倉庫協会へ提出する受寄物報告書作成や、荷主への請求料金計算などが準備されているパッケージもある。

　以上のように、WMSパッケージでは、一般的なセンター内業務に必要な情報システムに加えて、連携する他の情報システムが組み込まれている場合も多い。したがってWMSパッケージには、導入企業の扱うモノやロジスティクス管理の特徴もあり、多様なバリエーションがある。このことは逆に、WMSパッケージとしてセンター内業務の内容によっては、不要な情報システムが組み込まれていることもある。

2　WMSによる業務の流れ

　WMSに求められる仕様は、センター内で行う業務内容が明らかにな

った段階で決定することになる。

　このとき、まず情報システム化すべきセンター内の業務を取り出し、この業務内容に沿ってWMSの詳細な仕様が決定される。ただし、対象業種・業態やモノによって、センター内の業務にはさまざまなバリエーションがあるので、WMSを用いた業務も一様ではない。

　ここでは、WMSを使用したセンター内の業務の流れとして、ハンディ端末を用いた典型的なケースを紹介する。

（1）入庫・格納処理

　発注処理システムから渡される入庫予定データが、入庫業務の起点となる。納入のトラックが到着したら、納品伝票と対応する入庫予定データを確認し、ITFコードをスキャンして検品を行う。その後、WMSから格納場所が指示される場合は、その格納場所（ロケーション）にモノを収め、ロケーション番号をスキャンして格納完了とする。WMSから格納場所が指示されない場合は、モノの分類、荷姿など、事前に決められたルールによって格納し、そのロケーション番号をスキャンして格納完了となる。

　これにより、入庫予定の全データを検品、格納処理するとともに、入庫予定データを入庫確定情報とする。この入庫確定情報は、在庫管理システムに入庫として反映され、最終的に経理システムにつながる。

（2）ピッキング・出庫処理

　出荷指示情報は、受注処理システムの受注データをもとに作られるが、このときピッキングの順序は、ピッキング方式や作業効率が考慮されている。ピッキングの作業者は、ハンディ端末に表示されたロケーションに移動し、表示内容に従ってピッキングを行い、モノに表記されたバーコードを読み取る。このバーコードスキャンが、出庫検品にもなる。ピッキングにより集められたモノは輸送容器に梱包され、輸配送伝票や輸配送ラベルとセットにされ、積込みまで仮置きされる。

第5節 ● 倉庫管理システム

　ルート配送の場合は、ルート配送対象の出荷指示データを**配車計画シ
ステム**によって、配送車両ごと出荷指示データとし、配達車両ごと、積
載順序でピッキング作業が行われる（車別ピッキング）。

　出荷指示は、輸配送指示へ連動している。輸配送の手段（特別積合せ、
宅配便、ルート配送など）によっても出荷指示のタイミングは異なって
くる。また、出荷先地域や総量によっても出荷指示のタイミングを変え
る必要もある。ドライバーに出荷待機スペースに仮置きされたモノを特
定し、出荷に必要な帳票類（送り状、出荷明細、ルート配送指示書など）
を渡すことで出荷の指示となる。

　モノをトラックに積み込み、運行して、納入先へ納入が完了したら、
出荷指示を出荷確定情報とするとともに、必要に応じてデータを売上げ
計上処理のシステムに送る。また、輸配送指示のデータは、納入先の受
領書として、輸配送を委託した運送事業者への支払い金額の確認に使用
される。

（3）返品処理

　返品処理は、大きく2つに分けられる。

　1つは、納入先に納入したときに受注内容と異なることが判明した場
合や、汚損や破損があって戻されるものである。これらについては、出
荷指示にさかのぼって訂正を行う。また返品されたモノは、あらかじめ
定められたルールで処理される。たとえば良品ならば棚に戻し、不良品
ならば廃棄処分するなどの対応をとる。在庫についても、戻し入れや廃
棄されるまでは不良品の在庫区分へ移動処理を行う。

　もう1つは、納入から時間を経て納入先から戻されるものである。こ
れには、製造過程における何らかの原因による不良品である場合と、納
入先の都合による返品がある。いずれも、あらかじめ定めたルールに従
い、処理を行う。

465

（4）棚卸処理

　ここでは、ハンディ端末、バーコードを用いた棚卸処理の一例を紹介する。

　棚卸担当者はハンディ端末で棚を特定するバーコード（ロケーション番号）をスキャンし、棚にあるモノのバーコードをスキャン、保管数量をハンディ端末に入力する。それをすべての棚（ロケーション）で行うことにより、実在庫数の把握が完了する。

　実在庫と情報システム上の在庫（WMSで管理されている在庫）に差異があった場合は、確認画面にそれが表示され、実在庫を再確認し、情報システム上の在庫量を修正し、棚卸結果を確定する。

　確定した結果から、在庫差損などのデータは、経理システムにおいて適正な処理がなされる。

（5）ロケーション管理と保管ロケーション変更

　ロケーション管理は、保管効率やピッキング効率の向上のために重要である。そして一般的に、在庫はロケーション別にその数量が管理される。

　ロケーション管理を利用してピッキング作業を効率的に進めていくためには、格納時の保管ロケーション登録が正確であることと、ピッキング時に指定されたロケーションから正確にピッキングすることが必要となる。そして、ピッキングの効率向上のためには、ムダのない作業動線を確保するために、定期的に保管されたロケーションを見直すことが必要である。

　定期的なモノの保管ロケーションの見直しの結果に基づき、在庫を別のロケーションに保管し直すことを保管ロケーション変更という。この保管ロケーション変更の処理はモノの保管場所の変更（ロケーション間のモノの移動）として、WMSにとって必要な機能である。

（6）荷役機器などへの接続とその制御

　倉庫内業務では、ロボットや自動倉庫などさまざまな荷役機器や情報

第5節●倉庫管理システム

機器が、作業の迅速化、精度向上、自動化などのために用いられている。これらの荷役機器や情報機器を導入する場合には、WMSとのデータ連携と、作業の進捗管理とその制御が不可欠である。

WMSからの荷役・情報機器の制御は、多くの場合、API（Application Programming Interface）連携で接続されたそれらの機器の制御システム（**倉庫制御システム（WCS**：Warehouse Control System**）、または倉庫実行システム（WES**：Warehouse Excursion System**）**）を介して行っている。制御システムそのものは、ロボットや自動倉庫などの機器側で用意されていることが多いので、WMSとのAPI連携が必要である。自動倉庫の場合はさらに、自動化機器の使用を前提としたWMSパッケージが用意されており、それを使うことになる。

自動化された荷役機器の耐用年数は、情報システムの耐用年数より一般的に長いため、WMSと経年経過した古い荷役機器とつなげることもある。古い荷役機器は過去のデータ伝送形式を用いていることも多いため、そのような荷役機器の制御は最新の技術では困難なこともある。このような場合は、制御システムも最新技術に対応したものにリプレイスする方法がとられ、マテハンメーカーなどから、リプレイス用の制御システムがパッケージ化され、用意されている。

3 倉庫管理システム高度化

WMSパッケージは、倉庫内で行われる各種業務の効率化に向け、年々機能を拡張してきている。このため、継続的に最新動向を調べ、新機能の活用可否を検討することが必要である。

ここでは、拡張機能のうち代表的なものを紹介する。

（1）LMS（レイバー管理システム）

LMS（Labor Management System）とは、倉庫内業務において、作業要員の有効活用のために、作業別・時間別の最適な人員配置計画を立

467

てるシステムである。

LMSでは、個々の作業の「標準的な生産性数値」、個々人の「生産性に関する情報や勤務上の制約」、および「入出庫予定情報」から、作業・時間帯別のきめ細かな人員配置計画を作成する。さらに、それに基づいて行われる業務については、計画どおりのスケジュールで行われているかをチェックする機能もある。

遅れている業務があれば、進んでいる業務から要員を移動させる。作業実績は、将来的な人員配置計画の精度向上にも生かされる。

（2）YMS（ヤード管理システム）

入出荷車両台数の多い大規模センターでは、入出荷バースの制御がボトルネックとなることが多い。トラックがすでに到着しているのに積み込む荷物の用意ができていなかったり、逆にまだ到着していないトラックに積み込む荷物がバースを占領しているために、積込み業務が滞ったりする。これらの問題は、車両到着の時間指定を行っても解消されないことが多い。遠距離を走る大型トラックの場合、早く到着すれば駐車場で待機するし、逆に直前の業務の遅れや渋滞などにより時間どおりに到着できないこともある。車両の到着と、ピッキングから品ぞろえまでの業務の連動が望まれる。

YMS（Yard Management System）とは、ピッキングから積込みまでを含めて、入出荷バースを効率的に運用するシステムである。YMSでは、運送事業者が申告する個々のトラックの到着予定時刻を、ピッキング順の制御に使用する。実際にトラックが到着した後は、ただちに荷卸しや積込み作業に移ることができる。

YMSの導入により、入出荷バースや駐車場を有効に活用でき、より大量の入出荷をこなすことができるようになる。トラックの待機時間の削減は、運送事業者にとってはコスト低減や車両回転率の向上とともに、ドライバーの労働時間の削減にもつながる。「トラック受付予約システム」「バース管理システム」ともいわれている。

第5節 ● 倉庫管理システム

（3）音声による倉庫内業務支援

ハンディ端末とバーコードを用いた業務に代わり、音声技術を使用し、作業の効率化を図ろうとするシステムもある。

作業者は、無線LANでつながれたモバイル端末を腰などに装着し、モバイル端末にはイヤホンとマイクを実装したヘッドセットを接続する。作業指示はイヤホンを介した音声によりなされ、作業終了報告や作業指示のリピートは、マイクを介して上位システムと連携している。

物流センター内は照度が一定ではないため、画面や紙媒体を見る動作を省くことにより、生産性の向上が大きく期待できる。また両手が使用可能となるため、作業をさらに効率化することが可能となる。デジタルピッキング・システムを導入しているケースを除き、棚卸作業など各種実験で生産性向上に効果が確認されている。

（4）ロボットによる倉庫内作業の迅速化・省力化

倉庫内作業におけるロボットの活用は、労働力不足や、通販業における受注から納入までのリードタイム短縮、取扱数量増加に対する作業効率化などの対策として数多く活用されている。具体的には、WMS内の指示システムがロボットに指示を送り、ロボットが作業を行うという形で制御される。倉庫内で稼働するロボットは、複数社から多様なタイプが販売されている。ロボットが棚や保管容器をピッカーのもとへ自動的に運ぶGTP（Goods To Person）タイプ、ピッキングされたモノをロボットが梱包を行うタイプ、台車をロボット化して自走させるAGV（Automatic Guided Vehicle）タイプなどがある。みずから進路を選定しながら自律走行するAMR（Autonomous Mobility Robot）タイプも、人との協働作業で導入されている。

企業の業態、取り扱うモノ、質量、大きさ、入出荷量、入出荷件数など、ロボットの活用には目標が達成されるかの分析、ロボット活用業務の上流過程、下流過程への影響分析が必要であり、あくまでセンター内業務全体の効率化に寄与することが重要である。

469

第11章 ● 業務別ロジスティクス情報システムの構築開発

　ロボットの活用分野は今後も増えることが予想され、メーカーの開発動向や活用事例を注目されたい。

第6節 ● 輸配送管理システム

| 第 6 節 | 輸配送管理システム |

学習のポイント

◆輸配送管理システムは、輸配送にかかわる管理システムの総称であり、代表的なものに配車計画システムと運行管理システムがある。

◆配車計画システムは、日々の出荷指示に対して、届け先条件（配達時間指定有無、庭先条件、道路環境など）を満たしながら、距離・時間を最小化するように、準備された車両ごとの届け先順、ルートなどの配送計画を作成するものである。

◆運行管理システムは、車載端末を搭載し、運行管理担当者が運行情報をもとに、安全運行管理の徹底、作業日報の自動作成、車両運行状況の把握、発生した問題の早期把握などを行うものである。

◆輸送モードの選択と運賃・料金計算システムは、業務の迅速化・正確化に貢献する。

◆求車求貨システムは、輸送の効率化に貢献する。

1 輸配送管理システムの概要

（1）輸配送管理システムの概要

　輸配送管理システム（TMS：Transport Management System）は、輸配送にかかわる管理システムの総称である。TMSに含まれる代表的なシステムには、後述の配車計画システムと運行管理システムがある。このため、市販のパッケージでは、「輸配送管理システム」という名称が

471

用いられることは少なく、具体的な業務処理を指す名称が使われている。

輸配送管理システムには、2つの特徴がある。

第1の特徴は、輸配送管理システムの対象業務が全般的に社外業務であるということである。社内での事務処理と異なり、業務の大半が積込み先や納入先の施設内と、輸配送途上といった社外での業務が対象になる。また、道路の渋滞状況等によって、予定した運行計画との乖離が発生することも多いため、輸配送中の運行状況や位置をデータとして取得して、状況に応じて柔軟に対応・管理する必要性が高い。この運行状況を管理していくことは、移動体との通信が必要であることから、進展が遅れていたが、ICTの高度化やインターネットの利用によりその壁は低くなった。輸配送管理システムは、ドライバー不足への対策や、効率的な車両運行計画作成、顧客への運行情報提供という観点から重要になってきている。

第2の特徴は、輸配送管理の対象が複数企業にかかわることである。すなわち、輸配送業務は、荷主企業間（発荷主と着荷主）の商取引に伴い発生するものであり、しかも、大半の輸配送業務はトラック運送事業者に委託されている。このため、輸配送業務の情報システム化については、荷主企業とトラック運送事業者の間でのデータ交換が必要となる。

現在、インターネットの普及に伴うICTの高度化や運用コストの低廉化により、TMSは広く普及している。現在、車載端末やスマートフォンとインターネットを組み合わせ、比較的安価に情報伝達が可能になり、システム全体をカバーしたTMSパッケージが利用されている。

（2）管理対象から見た輸配送管理システムの層別

輸配送の管理は、その対象が、ドライバー、貨物、車両の大きく3つに分かれており、データの内容・加工処理方法・通信処理は、それぞれの管理対象によって異なる。

輸配送管理システムの業務は、前述のように、主に配車計画と運行管理である。さらに、この輸配送管理に関連する業務が、階層として存在

している。

　車両走行管理（CAN：Controller Area Network）は、車両の走行時の記録（ドライブレコーダー）や衝撃、また燃料など消耗品の状態を管理することで、安全な運行を支えている。車両に異常が起きれば、予定どおりの輸配送業務を遂行できない可能性があり、重要な管理である。

　高度道路情報システム（ITS：Intelligent Transport System）は、交通管理（渋滞や事故の有無）、道路管理（路盤の状況）、天候（豪雨、積雪）・災害対応などの情報を供給するシステムである。特に、交通状況や道路状況は、輸配送業務に大きく影響することがある。

　モノのインターネット（IoT：Internet of Things）は、積載している貨物の、数量・品質・位置を管理するものである。特に、温湿度や衝撃などのセンサーを利用しながら、貨物の品質維持・管理に貢献している。輸送中に貨物の品質を劣化させないために、貨物管理は当然の業務の1つである。

　電子データ交換（EDI：Electronic Data Interchange）によって、荷主間（発荷主と着荷主の間）での商取引業務にかかわる受発注データを交換しかつ管理することができる。そして多くの場合、受注したモノの配送を発荷主が物流事業者へ依頼し、着荷主に納入することで、輸配送業務が終わることになる。このため、納入後は発荷主に納入の完了（配達完了）を連絡し、業務の終了とともに、運賃の請求を行うことになる。

図表11-6-1●管理対象から見た輸配送管理システムの階層構造

第11章 ● 業務別ロジスティクス情報システムの構築開発

　ただし、これらの輸配送管理におけるデータの必要性や管理方法は、たとえば活魚輸送と石油輸送では異なり、また工場への原材料輸送とコンビニエンスストアへの食品配送でも異なる。このように、貨物の特徴や提供する輸送サービスによって大きく異なり、多様な管理方法がある。
→図表11−6−1

（3）輸配送管理における情報システム高度化の要件

① 輸配送情報の電子的なデータ交換

　複数企業の間でデータを交換して管理を行うためには、荷主と物流事業者の間や物流事業者相互間の電子データ交換（EDI）の確立と、その精度向上が重要となる。

② 倉庫管理システムとの連携

　輸配送指示の前提としての出荷指示は、顧客からの発注を受けてから、主に倉庫管理システムから出されるので、倉庫管理システムとの連携によって、必要車両の大きさ、積込み時間の明確化や入出庫バースの有効活用などが可能となる。

③ 配車計画

　配車計画とは、輸配送指示のもとで、車両への割り当てをするものである。配車計画は、荷主が立ててその内容をトラック運送事業者に指示する場合と、トラック運送事業者がみずから行う場合がある。

④ 運行管理

　運行管理とは、車両の運行状況やドライバーの勤務状況を管理するものである。具体的には、運転日報の作成や車両の維持管理、正確な車両位置や到着時刻の荷主への提供などがある。

2　配車計画システム

（1）配車計画システムの目的

　配車計画システムの目的は、属人的であった配車計画作成から、迅速

第6節●輸配送管理システム

かつ適切な配車を実現し、運行効率（実車率・実働率・積載率）を高めることにある。

このシステムは、配送先の条件（配達時間指定有無、庭先条件（車両の仕様や限界、道路の左側・右側、道路の時間制限、取卸しスペースの有無など）、道路環境など）を満たしながら、距離・時間を最小化するように、準備された車両ごとの配送先、その順序、ルートなどの配送計画を作成するシステムである。配送先の顧客が固定していても配送先や配送量（受注量）は日々変化するので、配車業務は、日々の受注に応じて車両別の経路や配送順序を決定することが求められる。

（2）配車計画システムの利用手順

配車計画では、最初に、配車計画システムに、出発地、目的地、貨物量、時刻指定、配送先の環境（庭先条件、道路環境など）、などの配送指示情報を入力する。入力後、配車計画システムから、準備されたドライバー・車両別の集配経路・集配順序などが示された配車計画の推奨案が出力される。最終的に、配車担当者が推奨案を確認し、必要であれば修正して、配車計画が確定する。

都市内の複数箇所を巡回して配送する場合は、配車計画システムの利用に先立って、顧客の住所、車両情報やドライバーの情報を入力する必要がある。たとえば、①住所データの正規化（総務省規定の正式な住所表記や、市町村合併などに伴う住所表記変更のタイムリーな反映など）、②住所情報の変換（緯度経度への変換、またはXY座標への変換）、③配送車両情報とドライバー情報の登録、がある。また、より精緻な配車計画のためには、④道路ネットワークの状況とその所要時間、⑤交通規制情報、などを設定しておく必要がある。

このため、配車計画システムのパッケージは、地理情報システム（GIS＝Geographic Information System）を使用して構築されたものが大半である。最適な配送経路の設定には、最短経路探索のためのアルゴリズムが用いられている。→図表11-6-2

475

図表11-6-2 ●配車計画システムの構成例

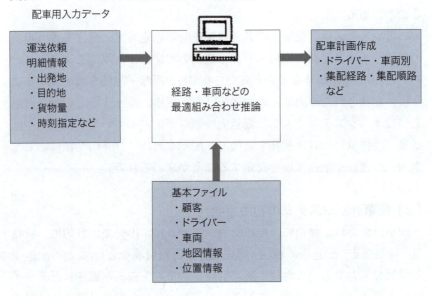

3　運行管理システム

(1) 運行管理システムの目的

　運行管理システムとは、複数の車両およびドライバーの統合的管理を行うシステムである。車載端末を用いて車両の運行情報を把握し管理するこのシステムには、以下のような目的がある。

① 安全運行管理の徹底

　急ブレーキ、急発進、速度超過、速度分析など、安全運行管理に必要なデータの入手により、車両事故の未然防止を図る。

② 運転日報の自動作成

　毎日の運転・作業時間を把握するために、運転日報を自動作成する。これにより、ドライバーが日報を手書きで作成する事務負担が軽減できる。また、ドライバーの行動をグラフ化でき、迅速・的確な分析が可能になる。

③ 燃料消費量の把握

第6節 ● 輸配送管理システム

燃料消費量を計測することで、燃費管理のための燃料消費量を把握して、環境負荷の削減に貢献することができる。必要な場合には、改正省エネルギー法に対応した報告書も作成できる。なお、燃料消費量の把握方法には、速度データを使い推計による方法、車両制御装置のデータをもとに実測に近い燃料消費量を直接把握する方法、流量計を設置して把握する方法等がある。

④ 車両運行状況の管理箇所における把握

車両の運行実績および勤務実績データは、管理箇所の経営管理システムに連携できる。たとえば、配車、請求、給与などの各種業務への対応や、必要なデータ収集をタイムリーに行い拡張性・柔軟性に富んだシステム構成が考えられる。

⑤ 輸配送業務における問題箇所の発見・対応

車両の運行データから、渋滞箇所や特定の時間指定による輸配送効率の低下など、輸配送の実態が明らかになる。この結果、集荷や納入時の待機状況や走行時の事故・渋滞などをはじめ、配送効率の問題箇所の発見につながり、改善に結びつけることが可能になる。

（2）運行管理システムの基本構成

一般的な運行管理システムの基本構成は、以下のようになっている。
→図表11-6-3

トラックから管理箇所へのデータ転送は、従来は帰社後にWi-FiなどのLANを使って車載機器からデータを管理箇所の運行管理システムへ伝送（図中Ⓑ）、あるいはデータの記録されたSDカード等の媒体を管理箇所のカードリーダーを通して運行管理システムに移す方式（図中Ⓒ）だったので、帰社後しか運行状況を把握できなかった。このため「静態管理システム」と呼ばれている。しかし現在では、インターネットを利用することにより、通信費低減、通信速度の高速化に伴って、GPS位置情報と車両運行情報を合わせて管理箇所でモニターすることができ、安全運転や省エネ運転に貢献している。さらに、運行管理システムをクラ

477

図表11-6-3 ● 車両運行管理システムの基本構成

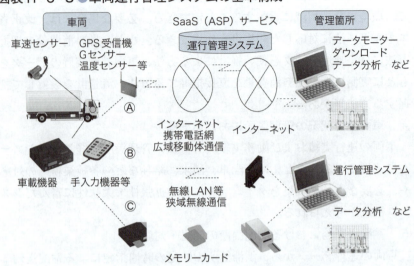

ウドコンピューティングのSaaSのパッケージを利用する形（図中Ⓐ）に移行している例も多い。

通信機能と一体となった運行管理システムは「**動態管理システム**」と呼ばれている。

近年では、車両の運行情報をビッグデータとして集計・解析することにより、災害時には通行実績経路を表示し復旧活動を支援することに利用されている。また、運行経路の道路区間の時間帯別速度を集計することにより、配車計画の改善や物流センターの最適立地の検討に役立てている。これらは、車両を探査機（プローブ）のように利用するので「プローブ情報システム」とも呼ばれる。今後はその情報共有の範囲の拡大が期待されている。

運行管理システムを構成する個々のシステムには、以下のようなものがある。

① 通信システム

車両位置、速度、庫内温度、その他の車両情報を、リアルタイムで

第6節 ● 輸配送管理システム

管理箇所に送信する。

② 運行実態管理システム

運行実態を電子データで把握するとともに、デジタル式運行記録計（デジタコ）として、日報作成、作業状況管理、コスト管理などを行う。

③ 車両位置管理システム

GPSによる緯度経度測定から、車両の正確な位置を把握する。

④ 車両センサーとの連携

車両の安全な運行のために、追突防止・自動ブレーキなど「衝突回避システム」、事前に危険を知らせる「各種警報システム」、加速度センサー（Gセンサー）による急ハンドルや急加減速の「監視システム：CCTV（Closed-circuit Television＝監視カメラ）」、これらに連動したドライブレコーダー（ドラレコ）などが、車両に装備され運行管理に役立っている。

4 輸送モードの選択と運賃・料金計算システム

（1）輸送モードの選択

輸送モード（輸送手段）の選択は、特に長距離輸送において貨物特性や運賃・料金などとともに、環境負荷軽減の要請に対応して、既存ルート上のトラック輸送を鉄道輸送や内航海運による船舶輸送と比較し、変更（モーダルシフト）を検討することが多くなっている

鉄道輸送や船舶輸送を選択できるか否かは、貨物駅や港湾までの距離、取り扱い能力、鉄道・船舶の輸送ダイヤおよびトータル輸送時間、トータル輸送コストなどに依存する。このため、貨物の特性や納入条件など、多様な条件の変更も含めて検討して選択しなければならない。

（2）運賃・料金計算システム

物流事業者が提供する輸配送サービスは当然、輸配送距離、輸送手段、輸送ロット、所要時間などの条件により、商品（サービス）ごとに運賃・

料金計算は多岐に及んでいる。たとえば、鉄道コンテナ利用、海上コンテナ利用、1車貸切、引越業務、宅配便、航空便などそれぞれ運賃・料金の計算方法は異なる。

国内輸送以外に、国際輸送となると、さらに諸料金がかかることになる。

輸配送サービスを提供する物流事業者も、利用者側に簡単に運賃・料金がわかる商品を登場させるなど工夫をこらしている。ロールボックスパレット単位やケース単位の運賃・料金を設定して、顧客にわかりやすい商品を開発している。距離についても都道府県間や地域間での運賃体系を導入し、サイズまたは質量、発着地、取り扱い区分（クール輸送など）がわかれば運賃・料金がわかる。

郵便や宅配便においては、パソコンやスマートフォンで発着地域とサイズまたは質量がわかれば、運賃・料金がすぐわかる検索サービスを展開しており、集荷依頼（運送申込）も可能である。

輸配送サービスを利用している荷主として運賃・料金の計算システムを輸配送管理システム内に持つことは、前述の背景から、多方面からの検討が必要である。

具体的な検討事項は、委託している物流事業者の変更は想定されるか、取り扱う商品に大きな変化はあるか、利用している輸配送サービスは固定的か、諸運賃・料金の変化への対応、などである。

輸配送業務を物流事業者へ委託する場合は、各輸配送指示に対応して運賃・料金を報告してもらうようにすることが得策である。また、委託した物流事業者のクラウドコンピューティングの運賃・料金計算システムに、SaaSの形で接続することも有効である。

運賃・料金計算における距離の算定については、大きく2種類ある。許認可運賃時代の都道府県間営業距離表をもとにした簡易計算方式と、カーナビゲーションと同様に、デジタル道路地図から、地図上の任意の地点間の最短距離を求めるシミュレーションを用いて計算する方法である。

距離以外の条件については、荷役作業等の付帯条件に対応した諸料金の計算や、商品額に基づく定率方式のほか、質量または容積の選択等に

第6節 ● 輸配送管理システム

ついて各社各様の条件設定が行われている。ただし基本となる指標は、許認可運賃制度で用いられていた質量別距離別運賃率表を修正して利用していることが多い。

5 求車求貨システム

求車求貨システムとは、運んでくれる車が欲しい（求車）事業者と、空いているトラックに積む貨物が欲しい（求貨）事業者との間の情報交換を目的とした情報システムである。インターネットにより複数事業者間での情報交換が容易となったことから、現在では複数事業者から数多くの求車求貨システムが提供されている。

求車側となるのは荷主と元請運送事業者であり、求貨側となるのは実運送事業者である。求車求貨システムを活用することにより、空車走行距離の減少（＝実車率の向上）、労働生産性の向上を図ることができる。また、社会的にも貨物輸送量に対する所要車両数を減少させ、道路交通量を軽減し、環境負荷軽減にも寄与することができる。

求車求貨システムの種類には、①荷主（または元請運送事業者）と実運送事業者間の取引を対象としたもの、②実運送事業者間の取引を対象としたもの、③取次事業者（水屋と呼ばれる）の業務効率化を目的とした社内システム、の３つがある。たとえば、WebKITと日本ローカルネットワークシステムは、それらのうち②を対象とした協同組合方式で運営されているものである。

求車求貨システムを機能から見ると、単なる電子掲示板のみのものから、車両位置を踏まえた配車・集荷指示、運送責任・精算処理の全体にわたるサポートまで、多種多様である。また、求車求貨システムの提供事業者が、荷主開拓の営業を行っている場合もある。

求車求貨システムには、国際貨物コンテナ、航空コンテナを対象としたものもあり、さらに倉庫の空きスペースを対象とした倉庫マッチングシステムも利用されている。

481

第11章●業務別ロジスティクス情報システムの構築開発

第 **7** 節

SCMのための
情報システム

学習のポイント

◆SCMのための情報システムは、個々の業務を管理する情報
システムを統合して管理する情報システムであり、さらにそ
れらのシステムとの情報交換のシステムを含む。

◆サプライチェーンという名称の付いたパッケージは、生産・
仕入れから販売までの業務を管理し、最適化を目指すという
表現が多いので、企業内ロジスティクスの効率化・統合化に
役立つとともに、関連する企業間で利用することにより、よ
り高度なSCMが実現できる。

---

1 SCMと情報システム

SCM（サプライチェーン・マネジメント）は、企業間の関連した業務
を連携させることにより、各企業内の効率化を図ることだけではなく、
関連企業全体での効率化を実現させることである。

SCMを通じて企業間で業務内容を連携させるためには、情報システム
が不可欠である。しかし、その種類は多岐にわたり、SCMパッケージも
数多く存在する。それぞれのパッケージに特徴があり、パッケージの導
入については企業内はもとより、企業間での担当者による十分な検討・
確認作業が必要となる。最適なSCMを行うためには、基幹システムの整
備とともに、各種業務の情報システムについての高度なICT支援が求め
られる。それらは、企業間連携への取り組みの程度にかかわらず、変化

第7節 ● SCMのための情報システム

が著しくかつ複雑化する市場に対応するために必要であるといえる。

　企業間連携に必要となるのが、情報の交換である。標準規約に基づいたEDIパッケージがあり、また、EDIに容易に対応できるしくみを組み込んでいるWMSパッケージやTMSパッケージもある。

　VMI、CRPやCPFRでは、連携する企業それぞれが、各企業個別の情報システムであっても、同一の考え方に基づく需要予測値を用いることで、発荷主から着荷主への在庫補充量の信頼性を担保している。

　さらに、複数の企業が協働してSCMに取り組む場合、特定の業務に関する情報システムそのものを共有・共用して実現させている例もある。

2　SCM関連のパッケージ

　サプライチェーンと名称の付いたパッケージの多くは、製造業における企業内ロジスティクスの効率化・統合化のためのものである。それらは、企業間の関連した業務を連携させることにより、関連企業全体の効率化を図ることを目的としているが、自社だけの利用であっても、自社のSCMを見直すことにより、企業内ロジスティクスの効率化に役立つ。

（1）SCP（サプライチェーン・プランニング）

　SCMパッケージの中核となるのが、SCPである。SCP（Supply Chain Planning）は、生産・流通・在庫計画を連携させようとするものである。

　SCPでは、複数の需要予測方法が用意されており、ユーザーが予測精度を検証しながら個々のモノに適した予測方法を選べるようになっている。そして、需要予測の結果に基づき、推奨される生産・流通・在庫計画を提示する。

（2）SCMパッケージ

　SCMパッケージは、調達・生産・販売を通じて、企業内ロジスティクスの効率化・統合化を目的としている。このため、SCMパッケージでは、

483

仕入れ・購買や物流の各種計画との連携もカバーされている。

たとえば、SCPから立案される生産計画や在庫計画に基づき、輸送コストと在庫コストのトレードオフを考慮した最適な在庫拠点への輸送計画を作成する。そして、需要の動向からそれに適した輸配送ネットワークの提案を行うものもある。

SCMパッケージの中には、調達先との連携の第一歩として、部品調達から販売までのイベント管理機能（SCEM＝サプライチェーン・イベント・マネジメント）を保有するものもある。発注、出荷、輸送、生産、受注、納品などの各段階で、計画と実態との比較を行い、トラブルを早期に把握することを目指している。→図表11-7-1

SCMパッケージでは、各種計画や業務指示が連携するように構築されている。このため、各種業務と連携をとりながら個々の情報システムを利用するよりもSCMパッケージを採用するほうが、容易、低コスト、かつ短期間に導入できることが多い。また、異常や車両台数の把握ということで、SCRM（サプライチェーン・リスクマネジメント）にも活用できる。しかし、個々の機能に着目すると、それぞれの状態に特化したパ

図表11-7-1 ●計画・管理・業務処理をつなぐSCMパッケージ

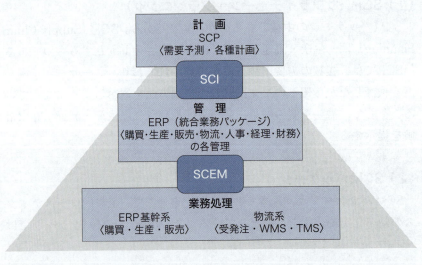

ッケージより機能が劣ることも多い。
　いずれを選択するかには、詳細な検討を要する。特に、実務の現状を正確に認識し、それをカバーでき、かつ高度化するために必要な機能の有無が、その判断材料になる。

3　S&OP

　S&OP（Sales and Operation Planning＝販売・業務計画）とは、販売・生産・ロジスティクスなどの間で、計画と実績を数量だけではなく金額を含めて両面で共有し、意思決定の精度とスピードを速めようという手法である。事業計画と、販売計画（セールスプラン）、需要・生産計画（オペレーションプラン）を連携させることにより、業績予想の精度向上（予算の着実な達成）と、欠品・過剰在庫の削減を目指すものである。
　これまでロジスティクスでは、販売計画の精度が低いために、出荷傾向からの出荷予測に基づき、需要計画を立てることが多かった。それに対し、S&OPでは、販売計画の精度を高めるために需要予測を用いる点と、販売計画と生産計画との整合性を考慮する点に特徴がある。→図表11-7-2
　S&OPを専門にサポートするパッケージソフトウェアも販売されている。パッケージによっては、計画立案支援に加え、販売実績や生産トラブル発生を早期に把握し、計画変更のシミュレーション機能を持つものもある。

図表11-7-2 ● S&OPにおける販売・需要・生産計画の連携

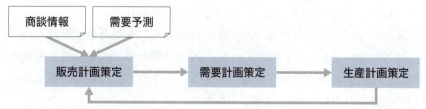

第11章 ● 業務別ロジスティクス情報システムの構築開発

第 **8** 節 ## 物流分析と
物流シミュレーション

学習のポイント

◆物流分析は、輸送や保管など物流需要の変化や、物流拠点や輸送手段などの変化などを数値として把握し、その変化に合わせて、柔軟に業務内容を対応させていくために必要である。そのためには、管理担当者が、必要なデータを得られる状況や、容易に分析できる機器と組織が必要である。

◆物流シミュレーションは、物流システムの改善案を実施した際の変化を明らかにすることができる。物流シミュレーションの結果から、改善項目の効果の大小や、実施するか否かを判断することになる。

1 物流分析

（1）物流分析の目的と必要性

　物流分析は、物流実態を正確に把握し、その実態を左右する要素を見極めるために行う分析である。物流は、輸送や保管など需要の変化や、物流拠点や輸送手段など対応能力の変化が大きいため、これらの変化に合わせて、分析を適時・的確に行うことが求められる。

　新たな分析方法（分析モデル）を試行しても、有効な結果が得られず、採用されないこともある。また、定型的な分析としての有効性を確かめるために、試験的に分析する場合もある。もちろん、特定の改善施策の効果検証のために分析を行うこともある。

486

そのためには、担当者が、必要なデータを必要な時に得られることや、容易に分析できる体制を含む環境が求められる。

(2) SCIの構築の留意点

SCI（サプライチェーン・インテリジェンス）とは、ロジスティクスやサプライチェーンのパフォーマンスや効果について、容易に分析できるソフトウェアまたは体制の概念である。

SCIは、各種の情報システムからの「データ収集」と、それらの「データウェアハウスでのデータ蓄積」、各種の分析のための「分析ツール」、分析結果を表示する「予実（予測と実績）ビューワー」から構成される。SCIのシステムはパッケージ化され販売されているものも多い。→図表11-8-1

SCIの体制を構築するためには、データをなるべく幅広く、しかも加工せずに収集することが重要である。なぜならば、物流分析に必要なデータは、物流の需要量の変化や利用輸送手段など、時々刻々と変化する。このため、データ蓄積の容量や分析速度なども考慮して、データを加工

図表11-8-1 ●SCIのシステム構成

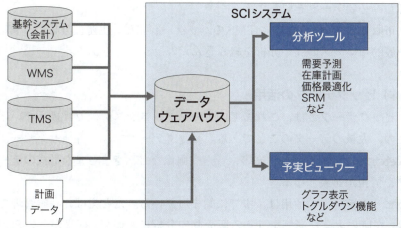

第11章 ● 業務別ロジスティクス情報システムの構築開発
- -

または要約して蓄えている事例が多いが、このような場合には分析方法
や分析範囲が限定され、詳細な分析ができないこともあるので注意が必
要である。

（3）物流における生産性分析

　物流における生産性分析とは、物流分析の１つであり、ピッキングや
包装などの作業を対象に、生産性を明らかにするものである。

　作業や輸配送実態に関する生産性分析に必要なデータは、意図して入
手する必要がある。たとえば、ピッキング作業の生産性分析のために必
要なデータとして、作業者ごとのピッキング作業工数やピッキング作業
時間を計測しなければならない。

　しかし、生産性分析に必要となるデータ（例：ピッキングの作業工数、
作業時間など）は、作業方法、作業場所の環境（温湿度、作業机利用、
歩行作業など）、物流改善のレベル（例：過去の改善実施状況）などによ
り異なってくる。よって、生産性分析にあたっては、現状に適した作業
実態評価のための指標（例：時間当たりのピッキング数量）を設定し、
その指標に必要となるデータ（例：ピッキング数量、ピッキング時間）を
特定し、必要なデータの収集機能を情報システムに組み込むなどして対
応し、必要データを収集する。

　市販されているWMSやTMSのパッケージには、生産性分析のうち、
一般的にニーズの高い分析を組み込んだパッケージもある。

（4）ビッグデータの活用

　ビッグデータとは、これまでのデータベースシステムでは扱えないほ
どの、大量のデータのことである。ビッグデータでは、各種センサー、
Webサイトの閲覧履歴、文書、音声や画像など、さまざまな形式のデー
タや情報が対象となる。

　ビッグデータの活用は、すでに始まっている。たとえば、在庫管理で
は、在庫に大きな影響を与える販売動向分析において、従来からのPOS

488

第8節 ● 物流分析と物流シミュレーション

データに加え、ネット上のクチコミ、購入者の属性などデータを収集し分析している。これにより、売れ筋商品をいち早く把握して、短期間での商品開発や市場投入に役立てている事例が見られる。また、輸配送管理では、トラックの位置・速度・車載センサー情報から、渋滞情報や運転情報を把握し、輸送の効率化に活用している事例もある。さらに、倉庫などの物流拠点内においては、ビデオによる作業行動の分析や各種センサーから得られる作業データの分析により、生産性の分析に利用している事例がある。

この一方で、物流分野においては、いまだに活用されていないデータが多く存在する。それらのデータをビッグデータとして整理し、活用することが望まれる。

2　物流シミュレーション

（1）物流シミュレーションの目的と必要性

ロジスティクスにおけるさまざまな作業を改善するためには、輸配送や保管など物流の需要の変化や、物流拠点や輸配送手段などの物流の処理能力の変化に適応させる必要がある。この適応方法には、物流ネットワークの変更、作業システムの変更、在庫管理方式の変更などが必要になる。このとき、改善案の効果を改善前に検証するために、物流シミュレーションが必要となる。

物流シミュレーションでは、模擬的に作成した計算式や現状で使用しているシステムなどにおいて、実施前と実施後の各種条件の違いを数値（変数）として入力し、結果を出力し比較検討する。その手順として、物流拠点の再配置を検討する手順を考えてみると、以下となる。

初めに、現状（変更前）の入出荷データをもとに変更後の入出荷データを作成する。次に、作成したデータを、変更前後の物流拠点配置の状態でシミュレーション・モデルに入力する。改善前と改善後のサービスレベル、物流コスト、在庫量などの変化を比較し、拠点再配置の評価を

行う。

　物流シミュレーションは、市販の物流管理用のパッケージを使用して行うことも多い。たとえば、配車計画のパッケージを使用して、現状の出荷指示データによるシミュレーション結果と、拠点再配置などによる新たな配車計画のシミュレーション結果を比較して、違いを明らかにする。また、在庫管理パッケージを使用して、発注ロットや発注間隔を変えた場合の在庫量変化を想定することもできる。

（2）シミュレーターの活用

　シミュレーターとは、現実の現象を模擬的に再現する装置やソフトウェアのことである。物流分野では、作業や拠点配置、作業スケジュールや生産性などの各種条件に基づいて、人やトラックなどの動きを模擬実験として再現している。

　シミュレーターは、物流分野においても、輸配送ネットワークや物流センター内での作業方法などについて、問題点の把握や改善効果の実証に利用されている。たとえば、センター内の各種条件を入力して、モノの動きをシミュレーションすると、モノの滞留がどこで発生しているのか、どの作業がボトルネックとなっているのか、作業開始から終了までどれくらいの時間を要するのか、などが明らかになる。このとき、センターのレイアウトを変更してシミュレーションを行えば、変更後の生産性の変化が明らかになる。

　市販されているシミュレーターには、物流で使用する各種保管・荷役機器の画像部品が用意されており、アニメーションによる作業実態の視覚化が可能なものが複数存在する。

第11章　理解度チェック

次の設問に、○×で解答しなさい（解答・解説は後段参照）。

1 | ロジスティクス情報システムは自社で構築・運用するほうが、自社にふさわしいシステムとなるので、外部委託より望ましい。

2 | 受注処理システムにおけるオーダー管理は、顧客へのオーダー状況問い合わせ対応という消極的な顧客サービスであり、不必要である。

3 | 運行管理システムの導入効果には、安全運行管理の徹底、作業日報の自動作成、車両運行状況の管理箇所における把握、発生した問題の早期把握などがある。

4 | 物流分析は、なるべく定型化することが望ましい。

第11章　理解度チェック

解答・解説

1 ×
ロジスティクス情報システムの構築と運用を自社で行える体制とコスト負担力があればそのとおりであるが、一般的には容易ではない。インターネット時代の今日では、情報システムの開発委託だけでなく、運用を外部委託しても何ら遜色なく、有効な手段である。

2 ×
顧客への問い合わせサービスなどは確かに受け身であるが、自社にとってオーダー管理は売上げ管理や品切れ・納期管理などに重要である。

3 ○
運行管理システムは、車両に搭載した車載機器と管理箇所のシステムとの接続により、設問で挙げた効果を実現する。

4 ×
物流は変化が激しいため、多種多様な分析を柔軟に行うことが要求される。そのためには分析を定型化することにこだわらず、結果を左右する要素を追究し、分析できる環境を構築することが望ましい。

| 参考文献 |

北澤博編著『物流情報システム　高度化の方向と可能性〔改訂版〕』白桃書房、1995年

久住正一郎『コンピュータで成功する物流情報システムの進め方』日本実業出版社、1998年

「新物流実務事典」編集委員会編『新物流実務事典』産業調査会事典出版センター、2005年

安井望編著『ロジスティクス関連業務／システム』中央経済社、2015年

流通研究社編『物流ITソリューションハンドブック〔改訂版〕』流通研究社、2017年

第 **12** 章

国際物流における業務内容と情報システム

この章のねらい

　第12章では、国際物流の概要と、管理に必要となる輸出入通関、国際輸送、情報システムの概要を学習する。

　現在、企業のグローバル化が進み、海外調達、海外生産、海外販売がますます活発化している。グローバル企業にとって、ロジスティクスの効率化によるローコスト化、受注から原材料の調達、生産、販売、物流、市場投入までのリードタイムの短縮は、重要な課題となっている。その一方で、世界各地における紛争やトラブルもあり、国際物流で考えるべき留意点はより複雑になっている。

　そこで、第1節では、国際物流の概要とともに、輸出入取引の業務内容を理解し、リスクマネジメントと貨物保険の管理システムを学ぶ。

　第2節では、輸出入の情報システムと国際貨物の管理システムを学ぶ。

第12章●国際物流における業務内容と情報システム

| 第 1 節 | 国際物流における業務内容 |

学習のポイント

◆最適な国際物流を構築するためには、輸出入通関の流れを理解する。インコタームズの中でよく使われているのは、EXW・FOB・CFR・CIF・DDPである。

◆国際物流における輸送機関の選定について学ぶ、

◆輸出のフォワーディング業務内容について理解する。

◆輸入のフォワーディング業務内容について理解する。

◆関税とHSコードについて理解する。

◆貨物海上保険の概要を理解する。

1 国際物流の概要

(1) 国際物流効率化の必要性

　1985年のプラザ合意以降、急激な円高の影響によって、多くの製造業（家電産業ほか）が生産拠点をタイやマレーシア等をはじめとするアセアン地域にシフトさせ、「国内産業の空洞化」が始まった。1990年代後半になると、これらの地域の人件費の高騰・アジア通貨危機などにより、生産拠点は中国に集約されるようになった。さらに2000年代に入ると、中国沿海部の人件費の高騰や人手不足、頻発する反日暴動や工場ストライキ等により、中国一極集中での生産リスクの回避を図るために、チャイナ・プラス・ワンまたはポスト・チャイナと称して、特に繊維製品のような労働集約型産業は俗にCLMV（カンボジア、ラオス、ミャンマー、

496

第1節 ● 国際物流における業務内容

ベトナム）と称する地域への生産拠点の移転や工場再編がなされるようになった。その結果、かつて製品輸出国であった日本は、いまや電子・自動車部品などのいわゆる高付加価値な部材等を輸出し、製品を輸入する貿易国へと転換している。さらに最近では、国際間での貿易摩擦の激化や紛争の発生等により地政学リスクが高まっており、生産拠点を国内や友好国に移転する動きも見られるようになった。

その一方で、国内市場の成熟化によるプロダクト・ライフサイクルの短小化や市場の成熟化による販売価格の下落が続く中で、日本の製造業や流通業界にとって多品種少量生産の実現、物流や生産コストの低減、発注から原材料の調達、生産、販売、物流、市場投入までのリードタイムの短縮が至上命題となっている。ところが、コロナ禍で国際物流が停滞し、企業活動は大混乱をきたした。このため、非常時の代替物流手段・ルートの確保、在庫水準の見直し等の視点が重要になっている。また、地球環境問題への対応が求められる中、現在ほぼ化石燃料に依存している海上輸送や航空輸送を見直していくことも課題となっている。

国際物流においても、効率化に向けてJIT（Just In Time）、バイヤーズ・コンソリデーション、VMI（Vendor Managed Inventory）などの新しい取り組みが行われるようになってきた。効率的な国際物流を構築するためには、国際輸送・保管などに関する知識のほかに、売買契約・輸出入通関・船積み・貨物海上保険など貿易全体のしくみを知ることが重要となってきているのである。

（2）国際物流の留意点

国際物流は、各国の政治経済事情や法制度の影響を受ける点で、国内物流とは異なり多様な点で留意する必要がある。具体的には、市場、コスト、リスク、インフラの4つの点に留意すべきである。→図表12-1-1

第1の市場とは、販路を広げるために店舗展開をする場合の現地市場と、海外生産のための生産拠点を設ける場合の輸出市場の2つである。どちらの市場も、市場規模、国民所得、気候、文化、宗教、生活習慣、

第12章 ● 国際物流における業務内容と情報システム

図表12-1-1 ●国際物流の留意点

要　因	内　　　容
市場	①現地市場（進出先の国での市場） ②輸出市場（進出先の国から別の国へ輸出するときの市場）
コスト	①立地コスト（土地、施設、設備） ②生産コスト（人件費、材料費、経費） ③流通コスト（商取引コスト、物流コスト）
リスク	①政治的リスク（戦争、紛争、争議） ②経済的リスク（貨幣流動困難、為替変動） ③社会的リスク（盗難、事故、パンデミック、災害）
インフラ	①施設インフラ（ハードな施設整備、ソフトな規制誘導） ②技術インフラ（人材、管理技術、情報技術、資源エネルギー） ③制度インフラ（法制度、ルール、社会意識）

嗜好性などに影響される。特に、販路を求める場合には、健康志向の市場、安さを求める市場などの違いもある。また、宗教により食品や装身具に制限があることもある。

　第2のコストには、①立地コスト、②生産コスト、③流通コスト、の3つがある。立地コストとは、工場や事務所を開設するときに必要な土地、施設、設備などの費用である。生産コストとは、工場の生産や事務所の運営に必要な人件費、材料費、経費などである。流通コストとは、商取引コスト（受発注、金融コスト）と、物流コスト（輸送、保管、流通加工、包装、荷役、情報）である。

　生産拠点の海外進出により、たとえ低廉な労働力を活用して安価に生産できたとしても、輸送効率が悪く、物流コストが高くなる場合もある。また、保管時に品質管理ができず、輸入国側で商品価値の減損や商品の処分コストがかかる場合もある。さらには、文書・通信費、翻訳費用、高額な与信費用など、国内企業との取引より余計な費用がかかるおそれもある。

　第3のリスクには、①政治的リスク、②経済的リスク、③社会的リスク、の3つがある。政治的リスクとは、進出先で紛争や労働争議を経験

498

第1節 ● 国際物流における業務内容

する例や、法規制が頻繁に変わる例である。経済的リスクとは、海外での資金調達が困難な場合や、為替変動によって損失を被る場合である。社会的リスクとは、商慣行や文化などの違いから誤解や認識違いをする例や、事故や自然災害のおそれである。

　第4のインフラには広義にとらえると、①施設インフラ、②技術インフラ、③制度インフラ、の3つがある。施設インフラとは、道路や港湾などのハードな施設の整備や、交通規制などのソフトな規制誘導である。技術インフラとは、生産技術や物流技術に詳しい人材の有無や、品質やコストなどの管理技術、ネットワークなどの情報技術、電力・上下水道などの資源エネルギーである。制度インフラとは、通関制度や租税制度、施設運営の方法、労働者保護や環境保護などの社会ルールである。

（3）国際物流における手続の概要

　国際物流は、輸出入通関などがあるため、国内物流と比べて手続が複雑である。日本は島国なので、国際物流は海上輸送と航空輸送となる。このうち、国際海上輸送を中心とした貿易取引の手続の概要を示したものが、図表12-1-2である。

（4）売買契約の締結とインコタームズ

　国際物流において、売り主・買い主のどちらか一方から、取引の申し込みを行うことをオファーという。オファーには、その内容を一定期間勝手に変更できない「ファーム・オファー」と、オファーされた内容に同意できない場合に発せられる「カウンター・オファー」がある。

　オファーされた内容に対して、売り主・買い主の相互が承諾（Acceptance）すれば、売買契約成立となる。

　文化や商慣習の異なる海外との取引において、取引のつど、商品のリスク移転時期、費用分担および売り主・買い主の業務分担などについて交渉していては時間と労力がかかる。このため、標準的な国際ルールとして、インコタームズとウィーン売買条約がある。

499

図表12-1-2 ●国際海上輸送を中心とした貿易取引とその手続の概要

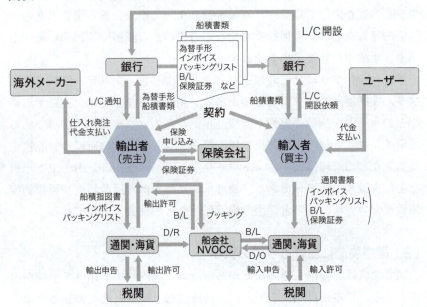

　インコタームズ（Incoterms） とは、国際商業会議所（ICC）が制定した商取引に関する国際的標準解釈で、商慣習に関する国際ルールである。最新版は2020年に改正されたインコタームズ2020である。貿易取引で、インコタームズを使用するかどうかは契約当事者の任意であり、使用する場合には何年版のものか明記しなければならない。
　インコタームズ2020では2分類11規則について規定しているが、この中でよく使われているのは、EXW・FOB・CFR・CIF・DDPである。
→図表12-1-3
　ウィーン売買条約（CISG） は、国際物品売買取引に関する統一法である。日本でも2009年8月から発効した。
　インコタームズとCISGの違いは、インコタームズは商取引ルールであるため、それに準じる取引の場合は売買契約書にその旨を明記する必要があり、CISGは条約であるから都度記載する必要はない。ただし、CISG

第1節 ● 国際物流における業務内容

図表12-1-3 ●インコタームズ2020の費用・危険負担一覧

Trade Term		輸出国(船積み前)	輸出通関	海上輸送	輸入通関	輸入国(接続輸送)
いかなる単数または複数の輸送手段にも適した規則						
① EXW (Ex Works) (工場渡し)	費用	×	×	×	×	×
	危険	移転時期は、売り主の施設またはその他の場所(工場、倉庫等)で買い主の処分に委ねられたとき				
② FCA (Free Carrier) (運送人渡し)	費用	○	○	×	×	×
	危険	移転時期は、運送人に引き渡されたとき（売り主の施設で引き渡された場合は、輸送手段に積み込まれたとき、または指定引き渡し地がその他の場所の場合は、輸送手段のうえで運送人の処分に委ねられたとき）				
③ CPT (Carriage Paid To) (輸送費込み)	費用	○	○	○	×	×
	危険	移転時期は、運送人に引き渡されたとき（売り主の施設で引き渡された場合は、輸送手段に積み込まれたとき、または指定引き渡し地がその他の場所の場合は、輸送手段のうえで運送人の処分に委ねられたとき）				
④ CIP (Carriage and Insurance Paid To) (輸送費保険料込み)	費用	○	○	○	×	×
	危険	移転時期は、運送人に引き渡されたとき（売り主の施設で引き渡された場合は、輸送手段に積み込まれたとき、または指定引き渡し地がその他の場所の場合は、輸送手段のうえで運送人の処分に委ねられたとき）				
⑤ DAP （Delivered at Place) (仕向け地持ち込み渡し)	費用	○	○	○	○	×
	危険	移転時期は、輸送手段のうえで買い主の処分に委ねられたとき。ただし、荷卸し費用は買い主負担				
⑥ DPU (Delivered at Place Unloaded) (荷卸し込み持ち込み渡し)	費用	○	○	○	○	×
	危険	移転時期は、荷卸し後、貨物が買い主の処分に委ねられたとき。ただし、荷卸し費用は売り主負担				
⑦ DDP (Delivered Duty Paid) (関税込み持ち込み渡し)	費用	○	○	○	○	×
	危険	移転時期は、輸送手段のうえで買い主の処分に委ねられたとき。ただし、荷卸し費用は買い主負担				
海上および内陸水路輸送のための規則						
⑧ FAS (Free Alongside Ship) (船側渡し)	費用	○	○	×	×	×
	危険	移転時期は、船側に置かれたときまたは調達されたとき				
⑨ FOB (Free On Board) (本船渡し)	費用	○	○	×	×	×
	危険	移転時期は、船上に置かれたときまたは調達されたとき				
⑩ CFR (Cost and Freight) (運賃込み)	費用	○	○	○	×	×
	危険	移転時期は、船上に置かれたときまたは調達されたとき				
⑪ CIF (Cost, Insurance and Freight) (運賃保険料込み)	費用	○	○	○	×	×
	危険	移転時期は、船上に置かれたときまたは調達されたとき				

＊○は売り主負担、×は買い主負担

(出所)（一社）国際フレイトフォワーダーズ協会（JIFFA）『国際複合輸送業務の手引〔第11版〕』2023年より

501

第12章 ● 国際物流における業務内容と情報システム

よりインコタームズが優先して適用され、インコタームズに規定がない
事項に対してCISGが適用される。また、CISGでは、インコタームズで
規定されている「売り主・買い主の義務」「危険移転の時期」に加えて、
「契約の成立」および「契約の違反に対する救済」についても規定して
いる。

　なお、インコタームズとCISGでは、売り主から買い主への所有権の移
転時期と契約の有効性については一切触れていないので注意を要する。

2　国際物流における輸送機関の選定

（1）国際輸送にかかわる事業者と責任範囲

①　外航海運事業
外航海運事業は以下に分類される。

○**外航海運定期航路業**

　外航海運定期航路業は、ほぼコンテナ化されている。資本集約的な
コンテナ船市場では、世界的に寡占化が進展している。現在ではメガ
キャリアと呼ばれる巨大船会社が、2M、ザ・アライアンス、オーシ
ャン・アライアンスの3つのアライアンスを形成している。日本の船
会社3社がコンテナ部門を切り離して設立したONE（オーシャン・ネ
ットワーク・エクスプレス）は、ザ・アライアンスに所属している。

○**外航海運不定期航路業**

　外航海運不定期航路業は、航路を定めず荷主の求めに応じて輸送サ
ービスを提供する事業である。エネルギー、原材料、食糧等のバルク
貨物を輸送する。

○**外航貨物利用運送事業**

　外航貨物利用運送事業者は、みずからは船舶を持たず船会社の外航
海運サービスを利用して国際輸送を行う事業者であり、フォワーダー、
NVOCCとも呼ばれる。フォワーダーの中には、海運だけでなく航空
貨物輸送や鉄道、トラック等を利用運送し、港湾運送事業や倉庫業を

502

第1節●国際物流における業務内容

図表12-1-4 ●港湾関連業務の事業者と業務範囲

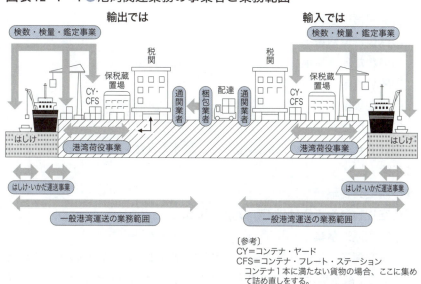

出所：髙内公満『輸出入・シッピング実務事典』1991年を一部修正

兼営するなど、総合的な物流サービスを提供するものも多い。欧米のフォワーダーには、規模、事業内容からメガ・フォワーダーと呼ばれるものも登場している。

② 港湾運送事業

国際海上貨物輸送の特徴の1つに、港湾関連業務にかかわる事業者が多いことが挙げられる。港湾運送事業法に基づき、船積みおよび陸揚げにかかわる一連の業務を荷主または船社の委託を受けて行うのが**港湾運送事業者**である。

港湾運送事業は以下に分類される。

○**一般港湾運送事業**

　荷主または船舶運航事業者の委託を受け、貨物の港湾における船舶との間の受け取りもしくは引き渡しを行うとともに、港湾内の港湾荷役事業、はしけ運送事業、いかだ運送事業を一貫して行う事業。

503

海貨業、乙仲と呼ばれている事業はこれに分類される。

○港湾荷役事業

○はしけ運送事業

○いかだ運送事業

○検数事業

○鑑定事業

○検量事業

それぞれの事業者の港湾関連業務における責任範囲を、図表12-1-4に示す。

③　航空貨物輸送

航空貨物運送事業は以下に分類される。

○航空運送事業

航空運送事業は、航空機を使用して旅客または貨物を輸送する事業である。航空機は、貨物専用機または旅客機の貨物室が利用される。航空運送事業の大部分は定期航空であるが、港湾ストライキやコロナ禍等で緊急輸送が必要な場合には不定期（チャーター）輸送が行われる。

○利用航空運送事業

航空貨物輸送にかかわる事業者は、航空貨物代理店と利用航空運送事業者（混載業者）である。海上輸送では多様な業種に分かれているが、航空貨物輸送では外航貨物利用運送事業と同様の業務を代理店、混載業者が行っている。その業務内容は、海上輸送と比べ簡素化されており、荷主から委託された貨物を、通関を終えて航空会社に引き渡せば、これら事業者の業務は完了する。→図表12-1-5

○インテグレーター

日本では、航空貨物運送事業と利用航空運送事業の分業により航空貨物輸送が行われている。一方、欧米と中国では、両者の機能を統合したインテグレーターが、成長を続けている。インテグレーターは、国内・域内輸送にとどまらず世界中に輸送ネットワークを拡大し、取扱貨物も小型急送貨物にとどまらず大型貨物も取り扱うようになって

図表12-1-5 ● 航空貨物代理店と混載業者の業務範囲

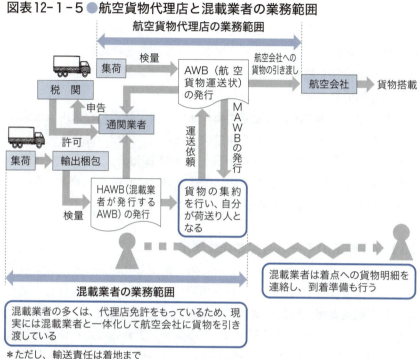

*ただし、輸送責任は着地まで

出所：高内公満『輸出入・シッピング実務事典』1991年より

いる。インテグレーターは、物流事業者としても航空貨物会社としても世界トップクラスの地位を占めている。

（2）国際複合一貫輸送

複合輸送（Combined TransportまたはMultimodal Transport）とは、2つ以上の異なる輸送手段を組み合わせて輸送することで、この輸送を1つの責任体制で実施するのが複合一貫輸送である。これを国際間で実施することを国際複合一貫輸送という。国際複合一貫輸送は、それぞれの輸送モードの特徴を組み合わせることによる、輸送コストの低減、輸送リードタイム短縮の目的で行われている。

複合輸送の代表的な組み合わせは、海上輸送と陸上輸送を組み合わせるものである。陸上輸送で道路を利用するものはシー・アンド・トラック、鉄道を利用するものはシー・アンド・レールと呼ばれている。海上輸送と航空輸送を組み合わせたものがシー・アンド・エアと呼ばれ、ほかにも多様の組み合わせの可能性がある。

たとえば、日本の港から北米西海岸までは海上輸送、北米内陸は東海岸までを鉄道輸送、東海岸から再び海上輸送し、欧州の港に接続するアメリカ・ランド・ブリッジ（American Land Bridge）、シベリア鉄道を利用して日本から欧州へ、あるいは中近東向けに輸送するTSR（Trains Siberian Railway）などがある。

（3）国際輸送のモード選定と在庫削減

国際輸送ではリードタイムが長いため、選定した輸送モードによって在庫量が大きく異なる。このため在庫期間の違いによる在庫保有コストが、航空輸送と海上輸送の運賃の差を超えることがある。

単純なモデルケースで説明する。1パレットを地点Aから地点Bに輸送するのに、航空輸送のほうが10万円高くなるが、リードタイムを10日短縮できるとする。1パレット当たりの商品価格が1,000万円、1年間の在庫保有コストが商品価格の50%の場合、10日間の在庫保有コストは1,000万円×50%÷365×10≒13.7万円となり、航空輸送で運んだほうが安いことになる。

そのため電子部品・精密機器を中心に、航空輸送を使用する事例が多く見られる。

3　輸出フォワーディングの業務内容

（1）輸出の許可・承認の取得

日本からの輸出取引は、「原則自由」である。

しかし、国家安全保障等の理由から、リスト規制により輸出が管理さ

れている貨物がある。輸出しようとする貨物が、輸出貿易管理令別表第1（武器などの戦略関連物資等）に該当する場合には、経済産業大臣の許可が必要である。また、輸出貿易管理令別表第2で指定されている貨物を同表で指定された仕向け地に輸出しようとする場合や、輸出貿易管理令別表第2の2で指定された貨物を北朝鮮に輸出しようとする場合には、経済産業大臣の承認が必要である。さらに、毛皮・皮・皮革および同製品の半製品を日本から輸出して、委託加工した製品を輸入しようとする場合には、輸出申告前に経済産業大臣の承認が必要である。

なお、2002年4月1日からは、2001年9月11日に発生した米国同時多発テロの影響を受けて**キャッチオール規制** Key Word が実施されている。

国際社会の平和と安全を維持するため、先進国を中心とした国際的な枠組み（国際輸出管理レジーム）により安全保障貿易管理を推進する動きが拡大している。武器や軍事転用可能な貨物や技術が国際社会の安全等を脅かすおそれのある国家やテロリスト等に渡ることを防ぐために、輸出管理が厳格化されている。国際的には、核兵器不拡散条約（NPT）、生物兵器禁止条約（BWC）、化学兵器禁止条約（CWC）が結ばれているほか、大量破壊兵器・通常兵器ならびにそれらの開発等に用いられる汎用品や技術の輸出を管理する枠組みがある。

日本では、これらの国際的な枠組みのもとで、前述のリスト規制とキャッチオール規制が強化されている。輸出管理では、リスト規制に該当するか否か判定を行い、該当した場合には経済産業大臣の許可が必要となる。該当しない場合には、輸出貨物の用途を確認し、需要者が問題の

Key Word

キャッチオール規制──武器および大量破壊兵器の開発などに用いられるおそれの高いものとしてリスト規制されてはいないが、輸出しようとする貨物や提供しようとする技術が通常兵器や大量破壊兵器等の開発・製造・使用されるおそれがある場合には、経済産業大臣の輸出許可が必要で、客観要件とインフォーム要件がある。

第12章 ● 国際物流における業務内容と情報システム

おそれのある企業等ではないかを確認し、軍事用途に使用されるおそれ等がある場合には経済産業大臣の許可が必要である。

（2）輸出船積み

日本からの輸出船積みは工業製品などが多いために、主に海上コンテナが利用されている。

コンテナによる輸出船積みの形態には、FCL（Full Container Load＝コンテナ単位輸送）とLCL（Less than Container Load＝小口混載）がある。

輸出船積みの手順としては、貨物の準備（梱包、シッピングマーク貼付など）ができたら運送人（船会社、NVOCC Key Word ）に、ブッキング（船腹予約）を行う。

（3）輸出船積みに必要な書類の内容

船積みのために必要な書類として、船積指図書（Shipping Instruction）、インボイス（Invoice＝商業送り状）、パッキングリスト（Packing List＝貨物梱包明細書）、ドックレシート（Dock Receipt）、コンテナロードプラン（Container Load Plan：CLP＝コンテナ別積付け明細）を作成する。船積指図書とは、貨物を輸出する際、輸出者が通関業者に通関と船積みの手続を委託する書類である。なお、委託するときには、インボイス、パッキングリスト、輸出検査証明書、輸出承認書なども必要になる。

インボイスは、貨物明細が記されている貿易取引書類（船積書類）の中で最も重要な書類の1つである。インボイスには、売り主名および住

Key Word

NVOCC（Non-Vessel Operating Common Carrier）──自身は輸送手段を有していないが、実運送人（船会社ほか）のサービスを下請けに使って、運送を請負う物流事業者のことで、米国の海運法で規定されている。日本では利用運送人と称されている。

508

所、買い主名および住所、品名、数量、単価、合計金額、積載船名、船積港、陸揚港、取引条件、決済条件、契約番号、シッピングマークなどが記載されている。輸出入にかかわるすべての業務（輸出入通関、代金決済、クレーム処理等）が、インボイスに基づいて処理される。

パッキングリストには、売り主名、買い主名、品名、積載船名、船積港、陸揚港、個数（数量）、ネットウェート、グロスウェート、容積量（M³）、契約番号、シッピングマークなどが記載されている。

荷送り人は、ドックレシート用紙に、B/L作成のマスターとなる必要事項を記載して、コンテナ・ヤード搬入時に船会社に提出する。船会社は貨物の受領を証してドックレシートを返却する。NVOCCが**NACCS**（Nippon Automated Cargo And Port Consolidated System＝輸出入・港湾関連情報処理システム）で船会社にB/L作成に必要な情報（ACL情報）を送信する場合は、ドックレシートを廃止する船会社も増えている。

コンテナロードプランは、コンテナごとの貨物積付け明細である。また、荷崩れ事故等を防止するために、2016年から国際条約である改正SOLAS条約に基づき、日本から輸出するFCLコンテナの総重量を荷送人が船長等またはターミナル代表者に報告することが義務づけられている。

現在は、船積指図書、インボイス、パッキングリストなどの書類作成、ブッキング、貨物の積付け方法などを表示するパソコン・ソフトも開発されている。また荷送り人、通関業者、NVOCC、船会社間の情報交換の電子化は、2021年からCyber Portにより一部開始された。→**本章第2節1（2）**

（4）輸出船積みに関する留意点

欧米や中国向けの梱包では、害虫の侵入を防ぐための規制がある。この規制は、国連が定めた衛生植物検疫措置のための国際規格「国際貿易における木製梱包材料の規制ガイドライン」**ISPM No. 15**による梱包木材に関する輸入規制である。→**第8章第4節2 Column「梱包用木材規制：ISPM No.15」**参照

第12章 ● 国際物流における業務内容と情報システム

　また、アジア各国では原材料や設備機器を関税フリーで輸入できる投資奨励策（中国の免税手冊・タイのBOIなど）を利用する輸入者が多いことから、インボイス作成に際してはスペルミス等に特に注意すべきである。

　さらに、米国向け船積みでは、2001年に発生した同時多発テロの影響によって、規制が厳しくなっている。2002年からは、「船積み24時間前報告」（米国向け船積み予定貨物の明細を、船積み24時間前までに米国税関に報告して船積み許可を得ること）が義務づけられた。

　同様の規則は、現在EU、中国向け、日本への輸入貨物でも始まっている。しかし、カットオフ（コンテナをコンテナターミナルに搬入する期限）のタイミングについては船積み前24時間、出港前24時間などと微妙に表現が異なるので、注意が必要である。このように、船積みに際しては、輸出相手国の物流事情や通関事情なども把握しておくことが重要である。

　なお、世界税関機構（WCO）は、2005年に国際貿易の安全確保および円滑化のためのSAFE基準の枠組みを採択した。SAFE基準では、出発地における船積みの24時間前より早く要求すべきではないと規定している。2024年7月現在、実施の意図表明国は171カ国・地域およびEUである。

（5）輸出通関（特定輸出申告、特定委託輸出申告）

　国際物流の特徴の1つに通関がある。

　日本の関税法令では、原則として輸出申告を行う前に、貨物を保税地域（指定保税地域・保税蔵置場など）に搬入しておかなければならなかった。しかし、2011年の関税法の改正により、輸出しようとする貨物を保税地域に搬入する前に、輸出申告ができるようになった。ただし、輸出許可は、貨物が保税地域に搬入されてからである。

　また、2006年から始まったAEO Key Word 制度に基づく輸出通関制度には、荷主であるAEO輸出者（特定輸出者）が行う特定輸出申告と、一般の荷主がAEO通関業者に通関を委託して行う特定委託輸出申告がある。この2つの申告（特定輸出申告および特定委託輸出申告）では、ともに

図表12-1-6 ● NACCSによる輸出通関のフロー

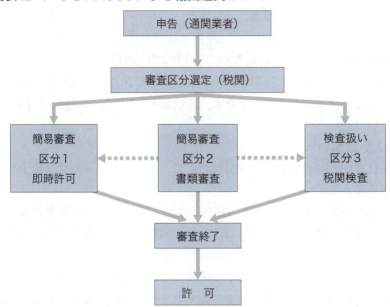

貨物を保税地域ではない倉庫や工場に蔵置したままの状態で輸出許可を取得することができる。しかし、特定委託輸出申告の場合は、貨物の蔵置場所（工場や倉庫場等）から保税地域までの貨物運送は、AEO運送業者の起用が義務づけられている。また、最近は特定輸出者の中には、自

> **Key Word**
>
> AEO申告（通関）（Authorized Economic Operator）──AEO申告とは、通関手続の迅速化・簡素化を図るために、貨物のセキュリティ管理と法令遵守の体制が整備された事業者として税関長があらかじめ認めたAEO事業者が行う輸出入申告のことである。2006年に世界税関機構（WCO）でAEO制度のガイドラインが採択され、国際的に導入されるようになった。日本でもAEOの対象を特定輸出者（メーカー、卸売、商社等の荷主企業）、特例輸入者（メーカー、卸売、小売、商社等）、倉庫業者、通関業者、輸送業者および製造業者へ拡大している。

第12章 ● 国際物流における業務内容と情報システム

主申告を検討するところが増えてきている。

輸出申告に必要な書類は、インボイス、パッキングリストなどであり、通常は通関業者によってNACCSを通して税関に申告される。なお、NACCSとは、入出港する船舶・航空機および輸出入される貨物について、税関その他の関係行政機関に対する手続および関連する民間業務をオンラインで処理するシステムである。→図表12-1-6、本章第2節**1**（1）

（6）手仕舞い

手仕舞いとは、為替や商取引において、保有している権利を現金化することである。

船積みが完了すると、B/L（Bill of Lading＝船荷証券）を運送人（この場合は船会社）から入手する。なお、国際複合運送の場合は、複合運送人から通しB/L（国際複合運送証券）を入手する。

B/Lとは、運送人が荷送人から荷受けしたことを証する貨物受取証である。請け負った運送契約締結の証であるとともに、運送人あてへの貨物引き渡しの請求を行う書類でもある。オリジナルは、通常3通発行される。また、裏書によって権利譲渡される有価証券（裏書流通）である。

L/C（Letter or Credit＝信用状）取引では、輸出者が為替手形および船積書類（B/L・インボイス・パッキングリストなど）をセットにして銀行に持ち込むと、代金の支払い（銀行買い取り）がなされる。

なお、最近は「B/L危機」と称して、B/Lの代わりにSea Waybill（SWB＝海上運送状）が発行されるケースが増えてきている。B/LとSWBの違いは、B/Lは貨物の引き取り時にB/L原本1通を呈示する必要があるが、SWBはその必要がないことと、裏書流通できないことである。

B/LおよびSWBのブランクフォームは、図表12-1-7・8を参照。

4 輸入フォワーディングの業務内容

（1）輸入通関

図表12-1-7 ● Bill of Lading（B/L）のフォーム

海外から到着した外貨（外国貨物）を内貨（国内貨物）にして貨物を引き取るためには、輸入申告を行い、関税・消費税等を支払う必要がある。

輸入申告は、運送人（船会社、航空会社、NVOCC）がコンテナ（貨物）を保税地域に搬入し、税関に到着貨物の明細（搬入届）を提出して初めて可能となる。ただし例外規定として、特例輸入申告制度、予備審査、他所蔵置許可等が定められている。

輸入申告に必要な書類は、①インボイス、②パッキングリスト、③原

図表12-1-8●Sea Waybill（SWB）

産地証明書（GSP FORM A Key Word ）FTA（自由貿易協定）やEPA（経済連携協定）を締結している（特定相手国からの輸入品において特恵税率 Key Word を利用する場合等）、④他法令絡みの輸入許可・承認証（特定貨物）、⑤貨物到着案内（Arrival Notice）・保険料請求書（必要に応じて）、⑥その他必要書類（通関実績・カタログ・動物検疫証明書・植物検疫証明書原本など）、である。

　輸入申告は、通常NACCSを通して処理されている。→図表12-1-9、

図表12-1-9 ● NACCSによる輸入通関のフロー

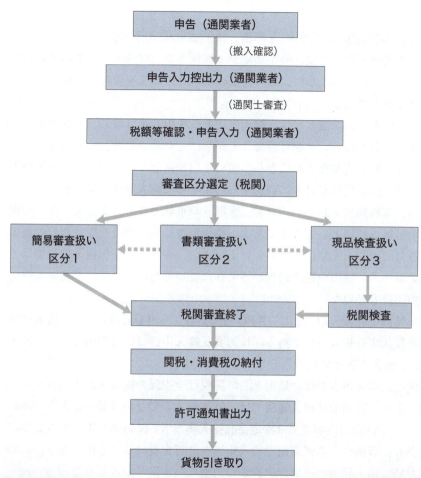

> **Key Word**
>
> GSP FORM A──特恵関税を適用するために輸出国政府によって発行された原産地証明書。
> 特恵税率──特定の国からの輸入品に対して供与される関税上の特別優遇措置。日本では開発国からの輸入品に適用される一般特恵（GSP）と、EPA締結国からの輸入品に適用されるEPA特恵がある。

第12章 ● 国際物流における業務内容と情報システム

本章第2節 **1**

（2）輸入通関（特例輸入申告、特例委託輸入申告）

　特例輸入申告とは、セキュリティ管理とコンプライアンスの体制が整備されている者として、あらかじめ税関長の承認を受けた特例輸入者が行う申告である。

　この申告の特徴として、輸入申告と納税申告を分離し、納税する前に貨物を引き取ることが可能なことが挙げられる。また、一般の輸入申告では、搬入届がなされてから、初めて申告可能となるが、特例輸入申告では、当該貨物が日本に到着する前にすでに輸入許可がなされているため、本船到着後ただちに貨物引き取りが可能となる。そして、関税の保全担保も原則として不要である。納税申告は輸入許可を受けた日の属する月の翌月末までにまとめて行えばよい。さらに、特例輸入申告ではインボイスの提出や税関検査が省略されているだけでなく、原産地証明書の添付も必要ない。

　特例委託輸入申告とは、AEO通関業者（特例委託輸入者）に輸入通関を委託する輸入申告である。特例委託輸入申告は、特例輸入申告と同様に、輸入申告と納税申告を分離して通関を行うことができる。ただし、特例委託輸入申告では、原則として関税保全担保の提供を求められている。

　なお、特例委託輸入通関では、特例輸入者でない普通の輸入者であっても、AEO通関事業者（特定委託輸入事業者）に通関を委託することにより、貨物が日本到着前に輸入申告・許可を受けることができる。このため、輸入貨物の一層の迅速かつ円滑な引き取りが可能となる。

（3）貨物の引き取り

　荷受け人は、運送人にB/L（船荷証券）オリジナル1通を呈示し、海上運賃（FOB扱い、必要なら）および諸掛りを支払って、D/O（Delivery Order＝荷渡指図書）を入手する。B/Lのオリジナルを入手前に貨物を引き取る場合は、Bank L/G（Bank Letter of Guarantee＝銀行連帯保

516

第1節●国際物流における業務内容

証状）を運送人に差し入れて、D/Oを入手する。なお、貨物の引き取り
が遅れると、デマレージ（超過保管料）が発生する。

なお、「諸掛り」には、「輸入関税」「内国消費税」が含まれる。

5 関税とHSコード

（1）HSコード

HSコードとは、商品の名称及び分類についての統一システム（Harmo-
nized Commodity Description Coding System）に関する国際条約（HS
条約）に基づいて定められた番号である。輸出入する際に、その商品に
該当する品目コードをインボイスに記載する。税関ではそれに基づき輸
出入規制の有無や関税率、必要書類等を判断する。

HSコードは、頭6桁（2桁の類、2桁の項、2桁の号）がWCO（世界
税関機構）で設定され各国共通となっている。続く桁は各国が任意に決
めており、日本は号の下にさらに3桁の細分分類番号を設定している。
なお、同じ品目であっても、輸出（輸出統計品目表）と輸入（実効関税
率表）では細分分類番号が異なることがあるので、注意が必要である。

（2）日本における輸入関税

輸入関税の主な種類としては、①特恵税率（適用順位1）、②協定税率
（適用順位2）、③暫定税率（適用順位3）、④基本税率（適用順位4）、
がある。

日本における課税価格は、原則として輸入者による申告課税方式で、
輸入関税はCIF金額に、消費税はCIF金額＋輸入関税額に課税される。
しかし、課税額算出に際して、日本から無償の金型等の提供、コミッシ
ョン・ロイヤリティの支払いなどがある場合には、それらの金額を加算
（評価申告）して申告する。なお、加算していないと後日脱税とみなされ、
重加算税が課されるおそれがある。

関税率については実効関税率表が税関ホームページに掲載されている。

517

第12章 ●国際物流における業務内容と情報システム

（3）輸出時における輸入国関税

日本では、輸出時に関税がかかるものはない。

相手国においてEPA（Economic Partnership Agreement）など特恵関税を利用する場合は、日本側で調べたHSコードと取引相手国で調べたHSコードの頭6桁が一致している必要がある。国により品目分類に若干の異なりがあるため、相手国のHSコードは現地で調べる必要がある。

また、特恵関税に必要となる原産地証明等を整えることも必要になる。

---

6 貨物海上保険

（1）貨物海上保険の概要とその特徴

① 貨物海上保険の概要

貿易取引においては、運送中の貨物に滅失（Loss）や毀損（Damage）等が生じる場合がある。貨物海上保険とは、船舶や航空機により国際間を輸送される貨物が、輸送中の偶然の事故によって被る損害をカバーする保険である。貿易に必要な売買契約や運送契約とともに、貨物海上保険契約も貿易には不可欠であり、きわめて国際性の高い保険といえる。

なお、貿易に関係する保険には、貨物海上保険以外に、取引そのもののリスクに備える貿易保険、製造物責任に備えるPL保険等がある。

② 貨物海上保険の特徴

貨物海上保険は、世界的にも自由な条件および料率で引き受けられている。また、貿易に利用されることから英文保険証券および英文保険約款での引き受けが幅広く行われている。日本においても世界の海上保険の中心であるイギリスの保険証券に準拠した英文保険証券、英文保険約款を使用している。

（2）国際取引と貨物海上保険

あらかじめ商品の船積み時期、輸送方法、保険手配関係、権利移転時期や代金決済の方法などを書面により定め、売買契約を締結することが

第1節 ● 国際物流における業務内容

一般的である。そして、国際取引において代金決済は特に重要であることから、売り主は代金未回収リスクを回避するために信用状取引を幅広く利用している。

信用状取引では、売り主は買い主を名宛人として荷為替手形を振り出し、これに商業送り状（Commercial Invoice）、船荷証券（B/L）、保険証券（Insurance Policy）などの船積書類を添付して買い取り銀行に提出し、輸出する商品の代金を受け取る。信用状の保険条項において保険契約の内容が直接指定されることもあるように、買い取り銀行は「担保物（貨物）のセキュリティ」機能を貨物海上保険に求めている。このように、代金決済のしくみの中でも、貨物海上保険は重要な役割を果たしている。

（3）予定保険契約と確定保険契約

貨物海上保険も、他の保険と同じく危険開始前までに保険を申し込む必要があり、申し込み前に損害が生じててん補されない。

なお、保険契約に必要な項目を確定して申し込みを行うことが基本であるが、売り主からの船積通知に基づいて買い主が申し込みを行うようなFOB条件やCFR条件もある。このような場合では、危険が開始しているにもかかわらず、申し込み遅れ、申し込み忘れも考えられ、また船積通知が遅延すれば、必要な項目が確定するまで被保険者は無保険状態に置かれてしまう。このため、必要な項目が未確定であっても概括的な定め方で申し込むことのできる「予定保険契約」という契約方式が広く利用されている。

予定保険契約は「個別予定保険契約」と「包括予定保険契約」に大別され、継続的な輸送が見込まれる場合には、保険契約者に故意や重過失がない限りは、保険の申し込み忘れや遅延があってもカバーされる「包括予定保険契約」の締結が便利である。一方、必要な項目が確定している保険契約は「確定保険契約」と呼ばれる。

519

第12章 ● 国際物流における業務内容と情報システム

（４）貨物海上保険のカバー内容

ロンドン保険業者協会（Institute of London Underwriters）*が起草した**協会貨物約款**（Institute Cargo Clauses：以下、ICC という）は、日本においても幅広く使用されている。現在は改定された2009年版が多く使用され、これに協会戦争約款（Institute War Clauses：以下、IWC という）および協会ストライキ約款（Institute Strikes Clauses：以下、ISC という）をセットで付帯することが一般的である。2009年版のICC、IWC、ISC の担保危険などは、図表12-1-10のとおりである。

　＊現在のロンドン国際保険引受協会（International Underwriting Association of London）

図表12-1-10 ●協会貨物約款における担保危険と免責危険

①海上保険

　基本条件には、海上輸送用の3種類の協会貨物約款（ICC（A）、（B）、（C））および航空輸送用の1種類の協会貨物約款（ICC（Air））がある。

担保危険または損害の種類	ICC（A）	ICC（B）	ICC（C）	ICC（Air）
火災、爆発	○	○	○	○
船舶または艀の座礁、乗揚げ、沈没、転覆（航空機輸送の場合は、航空機の墜落など）	○	○	○	○
陸上輸送用具の転覆、脱線	○	○	○	○
共同海損	○	○	○	○
船舶、艀または輸送用具の他物（水以外）との衝突、接触	○	○	○	○
遭難港における貨物の荷卸し	○	○	○	○
投荷	○	○	○	○
波ざらい	○	○	▲	○
地震、噴火、雷	○	○	▲	○
船舶、艀、船艙、輸送用具、コンテナまたは保管場所への海水、湖水または河川の水の浸入	○	○	▲	○
船舶、艀への積込みまたはそれらからの荷卸中の水没・落下による梱包1個ごとの全損	○	○	▲	○
上記以外の一切の危険（破損、曲凹損、盗難、不着、不足など）	○	▲	▲	○
一切の人または人々の不法な行為、海賊による損害（後述の「免責危険など」で列挙されているものは除きます。）	○	▲	▲	○

○…担保される。　　▲…担保されない。

520

第1節 ● 国際物流における業務内容

②戦争危険

下表の担保危険による保険の目的物の滅失または損傷により生じた損害

担保危険または損害の種類	IWC
戦争・内乱など	○
戦争・内乱などの危険から生じる捕獲・拿捕・抑止・抑留	○
魚雷・機雷などの爆発	○

③ストライキ危険

次の者または事由による保険の目的物の滅失または損傷により生じた損害

担保危険または損害の種類	ISC
ストライキに参加する者、職場閉鎖を受けた労働者または労働争議、騒じょうもしくは暴動に参加している者	○
一切のテロ行為、すなわち合法的にあるいは非合法に設立された一切の政体を、武力または暴力によって、転覆させあるいは支配するために仕向けられた活動を実行する組織のために活動し、あるいはその組織と連携して活動する者の行為	○
政治的、思想的または宗教的動機から活動する一切の者	○

④主な免責危険

次の事由によって生じた損害

(1)被保険者の故意の違法行為
(2)通常の漏損、重量もしくは容積の通常の減少または自然の消耗
(3)保険の目的物の固有の瑕疵または性質
(4)梱包・準備の不十分または不適切（ただし、その梱包または準備が、被保険者もしくはその使用人によって行われる場合またはこの保険の危険開始前に行われる場合に限る。なお、「梱包」にはコンテナへの積付けを含むものとし、「使用人」には独立した請負業者を含まない）
(5)遅延（担保危険によって生じた場合も含む）
(6)船舶の所有者、管理者、用船者または運航者の支払不能または金銭債務不履行（ただし、保険の目的物を船舶に積み込むときに、被保険者がそのような支払い不能または金銭債務不履行が、その航海の通常の遂行の妨げになり得ると知っているか、または通常の業務上当然知っているべきである場合に限る）
(7)放射能汚染（ただし、核燃料以外のラジオ・アイソトープは、それが商業用、農業用、医療用、科学用またはその他の同様な平和的目的のために作られ、輸送・保管・使用される場合は除きます。）、化学兵器、生物兵器、生化学兵器、電磁兵器
(8)保険の目的物の保管中に発生したテロ行為または政治的、思想的または宗教的動機から活動する一切の者による滅失または損傷
(9)国際連合・欧州連合・日本・英国もしくはアメリカ合衆国の各種制裁、禁止または制限を弊社が受けるおそれがあるもの

など

（5）貨物海上保険の保険期間

保険期間とは、保険者の責任が開始してから終了するまでの期間であり、保険期間中に生じた事故による貨物の損害について保険者は責任を

521

負う。

　保険者の責任が一定区間を対象とする契約を「航海保険契約」（Voyage Policy）、一定期間を対象とする契約を「期間保険契約」（Time Policy）といい、貨物海上保険は「航海保険契約」での引き受けが一般的である。

　以下では、協会貨物約款で引き受けられる保険期間について説明する。
→図表12-1-11

① 海上危険

　基本的には、仕出し地の倉庫または保管場所において、輸送開始のために輸送用具に保険の目的物である貨物をただちに積み込む目的で貨物が最初に動かされたときに始まり、通常の輸送過程*を経て、仕向け地の倉庫または保管場所において、輸送用具からの荷卸しが完了したときに終了する。

　　＊貨物の輸送が、通常の輸送とそれに付随または関連した過程だけで営まれ、荷主の意思による離路や遅延などがない状態と解釈されている。

② 戦争危険

　原則として、海上（航空）輸送中に限定される。

③ ストライキ危険

図表12-1-11●貨物海上保険の保険期間

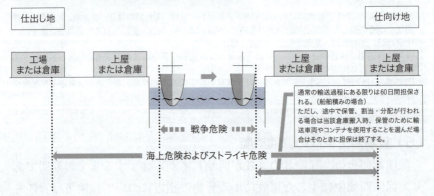

第1節 ● 国際物流における業務内容

前記①の海上危険の保険期間と同じである。

（6）保険金額と保険料率

① 保険金額（Amount Insured）

保険事故が発生した際、保険者が支払う損害てん補の最高限度額が**保険金額**となる。保険金額は、売買契約に定めのない限り、インコタームズではCIF価格（FOB価格のときには運送賃、保険料を加算）の110％（希望利益10％を含む）と規定している。

② 保険料率（Rate of Insurance Premium）

保険者が危険を引き受ける対価として、保険契約者が支払うべき金額を保険料という。保険料率は、保険料を保険金額に対する割合で示したものである。

貨物海上保険の海上危険に適用する保険料率は、保険カバーの内容、貨物の種類、性質、梱包方法、経路、季節、港湾施設の状態、過去の損害発生状況、積載船舶などを総合的に勘案して決定される。

（7）保険事故と保険金請求手続

保険事故とは、保険者（保険会社等）の保険金支払い義務が発生する事故のことである。

国際物流の業務にあっては、事故は避けて通ることのできないものである。日常の市民生活においては、火災事故、自動車事故に遭遇することは一生ないかもしれないが、国際物流において事故の発生とその対応は、いわば日常的な業務である。

① 損害と保険事故

貨物海上保険は事故による経済的損失を補う最も有力な手段であるが、すべての損害が保険により補われるわけではない。このため、保険を含めてトータルなリスクマネジメントを目指すには、貨物海上保険における事故処理に通暁することはもちろんであるが、運送契約、売買契約などにも精通しておかなければならない。

以下に、国際物流における事故の発生から処理までの、おおまかな流れを示す。

② 保険事故処理の流れ

事故の発見から保険金の受領に至るまでのおおまかな流れをつかむことが、何より重要である。→図表12-1-12

このおおまかな流れに沿って、各段階での主要な取り扱いの留意点を以下に述べる。

1) 事故発見の際の処置
○貨物が到着したら、貨物の状態を速やかに確認する。
○異常や損害が発生していたら、損害を受けた貨物の写真を撮り＊、貨物や梱包は事故の状態がわかる状態で保管したうえで、できるだけ速やかに保険会社あるいは海外における査定代理店に連絡する。
○事故による損害が拡大しないように適切な処置を講じる。
　＊写真は、受損した貨物と梱包の状態と両方を撮影するようにする。

2) 保険会社と運送人への事故通知

図表12-1-12●保険事故処理の流れ

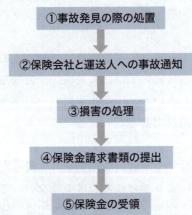

＊日本から輸出される貨物の場合は、インコタームズなどによりリスク負担が受け荷主側に移っていることが通常である。この場合、保険クレーム処理は受け荷主側が主体となって行うことになる。

第1節●国際物流における業務内容

●保険会社への事故通知

必要な関係書類（shipping documents）をそろえて保険会社へ事故通知を行う。その際に物流関連の基本的な事項に加えて、以下のような情報を伝える必要がある。

・損害を受けた貨物の数量と損害状況、損害見込み額
・船名、輸送用具名（A丸、トラックなど）
・貨物の到着日、到着地
・貨物の保管場所、連絡先（電話番号）

●運送人への事故通知

保険金の請求にあたっては、運送人への損害賠償請求権を保全することが求められる。貨物に損傷のある場合は、受け渡しの書類にリマーク（故障摘要）を取るとともに運送人に対して書面で通知する（通常 "Notice of claim"、"Claim notice" などと呼ばれている）。

3）損害の処理

●損害貨物の検査

損害状況（損害見込み額など）に応じて、サーベイ（第三者による損害貨物の検査）を行う必要がある。サーベイは通常、海事検査人であるサーベイヤーに依頼を行うが、どのサーベイヤーを使うのかわからないなどの事情があるときは、保険会社に相談するとよい。サーベイの結果は最終的にはサーベイレポートとなって、保険請求書類の中でも重要な位置を占めることになる。

●貨物の処理・処分

サーベイヤーや保険会社と相談しながら、損害を受けた貨物の処理を進める。この際に認識しなければならないことは、貨物の処分権者はあくまで荷主であって、保険会社や運送業者ではないということである。したがって、貨物の処理・処分は、荷主が主体的に進めるのが原則である。

4）保険金請求書類の提出

損害貨物の処理が終わったら、保険金の請求を行う。保険金の請求に

525

あたって要求される書類の代表的な例を以下に挙げる。ただし、必要書類は事故や契約によりさまざまであるので注意を要する。

〈保険金請求に必要な書類の代表的なもの〉
・Claim Note（保険金請求書）
・Policy（保険証券）、Certificate（引き受け承認書）など（保険料請求書で代替されることもある）
・Invoice（送り状）およびPacking List（荷送り明細）

Column コーヒーブレイク

《救助（Salvage）と共同海損（General Average）》
　海上輸送に特有な制度として、海上運送中に本船が座礁・火災などの大事故に遭遇した場合の救助（Salvage）や共同海損（General Average）の制度がある。これらの事故に際しても貨物海上保険の果たす役割は大きく、無保険であると長期間にわたり複雑な仲裁や精算に付き合わされることになる。

○救助（Salvage）
　本船が座礁・火災などの大事故で危険な状態となった場合に、専門の救助業者に救助を依頼することがある。貨物も本船とともに救助されることになり、救助業者に対し救助料の支払い義務が発生するが、通常、救助の終了時点で将来の救助費支払いに備えて保険会社の保証状を提出するように要求される（無保険であれば現金の預託などを要求される）。この保証状を提出しないと貨物を引き取ることができない。

○共同海損（General Average）
　さきに述べた救助も含めて、本船が座礁・火災などの大事故で危険な状態となり、船舶・貨物双方の安全を確保するために通常の運送では発生しない費用などが支出された場合に「共同海損」として認定される制度である。これらの費用は本船と当該本船に積載された全貨物で共同分担することとなる。本船側は将来この費用の回収を確実なものとするため保険会社の保証状を提出するように要求するのが常である。この保証状は無制限保証状が要求され、荷主はこの保証状を提出しないと貨物を引き取ることができない（この場合も無保険であれば現金の預託などを要求されることになる）。

第1節 ● 国際物流における業務内容

- Bill of Lading（B/L＝船荷証券）または Air Waybill（航空運送の場合）
- 事故内容を証明する到着地の受け渡し書類など
- Notice of claim（返事としての Carriers' Reply が必要な場合もある）
- 写真（欠減クレームなど必要のない場合もある）
- サーベイレポート

●保険金の請求にあたり留意すべき点

保険金請求にあたっては、以下の点には特に注意すべきである。

- 保険金の請求は速やかに行う
- 運送人への事故通知を提出期限内にできるだけ速やかに行う
- 貨物に損傷のある場合は貨物の受け渡し書類に必ずリマークを取る
- サーベイヤーの鑑定に必要な情報は、遅滞なくサーベイヤーに提出する

以上、おおまかな処理の流れ、注意点、必要書類などについて述べたが、貨物事故処理は、その対象となる貨物も発生形態も千差万別でありマニュアル的な解決方法よりも、柔軟な思考が要求される。

527

> Column 🍵 コーヒーブレイク

《バイヤーズ・コンソリデーション》

　現在の物流形態は、在庫を削減するために、多頻度・多品種・少量単位による輸入が増えている。しかし、このしくみによる輸入では、物流コストが増大する。そこで、バイヤーズ・コンソリデーション導入によって、コンテナへの積載効率を高めることでコスト削減とあわせてリードタイムの短縮を図ろうとしている。

　バイヤーズ・コンソリデーションに関する確たる定義はないが、「特定の輸入者のために、その輸入者によって指定されたフレート・フォワーダー（バイヤーズ・コンソリデーター）の海外倉庫で、その輸入者によって買い付けられたコンテナ単位に満たないLCL貨物を集荷し、その輸入者向けの専用コンテナ（FCL）に詰め合わせて積載率を向上させ輸送することで、物流コストの削減とあわせてリードタイムの短縮を図ろうとするシステム」といえる。→図表12-1-13

　最近は、国内の人件費や物流費が高いとの理由から、従来のバイヤーズ・コンソリデーションと海外での流通加工（検針・検品など）・一時保管および船積進捗管理をセットにした物流形態も生まれてきている。

図表12-1-13 ● バイヤーズ・コンソリデーション

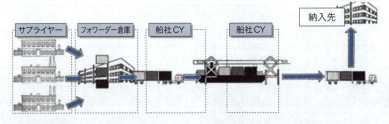

出所：石原伸志『貿易物流実務マニュアル〔増補改訂版〕』2015年

第2節●国際物流における情報システム

第 **2** 節 | # 国際物流における
情報システム

学習のポイント

◆輸出入情報システムについて、輸出入申請に関する情報システムと、港湾情報システムを学ぶ。それらを活用することにより、主に国際海上輸送におけるコストの低減およびリードタイムの短縮を図ることができる。

◆国際貨物管理システムを理解する。このうち、貨物追跡システムは、キャリア、フォワーダー、荷主およびASPが取り組んでおり、それぞれ目的や対象範囲に違いがあることを理解する。セキュリティ管理システムの概要を理解する。国際取引で用いられるEDIの規格として、欧州を中心としたUN/EDIFACT、米国のANSI X. 12を理解する。

1 輸出入情報システム

（1）日本における輸出入申請に関するシステム

輸出入取引では、輸出国・輸入国において、ともに通関申告が必要になる。通関申告から許可が出るまでの時間が国際輸送のリードタイムに大きく影響するため、各国ではそれぞれ税関と通関業者等を結んだ情報システムの開発を行っている。

現在、日本の輸出入通関の99％は、NACCS（輸出入・港湾関連情報処理システム）を通して処理されている。

NACCSは、1978年に航空貨物（Air-NACCS）から始まり、1991年に

529

海上貨物（Sea-NACCS）が追加された。2003年には、認可法人通関情報処理センターが独立行政法人通関情報処理センターに、さらに2008年に、従前の港湾物流情報ネットワーク（POLINET）を吸収したのを機に、輸出入・港湾関連情報処理センター株式会社（NACCSセンター）へと移行した。2010年は、更改Air-NACCSの稼働に合わせて更改Sea-NACCSと統合された。

また、NACCSは、1997年に厚生省（厚生労働省）輸入食品監視支援システム（**FAINS**）と、農林水産省輸入植物検査手続電算処理システム（**PQ-NETWORK**）および動物検疫検査手続電算処理システム（**ANIPAS**）と、それぞれ接続した。

輸出入および港湾・空港手続関係業務の省庁間の情報システムの統合については、全省庁共通のプラットホームの一環として「業務・システム最適化計画」に基づいて整備が進められた。2010年には、外国為替及び外国貿易法（**外為法**）に基づく貿易管理システム（**JETRAS**）がNACCSに統合されている。また、上記の他省庁とのインターフェースは、従前は、同じパソコン画面上でも別画面として展開する内容であったが、シングルウィンドウ化に伴って同一画面上での処理に改定された。同様に、利用者ID、パスワードの統一、申請画面・入力方法の統一、情報提供窓口・システム利用申し込み窓口の一元化といった改善が進められ、2013年にはPQ-NETWORK、ANIPAS、FAINS、2014年には医薬品手続が統合されている。また、2017年には第6次NACCSに移行され、保険会社とも接続された。

2025年を目途として、第7次NACCSへの更改が進められている。第7次NACCSでは、総合物流情報プラットホームとしてのさらなる機能の充実や、国際物流に関連した最新技術の応用・周辺の貿易情報基盤との連携が図られる。

第6次NACCS段階における航空貨物と海上貨物の対象業務は、図表12-2-1と図表12-2-2のとおりである。

なお、NACCSをベースにした通関システムは現在、ベトナムおよびミ

第2節 ● 国際物流における情報システム

図表12-2-1 ● NACCSの航空貨物対象業務

対象業務	対象業務内容の例
税関業務	・輸出入申告等の受理、許可・承認の通知 ・各種申請等の受理など
通関業務	・輸出入通関のための税関手続 ・取扱手数料等の請求書作成 ・保税蔵置き場に対する搬出の予約など
航空会社業務	・入出港についての税関、入管および検疫手続 ・航空貨物についての税関手続 ・着払い貨物の運賃情報管理など
航空貨物代理店業務	・保税蔵置場に対する搬入伝票の作成
混載業務	・混載貨物についての税関手続 ・混載業務の情報管理 ・着払い貨物の運賃情報管理など
保税蔵置場業務	・貨物搬出入についての税関手続 ・貨物の在庫管理 ・貨物保管料等の計算など
機用品業務	・貨物搬出入についての税関手続 ・機用品の在庫確認
荷主業務	・船積指図やインボイスの登録業務など
銀行業務	・関税等の口座振替による領収
損害保険業務	・輸入申告等で使用する包括保険料指数についての手続など
関係行政機関業務	・輸出入関連手続の受理・許可・承認の通知など ・入出港関連手続の受理・許可の通知
管理統計資料	・入力された情報を基に各種の管理統計資料を作成・提供

出所：輸出入・港湾関連情報処理（NACCS）センター資料より

ャンマーに輸出され、ベトナムは2014年から、ミャンマーは2016年から
それぞれ稼働している。カンボジアにもNACCS採用を提案しているが、
採用には至っていない。

（2）港湾情報システム

① 日本における港湾情報システム

　日本の港湾における海上貨物輸送の特徴として、港湾における事業が
細分化され、かつ小規模事業者が多いために、情報化が遅れていること

第12章 ● 国際物流における業務内容と情報システム

図表12-2-2 ● NACCSの海上貨物対象業務

対象業務	対象業務内容の例
税関業務	・輸出入申告等の受理、許可・承認の通知 ・各種申請等の受理など
通関業務	・輸出入通関のための税関手続 ・取扱手数料等の請求書作成など
海貨業務、NVOCC業務	・バンニング情報の登録など物流についての手続 ・混載貨物についての手続など
船会社業務、 船舶代理店業務	・入出港についての税関等港湾関係省庁手続 ・とん税等納付申告 ・積荷目録提出 ・船積み確認についての税関手続など
コンテナ・ヤード業務、 バンプール業務	・コンテナ積卸し、搬出入についての税関手続 ・コンテナの管理
保税蔵置場業務	・貨物搬出入についての税関手続 ・貨物の在庫管理
荷主業務	・船積指図やインボイスの登録業務など
銀行業務	・関税等の口座振替による領収
損害保険業務	・輸入申告等で使用する包括保険料指数についての手続など
関係行政機関業務	・輸出入関連手続の受理・許可・承認の通知など ・入出港関連手続の受理・許可の通知
管理統計資料	・入力された情報を基に各種の管理統計資料を作成・提供

出所：輸出入・港湾関連情報処理（NACCS）センター資料より

　が挙げられる。

　港湾情報システムは、それらの事業者と港湾管理者をつないで、各種の申請手続の情報処理サービスを提供するシステムであり、その目的は港湾における書類処理の効率化・迅速化にある。具体的には、港湾施設使用許可などについて、船舶係留施設使用許可申請書、入港船舶届、荷役機械一般使用許可申請書などを電子申請できる。

　日本は、2015年にFAL条約（国際海上交通簡易化条約）を締結した。FAL条約は、船舶の入出港に関する手続（入出港、通関、入管、検疫、衛生手続等）を標準化し、国際海運の簡易化・迅速化を図ることを目的としている。FAL条約に基づき、港長・港湾管理者、税関・入国管理局

532

第2節●国際物流における情報システム

それぞれに対して行う入（出）港届の様式の統一など、従来16種類あった新生書類が8種類に統合され申請項目が削減された。申請項目の簡素化に伴い、NACCSや港湾情報システムによる電子申請が拡大した。

NACCSは、輸出入通関手続の電子化の一環として、前述の各種輸出入手続の申告・申請・受付システムを港湾情報システムとも接続している。NACCSと港湾情報システムの接続は、2004年に清水港VAN（船積み関連業務）から始まり、2005年JCL-net（外貨コンテナのコンテナターミナルからの搬出入手続）、2006年港湾物流情報ネットワークシステムPOLINET（船会社と港湾関連の民間事業者間の港湾関連業務）、同年太刀浦コンテナターミナルオペレーションシステム（TACTOS＝コンテナターミナルと陸上運送会社との搬出入確認業務）、2007年ひびきコンテナターミナルオペレーションシステム（CATOS）、などに拡大した。

NACCSは、港湾情報システムと接続したことで、通関システムだけでなく、船会社と港湾関係者間の民間相互の情報交換を支援する機能の強化も進められ、2011年度にはコンテナターミナルからの海上コンテナの搬出入業務に関する伝票の情報化、輸出における空コンテナのピッキング・オーダー業務、デマレージなどの電子決済業務等の新たなサービスの提供が開始された。

② 国内の港湾ごとの港湾情報システム

日本では、港湾ごとに各種の情報システムがある。

たとえば、横浜港コンテナ貨物情報システム（Y-CON24）では、輸入コンテナ搬出照合、空コンテナ搬出照合、予約搬出入システムがある。

東京都港湾局が管理・運営する東京港港湾情報システムでは、港湾施設等の使用許可申請と使用実績照会をオンラインで行うことができる。

名古屋港統一コンテナターミナルシステム（NUTS）は、CS（Control System＝コンテナ在庫管理、保税管理、本船情報管理、ゲート管理、EDIほか、コンテナターミナルにおける基本情報を統合管理する基幹システム）、YP（Yard Planning system＝ヤード内の蔵置座標を管理し、ヤード内のプランニング業務を支援するシステム）、YO（Yard Operation system

＝コンテナ荷役機器の配置管理、および車載端末や無線ハンディ端末への作業指示の送受信をコントロールするシステム）およびVP（Vessel Planning system＝本船荷役プランの支援システム）から構成されている。

博多港物流ITシステム（HIT）は、輸出入のコンテナ情報照会機能、ブッキング情報照会機能、船舶着離岸情報照会機能、コンテナ・ヤード（CY）混雑状況・映像照会機能、コンテナ搬出入事前情報入力機能、輸入ステータス配信依頼機能等を備えている。

また、国土交通省は、2010年から**コンテナ物流情報サービス（Colins）**と呼ばれるWebサイト型の情報システムを提供しており、ターミナルオペレーター、荷主、海貨事業者、運送事業者などの関係事業者間で一元的にコンテナ物流情報を共有化し、輸入コンテナのCY搬出可否、船舶動静、混雑状況カメラ画像、ゲートオープン時間などを提供している。

これまでの港湾情報システムでは、民間事業者と港湾管理者との情報交換の電子化が中心であった。民間事業者間で行われるS/I（船積指図書）、船腹予約、コンテナ手配、引取予約等の港湾物流手続の約5割が紙、電話、メール等で行われており、民間事業者間の港湾物流手続の電子化は遅れている。国土交通省は、民間事業者間の港湾物流手続を電子化することで業務を効率化し、港湾物流全体の生産性向上を図ることを目的としたプラットホームとして、**Cyber Port（サイバーポート）**の第1次運用を2021年に開始した。Cyber Portは、港湾物流分野に加えて、調査・統計業務や港湾行政手続等の港湾管理分野、港湾計画・港湾台帳、管理台帳等の港湾インフラ分野でも取り組みを進めている。

2023年、Cyber PortはNACCSと直接データ連携ができる機能を実装した。物流手続と通関手続のワンストップ化が可能となり、通関手続における入力項目が最大8割削減できるなど、効率化と利便性向上が図られた。

国土交通省は、コンテナターミナルのゲート前混雑の解消やトレーラーのターミナル滞在時間の短縮を図り、コンテナ物流を効率化することを目的とし、**CONPAS（Container Fast Pass）**を開発した。2021年、

第２節 ● 国際物流における情報システム

横浜港が全国に先駆けて導入し、2022年東京港が続いたほか、阪神港でも導入試験が行われている。

③ 日中韓における港湾情報システム

　日本・中国・韓国は、2010年に開催された第３回物流大臣会合において、日中韓３カ国間の物流情報の共有が話し合われた。そして、国土交通省港湾局が開発・運用しているコンテナ物流情報サービスシステム「Colins」と、中国の「LOG-INK」および韓国の「SP-IDC」を接続し、３国間の物流情報サービスネットワーク（Northeast Asia Logistics Information Service Network：NEAL-NET）を構築し、荷主やフォワーダー向けにインターネットを通して、コンテナ物流情報サービスの提供を行っている。

　NEAL-NETを利用することで、①コンテナ船の到着・出発時刻、②コンテナの船積み・船卸し時刻、③コンテナのゲートイン・ゲートアウトの時刻、をリアルタイムに把握できる。これにより、貨物の所在位置確認等にかかる業務の削減や、過剰在庫の削減等が期待できるとしている。

④ シンガポールにおける港湾情報システム

　海外で先進的な港湾情報システムを導入している事例として、シンガポールを取り上げる。

　シンガポールにおける港湾情報システムは、ネットワーク・トレード・プラットホーム（NTP＝貿易取引に関するシングルウィンドウ）を軸に、ポートネット（Portnet：港湾のコンテナ搬出入情報）、ヤード管理システム、港湾・航路管理システム等が体系的に整備されている。

　2018年、シンガポール税関はトレードネットと他の関連システムを統合してNTPを導入した。NTPはシンガポール港において、政府機関と商業およびロジスティクス産業を、電子ネットワークで結ぶものであり、輸出入、積み替えにかかわる申告、許可、関税・諸税・手数料の支払いまで自動的に処理できる。NTPは、トレードエクスチェンジ（貿易業界の情報交換システム）も統合しており、海外の企業や規制当局のシステムとも接続が可能となっている。

535

ポートネットは、シンガポール港における港湾のコンテナ搬出入情報を提供するサービスである。このサービスは、社内コンピュータを使用した業務処理を拡大することにより、1984年に、港湾ユーザーとの最初の電子データ通信として開始された。1987年に、船会社との間で電子データの交換を行うため、相互のコンピュータが接続された。さらに、1989年からは、現在のポートネットが稼働した。2000年には、港湾運営会社PSAインターナショナルの子会社となり、船会社、トラック運送事業者、フォワーダー、政府機関に統合的な港湾コミュニティソリューションを提供している。

2 国際貨物管理システム

(1) 貨物追跡システム

① 国際輸送における貨物追跡システムの重要性

海外からの原材料や部品の調達と、海外への製品の販売が増えることで、国際間でのJITやVMIなど高度なロジスティクスシステムが構築されるようになっている。そして、サプライチェーンにおける最適な生産拠点や在庫拠点の選択とともに、最適な輸送方法の選択を検討するようになっている。

調達・生産・販売を通じて綿密にスケジュールを計画したロジスティクスシステムでは、一部の些細な遅れが大きな遅れを生み、さらには海外工場のライン停止や販売機会損失を招くことになる。そのため、国際輸送では、とりわけ輸送状況を正確に把握する必要がある。特に、国際輸送では関与する事業者も多く必要な書類も多いため、貨物が滞る機会や箇所が圧倒的に多くなる。

よって、グローバルなサプライチェーンを進めていくためには、貨物追跡の必要性は高い。

国際輸送における貨物追跡システムは、**カーゴトレースシステム**、**イベント管理システム**、トラッキング・システム、ビジビリティ・システ

ム、SCEM（Supply Chain Event Management）などの名称で呼ばれている。

国際輸送の貨物追跡システムの基本的なしくみは、国内における貨物追跡システムと同様である。すなわち、倉庫からの出荷、コンテナ・ヤードへの到着、通関完了、船積み完了など、各作業（イベント）を終了した時刻と場所をオンライン・システムで記録することにより、貨物の位置を把握している。さらに、計画時の作業予定時刻と実際の作業終了時刻の比較を行うことにより、遅れを的確に把握している事例もある。遅れを早期に把握することにより、各所への手配や計画変更を早期に行えるため、遅れによる損失を縮小することができる。

② 貨物追跡システムの運営者別の分類

貨物追跡システムを、運営者や使用者で分類すると、それぞれ以下の特徴がある。

1）キャリア（船会社、航空会社）の貨物追跡システム

大手船会社では、各社独自のグローバル情報ネットワークを構築し、荷主に対して海上コンテナの追跡情報を提供するサービスを行っている。また、複数のキャリアが参加するコンテナ追跡システムもある。

なお、サービスを提供しているのは、キャリアが貨物を受託してから引き渡すまでの間である。

2）フォワーダーの貨物追跡システム

フォワーダー（利用運送事業者）とは、みずからは輸送手段を持たないが、船舶・航空機・トラック・鉄道などの輸送手段を利用して、貨物輸送を行う事業者のことである。

大手フォワーダーでは、自社独自のグローバル情報ネットワークを構築し、発地から着地までの貨物の追跡情報の提供を行っている。中堅フォワーダーでは、後述の情報サービス会社が提供するASP（Application Service Provider）サービスを利用したシステムや、キャリアの貨物追跡システムとのEDI（Electronic Data Interchange＝電子データ交換）接続によるシステムが見られる。

第12章 ● 国際物流における業務内容と情報システム

いずれも、貨物の受け取り、コンテナ・ヤード搬入、通関、船積みなど、フォワーダーがかかわる各作業（イベント）の終了時刻の情報を提供している。

なお、フォワーダーのシステムでは、LCL貨物も扱うことができる。また、受託貨物の在庫情報を提供している事例もある。

3）荷主の貨物追跡システム

荷主の貨物追跡システムでは、発注から納品までの間のイベントを対象としている。システムは自社の独自開発、SCEM（サプライチェーン・イベント管理）パッケージを用いたもの、ASPサービスを用いたものがある。また、フォワーダーの貨物追跡システムを活用している事例も見られる。

自社独自開発とSCEMパッケージによるシステムでは、発注から納品までのイベントを対象としている。それらでは、各工程にかかわる事業者がそれぞれシステムに通過情報を入力するため、輸送中に追跡するイベントの数は少なくなる。

4）ASPによる貨物追跡システム

ASP（Application Service Provider）とは、インターネット上でアプリケーションを提供するサービスの提供者である。ASPが提供する貨物追跡システムは、接続している企業数が多い点に特徴がある。

ASPサービスを利用するメリットは、荷主またはフォワーダーは早期かつ少ないコストで、貨物追跡システムが構築できることである。

ASPサービスを利用する際のデメリットは、システムの機能が限定されることである。たとえば、輸送中の作業（イベント）はきめ細かくカバーされているとしても、設定されていない作業（イベント）、たとえば倉庫内の工程や生産工程の追跡については、独自に開発する必要がある。

③ 貨物追跡システムの事例（国際航空宅配便、国際運送状況）

1）国際航空宅配便の貨物追跡システム

国際航空貨物宅配便の所在情報については、1995年にフェデックスやUPSが国際宅配のWeb（ウェブ）上での追跡システムを構築した。それ

538

第2節●国際物流における情報システム

以来、小口の国際航空貨物について一般化し、現在は国内の宅配便の貨物追跡管理システムとしても一般化している。

これらの貨物追跡システムは、貨物の営業所や仕分けターミナルにおける入出荷検品時点のデータを、Webでの貨物追跡履歴として、顧客に公開したものである。つまり、顧客からの集荷時点および担当者名、営業所への入荷時点および出荷時点、ターミナルへの入荷時点および出荷時点、そして航空機の発着時刻、さらに相手国での配送施設での入出荷時点、配送先での受け取り時点および受け取り人名を、個々の貨物単位に記録したデータから構成されている。

よって、GPSなどによるリアルタイムの所在情報を公開したものではない。

2）物流事業者による国際運送状況管理システム

最近では、国際航空宅配便のような貨物追跡システムに加えて、荷主企業の基幹情報システムに連携し、国際的な生産・流通・物流システムを統合して、需要予測から在庫管理までを支援する機能を有することが多くなっている。

また、国際的な生産・流通計画の立案を支援するシミュレーションシステムを整備している物流事業者の例も見られるようになっている。

特に、国際物流においては、個々のトラック、船舶、航空分野の運送事業者は、当該輸送機関の情報に限定されることになるので、荷主や海外の関連生産工場、流通センターなどと連携する情報システムの構築をフォワーダーが支援する場合が多い。

図表12-2-3の例は、荷主のサプライチェーンを支援する情報システムである。ここでは、計画系・基幹系・実行系の3層があり、貨物トレース管理・製品物流管理・調達物流管理機能がある。

④ 貨物追跡システムにおけるRFIDの活用

貨物追跡の分野でも、RFIDの活用が進められている。国際標準化機構（ISO）は、2009年に海上コンテナ識別用RFID（電子タグ）の標準規格を策定している。最も基本的な活用方法は、コンテナやパレット等の

539

図表12-2-3 ●フォワーダーによる国際貨物追跡システムの例

〈サプライチェーン・マネジメントを支える情報システム〉

計画系システム（SCP）　需要予測、生産計画・物流計画、スケジューリング

基幹系システム（ERP）　受注・販売管理、生産管理、会計管理

実行系システム（国際物流情報システム）　倉庫管理、輸送管理、P/O管理

〈物流情報サービスシステム〉

| Vendor殿 | W/H or DC | W/H or DC | お客様、生産工場 | W/H or DC | W/H or DC | 納品先 |

調達物流管理　Key：P/O_No.+Item_No.　　製品物流管理　Key：Item_No.、Lot_No.

貨物トレース管理　Key：B/L_No. or お客様Ref.No.　　貨物トレース管理　Key：B/L_No. or お客様No.

出所：(公社) 日本ロジスティクスシステム協会（JILS）「ロジスティクスシステムズ」2002年12月号

輸送用具にRFIDを付け、移動や積込み時に自動で作業（イベント）の記録を行うものである。これは、**(2)** で説明するセキュリティ管理システムでも一部導入されている。

このほか、コンテナ・ヤード内の位置を把握して、それをドライバーの誘導に活用するコンテナ・ヤード誘導システムなどが導入されている。名古屋港では、統一コンテナターミナルシステムの導入により、トレーラーIDなど必要な情報をターミナルゲートでRFIDによりデータを送受信することで、コンテナ受け渡し場所をドライバーの端末に指示するシステムを導入している。国土交通省が開発中のColinsでも同じ機能を提供している（RFIDについては、第10章第1節**3** **(3)** を参照）。

（2）セキュリティ管理システム

2001年の同時多発テロ以降、米国ではテロ対策が進められ、コンテナ輸送のセキュリティ管理が厳しくなった。セキュリティ管理は、施設の出入り管理（防犯対策）、コンテナ内の内容物管理、輸送途上での盗難防止対策などからなる。税関では、主要港湾においてX線等のコンテナスキャナーが設置され、密入国や武器麻薬等密輸入対策などに効果を上げている。→図表12-2-4

米国のセキュリティ対策を契機として、米国に輸出する貨物については、出港の24時間前の貨物事前申告制度、官民連携による優良事業者の活用制度（C-TPAT）、各国通関の協力制度（CSI）が適用された。その後、日欧や中国等でも同様の制度が設けられるようになった。

2002年の改正海上人命安全条約（SOLAS）に基づいて、2007年の国内

図表12-2-4 ●セキュリティ対策の全体構成

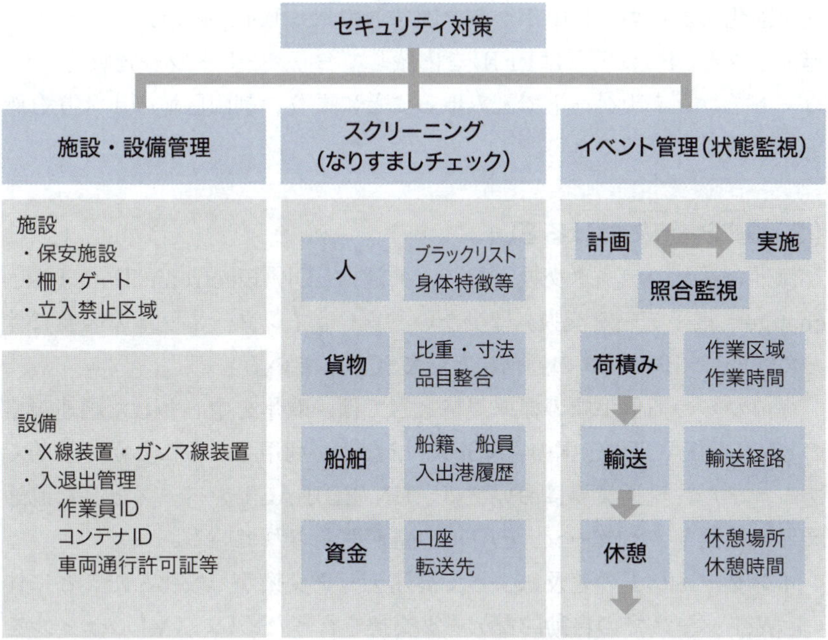

法規、「国際航海船舶及び国際港湾施設の保安の確保等に関する法律（略称：国際船舶・港湾確保法）」では、船舶自動識別装置（AIS：Automatic Identification System）の設置が義務づけられた。AISは、300総トン数以上の国際航海する船舶と500総トン数以上の船舶に設置され、船名、船種、船位、針路、速度、仕向け地、積載物等を周辺船舶や陸上局に向け自動的に送信する装置である。AISは、衝突防止だけでなく、衛星通信を通じて公海上での追跡管理や港湾出入り状況管理にも活用されている。米国のマリントラフィック社は、AISを利用して、世界中の船舶の位置情報をWeb上で提供している。

また、2004年から国際船舶・港湾保安法が施行された。同法によって、港湾施設におけるフェンス、ゲート出入り管理、監視カメラ等の保安対策に加えて、国際航海船舶に自己警備としての保安措置を義務づけ、外国からの入港船舶に対する船舶保安情報の通報の義務づけ、危険船舶に対する入港禁止措置等が適用されるようになった。港湾における出入管理を強化するため、2010年から全国共通のPS（Port Security）カードが導入された。PSカードはRFIDを内蔵しており、トレーラー運転者のPSカードをコンテナゲートで読み取ることにより、制限区域の出入りを確実かつ円滑に管理できる。

（3）国際物流におけるEDI

海外企業とのデータ交換として、共通のEDI（Electronic Data Interchange＝電子データ交換）は少ない。多くはインターネットの普及に伴って、TCP/IPベースの通信にとって代わっている。

従前からの通信手順の標準規格としては、欧州を中心とした国連規格のUN/EDIFACT、米国のANSI X. 12などが利用されることが一般的である。また、流通業界においては、UN/EDIFACTをベースとした流通業界向け標準メッセージ、EANCOMが開発されている。

インターネットの普及によって高速データ交換が一般化したことに伴い、Webベースでの自動的なデータ交換を行うために、XMLファイルを

利用することが多い。EDIのためのXML仕様として、ebXMLが開発されている。しかし、XMLによるデータ交換の場合でも、データ仕様を規定する方式の標準は、業界団体別に多種多様である。また、自動車、航空機などメーカー数の少ない国際的な業界団体を中心として、いくつかの標準規格が整備・運用されている。

流通分野などでも、国際調達用のWebサイトが運用されている。国際的な流通システム標準化機関「GS1」では、グローバル標準の識別コード「EPC」（Electronic Product Code）を規定している。EPCは、GS1で標準化された電子タグに書き込むための識別コードの総称であり、国内で用いられるGTIN等の標準識別コードが基礎となっている。このため、EPCは国内に限らず貿易でも利用することができる。→第10章第1節
1（2）

物流分野では、航空輸送のIATA（国際航空運送協会）やUPU（万国郵便連合）などが中心となって、貨物輸送の国際的な情報交換のための規格を整備し運用している。IATAは、航空会社、フォワーダー、荷主、税関等の関係者間で電子データ交換を進める「e-freight」プロジェクトを進めている。なかでも航空運送状（AWB）を電子化した「e-AWB」の利用率が高まっており、2019年にIATAはe-AWBを標準プロセスとした。

2001年の米国同時多発テロ以降、テロ対策のために、行政相互間が連携した国際的なコンテナの追跡管理のための規格化作業が、WCO（世界税関機構）などを中心に進められている。WCOでは、国際コンテナの追跡管理のためにUCR（Unique Consignment Reference）という識別コードを付与することを推奨しており、そのRFID規格はISO15459が定められた。

なお、国際コンテナに関するRFID規格には、コンテナのドアをロックする電子シール規格（ISO18185）やコンテナの容器管理のためにコンテナコード（ISO6346）を永続的なRFIDタグで付与しておく規格（ISO10374）がある。このほか、貨物追跡を行うために出荷時にデータを付与するた

めのコンテナ単位の出荷コードに関する規格（ISO17363）等がある。

　最近では、ブロックチェーン（分離型台帳）技術を活用した貿易プラットホームが注目を集めている。日本では、2020年に情報通信会社、商社、銀行、保険会社、物流事業者等により Trade Waltz社が設立された。同社は、信用状、船荷証券、運送状、保険証券、船積指図書等の原本性と権利移転をブロックチェーンで確保することにより、貿易手続の完全電子化を目指している。海外では、海上輸送分野を中心とした Trade Lensや GSBN（Global Shipping Business Network）がある。

第12章　理解度チェック

次の設問に、○×で解答しなさい（解答・解説は後段参照）。

1　インコタームズとウィーン売買条約（CISG）では、ウィーン売買条約が優先する。

2　HSコードは、各国が独自に定めた品目分類コードである。

3　通常の輸入申告は、輸出申告と同様、保税地域に貨物が搬入される前に行うことができる。

4　貨物海上保険は、貿易に使用されることから、英文保険証券および英文約款での引き受けが幅広く行われており、日本においてもまた、同様である。

5　荷主がフォワーダーの貨物追跡システムを使用できるのは、発着双方ともに同一のフォワーダーが行う場合のみである。

第12章　理解度チェック

解答・解説

1　×
ウィーン売買条約は条約ではあるが、商慣習に関する国際ルールで、すでに定着しているインコタームズが優先する。

2　×
HSコードの頭6桁は、WCOが定めた各国共通コードである。

3　×
輸出申告は誰でも貨物を保税地域に搬入前に輸出申告できるが、通常の輸入申告は貨物が保税地域に搬入されて、搬入届が提出されてからである。

4　○

5　○
発港、着港のフォワーダーが異なる場合、フォワーダーは相手港におけるイベントを把握することができない。

第12章 ● 理解度チェック・参考文献

┃ 参考文献 ┃

石原伸志『貿易物流実務マニュアル〔増補改訂版〕』成山堂書店、2015年

高内公満『輸出入シッピング実務辞典』日本実業出版社、2007年

経済産業省『貿易分野デジタル化の在り方等に係る調査報告書』2022年

(一社)国際フレイトフォワダーズ協会((FIFFA)『国際複合輸送業務の手引〔第11版〕』2023年

● 第1節 6

Bennett, C., DICTIONARY OF INSURANCE, Pitman Publishing, 1992.（木村栄一監訳『保険辞典』（公財）損害保険事業総合研究所、1996年）

Hansell, D. S., Elements of Insurance, Pitman Publishing, 1987.（木村栄一・越知隆共訳『保険の原理』（公財）損害保険事業総合研究所、1998年）

横尾登米雄・松田和也改訂『改訂第7版 貨物海上保険』（公財）損害保険事業総合研究所、1998年

東京海上火災保険（株）編『損害保険実務講座 4貨物保険』有斐閣、1987年

J. H. MINET & Co., Ltd., The New Cargo Policy and it's effect on the Institute Cargo Clauses, 1982.（加藤修訳『新貨物保険証券とその協会貨物約款におよぼす影響について』（公財）損害保険事業研究所、1983年）

索引

[あ]

アウトソーシング ……………… 146
アクティビティ・ベース料金（メニュー
　プライシング） ……………… 241
圧縮荷重 ………………… 349、356
アベイラビリティ ……………… 23
洗い替え法 ……………………… 392
安全配慮義務 …………………… 103
安全余裕 ………………………… 360

[い]

いかだ運送事業 ………………… 504
異常値管理 ……………………… 298
委託先管理 ……………………… 238
一貫パレチゼーション ……… 123、341
一般港湾運送事業 ……………… 503
一般廃棄物 ……………………… 85
移動平均法 ……………………… 302
イベント管理システム ………… 536
因果関係 ………………………… 304
インコタームズ（Incoterms）……… 500
インセンティブ併用コストプラス料金
　………………………………… 245
インボイス ……………………… 508

[う]

ウィーン売買条約（CISG）………… 500
運行管理システム ……………… 476

[え]

営業用貨物自動車 ……………… 325
エコシップマーク ……………… 80
エコレールマーク ……………… 79
延期戦略 ………………………… 296

[お]

汚染者負担の原則（PPP）……… 89
オファー ………………………… 499
温室効果ガス …………………… 52
温対法 …………………………… 52

[か]

カーゴトレースシステム ……… 536
カーボンニュートラルポート（CNP）
　………………………………… 64
回帰分析 ………………………… 304
回収物流 ………………………… 17
改善基準告示 …………………… 96
外為法 …………………………… 530
外部監査 ………………………… 197
改良トンキロ法 ………………… 71
外力 ……………………… 348、356
カウンター・オファー ………… 499
拡大生産者責任（EPR）……… 56、86
拡大生産者責任の原則（EPR）… 89
加重移動平均法 ………………… 302
価値ベース ……………………… 245
カボタージュ規制 ……………… 110
貨物海上保険 …………………… 518
環境行動計画 …………………… 87
環境適応性 ……………………… 355
監査 ……………………………… 197
緩衝包装設計 …………………… 359
完全オーダー達成率 …………… 194
鑑定事業 ………………………… 504
かんばん方式 …………… 260、284
官民パートナーシップ（PPP）……… 89
管理型料金 ……………………… 241
管理体制 ………………………… 223

[き]

危険物 …………………………… 365

気候関連財務情報開示タスクフォース
　「TCFD」……………………… 61
気候変動に関する政府間パネル（IPCC）
　………………………………… 53
偽装請負 ………………………… 247
キャッシュギャップ（Cash Gap）…… 190
キャッシュコンバージョンサイクル
　（CCC）………………………… 26
キャッチオール規制 …………… 507
求貨求車システム ……………… 481
救助 ……………………………… 526
協会貨物約款 …………………… 520
共同海損 ………………………… 526
共同配送 ……………………… 261、263
協働発注 ………………………… 453
共同物流 ………………………… 256
共同輸送 ………………………… 261
京都議定書 …………………… 52、67
業務監査 ………………………… 197
切り放し法 ……………………… 391

［く］

クラウドコンピューティング …… 429
グリーン経営認証 ………………… 80
グリーン購入法 …………………… 56
グリーン物流パートナーシップ会議
　……………………………… 78
クレート ………………………… 340
グローバル・ストックテイク …… 54

［け］

経営指標 ………………………… 189
経済性 …………………………… 355
ゲインシェアリング …………… 245
限界利益 ………………………… 377
原価法 …………………………… 390
現在価値法 ……………………… 395
検数事業 ………………………… 504

検量事業 ………………………… 504

［こ］

工業包装 ………………………… 329
航空運送状（AWB）…………… 543
航空貨物代理店 ………………… 504
高度道路情報システム（ITS）…… 473
港湾運送事業者 ………………… 503
港湾荷役事業 …………………… 504
枯渇資源 ………………………… 356
顧客サービス管理 ……………… 33
顧客満足（CS）………… 23、25、206
国際複合一貫輸送 ……………… 505
国家戦略特区制度 ……………… 159
固定料金 ………………………… 241
コンテナ ………………………… 343
コンテナ物流情報サービス（Colins）
　……………………………… 534
コンテナリゼーション ………… 343
コンプライアンス ……………… 24
コンプライアンス監査 ………… 199

［さ］

サードパーティ・ロジスティクス
　（3PL）………………………… 43
サーベイ ………………………… 525
サーベイヤー …………………… 525
在庫補充生産・調達方式 ……… 306
在庫補充方式 …………………… 280
最小二乗法 ……………………… 304
再商品化義務 …………………… 355
再生可能 ………………………… 356
財務諸表監査 …………………… 197
作業環境 ………………………… 223
作業管理 ………………………… 34
作業者教育 ……………………… 222
作業性 …………………………… 350
サステナブル・ロジスティクス …… 6

549

サプライチェーン ……………… 6
産業廃棄物 …………………… 85

[し]

仕掛品在庫 …………………… 291
自家用貨物自動車 …………… 325
磁気ストライプ ……………… 407
事業協同組合 ………………… 270
資源有効利用促進法 ………… 83、354
指数平滑法 …………………… 303
システム監査ガイドライン …… 201
死蔵在庫 ……………………… 289、309
自動車NOx・PM法 ………… 81
自動車リサイクル法 ………… 57
自動発注 ……………………… 449
シミュレーター ……………… 490
社外調査 ……………………… 212
社会的責任（CSR） ………… 24
社外要因 ……………………… 178
社内調査 ……………………… 211
社内物流 ……………………… 16
社内要因 ……………………… 178
集合包装 ……………………… 364
重心法 ………………………… 317
重要目標達成指標 …………… 189
従来トンキロ法 ……………… 71
需給管理 ……………………… 31
受注組み立て生産 …………… 307
循環型社会形成推進基本法 … 56
純粋リスク …………………… 187
ジョイントベンチャー ……… 245
省エネルギー法 ……………… 67
商業包装 ……………………… 329
衝撃 …………………………… 348、357
消費者包装 …………………… 329
商品在庫 ……………………… 291
静脈物流 ……………………… 17
商流ネットワーク …………… 9

食品 …………………………… 365
初動対応計画 ………………… 186
人時生産性 …………………… 250
振動 …………………………… 348

[す]

スループットタイム ………… 26

[せ]

静態管理システム …………… 477
製品在庫 ……………………… 291
センターフィー方式 ………… 242
全部原価計算 ………………… 376

[そ]

相関関係 ……………………… 304
相関分析 ……………………… 304
総合物流施策大綱 …………… 124
倉庫実行システム（WES）… 467
倉庫制御システム（WCS）… 467
ソーシャル・ロジスティクス … 6

[た]

棚卸資産 ……………………… 388
ダブルスタックトレイン …… 164
ダブルビン方式（ツービン方式）
………………………… 283、309
単品管理 ……………………… 459

[ち]

駐停車規制 …………………… 168
調達管理 ……………………… 33
調達物流 ……………………… 16
直接原価計算 ………………… 376
地理情報システム（GIS）…… 475

[つ]

通過金額制 …………………… 242

550

[て]

低価法	390
定期定量補充方式	281
定期不定量補充方式	285
データキャリア	408
デカップリング	295
デカップリングポイント	295
適正荷役	330
適正包装	330
デジタコ	479
デマレージ	517

[と]

同一労働同一賃金	99
投機戦略	296
投機的リスク	187
東京都総合物流ビジョン	153
統合納品	264
動態管理システム	478
動脈物流	16
道路交通法	148
特定委託輸出申告	510
特定貨物輸送事業者	68
特定事業者	108
特定荷主	68
特定輸出申告	510
ドックレシート	508
特恵税率	514
取っ手	332、349
ドラレコ	479
トレードオフ	11、263

[な]

内部監査	197
内部統制	179

[に]

荷扱い図記号	352
荷台振動	357
日本版SOX法	179
荷主対策	105
荷役性	349

[ね]

燃費法	70
燃料法	70

[の]

納期遵守率	193
納品代行	265

[は]

バーコード	408
パートタイム・有期雇用労働法	98、249
パートナーシップ補充システム	451
拼替え	351
廃棄物	85
廃棄物処理法	56、85
廃棄物流	18
配車計画システム	465、474
配送	263
廃掃法	85
バイヤーズ・コンソリデーション	497、528
はしけ運送事業	504
働き方改革	94
働き方改革関連法	94
パッキングリスト	508
パリ協定	53
パレート分析	305、450
パレタイズ	339
パレチゼーション	341、343

パレット ···················· 341
半製品在庫 ················ 291
販売物流 ····················· 17

[ひ]

引当可能在庫 ·············· 456
ビジネス・ロジスティクス ·········· 6
ビッグデータ ·············· 488
表示性 ······················ 352
標準化 ······················ 332
標準原価 ···················· 380
標準的な運賃 ············ 106、108
疲労破壊 ···················· 359

[ふ]

ファーム・オファー ········ 499
フィジカルインターネット ·········· 62
フール・プルーフ ·········· 222
フェイル・セーフ ·········· 222
複合一貫輸送 ·············· 337
物資流動 ···················· 11
物的流通 ···················· 11
物流 ABC ··················· 384
物流 EDI ··················· 419
物流 VAN ··················· 422
物流インフラ ··············· 13
物流拠点 ···················· 314
物流子会社 ·················· 47
物流コスト ················· 208
物流サービス ·············· 206
物流サービスの改善 ········ 215
物流サービスの管理サイクル ····· 210
物流サービスの計画 ········ 216
物流サービスの実施 ········ 217
物流サービスの評価 ········ 211
物流サービスレベル ········ 206
物流システム ·············· 230
物流統括管理者 ········· 109、117

物流ネットワーク ············ 9
物流の2024年問題 ········· 104
物流品質 ···················· 219
物流品質の管理 ············ 219
不定期定量補充方式 ········ 281
不定期不定量補充方式 ······ 288
不動産物件 ················· 319
船積み24時間前報告 ········ 510
部品・原材料在庫 ·········· 290
フラットレート型料金 ····· 241、242
フルタイム労働者 ··········· 99

[へ]

ペインシェアリング ········ 245
ベンチマーク方式 ·········· 245
返品物流 ····················· 17
便利性 ······················ 351

[ほ]

防さび包装 ················· 363
防湿包装 ···················· 362
包装貨物 ···················· 337
包装モジュール ············ 334
包装モジュール寸法 ········ 334
保管ロケーション変更 ······ 466
保険金額 ···················· 523
保護性 ······················ 348
補充間隔 ···················· 286
補充点 ······················ 281
補充点方式（発注点方式）····· 283
補充必要量 ················· 285
補充量 ······················ 282
ホスティングサービス ······ 428

[ま]

マトリクス組織 ············· 39
マニフェスト ················ 86

索引

[み]

見込み生産・調達方式 …………… 306
ミニマックス方式 ………………… 289
ミルクラン ………………………… 259

[む]

無期転換制度 ……………………… 102
無線LAN …………………………… 413

[め]

メーカー在庫 ……………………… 292

[も]

モジュール化 ……………………… 334

[や]

雇止め法理 ………………………… 102

[ゆ]

ユーロパレット …………… 343、368
輸送 ………………………………… 261
輸送機関（モード） ……………… 323
輸送手段 ……………………………… 11
輸送適合性 ………………………… 354
輸送ネットワーク …………………… 10
輸送包装 …………………………… 329
輸送包装の系列寸法 ……………… 334
ユニット化 ………………………… 339
ユニットロード …………………… 337
ユニットロードシステム ………… 337
ユニットロードシステム通則 …… 343

[よ]

余剰在庫 …………………………… 309

[ら]

ライフサイクル ……………………… 56

落下試験 …………………………… 331

[り]

陸上貨物運送事業労働災害防止規程
………………………………………… 349
リサイクル法 ………………………… 83
リスク ……………………………… 178
リスクシェアリング ……………… 245
リスクの移転 ……………………… 185
リスクの改善 ……………………… 185
リスクの回避 ……………………… 185
リスクの拡大防止 ………………… 186
リスクの受容 ……………………… 185
リスクの低減 ……………………… 185
リスクの評価 ……………………… 183
リスクの予防 ……………………… 186
リスクマネジメント ……………… 178
リソースベース型料金 …………… 241
リソースベース型料金（コストプラス方
　式）（オープンブック方式） ……… 241
リバース・ロジスティクス ………… 17
流市法 ……………………………… 123
流通BMS …………………………… 420
流通業務総合効率化法 …… 79、146
流通在庫 …………………………… 292
流入規制 …………………………… 167
料金表型料金（運賃料金） ……… 241
利用航空運送事業者（混載業者） … 504
リワードシェアリング …………… 245

[れ]

レイアウト分析 …………………… 251
レンタルパレット ………… 342、344

[ろ]

労働安全衛生法 …………………… 101
労働基準法 …………………………… 95
労働契約法 ………………………… 102

553

労働者派遣法 ･･････････････････････････ 96
ロードプライシング ･････････････････ 167
ロジスティクス ･････････････････････････ 5
ロジスティクス監査 ･････････････････ 198
ロジスティクス管理 ･･･････････････････ 29
ロジスティクス・システム管理 ･･････ 31
ロジスティクス情報システム ･･･････ 434
ロジスティクス戦略 ･･･････････････････ 29
ロジスティクス・ネットワーク ･･････ 25
ロジスティクス評価指標 ･････････････ 189

[A]

ABC（活動基準原価計算）･･････ 378、383
AEO ･･････････････････････････････････ 510
ANIPAS ･･････････････････････････････ 530
ANSI X. 12 ･･････････････････････････ 542
ASN ･･･････････････････････････････････ 445
ASP ･･･････････････････････････ 429、538

[B]

Bank L/G ･････････････････････････････ 516
BCP ･･･････････････････････ 24、160、187
B/L（船荷証券）･･････････････････････ 512
BTO ･･･････････････････････････････････ 307

[C]

CAO ･･････････････････････････････････ 451
CCC（キャッシュ・コンバージョン・サ
　イクル）･･･････････････････････････ 190
CFR ･･･････････････････････････････････ 500
CIF ････････････････････････････････････ 500
CONPAS（Container Fast Pass）･･･ 534
CPFR ･････････････････････････････ 453、483
CRP ･････････････････････ 272、452、483
CSR ･･･････････････････････････････････ 87
Cyber Port（サイバーポート）･･ 159、534

[D]

DDP ･･･････････････････････････････････ 500

[E]

EANCOM ････････････････････････････ 542
e-AWB ･･･････････････････････････････ 543
ebXML ･･･････････････････････････････ 543
EC ･･･････････････････････････････････････ 12
EDI ･･････････････････ 232、406、418、542
EOS ･･･････････････････････････････････ 452
EPA ･･･････････････････････････････････ 514
ERP ･･･････････････････････････････････ 426
EXW ･･････････････････････････････････ 500

[F]

FAINS ･･･････････････････････････････ 530
FCL ･･･････････････････････････････････ 508
FMCG ･･･････････････････････････････････ 39
FOB ･･･････････････････････････････････ 500
FQP ･････････････････････････････････････ 89
FTA ･･･････････････････････････････････ 514

[G]

GHGプロトコル ･････････････････････ 60
GPS ･･･････････････････････････････････ 415
GSP FORM A ･･･････････････････････ 514
GTIN ･･････････････････････････････ 405、421
Gマーク制度 ･････････････････････････ 328

[H]

HSコード ･････････････････････････････ 517

[I]

IATA（国際航空運送協会）･･･････････ 543
ICT ･･･････････････････････････････････････ 21
IoT ･･･････････････････････････････････ 424
IPCC ･･･････････････････････････････････ 87

索引

IP網 ················ 419
IRR ················ 397
ISO ················ 162
ISO9000 ················ 224
ISPM ················ 368
ISPM No. 15 ················ 509
ITFコード ················ 405

[J]

JANコード ················ 405
JETRAS ················ 530
JIT ················ 260、497
J-SOX ················ 179

[K]

KPI（重要業績評価指標）········ 116、192

[L]

LCA ················ 356
LCL ················ 508
LMS ················ 467

[M]

MRP ················ 287

[N]

NACCS（輸出入・港湾関連情報
システム）················ 509、514、529
NEAL-NET ················ 535
Notice of claim ················ 525
NVOCC ················ 508

[O]

OCR ················ 407
Off-JT ················ 114
OJT ················ 114
OMR ················ 407

[P]

PM ················ 81
PORT2030 ················ 158
PQ-NETWORK ················ 530

[Q]

QCD ················ 192

[R]

REACH ················ 88
RFID ················ 409
RFP ················ 239
ROA ················ 190
ROE ················ 190
RoHS ················ 87
ROI ················ 397

[S]

SaaS ················ 429
S&OP ················ 485
SBT（Science Based Target）········ 61
SCEM ················ 484、537
SCI ················ 487
SCM ················ 7、482
Scope 1 ················ 61
Scope 2 ················ 61
Scope 3 ················ 61
SCP ················ 301、483
SDGs ················ 54、128
SLA ················ 246
SOLAS ················ 541
SSCC ················ 406

[T]

T11型パレット ················ 334
TCP/IP ················ 419
TMS ················ 232、471、483

555

[U]

UN/EDIFACT ……………………… 542

UPU（万国郵便連合）……………… 543

[V]

VMI …………… 183、271、452、483、497

[W]

Wi-Fi ……………………………… 413

WMS …………………… 232、462、483

[X]

XML ………………………………… 421

[Y]

YMS ………………………………… 468

[記号・数字]

2次元シンボル ……………………… 408

3 R ………………………………… 18、56

3 6協定…………………………………… 95

──ビジネス・キャリア検定試験のご案内──

（令和6年4月現在）

●等級区分・出題形式等

等級	等級のイメージ	出題形式等
1級	企業全体の戦略の実現のための課題を創造し、求める目的に向かって効果的・効率的に働くために、一定の専門分野の知識及びその応用力を活用して、資源を統合し、調整することができる。（例えば、部長、ディレクター相当職を目指す方）	①出題形式　論述式 ②出 題 数　2問 ③試験時間　150分 ④合否基準　試験全体として概ね60％以上、かつ問題毎に30％以上の得点 ⑤受 験 料　12,100円（税込）
2級	当該分野又は試験区分に関する幅広い専門知識を基に、グループやチームの中心メンバーとして創意工夫を凝らし、自主的な判断・改善・提案を行うことができる。（例えば、課長、マネージャー相当職を目指す方）	①出題形式　5肢択一 ②出 題 数　40問 ③試験時間　110分 ④合否基準　出題数の概ね60％以上の正答 ⑤受 験 料　8,800円（税込）
3級	当該分野又は試験区分に関する専門知識を基に、担当者として上司の指示・助言を踏まえ、自ら問題意識を持ち定例的業務を確実に行うことができる。（例えば、係長、リーダー相当職を目指す方）	①出題形式　4肢択一 ②出 題 数　40問 ③試験時間　110分 ④合否基準　出題数の概ね60％以上の正答 ⑤受 験 料　7,920円（税込）
BASIC級	仕事を行ううえで前提となる基本的知識を基に仕事の全体像が把握でき、職場での円滑なコミュニケーションを図ることができる。（例えば、学生、就職希望者、内定者、入社してまもない方）	①出題形式　真偽法 ②出 題 数　70問 ③試験時間　60分 ④合否基準　出題数の概ね70％以上の正答 ⑤受 験 料　4,950円（税込）

※受験資格は設けておりませんので、どの等級からでも受験いただけます。

●試験の種類

試験分野	試験区分			
	1 級	2 級	3 級	BASIC級
人事・人材開発・労務管理	人事・人材開発・労務管理	人事・人材開発	人事・人材開発	
		労務管理	労務管理	
経理・財務管理	経理・財務管理	経理	経理（簿記・財務諸表）	
			経理（原価計算）	
		財務管理（財務管理・管理会計）	財務管理	
営業・マーケティング	営業・マーケティング	営業	営業	
		マーケティング	マーケティング	
生産管理	生産管理	生産管理プランニング	生産管理プランニング	生産管理
		生産管理オペレーション	生産管理オペレーション	
企業法務・総務	企業法務	企業法務（組織法務）	企業法務	
		企業法務（取引法務）		
		総務	総務	
ロジスティクス	ロジスティクス	ロジスティクス管理	ロジスティクス管理	ロジスティクス
		ロジスティクス・オペレーション	ロジスティクス・オペレーション	
経営情報システム	経営情報システム	経営情報システム（情報化企画）	経営情報システム	
		経営情報システム（情報化活用）		
経営戦略	経営戦略	経営戦略	経営戦略	

※試験は、前期（10月）・後期（2月）の2回となります。ただし、1級は前期のみ、BASIC級は後期のみの実施となります。

558

●出題範囲・試験日・お申し込み方法等

　出題範囲・試験日・お申し込み方法等の詳細は、ホームページでご確認ください。

●試験会場

　全国47都道府県で実施します。試験会場の詳細は、ホームページでお知らせします。

●等級区分・出題形式等及び試験の種類は、令和6年4月現在の情報となっております。最新情報は、ホームページでご確認ください。

●ビジキャリの学習体系

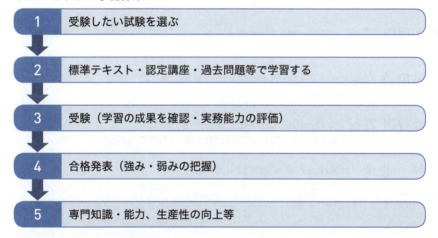

●試験に関するお問い合わせ先

実施機関	中央職業能力開発協会
お問い合わせ先	中央職業能力開発協会　能力開発支援部 ビジネス・キャリア試験課
	〒160-8327 東京都新宿区西新宿7-5-25　西新宿プライムスクエア11階 TEL：03-6758-2836　FAX：03-3365-2716 E-mail：BCsikengyoumuka@javada.or.jp URL：https://www.javada.or.jp/jigyou/gino/business/index.html

ロジスティクス管理 **2**級〔第4版〕
テキスト監修・執筆者一覧

監修者

苦瀬 博仁　東京海洋大学　名誉教授

長谷川 雅行　一般社団法人日本物流資格士会　顧問

矢野 裕児　流通経済大学 流通情報学部　教授

執筆者 (五十音順)

苦瀬 博仁　東京海洋大学　名誉教授
…第1章、第4章、第5章、第6章（第4節）

久保田 精一　合同会社サプライチェーン・ロジスティクス研究所　代表社員
…第9章

黒川 久幸　東京海洋大学 学術研究院流通情報工学部門　教授
…第7章

長谷川 雅行　一般社団法人日本物流資格士会　顧問
…第2章（第4節）、第3章（第2節）、第6章（第2節）

林　克彦　流通経済大学 流通情報学部　教授
…第12章

藤田 光樹 （元）日通情報システム株式会社　社長
…第10章、第11章

北條　英 公益社団法人日本ロジスティクスシステム協会　理事
JILS総合研究所　所長
…第2章（第1節～第3節）

味水 佑毅 流通経済大学 流通情報学部　教授
…第4章、第5章、第8章（第3節・第4節）

矢野 裕児 流通経済大学 流通情報学部　教授
…第3章（第1節）

渡部　幹 （元）株式会社建設技術研究所　技術顧問
…第6章（第1節・第3節）、第8章（第1節・第2節）

（※1）所属は令和6年10月時点のもの
（※2）本書（第4版）は、初版、第2版及び第3版に発行後の時間の経過等により補訂を加えたものです。
　　　初版、第2版、第3版及び第4版の監修者・執筆者の各氏のご尽力に厚く御礼申し上げます。

ロジスティクス管理 **2級**〔第3版〕
テキスト監修・執筆者一覧

監修者

苦瀬 博仁 流通経済大学 流通情報学部　教授

梶田 ひかる 元高崎商科大学 商学部　特任教授

執筆者（五十音順）

五十山田 俊 元株式会社チームTP 取締役　シニアコンサルタント

石原 伸志 東海大学 海洋学部　客員教授

梶田 ひかる 元高崎商科大学 商学部　特任教授

久保田 精一 合同会社サプライチェーン・ロジスティクス研究所　代表社員

長谷川 雅行 株式会社日通総合研究所　顧問

北條　英 公益社団法人日本ロジスティクスシステム協会
JILS総合研究所 ロジスティクス環境推進センター　センター長

吉本 隆一 オフィスロン　代表

（※1）所属は平成29年4月時点のもの（吉本氏は執筆時点のもの）
（※2）本書（第3版）は、初版及び第2版に発行後の時間の経過等により補訂を加えたものです。
　　　初版、第2版及び第3版の監修者・執筆者の各氏のご尽力に厚く御礼申し上げます。

ロジスティクス管理 2級〔第2版〕
テキスト監修・執筆者一覧

監修者

苦瀬 博仁 東京海洋大学 理事 副学長

梶田 ひかる 高崎商科大学 商学部 特任教授

（協力）
味水 佑毅 高崎経済大学 地域政策学部 准教授

執筆者（五十音順）

五十山田 俊 株式会社チームTP 取締役 シニアコンサルタント

石原 伸志 東海大学 海洋学部 教授

岩尾 詠一郎 専修大学 商学部 准教授

梶田 ひかる 高崎商科大学 商学部 特任教授

苦瀬 博仁 東京海洋大学 理事 副学長

久保田 精一 公益社団法人日本ロジスティクスシステム協会
　　　　　　 JILS総合研究所 副主任研究員

沼本 康明 情報戦略研究所 所長

長谷川 雅行 株式会社日通総合研究所 顧問

吉本 隆一 公益社団法人日本ロジスティクスシステム協会
　　　　　　 JILS総合研究所 所長 主幹研究員

（※1）所属は平成24年3月時点のもの
（※2）本書（第2版）は、初版に発行後の時間の経過等により補訂を加えたものです。
　　　 初版及び第2版の監修者・執筆者の各氏のご尽力に厚く御礼申し上げます。

ロジスティクス管理 **2級** 〔初版〕
テキスト監修・執筆者一覧

監修者

苦瀬 博仁 東京海洋大学 海洋工学部 流通情報工学科長　教授

梶田 ひかる アビーム・コンサルティング株式会社 製造／流通事業部
マネージャー

執筆者（五十音順）

五十山田 俊 東芝物流コンサルティング株式会社 取締役
物流エンジニアリング部　部長

石原 伸志 東海大学 海洋学部　教授

岩尾 詠一郎 専修大学 商学部　講師

梶田 ひかる アビーム・コンサルティング株式会社 製造／流通事業部
マネージャー

重田 靖男 株式会社東京ロジスティクス研究所　顧問

菅田 　勝 リコーロジスティクス株式会社 経営管理本部　副本部長
三愛ロジスティクス株式会社 取締役 業務（システム）改革担当

沼本 康明 情報戦略研究所　所長

長谷川 雅行 株式会社日通総合研究所　常務取締役

吉川 則行 ロジスティクス経営士
（所属：郵船航空サービス株式会社　東日本輸入営業本部）

吉本 隆一 社団法人日本ロジスティクスシステム協会
JILS総合研究所 副所長　主幹研究員

（※1）所属は平成19年9月時点のもの
（※2）初版の監修者・執筆者の各氏のご尽力に厚く御礼申し上げます。

MEMO

MEMO

MEMO

ビジネス・キャリア検定試験標準テキスト

ロジスティクス管理 2 級

平成19年11月 6 日	初 版	発行	
平成23年 6 月 3 日	第 2 版	発行	
平成29年 4 月27日	第 3 版	発行	
令和 6 年10月31日	第 4 版	発行	

編 著 **中央職業能力開発協会**

監 修 **苦瀬 博仁・長谷川 雅行・矢野 裕児**

発 行 所 **中央職業能力開発協会**
〒160-8327 東京都新宿区西新宿7-5-25 西新宿プライムスクエア11階

発 売 元 **株式会社 社会保険研究所**
〒101-8522 東京都千代田区内神田2-15-9 The Kanda 282
電話：03-3252-7901（代表）

●本書の全部または一部を中央能力開発協会の承諾を得ずに複写複製することは、著作権法上での例外を除き、禁じられています。
●本書の記述内容に関する不備等のお問い合わせにつきましては、書名と該当頁を明記の上、中央職業能力開発協会ビジネス・キャリア試験課に電子メール（text2@javada.or.jp）にてお問い合わせ下さい。
●本書籍に関する訂正情報は、発売元ホームページ（https://www.shaho.co.jp）に掲載いたします。ご質問の前にこちらをご確認下さい。
●落丁、乱丁本は、お取替えいたしますので、発売元にご連絡下さい。

ISBN978-4-7894-9413-7 C2036 ¥4400E
©2024 中央職業能力開発協会 Printed in Japan